作 者 简 介

徐双敏，管理学博士，中南财经政法大学公共管理学院教授。省级精品课程"行政管理学"的负责人，校级重点学科"行政管理"的学科带头人。1982年留校任教至今。主要从事政治学、公共管理学领域的教学与研究。她从教20多年间，主持完成过省级教学研究项目，主编过《公共事业管理概论》等4部教材，曾6次获得省政府和省教育主管部门授予的荣誉称号。其主要学术兼职有：中国行政管理学会理事，湖北省行政管理学会副会长；中国政治学会理事，湖北省政治学会副会长；湖北省科学社会主义学会副会长。

高等学校公共管理类系列教材

荣获中南地区大学出版社优秀教材一等奖

公共管理学

Public Management

■ 徐双敏 主编

Public

Management

WUHAN UNIVERSITY PRESS
武汉大学出版社

图书在版编目(CIP)数据

公共管理学/徐双敏主编 . —武汉：武汉大学出版社,2007.8
高等学校公共管理类系列教材
 ISBN 978-7-307-05753-1

Ⅰ.公… Ⅱ.徐… Ⅲ.公共管理—高等学校—教材 Ⅳ.D035

中国版本图书馆 CIP 数据核字(2007)第 130459 号

责任编辑:舒　刚　　　责任校对:王　建　　　版式设计:詹锦玲

出版发行:**武汉大学出版社**　　(430072　武昌　珞珈山)
　　　　　(电子邮件:cbs22@ whu.edu.cn　网址:www.wdp.com.cn)
印刷:武汉中科兴业印务有限公司
开本:720×1000　　1/16　　印张:26.75　字数:476 千字　插页:3
版次:2007 年 8 月第 1 版　　2010 年 4 月第 3 次印刷
ISBN 978-7-307-05753-1/D·751　　　定价:36.00 元

前　言

公共管理作为一级学科，出现在教育部的学科专业目录里不过十年时间，作为公共管理一级学科下各个二级学科专业的专业主干课程的《公共管理学》教材建设时间当然就更短了。近几年有关公共管理学的研究在国内的"热度"是超常的，现在国内可以检索到的相关研究成果相当丰富，《公共管理学》的教材建设成果也不胜枚举。但是，由于《公共管理学》是一门新兴课程，所以国内现有版本各有特色，还没有形成大致相同的共识。我们在开设了 20 年行政管理学课程的基础上，编写了这本《公共管理学》，既是对我们的教学体会的展示，也是为求教于各位同行专家，当然，还是为满足我们本科教学所需。在编写这本教材中我们有这样几点考虑：

第一，关于教材的学科地位，《公共管理学》是公共管理一级学科下各个二级学科专业的专业基础课或专业主干课程。明确这个定位，就意味着本教材必须突出学科特色，它不应该与《行政管理学》相同。本教材的学科空间来自公共管理自身的特点或主要内容。也就是说在内容的编排上，我们力求遵循对公共管理的一般理解，而不是我们个人的偏好或其他什么因素的影响。

第二，关于教材的研究特色，"公共管理"是西方舶来的概念，国内对公共管理学的研究及著述也始于对西方相关成果的介绍。我们认为，如果是进行学术研究，较多地借鉴西方的成果，或更多地从一般意义上研究公共管理运动及公共管理学都是可以的，但是，现在作为本科学生使用的教材，就应该在研究"一般"的同时，把中国的"特殊"现实也提供给学生，以便学生用本课程中学到的知识观察我们的社会、适应我们的社会。基于这样的考虑，我们在教材中比较系统地加入了有关中国的行政改革、事业单位改革、社会团体及民办非企业单位管理等内容。所以，既有公共管理的宏观研究，也有中国公共组织的微观研究，这就是本教材的特色。

第三，关于教材的政策性和规范性，本教材有关国内改革的部分，忠实反映党中央、国务院的相关改革文献精神，并以国家相关管理法律、法规为定义各个基本概念的科学依据。作为一门新兴的课程，学术界对本课程所涉及的基本范畴、逻辑框架等最基本的问题都还没有形成统一的认识，我们认为这些分歧，甚至是重大对立的存在，是正常的，新兴的学科、课程往往正是通过对这些分歧的讨论、争论走向成熟的。但是，教材应该是严肃的、规范的，教材最终提供给学生的应该是他们走上社会后能够运用的理论和知识。所以本教材也十分注意反映我国改革的新成果，以及改革中出现的典型问题。

第四，关于教材的基本内容，在充分参考吸收本课程已有教材的基础上，我们确定了自己的教学体系。即本教材主要包括公共管理概念、公共管理主体、公共管理运行、公共管理的技术、公共管理的发展趋势共5方面13章内容。具体安排是：第1章对公共管理概念及公共管理学概念进行了系统研究。在这一部分，不仅系统研究了公共管理学的沿革，还系统研究了公共管理学在中国的传播历程。第2章至第6章是对公共管理主体的研究。第2章研究政府的职能，其中专门研究了政府职能的社会化问题。第3章是研究公共组织。我们认为中国的公共组织包括政府组织和非政府公共组织，其中非政府公共组织有三种类型：事业单位、社会团体和民办非企业单位。这三种类型的非政府公共组织又可以分为两类：事业单位、非政府组织，即我国的社会团体和民办非企业单位可以大致对应国际上的非政府组织的概念，而且只能是"大致对应"。教材的第4章公共管理主体间关系、第5章公共组织中的领导、第6章公共部门人力资源管理，都是基于上述对公共组织的认识，所以各章都有专门的部分研究事业单位、社会团体、民办非企业单位之间的关系及它们内部的管理问题。教材第7章至第10章研究公共管理运行，这4章分别研究了公共政策、公共管理中的法治、应急管理、公共财政管理等4个方面的管理，其中应急管理反映了我国最新改革实践。教材第11章和第12章是从管理学的角度，研究对公共组织的形象管理及公共管理的技术方法。公共组织的形象管理是从企业公共关系借鉴来的公共组织自我管理的重要内容，在公共管理的技术方法一章中，我们用了比较多的篇幅研究电子政务的兴起及在中国的发展。教材第13章，既从一般意义上研究了公共管理改革的历史意义，也专门研究了西方的新公共管理运动，研究了中国的政府改革和事业单位改革，并对公共管理的发展趋势作了展望。上述编排肯定会有不成熟之处，但却是我们独有的，也请各位同行专家予以指正。

第五，关于教材的学习辅助资料，为方便师生使用本教材，本教材在每章都附有"本章小结"、"关键术语"、"案例"、"思考题"。同时在书后附录了本课程的主要参考文献。

我们把本教材的使用对象主要定位为高等院校公共管理各专业及相关专业的本科学生，当然对实际从事公共管理的工作者，以及相关的理论工作者也会有参考和使用意义。

本教材由徐双敏担任主编，负责提出并拟定编写大纲；组织协调全部编写工作；最后统稿、改写、定稿。具体参加教材各章编写的是：第 1 章（徐双敏）、第 2 章（翟桔红）、第 3 章（邓光平、徐双敏）、第 4 章（徐双敏、张东豫、刘建文）、第 5 章（徐双敏、王雪莲、杨晓燕）、第 6 章（缪国书）、第 7 章（苏忠林）、第 8 章（蔡放波）、第 9 章（段龙飞）、第 10 章（杜兴洋）、第 11 章（徐文）、第 12 章（田进）、第 13 章（徐双敏、莫光才、谭成文）。张东豫承担了全书参考文献的整理工作。

本教材在编写过程中，参阅了大量有关著作和文献，使用了大量的案例，恕不在此逐一列举，仅对各位作者一并致以真诚的谢意。同时，我们出版《公共管理学》的设想是在武汉大学出版社的全力支持下才得以实现的，所以，在此也对武汉大学出版社，特别是舒刚主任表示由衷的感谢。

徐双敏

2007 年 6 月于武汉

目　录

第1章
绪 论

公共管理的概念在世界范围里被普遍接受和使用不过是近 30 年的事情，但对公共管理概念所涉及的内容进行专门研究却已经有 100 多年的历史了。本章就是主要研究公共管理这个概念的内涵沿革，研究促进行政学到公共管理学发展的各种影响因素，以及公共管理学在中国的介绍和传播，同时也研究中国建设公共管理学的现状及任务。

1.1 公共管理的基本概念

1.1.1 公共管理的内涵

公共管理（Public Management）的概念是 20 世纪 70 年代末在西方发达国家兴起的新公共管理运动中出现的。"公共管理"这个词，不论是在英文还是在中文里，它都是由"公共"（Public）和"管理"（Management）两个词组成的。一般来说，"公共"总是被作为与"私人"相对的概念来理解的。也就是说，"公共"这个词肯定与多数人的利益相关，是涉及多数人的事务，这个词也很容易让人们联想到国家、政府，或者是其他的公共组织，联想到社会公众的广泛参与。而"管理"则一般被认为是与工商企业组织相关的活动，这些活动一般包括计划、决策、指挥、人事、预算、协调、控制等。当"公共"与"管理"两个词放在一起时，当然就意味着同时具有了这两个方面的涵义，但是具体的理解却可能是多样的。

1. 西方学者对公共管理的研究

"公共管理"的概念产生于西方，所以西方学者对公共管理的研究早于我国。20 世纪 70 年代至 90 年代，公共管理逐步成为一个相对独立的研究领域，经过不同学术背景、不同研究取向的学者们的不懈努力，相关的研究成果已经相当丰硕。美国学者波兹曼（Bozeman）和罗森布罗姆（Rosenbloom）分别对已有的研究成果进行了归纳。波兹曼将已有的研究成果归纳为"两种研究途径"，罗森布罗姆将已有的研究成果归纳为"三个研究途径"①，而格恩（A. Gunn）则用"第三条道路"（Third Way）形容公共管理。

波兹曼认为，以研究理念和途径区分研究者们的差异，可以看到主要是"两种研究途径"的差异，即公共政策的途径（Public Policy Approach），简称"P途径"，企业管理的途径（Business Approach），简称"B途径"②。

所谓P途径，即认为公共管理应该是与公共政策的制定密切相关的管理。这个观点的代表人物列恩（Lynn），甚至直接将公共管理界定为政策管理③。P途径强调公共组织的特点，认为公共管理是一个独立的管理领域。在研究内容上，他们认为公共管理特指高层次的政策管理，而非一般的、日常的行政事务的管理，他们同时强调公共管理研究结果的政治取向。在研究方法上，他们十分重视个案研究，以从事实务工作者的经验为素材，还注意推动高层公共管理者或政治官员与公共管理学者之间的对话和沟通。现在美国的一些权威研究机构，比如哈佛大学肯尼迪学院、柏克莱公共政策学院等的研究都属于P途径。

所谓"B途径"，即认为公共管理是可以运用工商政策和企业战略的管理，公共管理的特点就是非政治化和企业化④。代表人物沙雷（Wallace Sayre）的名言就是："商业管理与公共管理在所有其他不重要的方面是相似的"⑤。"B途径"不强调公共组织和私人组织的差异性，在研究内容上，特别

---

① 由于翻译的原因，"途径"也可以理解为"取向"。如在薛澜的论文中介绍罗森布罗姆的观点就是用的"研究取向"（薛澜：《公共管理与中国发展》，《管理世界》，2002年第2期。），而在张成福等翻译的罗森布罗姆的著作时，则是用的研究"途径"（［美］戴维·H. 罗森布罗姆等：《公共行政学：管理、政治和法律的途径》（第五版），张成福等译，中国人民大学出版社2002年版，第3页。），本文使用"途径"的译法。

② Bozeman, B. . 1993. Introduction: Two Concepts of Public Management, In J. L. Perry (ed.) *Public Management: The State of Art.* San Francisco: Jossey-Bass Publishers, p. 1-5.

③ Lynn, L. E. . 1987. Managing Public Policy, Boston: Little, Brown. —1996, *Public Management as Art*, Science and Profession, Chatham, N. J. : Chatham House Publishers. pp. 43-46.

④ 转引自［美］戴维·H. 罗森布罗姆等：《公共行政学：管理、政治和法律的途径》（第五版），张成福等译，中国人民大学出版社2002年版，第24页。

⑤ 陈振明：《公共管理学——一种不同于传统行政学的研究途径》（第二版），中国人民大学出版社2003年版，第5页。

重视组织策略与组织间的管理，强调组织设计、人事和预算等过程问题。他们的代表人物奥斯本（Osbone）和盖布勒（Gaebler）甚至提出"再造政府"（Reinventing Government）。在研究方法上，主张用量化分析的方法进行研究。20 世纪 90 年代以后美国广泛开展的新公共管理运动中，充分吸收了这个观点的理论。

波兹曼指出了公共管理研究中存在的不同见解，也指出了他们的相同之处。他认为，公共管理的特征是：以公共管理者为研究重心，重视试验，从成功的管理经验和个案中提取管理的处方；重视公共组织和公共管理的公共特性，特别关注外部政治因素对公共管理的冲击与影响，以及二者之间的互动与关联；不仅关注管理过程的研究与设计，更关注战略的制定与执行①。

罗森布罗姆是从研究功能的视角对已有成果进行归纳的，他认为公共管理的研究途径有三个，即管理途径、政治途径和法律途径②。

管理途径是把公共管理看作是一种管理行为，与私营部门的运作相类似。不过，管理途径又可以进一步细分为传统管理途径和新公共管理（New Public Management，NPM）途径两派。传统管理途径实际上是传统文官制度的改革者，他们把管理途径作为组织公共服务的方式。他们认为，传统的文官制度产生腐败和低效率，所以必须改革。而文官改革就是"政府事务中具有商业性质的部分应当以一种完全企业化的模式运作"③。为了实现企业化经营，政府就得"非政治化"（nonpolitical），即政府的公务员的任免应该完全排除政治的和党派的因素，代之以工作"业绩"和"称职程度"为主要标准。他们强调，公共管理的意义在于追求效能、效率以及经济的最大化。新公共管理途径也是传统文官制度的改革者，与传统管理途径者比较，他们更注重获取结果而不是遵循程序。他们认为，为了获取预期的结果，应该更强调顾客导向、提升服务机关的竞争力、创造动态市场机制、借由市场机制解决问题、授权员工追求结果、分散决策权、简化预算流程、人事管理的分权化等。也就是说，非政治化和企业化（businesslike）是新公共管理的根本观点。20 世纪 90 年代美国政府

---

① 张成福，党秀云：《公共管理学》，中国人民大学出版社 2001 年版，第 11 页。

② ［美］戴维·H. 罗森布罗姆等：《公共行政学：管理、政治和法律的途径》（第五版），张成福等译，中国人民大学出版社 2002 年版，第 16～41 页。

③ Carl Schurz, *The Necessity and Progress of Civil Service Reform* (Washington, D. C. : Good Government, 1894), *Public Administration Review*, Vol. 43, No. 3 (May-Jun. , 1983), pp. 219-227.

改革运动中，上至联邦政府，下至各州和地方政府，都采用了新公共管理的措施。

政治途径强调从经验观察的角度建立理论，把公共管理视为一种政治过程。政治途径推崇"代表性"（representativeness）、"政治回应"（responsive-ness）、"责任"（sccountability）的价值观，认为这些价值不仅是建立宪政的重要元素，也应该贯穿于政府各层面的运作之中。比如公务员应从社会各阶层中甄选，政府的咨询委员会组成应更具代表性，政府部门对公众的责任需要增进，而实行政治多元主义、"阳光法案"（The Sunshine Act）、"日落条款"（Sunset articles）、对官员进行"失察听证"等都是很重要的措施。显然，这与追求效率的管理途径完全不同。为了实现政治途径所追求的价值，需要政府行政程序规范，时时处处接受公众监督，尽可能实现公众参与等，而这样一来，工作效率肯定就不能顾及，甚至需要以效率为代价。

法律途径将公共管理视为在特定情境中应用法律、实施法律的活动，突出公共管理中主权、机构和规制的重要性，把它看成是明显的法律事务。法律途径强调法治，强调正当法律程序、实质权利、公平等价值，反对避开法律程序走捷径。法律途径关注的焦点是个体权利的本质，而不关注为保护这些权利所需的社会成本，所以管理途径极力主张的成本效能观点在法律途径中是没有地位的。

罗森布罗姆的结论是，对公共组织和公共行政管理者而言，同时满足所有管理的、政治的及法律和宪政的要求是不可能的事情。基于效率的公共管理可能会忽略政治代表性和宪政性正当法律程序的价值。人们期盼公共行政管理者帮助解决国家面临的问题，改善生活质量。但是，对他们如何实现这样的目标却还没有形成共识。

格恩认为公共管理是一个整合性的概念，是一种介于企业管理和公共行政之间的"第三条道路"。他说，公共管理在"什么"（What）与"为何"（Why）层面是沿袭公共行政或公共政策，而在"如何"（How）层面是沿袭企业管理。也就是说，公共管理是将私人部门的管理手段和管理理念运用于公共部门，以解决公共问题，满足民众的需求，但并不因此否定公共部门的特性，实际上是一种实用主义的选择①。

事实上，由于西方的公共管理理论和实践都只有 30 年左右的时间，所以，存在不同的观点是很正常的。我们看到，在西方的新公共管理（New Public

① 张成福，党秀云：《公共管理学》，中国人民大学出版社 2001 年版，第 11 页。

Management）运动中，各国政府实际是综合各派观点进行政府改革的，所以我们也把这些不同的观点理解为丰富我们的理论范式、启发和开拓我们的思维更好一些。

2. 中国学者对公共管理的研究

在中国，"公共管理"这个词是舶来品，20世纪90年代中期至21世纪最初几年，学界围绕对"Public Management"这个词的中文翻译进行了非常热烈的讨论。讨论的焦点集中在对"administration"（行政）和"management"（管理）两个词的理解和区分上。

在英文中，这两个词是近义词。中文中也经常混用这两个词，比如美国著名的管理学家赫伯特·西蒙（Herbert A. Simon）的名著 *Administration Behavior* 在被翻译为中文时就定名为《管理行为——管理组织决策过程的研究》①，但国内行政学界却将这部著作翻译为《行政行为——行政组织决策过程的研究》②。另外，"administration"在中文中通用的译法是"行政"，但是在"Master of Public Administration"（MPA）专业硕士学位被引进到中国时，却称之为"公共管理"专业硕士。中国行政学界公认的学术权威夏书章先生在他主编的教材中也说："行政管理学又称行政学，或公共行政学，或公共管理学，或公共行政管理学。"③

可见，虽然现在国内在将"Public administration"译为"公共行政"，"Public management"译为"公共管理"方面，基本取得了共识，但也不能排除在特定条件下两者的通用。换句话说，现在如果有学者不遵循这样的译文"共识"，也是可以的。

总之，不论国内学者们关于这两个词汇的理解还有多少引经据典的论证，有一点是可以肯定的，那就是，我国对公共管理的研究是从对"Public Management"这个词的中文译义开始的。

中国学者在介绍西方的相关理论方面做了大量的研究性工作。

中国学者在研究西方的新公共管理运动时，研究了公共管理的概念，他们

---

① 该书中文译本书名为《管理行为——管理组织决策过程的研究》，由北京经济学院出版社1988年出版。

② 在丁煌所著的《西方行政学说史》中，将西蒙的这部著作介绍为《行政行为——行政组织决策过程的研究》。见《西方行政学说史》，武汉大学出版社1999年版，第184页。

③ 夏书章：《行政管理学》（第三版），高等教育出版社，中山大学出版社2004年版，第1页。

按照自己的理解对西方学者的观点进行了归纳。比如张成福认为：第一，公共管理基本上是一个整合性的概念（integrative concept），整合了公共行政或公共政策与企业管理的概念；第二，公共管理是将私营部门的管理手段运用于公共部门，但未改变公共部门的主体；第三，公共管理重视与外部环境的关系，强调以最高管理者的战略设计、政策设计为焦点；第四，公共管理不完全等于"政府管理"，而意味着一种新治理；第五，公共管理强调价值调和与责任，即不仅重视经济、效率和效能，同时也重视公平、正义和民主；第六，公共管理关注和重视政府改革与改造，公共管理的概念、外延与内涵都是随政府改革的实践不断发展的；第七，公共管理是一个多学科整合的研究领域，它已经从政治学、经济学、社会学、心理学、管理学借用了许多理论和方法，现在它一方面继续理论构建，另一方面也兼顾实际①。

张良也对西方的公共管理发展作了五点归纳：第一，公共管理的主体是多元的，包括社会公共组织和社会其他组织两大类；第二，作为公共管理客体的社会公共事务表现不断扩展的趋势；第三，公共管理的目的是推进社会整体协调发展和增进社会公共利益实现；第四，公共管理的职能是调节和控制；第五，公共管理体制和手段面临创新的迫切任务②。

汪玉凯的归纳有四点：第一，公共管理不是对传统公共行政的简单否定，而是对公共行政的积极发展。这种发展突出地反映出政府为了适应外部环境变化，对履行政府管理职责的理念、方式以及管理过程的控制等所作的新的选择；第二，从管理理念方面看，政府由过去单纯地注重效率，发展到效率、效益以及社会公正、平等并重，并把提高管理与服务的社会效益、保持公共管理的公正、平等放到了突出的位置；第三，表现在管理方式方面，公共管理意味着打破传统的公共服务领域，更多地引入市场机制，用企业精神改造政府管理，并把管理主体也扩大到非政府公共机构领域，运用授权、委托、代理等方式，调动更多的公共机构参与公共服务与管理中来，不断探索实行公私合作的途径；第四，从管理过程来看，由过去更多地关注管理过程，发展为更多地关注管理的结果，并把投入、产出、成本、效益等重要概念引入公共部门的管理之中③。

上述归纳不论是从什么角度做出的，也不论是四点、五点或更多，都指出

① 张成福，党秀云：《公共管理学》，中国人民大学出版社2001年版，第11～12页。
② 张良：《公共管理学》，华东理工大学出版社2001年版，第13～14页。
③ 汪玉凯：《公共管理》，中共中央党校出版社2003年版，第2～3页。

了公共管理的特征，能够让我们对西方兴起的公共管理理论和运动都有比较清楚的认识。显然西方的公共管理理论和实践对我国当前的改革有重要的借鉴意义。

3. 公共管理的定义

公共管理的内容这么丰富，究竟应该如何定义它呢？在西方，由于研究的途径是多样的，所以学者们基于自己的研究，对公共管理作出的定义就各不相同。

有的将公共管理定义为一种新途径。如皮瑞（Perry）和克莱姆（Kraemer）认为，公共管理是一种新的途径，它是传统公共行政的规范取向（Normative Orientation）以及一般管理（Generic Management）的工具取向的结合体①。

有的将公共管理定义为一种整合性的研究。如卡尔森（Carson）和欧尔曼（Overman）认为，公共管理是对行政的一般方面科际整合的研究，它将人力、财政、物资、信息和政治资源的管理与管理学的计划、组织、控制职能相融合②。

有的将公共管理定义为对政治权威的管理。如波兹曼和史陶斯曼（Jeffrey D. Straussman）指出："公共管理就是对政治权威的管理。如果不考虑组织的性质，大部分管理工作和任务是具有共通性的。但公共管理的主要领域是在政治系统下，一旦政治权威进入管理戏局，管理的游戏规则就会改变。"③

还有的认为公共管理是公共行政或公共事务的一部分。如奥托（Otto）、海蒂（Hyde）和沙夫里茨（Shafritz）认为，公共管理是公共行政或公共事务广大领域的一部分，它综合了公共行政的方案设计与组织重建、政策与管理规划、经由预算制度进行资源分配、财务管理、人力资源管理以及各种方法与艺术④。

可见，西方学者们对如何定义公共管理还不能形成共识，甚至在基本的研究范式、研究途径方面都各有不同。但从上述列举的不同观点中，我们仍然可

---

① Perry, J. L. and Kraemer, K. L.. 1983. *Public Management：Public and Private Perspectives.* California：Mayfield Publishing Company. p. 4.

② Carson, G. D. and Overman, E. S.. 1983. *Public Management Research in the United States.* New York：Praeger Publishers. pp. 94-97.

③ Bozeman , B. and Straussman, D. J.. 1990. *Public Management Strategies：Guidelines for Managerial Effectiveness.* San Francisco：Jossey-Bass Publishers. pp. 3-5.

④ Otto, J. S., Hyde, A. C. and Shafritz, J. M.. 1991. *Public Management：The Essential Readings.* Chicgo：Nelson-Hall. ix.

以看到他们一致的方面，第一，他们都明确意识到，传统的公共行政理论已经不能适应新的时代需要，进入"后官僚制"（post-bureaucracy system）时代已经不仅是必要的，而且是必需的。第二，公共管理是跨学科的，公共管理在管理形式上与一般组织的管理应该是相同的，所以它们的管理技术也应该有共同之处。第三，公共管理重视政府部门与外部环境的关系，认为即便是政府管理，也并不仅仅只是内部的管理，外部整合也是管理的重要内容。第四，公共管理产生的主要目标就在于提高政府的治理能力，实现公共利益。

中国学者也在充分研究西方已有理论的基础上，各自提出了对公共管理的不同定义。不过与西方学者的研究途径分歧不同，国内学者们的分歧主要集中在公共管理是管理活动，还是学科方面。

有的学者把公共管理定义为一个学科。比如张成福说："公共管理是一门以致力于发展优异的治理的科学、知识和艺术。"①

有的学者把公共管理定义为一种管理活动。比如陈振明说："公共管理是公共组织提供公共物品和服务的活动，它主要关注的不是过程、程序和遵照别人的指示办事以及内部取向，而更多的是关注取得结果和对结果的获得负个人责任"②。张良也说："所谓公共管理是指社会公共组织以及其他组织推进社会整体协调发展、增进社会共同利益实现，通过制度创新和手段创新对社会公共事务进行调节和控制的活动。"③ 汪玉凯认为："公共管理是指政府及其他公共机构，为了适应社会经济的发展和满足公众的要求，对涉及公众利益的各种公共事务所实施的有效管理。"④

还有的学者认为公共管理既是管理活动，也是学科。比如薛澜说："公共管理作为一种社会实践活动，是指政府制定公共政策，与其他公共组织一起，处理公共事务，提供公共产品和服务的活动。从学术角度看，公共管理是研究政府及其他公共组织的价值定位和实践活动规律的一门实践性和综合性较强的学科。"⑤

实际上，国内学者们的定义分歧并不很大，因为，在管理主体方面，他们

---

① 张成福，党秀云：《公共管理学》，中国人民大学出版社 2001 年版，第 II 页。

② 陈振明：《公共管理学——一种不同于传统行政学的研究途径》，中国人民大学出版社 2003 年版，第 4 页。

③ 张良：《公共管理学》，华东理工大学出版社 2001 年版，第 13 页。

④ 汪玉凯：《公共管理》，中共中央党校出版社 2003 年版，第 2 页。

⑤ 薛澜：《公共管理与中国发展》，《管理世界》，2002 年第 2 期。

都指出是社会公共组织，在管理的客体方面，他们也都指出是公共事务，关于管理的目的，他们都同意是增进公共利益。他们的分歧主要在于：第一，关于政府的地位，是否需要专门指出政府的地位和作用；第二，关于管理客体，是否需要专门指出公共组织的自身管理和价值定位。

国内学者上述研究对我们有重要的启发意义。本教材认为从管理活动方面来定义公共管理是比较可行的。因为就学科而言，虽然教育部在1998年重新修订并颁布普通高校本科专业目录时新增加了"公共管理"一级学科的目录，从2002年开始，在专业硕士学位中也专门设置了"公共管理"（MPA）专业硕士，但从学术研究的角度看，把"公共管理"学科作为"公共管理学"理解应该更准确。本教材有专门的篇幅研究公共管理学的产生与发展，所以，这里就只是从管理活动方面来定义公共管理。管理主体的多元化是公共管理的主要特征之一，所以对多元的公共管理主体自身的管理应该包括在管理客体里。

为此，本教材认为所谓公共管理，是社会公共组织通过观念和手段的不断创新，为增进公共利益及社会协调发展，对日益多样复杂的公共事务及公共组织自身进行调节和控制的活动。

上述定义指明了公共管理活动的主体是公共组织，管理对象是公共事务及公共组织自身，管理的目的是增进公共利益及社会协调发展，管理的途径是观念和手段的不断创新，而管理活动的主要内容是对管理对象进行调节和控制。

1.1.2 公共管理的主体

与行政管理相比，公共管理的主体是多元的，在这个问题上中外学者是有共识的。即公共管理的主体不仅有政府，还有各类其他非政府的公共组织，由于政府是最大的社会公认的公共组织，所以将政府和这些性质、形式各异的组织统称为"公共组织"应该是简洁明了的。

1. 西方国家的公共组织构成

公共组织在西方国家主要可以分为政府组织和非政府组织（Non - Governmental Organizations 即 NGO 或 NGOs）两类。

众所周知，政府是公共组织。政府不论是从权力来源、组织的性质、职能和目的等任何方面看，都是公共性的。狭义的政府是最大的公共组织。现代民主国家中政府权力的合法性来自选民的授权，而且民选政府一旦产生，反过来又对整个社会行使其强制力，即政府可以在必要的时候动用强制力进行管理和提供服务。从事经济和社会管理是政府的基本职能。在社会发展不同的历史时期，政府的职能范围和目的是不同的。20世纪30年代以前的资产阶级政府仅充当市场"守夜人"的角色，当时人们相信管得最少的政府就是最好的政府。亚当·斯密（Adam Smith）论证说：在人人追求个人利益这只"看不见的手"的引导下，在市场自由竞争规律的作用下，社会的资源就完全可以实现合理配置。所以，政府只是"对自我调节的市场交易的补充安置机构"。但是，20世纪30年代的大萧条，将市场的局限性暴露无遗，以政府干预经济为主要内容的凯恩斯主义得以兴起。20世纪70年代以后，西方经济陷入以低增长、高通胀、高赤字、高失业率为特征的"滞胀"泥潭，"政府失灵"成为人们热议的话题，西方国家的政府改革因此被提上重要议程。调整政府与市场和社会的关系，利用市场和社会力量提供公共服务，成为改革的核心内容。

西方国家非政府组织在17～18世纪出现，其发展基础是自由市场和个人主义的分权理念。在资本主义市场经济体制走向成熟的过程中，作为"公民社会"的NGO也走向了规范和多样，并在社会发展及公共利益实现方面发挥日益重要的作用（见图1-1）。

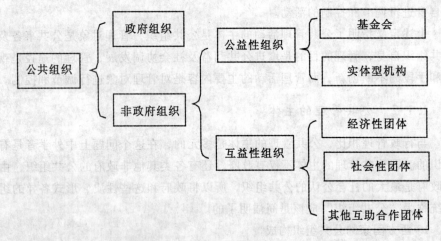

图1-1　西方国家公共组织的构成

（资料来源：根据王名，刘培峰等：《民间组织通论》，时事出版社2004年版，第17页资料改编。）

2. 中国的公共组织构成

我国的基本国情不同于西方国家，计划经济条件下，完全意义上的非政府组织没有存在和发展的空间，改革开放以来在政府职能转变和市场经济发展的环境中，我国的政府之外的其他公共组织得到了发展，但毕竟我国的经济和社会还处在转型期，所以我们不能套用西方有关公共组织的分类方法。我国的公共组织应该划分为政府组织和非政府公共组织两类。非政府公共组织又可以分为事业单位、社会团体、民办非企业单位三类（见图1-2）。

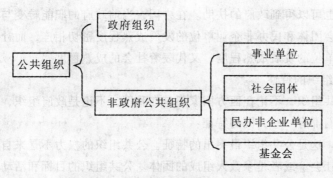

图 1-2　我国公共组织的构成

　　中国的政府曾经不仅是最大、最权威的公共组织，而且是惟一的公共组织。计划经济时期的政府是全能政府，包揽了社会所有公共物品和准公共物品的供给责任。改革开放以来，尤其是我们明确建立社会主义市场经济体制的改革目标以来，多种所有制的共同发展为中国"公民社会"的兴起提供了可能。政府不再是惟一的公共组织。

　　需要特别说明的是，这里使用的"政府组织"是狭义的"政府组织"，即可以等同于"行政组织"。这里使用"政府组织"的概念，主要是为了与"非政府公共组织"的概念对应。在第三章中专门研究公共管理组织时，为了遵循习惯，减少歧义，我们仍使用了"行政组织"的概念。

　　在我国，事业单位、社会团体、民办非企业单位三种类型组织可以归类为公共组织。从这三类组织的权力来源、基本职责等方面看都符合公共组织的特征。事业单位是中国特有的公共组织。由于中国的事业单位是国家机构编制管理部门审查批准的，人员列入国家事业编制，财产及活动经费是列入国家资产，并由国家财政拨款的，也不直接创造物质财富的单位，所以具有公共性。事业单位除行政授权部门外，一般不具有强制力，是提供公共物品（包括准公共物品）和服务的主体。社会团体是社会成员自发组成的，为公众服务或成员互助的组织形式。社会团体按照成员共同制定的组织章程活动，组织的资产、活动经费等都由成员筹集，它们在确定组织目标、活动内容和活动方式方面有很大的自主权。由于社团的工作实际上分担了政府的职责，所以，社团的工作一般也可以得到政府的资助。不过中国的社会团体从产生方式、性质、职能，到活动方式上都有自己突出的特点。民办非企业单位的概念也是有中国特有的，但这种公共组织类型在其他国家却不鲜见。民办非企业单位在组织性质、活动方式等方面与社会团体有许多共性，同样是社会自我服务的一种组织形式，一般也可以得到政府的扶助。在中国，当前政府的职能转变与事业单位的改革、社会团体和民办非企业单位的发展成熟程度密切相连，而社会团体和民办非企业单位的发展成熟程度，又代表着社会的成熟程度。

3. 公共组织的特性

作为公共组织，不论在西方国家还是在我国，不论是政府组织，还是非政府组织，它们都有一些共同的特征：

公共性。这是公共组织最突出的特征。公共组织的权力不是来自个人，而是来自整个社会、或者是多数人组成的团体。公共组织的目标和活动内容是为实现社会的公共利益，它们为社会提供的公共服务是有益于社会的发展和进步的，所以是公益性的。即便是互益性的一些社团，它们也会明显区别于为取得私利的组织，而且这些社团的良性外部性也足以证明它们的公共性。

非营利性。这是公共组织的又一个突出特征。不论是政府组织，还是社会成员自发组织社团和公共服务性实体，它们的初衷都不是为了获取利润。尽管一些非政府组织的服务被允许收费，但也仅仅只是作为提供服务的成本补偿，所收款项不允许成员内部分红。所以对这些组织活动的评价依据，不是营利多少，而是所提供的公共物品和公共服务的数量、质量。

合法性。公共组织必须具备各种正式要素。这些正式要素一般包括：正式的目标，正式的规章，正式的机构，正式的管理系统，正式的成员。所谓"正式"即是指规范的、为法律、法规所规定的。比如政府组织的设立、撤销，它们的任务、责任、权力都要由国家宪法及法律作出规定；非政府公共组织也须按有关法律规定，通过合法注册而设立，并按法律的规定开展活动。因而公共组织无论从其存在形式、还是从其活动方式看，都必定是合法的。

组织性。公共组织以组织的形式存在于社会。不论何种性质和形式的公共组织，它们的设置或成立都是有法律依据，并且是按照有关管理部门所规定的管理程序，及本组织制定的活动章程进行活动的。它们对外能够作为独立法人承担民事责任，对内能够进行有效的自我管理。当然，组织的性质不同、组织的严密和规范程度会有不同。

服务性。从利益关系上来说，服务这个概念包含了两层意思：其一，将工作对象的利益放在首位，少考虑、甚至不考虑自身的利益；其二，在从事某种事业时，既为自己营利，也为别人提供了方便。公共组织的服务，是将集体和他人的利益摆在核心地位，不考虑自身得失的服务，而企业组织的服务通常是有偿服务，这正是区别二者的"服务"的不同性质的分水岭。不论是政府组织还是非政府公共组织的目的，都是为了向社会提供服务。

本教材的第3章对公共组织进行了深入、系统的研究。

1.1.3 公共管理的对象

公共管理的对象是日益多样复杂的公共事务，另外，性质、形式多样的公共组织自身也是公共管理的重要对象。

对于公共事务的具体内容，现在国内已有教材一般有两种分类研究方法，一种是按照公共事务存在的形式，将其划分为社会问题、公共项目和公共财产与公共资源几类。比如王玉凯、张良主编的教材都是运用的这种方法。还有一种，就是借鉴西方经济学界有关公共物品（public goods）的理论，研究公共物品由公共组织提供的必要与主要形式，比如陈振明、张成福主编的教材。我们认为后一种研究方法更具一般意义，所以本教材采用这种研究方法。

1. 公共物品及其分类

公共物品理论是美国学者保罗·萨缪尔森（P. Samuelson）在20世纪50年代中期创立的。

公共物品理论认为，世界上任何物品在消费上都会具有两个方面的特征，即消费上的排他性（exclusivity）程度和消费上的竞争性（rivalry）程度。而"公共物品是指非竞争性和非排他性的货物。非竞争性是指一个使用者对该物品的消费并不减少它对其他使用者的供应，非排他性是指使用者不能被排除在对该物品的消费之外"①。经济学家们通过研究还指出了公共物品效用的不可分割性特征。即私人物品在消费中都具有可分割性，而公共物品在消费中都具有不可分割性。

公共物品在存在形态和作用方面有三个重要的特点：第一，公共物品一般包括有形物品比如灯塔、道路；无形物品，比如国防、法律、制度；还有公共服务，比如教育、医疗等；第二，公共物品中有许多规模巨大，投资收回缓慢，甚至难以收回，如地铁、高速公路等；第三，公共物品可能不是最终消费品，而只是中间必需品，比如天气预报、通信卫星接转站等。

---

① 世界银行：《1997年世界发展报告：变革世界中的政府》，中国财经出版社1997年版，第26页。

基于以上研究，经济学家们为公共物品做了各种界定，其中得到广泛认可的是著名经济学家斯蒂格利茨（J. E. Stigliz）的定义："公共物品是这样一种物品，在增加一个人对它的分享时，并不导致成本的增长，而排除任何个人对它的分享都要花费巨大成本。"① 本书使用这个经典的定义，即认为，公共物品是具有消费的非排他性和非竞争性，以及效用不可分割性特征的物品。而私人物品是相对于公共物品而言的，是具有消费的排他性和竞争性的物品。

深入研究公共物品，需要对公共物品进行分类，因为公共物品消费上的非排他性和非竞争性的具体表现形式是不一样的。以此为依据，可以将公共物品划分为纯公共物品和准公共物品。那些消费上的非竞争性和非排他性并不完全的公共物品，被经济学家们称为准公共物品，而消费上完全具有非竞争性和非排他性的物品，被称为纯公共物品。

另外，公共物品的公共性实际上是有地域限制的，不是所有的公共物品都能够在不受限制的地域范围内显示它的非竞争性和非排他性，也就是说，公共物品的受益范围是不一样的。所以，以公共物品的受益范围为依据，即还可以将公共物品划分为全国性的公共物品和地方性的公共物品。研究公共物品的分类，有助于我们研究公共物品的供给方式。不同类型的公共物品供给者应该不同、供给方式也应该不同，这是由市场经济的基本规律决定的。

2. 公共组织提供公共物品的必然性

公共物品消费上的非竞争性和非排他性，或者不完全的非排他性和非竞争性的特征，"使得对公共物品的消费进行收费是不可能的，因而私人提供者就没有提供这种物品的积极性"②。这就是公共组织提供公共物品的必然性。

公共物品在消费上具有非竞争性，即新增加的消费者的边际成本为零，收费定价的主要依据是边际成本，那么对新增加的消费者就应该免费，而由于无法区分新增加者，实际上很可能导致私人部门提供公共物品后无法得到补偿。同时，公共物品的非排他性，还使公共产品无法从技术上避免"免费搭车"问题。这样就不会有私人部门愿意提供公共物品。

尽管在公共组织不介入的情况下，公共物品的提供也不会为零，但肯定会出现供给不足或供给不均衡。私人部门或者出于方便自己的目的，或者出于道义，也会愿意提供公共物品。比如修桥筑路，开办学校、医院等。但这些公共

① 斯蒂格利茨：《经济学》，中国人民大学出版社 1997 年版，第 147 页。
② 世界银行：《1997 年世界发展报告：变革世界中的政府》，中国财经出版社 1997年版，第 26 页。

物品的供给与需求肯定是极不对称的，而且资源的配置也难以保证是最有效的。

供给公共物品的任务责无旁贷地落到了公共组织的身上。一方面，公共组织的公益性和非营利性使得它可以解决私人部门所无法解决的成本得不到弥补的难题。另一方面，最主要的公共组织—政府，可以通过向社会成员征税，确保一些纯公共物品的供给成本得到补偿。同时，政府也可以通过制定和实行一些经济政策、法律法规，引导其他公共组织增加对公共物品的供给，或者提高公共物品供给的效率。

3. 公共组织成为公共管理对象的必然

对公共管理主体的研究表明，公共组织的构成是复杂多样的，而管理主体自身的状况会直接影响管理目标的实现，事实上，公共行政就是肩负着提高政府自身组织效率的重任与政治学分离的，而且，优化内部管理及优化社会组织管理，从来就是政府及各社会组织的重要工作内容。所以不论是从理论还是从实践看，公共管理都具有双重内容，即公共管理对象既包括公共事务，也包括公共组织自身。

在公共组织中，政府是最大的、也是最权威的公共组织，而政府组织自身的管理也是最为困难的工作。公共行政诞生 100 多年来，关于政府的职能、政府的组织机构、政府的领导体制、人事行政、行政法制、财政预算、行政办公技术手段等内容，一直是政府管理最主要的内容。20 世纪 70 年代末，新公共管理运动兴起的主要原因之一，就是为了提高政府的管理效率。

在众多公共组织中，政府是起主导作用的，同时也是惟一可以管理其他公共组织的组织。公共组织具有多样性，所以非政府的公共组织自身也是政府的管理对象。各国政府都会制定相应的法律、法规、政策规范各种非政府的公共组织的活动。政府的这些法律、法规、政策直接关系各种非政府公共组织的存废，关系它们的社会地位，以及在社会中作用的发挥。

对于各种非政府公共组织而言，它们在承担社会公共责任的同时，也都必须承担内部管理的责任。它们都需要在国家的法律、法规允许的范围内，自我约束、规范行动，争取组织和社会的双赢。

1.1.4 公共管理的特点

通过对公共管理的内涵、公共管理的主体及对象的研究，我们已经不难看到公共管理的特点。

1. 公共管理与企业管理比较的不同特点

公共管理与企业管理比较而表现出来的特点是多方面的：

管理目标不同。企业的营利性决定了它们的管理目标总是围绕经济效益而设定。企业作为提供私人物品的组织，以实现利润最大化为管理的根本宗旨，所以企业管理的目标相对单一。企业管理的各项具体目标，如提高企业竞争力、提高产品市场占有率、提高顾客满意度等，实际上都是围绕实现利润最大化这个总目标展开的。现在为了实现可持续发展的目标，企业也会兼顾社会效益的目标，但其最终的目标仍然是经济效益。与企业不同，公共组织的非营利性决定了公共管理目标的多元性和多重性。管理的多元目标，是指管理时需要兼顾政治、经济、社会等多个方面的目标。而管理的多重目标，则指管理时需要兼顾中央、地方、部门等不同层级的目标。公共组织作为提供公共物品的组织，它的管理根本目标是最大限度实现公众利益。一方面，现代社会的高度分化使得公众对公共物品的需求也呈现多样性和多层次性，所以公共管理目标是多元和多重的。另一方面，又由于生活质量不是一个确定的量化指标，而是包含着主观因素和时代特点的概念，所以，同一时期不同地区的公众需求，以及不同时期同一地区的公众需求都会是不同的，这也决定了公共管理目标的多元性和多重性。与企业追求社会效益和经济效益的手段根本不同，公共管理也会追求效率，但它任何时候都必须将社会公平放在首位。

管理手段不同。对企业而言，管理内容多数是可以量化的，即便是顾客满意度这样的定性指标也可以用量化方式处理。所以在市场经济条件下，只要遵循平等竞争的基本规则，奖优罚劣都可以收到显著的效果。但是，公共管理内容却多数具有非竞争性，或者具有不完全的竞争性，甚至公共组织就是凭借对公共权力一定程度上垄断，提供公共物品和公共服务的，所以，竞争原则也好、奖优罚劣也好不是总能奏效的。在公共管理过程中更多地需要运用法律的、规制的、政策的手段。

管理结果的衡量标准不同。企业生存的市场竞争环境和自身的赢利性质，决定了它们的管理目标总是围绕经济效益设定，即便是垄断性企业，其垄断程度也远低于政府的垄断行为。所以，企业总是可以根据竞争的需要，从内部或者外部找到提高管理绩效的参照系，确定绩效管理的标准数值。公共组织却不同，公共管理的标准往往不容易确定。一方面，公共组织的垄断性使管理标准难以确定。公共组织的生存环境是由法律规定的，所以是绝对安全、稳定的，而且是缺乏竞争的。尤其是政府从来是以社会管理者的身份出现在社会生活中，政府自身没有自我约束的动力，所以也不容易制定出严格、科学的管理政策。另一方面，公共组织的工作弹性使管理标准难以确定。由于公共物品和公共服务的提供多数是惟一的，而且弹性非常大，比如文化、体育、科技等工作，都不能预先设定刚性指标。即使设定了一般也是硬件设施方面的，往往还因此流于形式，成为管理的败笔。

2. 公共管理与行政管理比较的不同特点

行政管理是指国家行政机关为实现社会公共利益而对国家政务与社会公共事务进行的管理。行政管理与公共管理在很多方面重叠，但是也存在着明显的不同。

管理的理念不同。行政管理注重的是效率，而且主要是内部管理的效率。公共管理注重的是政府管理的绩效，即包括经济、效率、效益在内的多元价值。

管理主体不同。行政管理的主体是政府组织，而公共管理的主体是政府及其他公共组织。公共管理运用企业精神改造政府，在公共物品和公共服务的供给中，更多地引入非政府公共组织，通过授权、委托代理、公私合作等方式，吸引和组织更多的公共组织参与到公共管理，并在公共管理中发挥愈来愈重要的作用。

与外部的环境关系不同。传统的行政管理注重的是内部管理程序化、规范化，主张行政的价值中立，不受外部政治干扰。学者古德诺（Goodnow）甚至因为提出了政治与行政二分法（the politics／administration dichotomy）而著名。而公共管理则十分注重外部政治环境的影响，尤其主张"回应性"、"互动性"，即强调政府、企业、公民社会的互动，以及在处理社会及经济问题中的责任分担。

管理方法不同。行政管理最主要的管理方式是行政方式、法律方式，这些方式都是具有强制力的，而且是以命令和服从为基本特征的。公共管理则是以国家相关的政策和法律为依据，在运用行政的、法律的、经济的传统管理方法的同时，更关注战略管理，主张将一般私人部门管理的计划、组织、控制等管理工具、技术和方法运用于公共管理。

管理的目的不同。行政管理对组织内部的运作十分注重，强调行政的层级过程及程序。而公共管理的关注点在最终的结果，即为达成结果而承担的责任。公共利益的实现是公共管理的最终目的。

总之，公共管理与企业管理、行政管理的区别表现在整个管理活动的各个环节上，并不是像有的学者认为的，公共管理只是传统的行政管理借用了企业管理的技术和方法。

1.2　公共管理学的产生与发展

1.2.1　公共行政学的诞生

如果单纯从公共管理是对公共事务的管理这个意义上说，公共管理不论是管理实践还是理论思想都古已有之，它们的历史也许可以追溯到国家的产生。但是，作为理论的公共管理学与哲学、政治学等学科比较还是相当"年轻"的，其源头被公认为是 19 世纪后期诞生的行政学（Administration）。

1. 公共行政学诞生的背景

任何理论都是历史的、时代的产物，即理论的产生总会有深刻的现实和理论依据，公共行政学也不例外。

资本主义从自由竞争到垄断的发展，是公共行政学诞生的社会依据。资本主义生产方式在 19 世纪中后期最终确立，并在 19 世纪后期开始走向垄断，19 世纪末至 20 世纪初，西方主要资本主义国家已经完成由自由竞争到垄断的过渡，垄断组织和垄断资本已经在国家经济中占据统治地位。这个时期的垄断资本主义也被称为个人垄断资本主义，或一般垄断资本主义。公共行政学理论诞生于 19 世纪后期，并于 20 世纪 20 年代确立，可以说是与垄断资本主义的确立完全同步，这其中有其必然性。一方面，生产社会化引起的集中和竞争加剧，对政府转变职能提出了迫切的要求，资本主义自由竞争时期，政府较少干预经济和社会生活，坚持在和市场的关系中扮演"守夜人"的职能定位必须改变。另一方面，现代分工制度和现代协作制度在巨型企业的出现，促进了管理科学的发展，也为政府管理的科学化、规范化提供了借鉴。另外，公共行政学理论诞生于美国，而不是欧洲的发达国家，也有其历史必然性。美国作为一个新兴国家，没有欧洲国家普遍存在的各种历史"包袱"，政府立足提高效率，进行管理创新有独特的社会条件。

政治学和科学管理理论等相关学科的新发展，是公共行政学诞生的理论依据。政治学科的发展和分化直接产生了公共行政学理论。17、18 世纪，欧洲启蒙思想家极大地推动了政治学的理论发展。19 世纪末期以后，欧美的资产阶级国家政权体制趋于稳定，国家的权力重心转向行政，行政的理论地位也日益突出。传统的政治学研究中关注国家的行政管理职能、关注行政管理的经济和效率的一派，最终与政治学分离，自立门户，专门从事公共行政学研究。另一方面，科学管理理论的形成和发展，也为公共行政学的诞生奠定了重要的理论基础。科学管理理论研究的是企业管理中提高生产效率的问题，但是通过科学管理提高工作效率的基本理念是对政府管理有明显借鉴意义的。当时的政府也正是受到职能扩大，机构庞杂、冗员充斥等管理问题的困扰，所以，科学管理理论送来了全新的思维方式。实际上，传统行政学中关于精简人员、调整机构、规范工作程序和人员行为等，都与科学管理的原理有密切的联系。

2. 公共行政学的传统范式

1887 年美国学者威尔逊（Wilson）公开发表《行政学研究》（The Study of Administration），明确主张政治与行政分离，提出行政学应该作为独立的学科。1900 年另一位美国学者古德诺发表著作《政治与行政》，更为明确地提出："政治是国家意志的表现，行政是国家意志的执行。"① 从而使公共行政学以政治—行政二分法的范式（paradigm）② 构建自己的学术框架。1926 年怀特（Leonard D. White）的《公共行政学研究导论》（Introduction to the Study of Public Administration）和 1927 年威洛比（William F. Willoughby）的《公共行政原理》出版，被认为是公共行政学理论建立的标志。

公共行政学也被称为行政学或传统行政学。因为，威尔逊在开辟这个新的学术领域时，使用的是"Administration"，怀特在完成这一理论的学术框架构建时，使用的是"Public Administration"，而且对怀特的著作，也有译为《行政学导论》的③。另外，如果从公共行政学理论发展的宏观视角看，这个时期的公共行政学理论是可以被称为"传统行政学"的，所以我们同意这三个概念没有实质区别的观点。

威尔逊在创立行政学时，就明确指出，行政学的目标和任务就是要弄清"政府怎样才能够以尽可能高的效率和尽可能少的金钱或人力上的消耗来完成这些专门的任务"。④ 也就是说，早期公共行政学理论的特点就是，以提高效率为中心，并且强调政治与行政分离才能保证行政的高效率。当时研究的重点在行政组织的机构、组织职能、行政过程和程序，同时也探讨行政原则和行政

① 古德诺：《政治与行政》，华夏出版社 1987 年版，第 12～13 页。
② 所谓"范式"是指理论界研究中共同认可并遵循的理念、价值标准、技术手段等构成的综合体。
③ 夏书章：《行政管理学》（第三版），高等教育出版社，中山大学出版社 2004 年版，第 13 页。
④ 丁煌：《西方行政学说史》，武汉大学出版社 1999 年版，第 21 页。

规律。正是在这个时期，德国学者马克斯·韦伯（Max Weber）提出并系统研究了行政组织的理想模式官僚制（bureaucracy），即具有分工合理、层级节制、照章办事、文件档案、非人格化管理、专业化、人事行政等特征的行政模式。尽管后人对韦伯的官僚制理论褒贬不一，但官僚制理论是公共行政学传统范式的理论基础，并且至今仍在深刻影响行政管理的理论和实践却是事实。而古利克（Luther Gulick）概括的公共行政原则，即计划、组织、人事、指挥、协调、报告和预算，也被奉为行政基本原则。

传统行政学在20世纪20~40年代有了比较迅速的发展，在研究的内容上更为丰富，在探讨公共行政的一般原则方面也更为深入，甚至直接进入大学，成为规范的学位教育。1924年美国锡拉丘兹大学麦克斯韦尔公民与公共事务学院（Maxwell School of Citizenship and Public Affairs, Syracuse University）开始公共管理硕士教育（MPA），此后，MPA教育在欧洲、北美逐步扩展，但是这一阶段"政治与行政二分法"的基本范式并没有改变。

1.2.2 传统公共行政学遇到的批评与转变

第二次世界大战结束前后，传统的公共行政学遇到来自各方面的怀疑和批评，同时社会的高速发展也促进了其他学科理论的快速发展，在回应各方面的怀疑与批评，以及借鉴其他学科研究成果的基础上，传统的公共行政范式开始向新的公共管理范式转变。

1. 传统范式受到批评的社会原因

传统公共行政学的范式说到底，是自由资本主义时代的产物，所以，当自由资本主义开始向国家垄断资本主义转变时，这种范式也不可避免地就会受到质疑、批评，甚至是批判。也就是说，国家垄断资本主义的发展，是传统的公共行政学范式受到质疑和批评的社会原因。

20世纪20年代后期至20世纪60年代，是以个人垄断为特征的一般垄断资本主义向国家垄断资本主义发展的阶段。这个时期里，一方面，生产社会化的程度不断提高，大规模生产所需的巨额投资与私人垄断资本的局限产生了矛盾，另一方面，科技的不断进步，尤其是战后新技术浪潮的到来，带来了一系列私人垄断资本完全无法解决的需求，比如对高标准公共设施的需求；对部门经济结构、地区经济结构调整的需求；对生态平衡、环境保护等投资的需求；对重大科技项目投资的需求等等。正是为了解决这些一般垄断资本主义无法解决的问题，国家垄断资本主义在20世纪30年代应运而生，而且一开始就显示了它巨大的生命力。如果说两次世界大战期间，国家垄断资本主义的发展还不够稳定，那么从 20 世纪 50 年代开始，国家垄断资本主义就进入了它发展的快车道。一般认为，衡量国家垄断资本主义发展的主要指标，是国家财政支出用于社会资本再生产过程的增长速度及其在国民生产总值中所占的比重。当国家财政支出的很大部分投入生活资本再生产运动，从而使国家和垄断资本在经济上结合日益密切，国家在垄断资本主义生产、分配、交换和消费各个领域的经济职能日益加强时，国家垄断资本主义的发展水平也就越高①。可见国家垄断资本主义越发展，国家承担的事务就越多，当然相应的机构和人员也会越多。

显然，在这样的背景下研究公共行政，还坚持"政治与行政二分法"的传统范式，还坚持以行政组织的内部机构、过程、程序等为取向的公共行政，肯定会越来越不合时宜。现实中，由于国家垄断资本主义的发展，各国政府在职能、权力范围、管理体制等各个方面都发生、或正在发生根本性的变化，原有的公共行政理论也无法适应这样的变化。

总之，国家垄断资本主义的发展是现代资本主义发展的结果，而国家垄断资本主义的发展，就动摇了传统公共行政的范式。

2. 公共行政理论的发展

20 世纪 20 年代后期至 20 世纪 60 年代，是经济学领域凯恩斯主义形成和发展的时期，政治学领域发生行为主义（Behaviorism）革命的时期，还是管理学领域决策科学出现和兴盛的时期，这些理论一方面丰富了公共行政的研究内容和研究方法，同时也推动了公共行政研究范式的转换。

凯恩斯主义是市场缺陷的产物。20 世纪 30 年代世界性经济危机的爆发，使市场经济的局限完全显现，英国经济学家凯恩斯（John M. Keynes）主张通过放弃经济自由政策，扩大国家经济职能，实行国家调控，干预经济运行解决这个困境。后来他在著作《就业、利息和货币通论》中系统论述了自己的观点，显然这个政府干预理论完全不同于亚当·斯密的"守夜人"观点。凯恩斯这个理论后来被称为"凯恩斯主义"，并迅速被西方各国视为医治市场弊端的"良药"。战后凯恩斯主义的盛行促成了行政向政治的回归。

行为主义革命是战后政治学领域出现的方法论上的变革。即政治学者们主张将传统的以价值研究为核心的规范研究方法，改变为以经验研究为核心的科学实证研究方法。为此，他们强调政治学研究的价值中立，注重研究方法和手段的精确化、数量化，同时大量借鉴其他社会科学和自然科学的研究方法，力

① 卫兴华，林岗：《马克思主义政治经济学原理》，中国人民大学出版社 1999 年版，第 148 页。

图使政治理论变得具体、可靠，从而也就变得"科学"。政治学放弃传统的意识形态的价值取向，转而追求中立的价值，也客观上缩小了与行政学的距离。

行为主义研究方法被引入行政管理领域，成为决策理论形成的原因。美国学者赫伯特·西蒙站在行为主义的立场，猛烈抨击了传统公共行政奉为经典的行政原则，主张以行政行为研究取代传统的对行政教条的研究。而且西蒙认为自然科学和社会科学的研究方法基本是一致的，所以他主张用理性的、科学的方法研究行政管理，他还把决策科学提到前所未有的高度。在西蒙的倡导下，决策理论在管理学和公共行政两个领域都得到长足发展。公共行政更加正视现实、深入实践，科学方法的运用，也使公共行政以后有可能由纯理论的研究转向应用研究。

正是政治学、经济学、社会学、心理学、管理学等其他相关学科的发展都为公共行政理论的发展提供了丰富的"营养"，也为传统公共行政范式转换提供了足够的动力。

1.2.3 公共管理学的新框架

20世纪70年代以来，公共行政学完成了向公共管理学的转变，这种转变不仅是研究范式的转变，也是一个新的理论框架的形成。

1. 公共管理学形成的历史条件

公共管理学在20世纪70年代以后兴起，并在21世纪之初基本形成，是"政府失灵"的产物，也是公民社会（Civil Society）成熟的产物，当然也是全球化（globalization）发展、科学技术高度发展的产物。

"政府失灵"使传统的公共行政理论最终转向公共管理。第二次世界大战结束至20世纪70年代初，西方各国经历了一个持续高速度发展的"黄金时期"。但是1974年的"石油危机"使它们先后步入了经济相对停滞和低速增长的"忧郁"时期。由于实行凯恩斯主义，政府开支过大，财政入不敷出，于是企业税收不堪重负，银根被迫一再放松。这样做又引发连锁反应：生产停滞，失业反弹，物价飙升，通胀一发不可收拾。到70年代末，高通胀与高失业，困扰着西方各发达国家。与凯恩斯主义背道而驰的"货币主义"理论引起人们的重视，"货币主义"理论的主要代表人物，美国经济学家米尔顿·弗里德曼（Milton Freedman）1976年获得了诺贝尔经济学奖。"货币主义"理论在英国、美国实行，帮助两国经济在80年代重新恢复生机。而由此引发的对政府干预的思考，就成为公共管理学形成的一个重要推动力。

公民社会更趋成熟使公共管理有了现实依据。公民社会是指可以有效地影响国家政策、又不受国家支配、并可以协调自身行为的社团①，也就是我们通常所谓的非政府组织（NGO）。西方国家的公民社会在战后得到长足的发展，不仅数量显著增加，而且组织自身的组织性、规范性明显提高，还出现了一些颇具影响的国际非政府组织。这些非政府组织几乎遍及所有社会生活领域，尤其是在环境保护、扶贫发展、权益保护、社区服务、经济中介、慈善救济等领域，在帮助社会弱势群体、及时沟通民众与政府、在促进新技术应用和采用新管理方法等方面，发挥了不可替代的作用。这些都是公民社会成熟的表现。公民社会成熟意味着它们有可能成为公共管理的主体，有可能承担一些公共品和公共服务的供给责任，当然这样也就要求政府更注重与社会环境的互动。

全球化的发展要求根本改变传统公共行政的观念。战后开始的全球化进程，在 20 世纪的最后 20 年得到加速发展。由于社会化的基本规律的存在，也由于"冷战"（Cold War）时代的结束和现代科技的发展，全球化进程大大加速。资金、商品、技术、劳动力、信息、意识形态等一切资源在世界范围里的流动日益频繁，而它在促进世界经济生活发展的同时，也给各国政府带来巨大的压力，它要求政府的信息管理能力、突发事件的回应能力、全球范围的合作能力等有相应的快速提高，政府效能成为国家竞争力的重要组成部分。显然，传统的公共行政从理念到方法都遇到了巨大的挑战。

科学技术的高度发展，推动了公共管理的理念和体制的"再造"。20 世纪 80 年代以后，计算机和网络技术的发展普及，使人们在改革政府管理时，获得了有力的技术支持。计算机和网络不仅帮助政府降低了工作成本，提高了工作的效率，而且为民主决策、透明行政提供了技术条件。更为重要的是，电子政务在缩短公众与政府的距离的同时，也彻底动摇了韦伯的官僚体制，政府从机构设置到工作流程、责任方式等，都被推到了变革的前沿。

总之，20 世纪最后 20 年是一个世界急剧动荡，经济快速振兴，社会不断创新的特殊历史时期，公共行政学在这个时期完成向公共管理学的转型，应该说有其中的必然性。

2. 公共管理学的理论框架

1991 年全美的公共管理学者汇聚锡拉丘兹大学 MPA 教育的发源地，召开了第一次美国公共管理学术研讨会（The National Public Management Research Conference）。会议开得很成功，完全达到了评估公共管理学科的现状、交流研

———————————

① 参见吴锦良：《政府改革与第三部门发展》，中国社会科学出版社 2001 年版，第 77 ~ 78 页。

究成果的目的。参会论文 1993 年以《公共管理：学科的现状》为名结集出版，被视为是公共管理学派正式形成的标志。

公共管理学的范式完全不同于公共行政，它注重对社会和环境的回应，它不拒绝来自任何学科的理论，尤其受到企业管理和新技术革命的影响，总之，它是以管理而不是行政的视角思考问题。

作为一门新兴学科，公共管理学是研究公共管理活动一般规律及发展趋势的理论。公共管理学以公共管理者为教学与研究的对象，既重视公共管理外在的环境，又重视内在的管理。公共管理重视私人部门的管理方法和技术，但未改变公共部门的主体性，作为一门学科，它整合了多个学科的理论①。

1.3 新中国公共管理学的传播与发展

1.3.1 新中国领导人的行政管理思想

中国是一个有着悠久历史和灿烂文化的文明古国，在 2000 多年不曾中断的中华文明中，完备而丰富的政治和行政管理的历史遗产占据着重要地位。新中国成立以来，党和国家的几代领导人的行政管理思想深深植根于这片文化沃土，同时又充分体现了马克思主义政治家的宽广胸怀和远见卓识。

1. 毛泽东的行政管理思想

毛泽东是新中国的缔造者，也是新中国的组织者和领导者，他的行政管理思想的核心就是"全心全意为人民服务"。他说："全心全意地为人民服务，一刻也不脱离群众；一切从人民的利益出发，而不是从个人或小集团的利益出发。"②

他的行政管理的基本方法就是"从群众中来，到群众中去"③。即在制定政策之前，必须倾听群众的呼声、了解群众的愿望，学习群众的经验。在政策、方针制定完成后，再向群众宣传、解释，指导他们实施。

---

① 张成福，党秀云：《公共管理学》，中国人民大学出版社 2002 年版，第 23 页。

② 毛泽东：《论联合政府》，《毛泽东选集》（第三卷），人民出版社 1991 年版，第 1094～1095 页。

③ 毛泽东：《关于领导方法的若干问题》，《毛泽东选集》（第三卷），人民出版社 1991 年版，第 899 页。

他的干部选用标准是"又红又专"①。"红"就是对社会主义事业有坚定的信念，保持优良的思想作风和道德品质，"专"就是有建设社会主义的知识、本领和才能。

实践证明，在毛泽东的行政管理思想指导下的新中国四届政府，都坚持了中国的社会主义发展方向，也是受到全国人民拥戴的。

2. 邓小平的行政管理思想

邓小平是中国改革开放的总设计师，他不仅从 1953～1978 年任国务院副总理，有丰富的行政实践经验，而且作为执政党的主要领导人之一，"文革"期间，他深刻反思了社会主义国家经济建设中的经验教训，党的十一届三中全会后，他不失时机地启动中国的社会主义改革进程。邓小平针对当时严重存在的权力过分集中、党政不分、官僚制、家长制、领导职务终身制等现象，提出了各项改革任务，体现了他的行政管理基本思想：

在行政管理的核心思想方面，他坚持"全心全意为人民服务"，提出"要坚决批评和纠正各种脱离群众、对群众疾苦不闻不问的错误"。② 在他提出的判断是否是社会主义的"三个有利于"标准中，就有"是否有利于提高人民的生活水平"③。

在领导体制方面，坚持实行党政分开和权力下放。他多次指出："党的领导是不能动摇的，但党要善于领导，党政需要分开，解决党如何善于领导的问题。""解决了党政不分，有利于建立各级政府自上而下的强有力的工作系统，管好政府职权范围的工作。"④

在依法行政方面，要建立和完善行政法规和制度，反对家长制和各种特权现象。在 1980 年 8 月召开的中央政治局工作会议上，邓小平分析指出："我们的党政机构以及各种企业、事业领导机构中，长期缺少严格的从上而下的行政法规和个人负责制，缺少对于每个机关乃至每个人的职责权限的严格明确的规定，以至事无大小，往往无章可循，绝大多数人往往不能独立负责处理他所应

① 毛泽东：《又红又专》，《毛泽东著作选读》（下），人民出版社 1986 年版，第 803 页

② 邓小平：《贯彻调整方针，保证安定团结》，《邓小平文选》（1975～1982），人民出版社 1983 年版，第 327 页。

③ 邓小平：《在武昌、珠海、上海等地的谈话要点》，《邓小平文选》（第三卷），人民出版社 1993 年版，第 373 页。

④ 邓小平：《关于政治体制改革问题》，《邓小平文选》（第三卷），人民出版社 1993 年版，第 177 页。

当处理的问题，只好成天忙于请示汇报，批转文件。""新中国成立以后，我们也没有自觉地、系统地建立保障人民民主权利的各项制度，法制很不完备，也很不受重视，特权现象有时受到限制、批评和打击，有时又重新滋长。克服特权现象，要解决思想问题，也要解决制度问题。"

在人事制度方面，建立科学的用人制度，破除事实上的领导干部终身制。基于"尊重知识、尊重人才"的基本思想，他提出要"从组织上发挥社会主义的优越性，自觉地更新各级党政领导机关，逐步实现领导人员年轻化、专业化"，"目前的主要任务，是善于发现、提拔以至大胆破格提拔中青年优秀干部"①。

在邓小平规划、组织、指导下，我国的行政体制走出了"文革"的混乱，在几乎所有行政领域开始了改革，而且在上述几个领域取得了明显的成效，为我们建设科学、民主、法制、效能行政奠定了基础。

3. 新的中央领导集体的行政管理思想

1989 年 6 月，党的十三届四中全会上形成了以江泽民为核心的新的中央领导集体，2002 年党的十六大上形成了以胡锦涛为核心的新一届中央领导集体，近 20 年来，围绕改革确定的建设有中国特色社会主义的总目标，坚持邓小平理论的指导思想，按照社会主义市场经济的内在要求，以转变政府职能为核心，以建立廉洁、勤政、务实、高效的服务型政府为目标，把实行科学民主决策、推进依法行政、加强行政监督作为政府工作的基本准则，大力推进了政府自身的改革和建设。

新的中央领导集体总结党的革命和执政实践经验，坚持"诚心诚意为人民谋利益"的核心思想，极力打造为民、利民、便民、亲民的政府。江泽民在庆祝中国共产党成立八十周年大会上的讲话中指出："在任何时候任何情况下，与人民群众同呼吸共命运的立场不能变，全心全意为人民服务的宗旨不能忘，坚信群众是真正英雄的历史唯物主义观点不能丢。"② 胡锦涛在庆祝中国共产党成立 85 周年大会上的讲话中也指出：要"坚持权为民所用、情为民所

---

① 邓小平：《党和国家领导制度的改革》，《邓小平文选》（1975～1982），人民出版社 1983 年版，第 281、283、288、292 页。

② 江泽民：《在庆祝中国共产党成立八十周年大会上的讲话》，《论"三个代表"》，中央文献出版社 2001 年版，第 152 页。

系、利为民所谋，始终与人民群众同呼吸、共命运、心连心"。① 温家宝在2007 年的政府工作报告中指出："加强政府自身改革和建设，必须坚持以人为本、执政为民，把实现好、维护好、发展好最广大人民的根本利益作为出发点和落脚点。"②

在行政体制改革方面，以政府职能转变为核心，建立适合社会主义市场经济体制的行政管理体制。江泽民在党的十五大政治报告中指出："要按照社会主义市场经济的要求，转变政府职能，实现政企分开，把企业生产经营管理的权力切实交给企业；根据精简、统一、效能的原则进行机构改革，建立办事高效、运转协调、行为规范的行政管理体系，提高为人民服务水平。"③ 朱镕基在十届人大一次会议上的《政府工作报告》中指出："在社会主义市场经济条件下，政府职能主要是经济调节、市场监管、社会管理和公共服务。""深化行政管理体制改革。坚持政企分开，按照精简、统一、效能的原则，进一步转变政府职能，调整政府机构设置，理顺部门职能分工，减少行政审批，提高政府管理水平，努力形成行为规范、运转协调、公正透明、廉洁高效的行政管理体制。"④

在依法行政方面，要坚持有法可依、有法必依、执法必严、违法必究。江泽民在十五大政治报告中指出，要"加强立法工作、提高立法质量"。"一切政府机关都必须依法行政，切实保障公民权利，实行执法责任制和评议考核制。"要"深化行政体制改革，实现国家机构组织、职能、编制、工作程序的法定化"，要"完善监督法制，建立健全依法行使权力的制约机制。"⑤ 朱镕基在 2002 年的《政府工作报告》中也强调，要"认真贯彻依法治国方略，坚

---

① 胡锦涛：《在庆祝中国共产党成立 85 周年暨保持共产党员先进性教育活动大会上的讲话》，载《人民日报》，2006 年 7 月 1 日。

② 温家宝：《政府工作报告》，http：//npc. people. com. cn/GB/71673/5490341. html，2007 年 6 月 20 日访问。

③ 江泽民：《高举邓小平理论伟大旗帜，把建设有中国特色社会主义事业全面推向二十一世纪》，人民出版社 1997 年版，第 37 页。

④ 朱镕基：《政府工作报告》，http：//www. gov. cn/test/2006-02/16/content_ 201173. htm，2007 年 6 月 20 日访问。

⑤ 江泽民：《高举邓小平理论伟大旗帜，把建设有中国特色社会主义事业全面推向二十一世纪》，人民出版社 1997 年版，第 37 页。

持依法行政，从严治政"。① 温家宝在 2007 年的《政府工作报告》中，进一步强调"加强政府立法工作"。"加强和改善行政执法，落实行政执法责任制。"②

在人事制度方面，要建立健全科学、民主、规范的用人制度。江泽民提出任用干部的"原则应该是：坚持任人唯贤，反对任人唯亲；既要德才兼备，又不求全责备；既要坚持标准，又要不拘一格。要不断深化干部人事制度改革，形成干部能上能下的机制，用制度为优秀干部脱颖而出、健康成长创造良好的环境和条件。"③ 在党的十六大政治报告中，江泽民又指出："以建立健全选拔任用和管理监督机制为重点，以科学化、民主化和制度化为目标，改革和完善干部人事制度，健全公务员制度。扩大党员和群众对干部选拔任用的知情权、参与权、选择权和监督权。实行党政领导干部职务任期制、辞职制和用人失察失误责任追究制。"④ 胡锦涛在讲话中也指出："要全面贯彻干部'四化'方针和德才兼备的原则，不断深化干部人事制度改革，扩大干部工作中的民主，扩大群众对干部工作的知情权、参与权、选择权、监督权，健全干部选拔任用和管理监督机制，严格遵守干部选拔任用的规定和程序，不断加强各级领导班子建设。"⑤

总之，在改革开放的新时期，两任新的中央领导集体的行政管理思想，明显增加了民主、法制、科学、廉洁的内容，这些内容是时代的内容，也是改革的内容。

1.3.2 从行政管理学到公共管理学的发展

新中国的公共管理学科发展经过了一个从行政学到行政管理学，再到公共管理学的发展过程，在学科的内容上，也经过了一个从政府行为到公共组织管理的丰富扩大过程。

① 朱镕基：《政府工作报告》，http://www.gov.cn/test/2006-02/16/content_201173.htm，2007 年 6 月 20 日访问。

② 温家宝：《政府工作报告》，http://npc.people.com.cn/GB/71673/5490341.html，2007 年 6 月 20 日访问。

③ 江泽民：《加紧培养适应新世纪要求的中青年领导干部》，《论"三个代表"》，中央文献出版社 2001 年版，第 41 页。

④ 江泽民：《全面建设小康社会，开创中国特色社会主义事业新局面》，http://cpc.people.com.cn/GB/64162/64168/64569/65444/4429119.html，2007 年 6 月 20 日访问。

⑤ 胡锦涛：《在庆祝中国共产党成立 85 周年暨保持共产党员先进性教育活动大会上的讲话》，http://xf.people.com.cn/GB/42472/4548913.html，2007 年 7 月 1 日访问。

1. 行政管理学的恢复与发展

和西方国家一样，在公共管理的概念还没有出现时，我国先出现的是行政管理的概念。所以，作为学科的公共管理学在中国的出现，可以追溯到20世纪30年代行政管理学在中国的传播和研究。当时，有少数学者在介绍和引进西方的行政理论方面做了一些工作。但是在那个内忧外患并存的动荡年代，他们的工作并没有在国内引起多少关注。

新中国成立以后，行政管理学作为政治学的一门分支学科，一度在一些院校设置，但是由于在学科建设认识上的偏颇，1952年全国院系调整时有关行政管理的专业和课程都被去掉。直至"文化大革命"结束后的80年代，在政治学的研究得到恢复和发展的基础上，行政管理学才获得了在中国发展的机遇。

党的十一届三中全会开始了中国的改革进程，行政管理学（行政学）重新在中国获得了生机。1979年3月30日，邓小平同志在理论工作务虚会上明确指出："政治学、法学、社会学以及世界政治的研究，我们过去多年忽视了，现在也需要赶快补课。"① 在邓小平的直接关心下，1980年中国政治学会成立。同时，随着全党和全国工作重心转到经济建设上，对政府及其工作的研究问题被急迫地摆到理论工作者和实际工作者的面前。1981年全国政治学会年会对行政体制改革的有关问题进行了专题讨论。1982年1月29日，夏书章教授在《人民日报》上发表署名文章《把行政学的研究提上日程是时候了》，极大地焕发了理论工作者和实际工作者投入行政学研究的热情。1982年，中国政治学会在复旦大学举办了全国行政学讲习班，为行政学发展培训了一批骨干力量。1983年的政治行政体制改革研讨会对行政学的主要问题进行了讨论，行政学越来越引起理论界和政府行政人员的关心和重视。同年，"联合国：文官制度改革国际研讨会"在北京召开，对促进中国行政体制改革和推进公务员制度的实施产生了积极的影响。1984年国务院办公厅和劳动人事部联合召开的"行政科学研讨会"是我国的行政学研究发展到行政管理学的转折点。在这次会议上，与会的国务院和各省、市地方政府代表、以及各地学者专家，共同对开展行政科学的有关问题进行深入的讨论。他们论证了在中国开展行政管理学研究的必要性和重要性，探讨了发展行政管理学的指导思想和指导原则。提出建立具有中国特色的行政管理学，要为促进中国实现行政管理的科学

① 邓小平：《坚持四项基本原则》，《邓小平文选》（1975～1982），人民出版社1983年版，第167页。

化、法制化、现代化服务，同时初步明确了行政管理学和行政改革要研究的主要课题，建议成立中国行政管理学会和筹建国家行政学院。这次会议为在全国恢复和重建行政管理学起了极大推进作用。正是在这次会议的基础上，1986年部分高校首批开设"行政管理"本科专业，1988年中国行政管理学会经国务院批准正式成立。从此，行政管理学科在中国的发展进入"快车道"。

在普通教育方面，行政管理本科专业经过20多年的发展，现在已经发展成为体系完整的一级学科。继1986年部分院校开设行政管理本科专业后，1990年、1994年国务院学位办又先后批准行政管理专业的硕士、博士学位授予权。至1998年教育部重新修订本科专业目录时，第一次在管理学门类下增设了公共管理一级学科。在教育部1998年颁发的本科专业介绍中，公共管理一级学科下设行政管理、公共事业管理、公共事业管理（师范类）、劳动与社会保障、土地资源管理等5个二级学科。

在在职教育和培训方面，1994年国务院批准成立了国家行政学院，此后，各副省级以上地方相继成立行政学院，作为地方干部培训基地。另外，2002年全国第一批24所院校获得公共管理专业硕士（MPA）学位授予权。至此，我国的行政管理学科建设完成了向公共管理学的过渡，公共管理学科建设站在了新的平台上。

不论是从教育部公共管理一级学科的设置，还是从国务院学位办公共管理专业硕士（MPA）的设置，我们都可以看到公共管理学科的基础远比行政管理学宽泛。如果说我国的行政管理专业基本上是从政治学中生长出来的，那么，公共管理学则是从政治学、行政学、管理学、经济学、教育学、工学等众多学科的基础中生长出来的。

2. 公共管理学研究范围

公共管理学的研究范围，经过了一个从介绍西方的一般理论，到分科、分层的专业化、专题化的发展过程。在行政管理学恢复的初期，学界主要是介绍和直接借鉴国外、境外的传统行政学的理论，包括撰写通论性的著作。现在公共管理学科已经比较成熟，它的跨学科特点已经得到充分彰显。

从现在已经获得公共管理一级学科和MPA学位授予权的学校的课程设置看，现在公共管理学的研究范围已经相当广泛，它们涉及的范围大致有：

政治学基础理论。一般包括政治学原理、当代中国政府与政治、当代中国政府过程、比较政治制度、中国改革实践研究等。

管理学基础理论。一般包括管理学原理、公共部门人力资源管理、公共部门公共关系、公共部门绩效管理，组织行为学等。

行政管理。相关理论一般包括行政管理学、政策学、行政思想史（行政学说史）、地方政府学、行政组织学、国家公务员制度、领导科学、电子政务、行政监察、机关管理学、公共事业管理、非政府组织研究、行政制度史、行政案例研究等。

经济学基础理论。西方经济学（微观经济学）、公共财政学、预算管理、管理经济学、计量经济学等。

另外，一般公共管理还需要研究其他学科的相关内容，比如行政法与行政诉讼法、行政伦理、社会学、社会调查与统计、社会保障学等。由于研究方法不同，有的学校还将高等数学、运筹学等也作为公共管理学的专业基础。

总之，公共管理学的研究领域日益广泛，学科分支也越来越细。随着改革和社会的发展，公共管理学的内部学科分类也在不断变化。

3. 公共管理研究队伍的扩大

我国正式重建行政管理专业以来，公共管理的研究队伍由小到大，由单一到多元，发展得相当迅速。

由于我国的行政管理学是从政治学中分离出来的，所以我国改革开放以后，最早进入行政管理研究领域的学者，绝大多数是原来从事科学社会主义、政治学研究的学者。自从 1988 年中国行政管理学会成立和 1994 年国家行政学院成立后，从事公共管理研究的队伍就扩大为高校、各地行政学院和学会三支主要队伍。

这三支研究队伍人员是有交叉的，但他们的研究侧重点各有不同，研究方式和成果形式也各不相同。高校的研究是结合学科建设、专业建设、各层次的专业人才规范培养进行的，所以是深入进行基础理论研究，介绍和研究国外相关理论的主要力量。各地行政学院的研究是结合在职干部的培训、轮训进行的，所以研究工作与我国及各地方的改革实践结合得特别紧密。中国行政管理学会则为在各个岗位工作的热心从事公共管理学研究的人士搭建了一个交流、联谊的重要平台。现在中国行政管理学会在全国 30 多个副省级以上的城市建立了地方学会，另外还在教学研究、政策科学、县级行政等领域建立了直属研究分会，形成了自上而下比较完整的组织体系，会员则来自高校、行政学院、各地方社科院以及政府各部门，近些年政府部门的实际工作者越来越积极地参加到各级各地方的学会活动，大大促进了公共管理研究成果向改革实践的转化，也明显提升了公共管理的学科地位。

1.3.3 建设中国特色的公共管理学

从恢复行政管理学开始，公共管理学在中国的发展仅有20年，公共管理学的建设还只能算是刚刚起步。在中国应该建设有中国特色的公共管理学，因为中国的国情与西方国家有明显不同，中国的公共管理学术研究的基础也与西方国家不同，作为一门应用学科，公共管理理论在中国肩负着总结现实和引导实践的双重任务，所以，学科建设最重要的就是从中国的实际出发。

1. 中国的国情特点

党的十五大政治报告中指出，中国最大的、最基本的国情，就是中国还将长期处于社会主义的初级阶段。初级阶段就意味着我们的社会主义市场经济体制还不够成熟，政府管理还不够科学、规范，政府公职人员和社会成员的法制意识还不够牢固，如此等等。而公共管理学20世纪70年代末在西方各国兴起，有其深刻的社会历史原因和深厚的社会科学发展基础，忽视这样的背景和特征，对源于西方的公共管理理论采取完全的"拿来主义"，就会使中国的公共管理理论脱离实际，从而使研究的意义减弱甚至丧失。

在西方，公共行政理论是建立在成熟的市场经济体制的基础之上的。19世纪末至20世纪20年代，当时以威尔逊、古德诺、马克斯·韦伯为代表的西方学者们创立了传统的公共行政理论。尽管他们的理论各有特点，但后人公认他们的基本范式相同，他们政治—行政二分法的范式带有深刻的时代烙印。20世纪70年代以后公共行政的范式转向公共管理，是由于"市场失灵"、新一轮科技革命浪潮的兴起、新一轮产业结构的调整以及世界经济的一体化、世界政治的多极化趋势的出现。我们在将公共管理的范式介绍到中国时，不能因为引发西方70年代末，新公共管理运动兴起的主要原因是财政负担过重、机构臃肿、效益低下，与我国90年代末行政改革的直接原因大致相同，就忽视西方各种研究范式形成的背景。中国最近一轮行政改革的直接起原，虽然也是财政负担过重，但大背景却是经济体制的转变、经济增长方式的转变，这个深层次的改革原因与西方完全不同。这样的背景条件决定了我国实际上还没有能真正建立起与市场经济体制相适应的行政体制，当然，多数部门和地区行政决策的科学性、民主性还相当有限，所以我们在进行相关研究时，不能以西方的研究重心为重心、以西方的研究热点为热点，不能简单地肯定一种范式，否定另一种范式。允许甚至鼓励几种范式的并存，或许能为我们提供更多的思路。

西方的公共管理学的研究重心，是由西方国家公共管理现实需要决定的。他们将研究的重心集中在实现公共利益问题上，而且比较多地吸取了经济学、管理学的理论和方法，这些对我们的研究有很大的启发和借鉴作用。但在中国，市场经济体制只是初步建立，"经济人"、竞争、成本—效益分析、绩效管理、交易成本、合同制、非政府组织、公民社会等更多地还只是书本上的概念；政府机关的"衙门"作风还十分盛行，政府工作人员少有服务意识，而普通百姓则少有权利意识；中国几乎没有真正意义上的"市民社会"；真正有社会影响力的非政府组织还很难找到。这些都表明中国的公共管理学建设要从最基础、最基本的工作做起，不能满足于搬用西方的概念、方法。

2. 当前学科建设的特点

首先，中国公共管理学建设的特殊背景决定了当前的学科建设要注重改革实践，不能搞纯理论的学术探讨；其次，在中国完成公共管理学科的建设任务，需要实践部门工作者的参与，不能仅看成是学者的任务；最后，我们还特别需要创新意识。

当前，我们在进行公共管理学科建设时，要继续关注西方国家的相关研究成果及政府改革中的成功经验，及时将它们介绍到国内来。同时也要结合中国的国情，提出和确定中国特色的研究范畴，比如中介组织、基层行政组织等。关注中国的改革实践，及时总结改革中出现的新典型、新经验，从理论上分析研究它们的合理性。要积极为政府改革提供理论支持，做好政府部门的咨询、论证、研讨等工作，实现理论的指导作用。

如此多样的工作，肯定不是仅靠学者可以完成的，需要学者与实际部门的工作者合作完成。学者要关注改革实践，有机会要多深入实际、了解实际，在深入了解公共管理实践的基础上开展研究。而实际部门的工作者也要重视理论的指导作用，要与学者联手推进改革。

中国国情的特殊性决定了当前的学科建设必须注重创新。公共管理学的建设实质，就是要创建一个与社会主义市场经济体制相适应的公共管理理论。社会主义市场经济体制是中国独有的，与之相适应的公共管理理论当然也肯定是独有的，如果不创新，这个学科建设的使命就无法完成。

总之，公共管理学既然是在改革中诞生的，就注定要在改革的实践中发展、成长。这是中国公共管理学建设的最突出特点。

1.4 公共管理学的研究意义与方法

1.4.1 公共管理学的研究意义

公共管理学不论是从国际上看，还是从国内看都是一个新兴的学科，在我国更是刚刚起步。在过去比较长的时间里，我们主要是进行行政学或行政管理的研究，行政学或行政管理注重行政系统内部的有效组织和协调控制，没有关心与行政环境的互动。现在，我国的现代化建设事业不断发展，经济政治体制的改革不断深化，学习和研究公共管理学就具有了特殊重要的意义。

1. 是深化政府管理体制改革的需要

公共管理是政府的基本职能，我们所谓政府行为的科学化、民主化、法制化，实际就是指政府履行职能的行为，我们现在进行的政府管理体制改革，说到底就是要使政府行为实现科学化、民主化、法制化，而这些正是公共管理学的核心内容，所以，学习和研究公共管理学可以直接推进政府管理体制的改革。

2. 是促进社会协调进步发展的需要

公共管理就是对社会公共事务的管理，而且管理的主体不仅限于政府，各种非政府的公共组织，尤其是社会组织，也是公共事务的管理主体。公共管理学研究的这些内容与我们社会的发展趋势是一致的，或者说就是社会的这种进步催生了公共管理学。正是由于公共管理的科学化程度直接关系经济社会的整体协调进步和发展，所以我们需要认真学习和研究。

3. 是建设有中国特色社会主义的需要

公共管理的现代化是建设有中国特色社会主义的重要组成部分。中国建设的是社会主义市场经济体制，与之相适应的公共管理体制是不能从国外照搬的，需要我们结合中国的国情进行深入的研究和探讨，而这些正是公共管理学的主要内容。

4. 有助于提高我们的管理素质和能力

社会的发展和进步使公共事务的范围不断扩大，公共管理的手段和方法也需要适应不断更新的理念和科技成果，这些都对管理人员的素质提出了更高的要求。公共管理学的学习和研究，一方面可以为公共管理的实践提供直接的指导，另一方面，也是更重要的方面，就是通过掌握相关理论，提高管理者的能力和水平，从而提升我们社会的公共管理质量。

1.4.2 公共管理学的研究方法

学习和研究公共管理学要坚持辩证唯物主义和历史唯物主义的认识论和方法论，坚持从中国的基本国情出发，同时注意借鉴西方发达国家的成熟经验。具体而言，公共管理学的学习和研究中需要运用的主要方法有：

1. 案例分析法

案例分析法是指通过对一定时期内某一领域发生的情形或事件进行客观的描述，发掘事件本质、总结经验教训，以期对领域内的理论和实践产生一定指导作用的研究方法。运用这种研究方法不仅有利于我们对公共管理形成直观的了解，也有利于启发我们的思维，同时也是学习和研究中交流的一种重要途径。

2. 比较分析法

比较分析法是指通过对不同事物或者同一事物的不同发展阶段进行比较，找出其中的共同点、本质或者是规律性的东西的研究方法。我们可以根据比较分析的内容进一步分为纵向比较和横向比较。前者是指对于同一个问题的不同历史时期或是不同的发展阶段进行比较，后者是指对同一问题在同一阶段不同区域或不同种类进行比较。公共管理中许多概念出现的时间并不长，但其所涉及的内容却不是新的。对我国不同时期、不同管理体制下的公共管理内容、形式进行比较分析，以及将国内与国外公共管理进行比较分析，都有利于我们认清公共管理的改革方向，加深理解公共管理改革的必要性和紧迫性，促进我国公共管理的发展。

3. 实践抽象法

实践抽象法是对实践和行为中所形成的较为定型化的操作方式和思考方式进行分析，并加以总结、概括和抽象，形成新的公共管理理论的方法。实践抽象法的本质是实践中来，再回到实践中去。公共管理是实践性较强的应用学科，所以运用这种研究方法可以有助于我们提高搜集信息、分析问题、选择最优方案解决问题的能力。

4. 实体分析法

实体就是物质实体，指占有一定的空间并有一定结构和功能的物质存在。实体分析法就是在进行研究时，将管理的主体作为实体来看待，分析它们存在和发展的前提条件及其与环境的关系，从而获得一些相关条件和规律等认识的研究方法。运用实体分析法的前提是要熟悉公共管理主体的运营机制、内部结构、外部环境、活动内容、管理目标、可支配资源、面临问题以及相关的政策和法律法规等。通过对这些基本情况的研究，去分析公共管理主体作为实体性存在的基本状况，获得对公共管理的理性认识。实体分析法不仅是研究公共管理的方法，也可以作为公共管理实践中使用的工作方法，提高实践中的管理效率。

我们学习和研究公共管理既要遵循管理学的一般研究方法，也要充分借鉴社会学、统计学等其他学术领域的研究方法，博采众长、不拘一格也应该是我们在学习和研究方法中要坚持的。

☞本章小结

　　公共管理的概念是出现不过 30 多年的新概念，所以学界对如何定义公共管理现在还不能形成共识，本教材在充分借鉴国内外学术研究成果的基础上提出，所谓公共管理，是社会公共组织通过观念和手段的不断创新，为增进公共利益及社会协调发展，对日益多样复杂的公共事务及公共组织自身进行调节和控制的活动。公共管理的主体是公共组织，公共管理的对象是日益多样复杂的公共事务及公共组织自身。公共管理与企业管理、行政管理的区别表现在整个管理活动的各个环节上。

　　从公共管理是对公共事务的管理这个意义上说，公共管理的思想和实践都古已有之，但是，作为一门学科的公共管理理论却还是相当"年轻"的，其源头被公认为是 19 世纪后期诞生的行政学。作为一门新兴学科，公共管理学出现在 20 世纪 70 年代末兴起的新公共管理运动中。公共管理不同于行政学或行政管理，它重视公共管理外在的环境，又重视内在的管理；公共管理重视私人部门的管理方法和技术，但未改变公共部门的主体性；作为一门学科，它整合了多个学科的理论。

　　中国公共管理学的建设还只能算是刚刚起步。因为中国的国情与西方国家有明显不同，中国的公共管理学术研究的基础也与西方国家不同，作为一门应用学科，公共管理理论在中国肩负着总结现实和引导实践的双重任务。所以，在中国应该建设有中国特色的公共管理学。

☞关键术语

公共管理	行政管理	行政学
非政府组织	公共物品	研究范式
市场失灵	凯恩斯主义	政府失灵

☞思考题

　　1. 如何理解公共管理的含义？

2. 公共管理与行政管理有什么不同？

3. 如何理解公共管理运动兴起的时代背景？

4. 如何认识公共管理运动的现实意义？

5. 公共管理范式转换的现实依据是什么？

6. 为什么说要建设中国特色的公共管理学？

☞案例

发改委对粮食油品等启动临时价格干预措施①

2008 年国务院发改委宣布从 1 月 15 日起，启动临时价格干预措施，主要涉及粮食、食用植物油、肉类及其制品，及牛奶、鸡蛋、液化石油气等。

2008 年 1 月 14 日，国务院召开全国保障市场供应加强价格监管电视电话会议，分析国内国际市场和价格形势，部署依法加强市场价格监管工作，进一步明确和落实发展生产、保证供应、保障低收入群体生活的各项政策措施。会议强调，要认真学习贯彻党的十七大和中央经济工作会议精神，深入贯彻落实科学发展观，坚持依法行政、依法管理，综合采取法律、经济和必要的行政手段，加强市场价格监管，保障市场供应。国务院副总理曾培炎出席会议并讲话。

会议指出，当前我国经济保持了增长较快、结构优化、效益提高、民生改善的良好态势。同时，价格上涨压力加大，特别是居民生活必需的食品价格出现较快上涨，对群众生活产生较大影响。为此，必须依据价格、质量、市场管理等有关法律法规的规定，加强市场价格监管，规范市场主体价格行为，打击违法违规行为，维护市场经济正常秩序，维护人民群众利益。

会议提出了当前依法加强市场价格监管的四项措施。一是严格控制政府定价和政府指导价的调整。成品油、天然气、电力价格，以及地方管理的供电、供气、供水、供暖、城市公交、地铁票价等公用事业价格和游览参观点门票价格，近期一律不提高；各级各类学校的学费、住宿费收费标准一律不提高；医疗服务以及尿素等化肥价格要保持稳定；降低移动通信漫游费资费标准。二是对部分重要的居民基本生活必需商品及服务，实行临时价格干预措施。依法加

---

① 改编自新华网快讯：《发改委对粮食油品等启动临时价格干预措施》，http：//news. sina. com. cn/c/2008－01－16/145814757320. shtml，2008 年 1 月 17 日访问。

强对粮、油、肉、禽、蛋、饲料、液化气等重要商品价格的监管工作，对达到一定规模的生产企业实行提价申报，对达到一定规模的批发、零售企业实行调价备案。当价格显著上涨情况消失后，及时解除临时干预措施。三是对未列入申报和备案范围的其他居民基本生活必需品，也要进行必要的监管。要引导企业按照公平、合法、诚实、信用原则定价，把握好调价行为。四是严厉打击价格违法违规行为。对合谋涨价、串通涨价、停供限供、囤积居奇的行为，对以次充好、以假充真、缺斤少两、变相涨价，以及捏造散布涨价信息、扰乱市场秩序的行为，要依法从严查处。

会议要求，各地区、各部门要按照统一部署，明确责任、加强领导、协调配合，把增加生产、保证供应和稳定价格的政策措施落到实处。特别要保障好春节和"两会"期间的市场供应。

请思考：

1. 国务院发改委启动临时价格干预措施的意义是什么？

2. 临时价格干预范围的商品有什么共同特点？

3. 市场经济条件下政府为什么可以实行价格干预？

第2章
政府职能

政府职能是政府存在的理由，决定了政府机构设置、机构规模、管理体制，所以是公共管理学研究首先要探讨的问题。政府职能虽然与政府同时产生，但不同历史时期政府职能的范围、构成、侧重并不相同。政府职能社会化是社会现代化的结果，政府职能社会化的成功，是建立在健全的政府功能基础之上的。我国经济和社会的转型迫切要求政府转变职能。

2.1　政府职能概述

2.1.1　政府职能的内涵

政府职能从来就内涵丰富，我们可以用不同的标准对它作不同的划分。

1. 政府职能的含义

"职能"一词在《现代汉语词典》中的解释是："职能"是指人、事物、机构应有的作用、功能。① 如果借用这个解释，那么，政府职能就是政府应有的作用、功能。作为公共管理主体的政府是狭义政府，如果将国家政权结构按照立法、行政、司法的划分方法，狭义政府就是国家行使行政权力的组织，所以政府组织往往也被称为行政组织，其职能同样可以称为政府职能。本教材为了与广义政府相区别，以下使用政府职能这个概念。

关于政府职能，国内学界尚未形成统一的认识。有的学者从国家职能的角度定义政府职能，认为政府职能是国家职能的组成部分。比如张国庆说："行政职能是狭义的政府即国家行政机关承担的国家职能，是相关政治权利主体按照一定的规则，经由一定的过程，提供多种表达形式实现彼此价值观念和利益

---

① 《现代汉语词典》，商务印书馆 2005 年版，第 1750 页。

关系的契合，从而赋予国家行政机关在广泛的国家政治生活、社会生活过程中的各种任务的总称，并由宪法和法律加以明示规定的国家行政机关各种职责的总称。"① 孙荣等也认为："行政职能，是指政府在国家、社会生活中所起的基本作用，它是国家职能的重要组成部分。"②

另有一些学者则是就行政机关自身的作用定义政府职能。如夏书章先生说："行政职能是指行政机关在管理活动中的基本职责和功能作用，主要涉及政府管什么、怎么管、发挥什么作用的问题。"③ 许文惠等学者也同意这个观点，认为："行政职能，简单地说，就是一个社会的行政体系在整个社会系统中所扮演的角色和所发挥的作用。"④

我们认为，如果回到《词典》的一般意义上定义政府职能，那么我们同意后面一种定义方法。即政府职能是行政机关在管理活动中的基本职责和功能作用。需要特别指出的是，政府职能是行政机关固有的功能作用，这个功能作用就是为社会提供公共物品和公共服务。从古至今，不管历史朝代如何更替，社会性质如何演变，这一职能是从来没有改变，改变的只是表现形式、作用领域和作用重心。

2. 政府职能与国家职能的关系

政府职能与国家职能不同。"国家职能是国家本质的内在要求和具体体现，是国家活动的总方向、基本使命、基本目的，是指全部国家机器的基本职责和整体功能。"⑤ 国家职能与国家性质紧密联系，所以具有鲜明的阶级性，比如，国家的统治职能主要是建立在军队、警察、法庭等暴力机器之上，以维护国家对内对外的安全。

但政府职能又的确是国家职能的组成部分。任何性质的国家都还同时具有社会管理职能，社会管理职能主要是管理社会公共事务，其实质就是向社会提供公共物品和公共服务。任何国家只有介入社会经济活动和社会公共事务管理，才能最终实现统治阶级的利益。正如恩格斯所说："政治统治到处都是以执行某种社会职能为基础，而且政治统治只有在它执行了它的这种社会职能时

① 张国庆：《行政管理学概论》，北京大学出版社 2001 年版，第 84 页。
② 孙荣，徐红：《行政学原理》，复旦大学出版社 2001 年版，第 56 页。
③ 夏书章：《行政管理学》，高等教育出版社，中山大学出版社 2003 年版，第 40 页。
④ 许文惠等：《行政管理学》，人民出版社 1997 年版，第 55 页。
⑤ 王惠岩：《政治学原理》，高等教育出版社 2004 年版，第 41 页。

才能持续下去。"① 不同历史时期的占统治地位的阶级不同，因而国家性质是不同的，但不管哪种性质的国家，它的本质都是阶级性与公共性的统一，即它不仅在国家形式上、表面上所采取的不是阶级组织的形式，而是公共权力机关的形式，而且其职能也是相对稳定的，它始终要为全社会提供公共物品和公共服务，以满足公共需要，维护共同利益，否则，便会失去存在的形式合法性基础。任何国家如果不履行社会公共职能，不为社会提供这些公共物品和公共服务，维护公共利益，它就无法维持统治，无法存续下去。

可见，政府职能与国家职能既有区别又有联系，国家职能通过政府职能体现和实现，而政府职能的范围和行使方式又会受国家职能的制约，我们不能混淆二者。

2.1.2 政府职能体系

由于政府的职责和作用是多方面的，所以政府职能也是分层次、多方面的完整体系。为了研究方便我们需要对政府职能进行分类，但其所依据的标准可以有多种。如果按照政府职能作用的领域划分，可以分为政治职能、社会职能等；如果按照国家的性质划分，可以分为奴隶制国家的政府职能、封建制国家的政府职能、资本主义国家的政府职能、社会主义国家的政府职能等；如果按照存在的状态划分，则可以划分为基本职能、运行职能等。而且还可以在一级划分的基础上进行二级、三级的划分。不同的学者由于不同的研究目的需要，对政府职能的划分会有不同，但是这并不影响政府职能作为一个体系的存在事实。因为，各种对政府职能的分类都只是相对的，它们不仅没有割裂这些职能之间的联系，相反更让我们看清了行政事务的复杂，以及时代和社会的发展程度。

1. 政府的基本职能

政府的基本职能是为社会提供公共物品和公共服务。按职能所涉及的不同领域，可以把政府的基本职能分为政治职能、经济职能和社会职能三项职能。

政治职能。它是维护和巩固国家统治的基本职能，它包括军事保卫职能、镇压与治安职能和民主建设职能等。军事保卫与镇压治安职能表现为行政机关运用军事、外交、公安等职能机关，防御外来敌人的侵略和颠覆，保卫国家的独立和主权；打击和惩治各种违法犯罪分子，维护正常的政治秩序、经济秩序，保卫公民的合法权益和生命安全，保障国家的安全、稳定与发展。民主建

---

① 《马克思恩格斯选集》第 3 卷，人民出版社 1995 年版，第 523 页。

设职能则表现为政府进一步完善各种民主制度，建立健全民主监督程序，提高政府活动的公开性、民主性，不断扩大政府同群众联系的渠道，提高公民的参政意识，完善公民参政议政的机制等，以保障公民的民主权利。

经济职能。它是政府在社会经济生活中依法履行的职责及其所发生的功能。政府的经济职能主要是指政府从宏观经济的角度，履行对国民经济进行全局性的调控、监督、管理、服务的职责和功能。政府经济职能的行使，会涉及生产、流通、交换、分配等社会生产过程的各个环节。在现实生活中，政府经济职能实际具有科学地组织社会生产力以及维护既有生产关系的双重功能。

社会职能。指为社会生产、生活提供各种服务和搞好社会保障，搞好诸如环境保护、医疗卫生、城市规划、旅游娱乐以及建立健全养老保险制度和待业保险制度，逐步完善社会保障体系等。我国政府管理的根本宗旨是为人民服务。因此，搞好社会服务，改善人民生活是我国政府管理的一项重要职能。社会职能的具体内容包括：制定各种社会福利的法律、法规，建立完善的社会福利和保障体系；建立健全社会福利管理体制，加强对社会福利工作的指导、规划和协调；筹集社会保障基金，奠定社会福利事业的物质保证基础；创办各种社会服务事业，解决涉及百姓日常生活的各项设施和问题；保护和合理利用各种自然资源，努力开展对环境污染的综合治理，加强生态环境的保护等。

上述三项职能中，政治（统治）职能是国家本质的表现和阶级统治的必然要求，失去了政治统治的职能，统治阶级的地位和利益就不能维护。因为"政治统治到处都是以执行某种社会职能为基础，而且政治统治只有在它执行了它的这种社会职能时才能持续下去"。而且，这种社会职能就是向社会提供公共物品和公共服务的职能。任何国家、政府如果不为社会提供公共物品和公共服务，它就无法维持统治，无法存续下去。

2. 政府的运行职能

上述政府的政治、经济、文化和社会职能，必须通过各个管理环节才能实现，因此，从政府管理过程来分，政府职能又可分为一系列的运行职能。对此，国内外学者从不同角度作了不同的概括，其中以法国管理学家法约尔（Henri Fayol）的"计划、组织、指挥、协调和控制"的五职能说和美国管理学家卢瑟·古利克（Luther Halsey Gulick）与英国管理学家林德尔·厄威克（Lyndall Fownes Urwick）提出的"计划、组织、人事、指挥、协调、报告、预算"的七职能论最具代表性。它们二者的主要内容是基本一致的，可以概括为如下四项职能。

决策职能。决策是客观实际资料，确定政府目标和任务，并具体设计出实现目标的方案、步骤、方法的工作。决策职能是政府管理过程的首要职能，它贯穿于管理过程的始终。政府机关进行管理活动，不论是确定组织的目标，还是制定各种战略计划和战术计划等，都需要在两个以上可供选择的方案中进行抉择，这便是计划工作中的决策问题；组织机构的设置、部门划分方式的选择、集权分权关系的处理、以及各职位人员的选配等，这些则是组织工作中的决策问题；在控制过程中，控制标准的制定、活动执行情况的检查以及所采取的纠正措施的选择等，这些方面也都需要决策。

组织职能。组织职能是指为了有效地实现既定的政府管理目标和任务，通过建立行政组织机构，确定职位、职责和职权，协调相互关系，从而将组织内部的各个要素联结成一个有机的整体，使人、财、物得到最合理的使用。任何管理目标和任务都要通过一定的组织机构和具体的指挥活动才能完成，所以组织是一项重要的运行职能。组织职能具体表现为：对机构的设置、调整和有效运用，搞好编制管理；对组织内部的职权划分和人员的选拔、调配、培训和考核；对具体行政工作的指挥、监督等。

协调职能。协调就是设计和保持一种良好的行政环境，使身处其间的人们能够在组织内协调地开展行政工作，从而有效地完成行政目标。可以说，每一项政府管理职能的开展，都是为了更好地促进协调。有了协调，组织可以收到个人单独活动所不能收到的良好效果，即通常说的"1 + 1 > 2"这种协同效应效果。协调职能具体内容是，协调政府组织之间、组织与个人之间、人员之间的关系；协调各项政府管理之间的关系；协调政府组织与其他组织以及人民群众之间的关系。通过政府协调，理顺、沟通各方面的关系，减少、消除不必要的冲突和能量损耗，从而建立和谐的分工合作、相互促进的联系，实现政府管理目标。因此，政府管理过程必须重视公共关系与协调功能的发挥。

控制职能。控制职能是指依据政府计划标准，来衡量计划完成情况并纠正计划执行中的偏差，以确保政府目标和计划目标实现的管理活动。实现控制职能，基本前提就是要有计划和标准，要有健全的组织机构和得力的控制手段。控制职能的发挥，包括下述几个相互关联的环节，即确立控制标准、获取偏差信息、采取措施进行调节和实行有效监督等。控制职能具体表现为前馈控制、现场控制和反馈控制。控制职能贯穿于行政管理活动的全过程，为了有效地发挥控制职能，必须进一步建立健全监督控制的组织系统，采取配套的、有效的控制手段，以保证政府管理目标和任务的顺利完成。

上述基本职能和运行过程的职能之间，相互渗透、相互交叉、相互作用，在彼此的联系与制约中发挥作用。我们只有以系统的观点来看待职能体系，正确认识和把握它们之间的有机联系，充分发挥各个职能环节及有关职能部门的作用，才能更有效地实施政府管理活动。

2.1.3 公共权力与政府职能

公共权力是政府行使职能的前提，也就是说，没有公共权力的行使和运用，政府的职能就不可能实现。同时，公共权力的性质还可以决定政府职能的行使方式。

1. 公共权力及其作用

所谓公共权力，就是公共组织处理公共事务的权力。关于公共权力的起源，恩格斯曾经作过精辟的分析，他指出："在社会发展某个很早的阶段，产生了这样的一种需要：把每天重复着的产品生产、分配和交换用一个共同规则约束起来，借以使个人服从生产和交换的共同条件。这个规则首先表现为习惯，不久便成了法律。随着法律的产生，就必然产生出以维护法律为职责的机关——公共权力，即国家。"① "国家的本质特征，是和人民大众分离的公共权力。"② 这就是公共权力产生的社会性原因。同时，恩格斯还指出了公共权力产生的阶级性原因。恩格斯说："氏族制度已经过时了。它被分工及其后果即社会之分裂为阶级所炸毁。它被国家代替了。"③ 不过现实的历史发展表明，公共权力一旦建立，它的阶级性原因就总是被公共权力执掌者掩盖起来，即他们总是会制定法律，并以法律的形式规范自己的权力，包括规定公共权力取得合法性的程序和形式。所以，由于社会性和阶级性两个方面的原因产生的国家，最后的实现形式却是社会多数成员同意授权的公共权力。而且正是因为公共权力形式上是社会全体成员共同意志的集中表现，所以就取得了对社会的普遍约束力。

公共权力一般具有强制性、公益性、规模性和相对独立性的特点。公共权力是以法律、法规、制度及专门的权力机构行使权力，所以有明显的强制性。公共权力行使的主要目的是维护社会稳定，从而为社会发展提供基础条件，所

---

① 恩格斯：《论住宅问题》，《马克思恩格斯选集》（第3卷），人民出版社1995年版，第211页。

② 恩格斯：《家庭、私有制和国家的起源》，《马克思恩格斯选集》（第4卷），人民出版社1995年版，第116页。

③ 恩格斯：《家庭、私有制和国家的起源》，《马克思恩格斯选集》（第4卷），人民出版社1995年版，第169页。

以有明显的公益性。公共权力是对整个社会发生效力的，所以又是具有规模性的。公共权力从社会中产生以后，就成为相对独立的、凌驾于社会之上的专门机构，在公共权力机构中工作的人员也以此为专门的职业，所以说公共权力具有相对独立性。

公共权力在社会的发展中有重要的作用。第一，它维持社会的基本秩序。公共权力不可能消除社会的矛盾和冲突，但是却可以凭借自身的特点，把社会的矛盾和冲突都维持在秩序的范围之内，为社会的生存和发展提供基础性的条件。第二，它确定或制定社会生产生活的基本秩序。公共权力集中公众的意志，根据经济的发展和社会的需要，修改或制定新的社会规则，以保证社会秩序的实现。第三，它直接组织社会生产。公共权力凭借自身特点，管理社会各种资源的配置和开发，组织或直接参与社会生产，促进社会发展。

2. 公共权力的主体

公共权力是以特定的组织为载体产生的，这些特定的组织一般被称为权力机构或公共组织。公共组织是公共权力的主体。不过在当代，权力机构与公共组织之间已经不能简单地画"等号"了。因为，现在我们所谓的权力机构，一般是指具有宪法和法律赋予的强制力的机构，即指国家机构，而公共组织的范围则更大一些，它包括有强制力的国家机构，也包括无强制力的社会自治组织，比如社会团体等。

自从现代国家形成以来，政府就一直是公共权力的重要主体。政府是权力机构也是公共组织。政府凭借自己的强制力，行使着自己的政治、经济、社会职能，从而维护了社会生活的基本秩序、调节社会成员和不同社会群体的冲突，控制社会秩序和社会生活方式的发展方向等。在社会成员和社会利益群体之间的利益冲突普遍存在时，公共权力主体具有强制力就显得非常必要，正是这种强制力保证了政府职能行使的有效性。

非政府组织也是公共权力的主体。本来在国家出现之前，处理公共事务的权力就是在社会组织，那时的社会组织就是氏族组织，也就是说，处理公共事务的权力就在部落或氏族公社。国家出现后，各种形式的社会组织仍然存在，但它们处理公共事务的权力被局限在很小的范围，所以变得无足轻重。但是，"二战"结束以来，西方国家的非政府公共组织发展迅速，不仅组织形式完备，有的甚至成立了国际非政府组织，而且在处理公共事务中，越来越显示出它们特殊的优势。

非强制性是非政府公共组织最显著的特征之一。非强制性也是非政府公共组织在处理公共事务中的优势所在。由于是社会的自治组织，所以非政府公共组织更贴近民众，更容易被民众接受。它们处理公共事务时不靠强制力，主要靠采取说服、引导、劝诫等灵活多样的形式。它们的工作内容往往更贴近民生，工作形式更符合民意，所以总能发挥政府组织所无法替代的作用。

政府的和非政府的公共权力主体的结合，使社会公共事务处理得更好。

2.2　政府职能的演变

2.2.1　古代社会的政府职能

政府职能是伴随国家的产生而产生的，所以在古代社会就有了政府的职能。

1. 奴隶制国家的政府职能

奴隶制国家是人类历史上出现的第一种国家类型，是随着原始社会氏族公社的瓦解、阶级的出现而形成的。

奴隶制国家的生产力水平比较低下，虽然出现了农业和手工业的分工，但自然经济还是占统治地位，所以社会的利益也就比较单一。这个时期的政府职能主要有以下几个特点：一是政府职能的内容主要是政治职能，其构成也较简单，主要是对内统治和压迫奴隶阶级，对外防御外来入侵或进行武力扩张，从而维护有利于本国奴隶主阶级的社会秩序，经济职能、文化职能和社会职能等所占比重较少；二是经济职能的内容主要是税收，其他方面则十分微弱；三是政府职能的行使手段比较单一，主要是暴力性的行政手段。

2. 封建国家的政府职能

封建国家在欧洲存在了1080多年，在我国则存在了2000多年。

封建社会里自然经济仍然占统治地位，但这时商品经济已经有了一定程度的发展，在有的地方甚至形成了日趋发达的城市经济，所以封建制国家的职能已经明显比奴隶制国家完备。封建制国家政府职能主要有以下几个特点：一是封建制国家政府职能的重点仍在政治职能，从对内和对外两方面维护统治阶级的统治地位；二是与奴隶制国家相比，封建制国家政府职能中经济职能的比重有所增加，国家在经济发展方面承担了较多的任务，已注意由国家出面管理一些社会经济发展所需要的事务，如组织修筑较大型水利工程和交通工程、实行某些商品的专营专卖等；三是封建制国家也承担了比奴隶制国家更明显的文化职能和社会职能，如兴办教育、组织社会公共事业、赈济灾民难民等；四是封建制国家在行使其政府职能时，已注重采用软、硬两种手段来达到统治目的，能在相当程度上实行怀柔政策，并利用宗教迷信和伦理道德规范对臣民进行思想统治。

2.2.2 近现代社会的政府职能沿革

近现代西方国家政府职能实质上是西方国家在市场经济条件下对政府与市场关系不断调整的过程。"在以往两个世纪的不同时间里，政府的介入程度总是像钟摆一样在两极之间反复振荡。总的来说，西方社会在这段时期中经历了政府干预的三个阶段。"①

1. 自由资本主义时期的政府职能

资本主义生产方式起始于 16 世纪，最终在 18 世纪中期至 19 世纪中后期确立。这个时期的资本主义处在自由竞争阶段，所以也叫自由资本主义时期。

自由资本主义以前的重商主义（Mercantilism）强调国家的干预作用，主张通过增强政府对国民经济的干预作用来增加国民财富。那时的政府在社会生活中是无孔不入的。

18 世纪后半叶，由于第一次工业革命的完成，使资本主义生产由工场手工业转变为机器大工业，为资本主义生产方式奠定了物质基础。正是在这样的条件下，自由竞争、限制国家干预的观点成为主流思想。这个思想的主要代表人物是亚当·斯密（Adam Smith）。亚当·斯密认为，经济体制自我完善的动因比政治及政府更为重要。政府应该作为市场的推进者，政府的基本职能应当是为社会提供公共物品和公共服务（如国防、法律和公共工程等）。亚当·斯密等人主张由市场中"看不见的手"引导经济活动，政府的适当角色就是远离经济生活，只起"守夜人"的作用。政府的作用仅限于提供国防，保护社会免受外敌侵扰；建立法律制度，保护每个社会成员免受其他成员的胁迫，实现社会公正；建设和保护公共设施等。

2. 垄断资本主义时期的政府职能

19 世纪末至 20 世纪初，自由资本主义完成向垄断资本主义的过渡，至第二次世界大战结束，这段时期都被称为垄断资本主义时期。

这个时期，资本主义世界出现了失业、贫富分化以及经济危机等严重问题。特别是 1929～1933 年世界性的经济危机的出现，表明"守夜人"的理论越来越不适应社会发展的要求。于是，以凯恩斯为代表的国家干预经济的思想成为西方经济学的主流思想。凯恩斯主张放弃自由放任主义，实行政府对经济

---

① 欧文·休斯：《公共管理学》，中国人民大学出版社 2001 年版，第 107 页。

生活的全面干预，特别是通过财政和货币政策来调控市场经济的运行。他主张，政府不仅要履行传统的职能，而且要对充分就业、物价稳定、经济增长、国际收支平衡等负责。

罗斯福新政（Roosevelt New Dealt）是凯恩斯主义最为著名的实践，1929~1933年席卷资本主义世界的经济大危机，将整个资本主义世界推到了崩溃的边缘。在美国，经济持续衰退、失业剧增、金融体系接近崩溃、生产相对过剩、社会危机重重。传统的"守夜人"政府，面对这场大危机束手无策，而罗斯福新政却使社会走出困境。罗斯福新政的核心，就是通过强有力的国家干预控制危机。在罗斯福主持的两个"百日新政"期间，美国政府出台了啤酒法案（Beer Act）、农业法案（Agriculture Act）、失业救济法案（Act of Unemployment Relief）、工业复兴法案（Act of Indusry Recovery）、社会保障法案（Act of Social Security）、税制改革法案（Act of Tax System Reform）、银行法案（Bank Act）等诸多法案，对社会各个领域进行调控。同时，强化了各种政府职能，总统的立法职能、政府职能、经济职能。舆论评论说：国会似乎成了行政部门的表决机器，总统领导着总统办公厅、各种各样的总统辅助机构以及预算局、经济顾问委员会、国家安全委员会等众多而重要的机构，对华尔街进行管制、设立田纳西河流域管理局、承担巨大的公共工程开支并进行工程监管。总之，罗斯福新政结束了自由资本主义时代，资本主义向国家垄断的方向转变。在凯恩斯主义者的倡导下，主要的西方国家普遍采取了国家干预主义政策。

3. 当代资本主义的政府职能

人们一般把第二次世界大战后的时代称为"当代"，所以当代资本主义也就是指第二次世界大战结束以来的资本主义。国家垄断资本主义是战后资本主义的新特征。战后资本主义经济经过了近30年的持续繁荣，但是却在20世纪70年代遇到了严重的新的"滞胀"困境。即西方国家普遍出现以低经济增长、通货膨胀、财政赤字、高失业率为特征的"滞胀"现象。这使人们发现，如同市场有缺陷、市场会失灵一样，政府的干预也是有缺陷的，政府同样也会失灵。市场解决不好的问题，政府也不一定能解决得好，而且政府干预的代价可能更高昂。在此背景下，主张要回到以亚当·斯密的理论为基础，让市场发挥主导作用的新古典经济学（Newclassical Economics）开始在经济学领域占据统治地位。

新古典主义的主要观点认为，私人市场是有效的并且是能够自我调节的，能由市场提供的商品和服务就应由市场提供。该理论以"理性经济人"为假设，主张市场力量的角色最大化，相应地，政府的干预应最小化。20 世纪 70 年代末，英国政府开始以这个理论为指导推行改革，并由此引发了一场世界范围的"新公共管理"运动。在"新公共管理"运动中，各国政府纷纷采取削减政府规模、压缩开支、放松管制、公营企业民营化等措施减少对市场的干预。

这一时期，政府的基本职能仍然定位在为社会提供公共物品和公共服务上，但在政府职能的具体履行方式上已开始改变，即尽可能用市场的方式承担公共服务的职能，同时，尽可能与社会组织共同承担公共服务的职能。

2.2.3 西方国家政府职能的演变趋势

第二次世界大战后几十年的时间里，西方国家从国家垄断资本主义向后垄断时期发展，其中十分重要的一个标志就是政府职能的转变。通过近 20 多年新公共管理运动的发展，西方国家政府职能转变的趋势已经逐步清晰。

1. 政府经济社会职能扩大，政治职能相对减弱

政府经济社会职能是对国民经济进行全局性的调控、监督、管理、服务，为社会生产、生活提供各种服务职能，政治职能是维护和巩固国家统治的职能。

战后出现的新科技革命，极大地促进了社会生产力的发展，也在很大程度上改变了人们的生活方式、交往方式。现代科学技术的发展，则为全球化的发展提供了技术可能。但是在人们享受这些物质文明成果的同时，也出现了一系列前所未有的社会问题，诸如污染、生态平衡、人口控制、交通，甚至吸毒、跨国犯罪、突发事件等。而且，随着人们社会水平的不断提高，人们对生活质量的提高也有了越来越多的要求，需要政府提供数量更多、质量更优的有关教育、文化、娱乐、信息、交通、能源等方面的服务，这些都是对政府的新挑战，政府必须认真研究这些问题，必须创造性地发挥职能，处理和解决这些问题。另一方面，由于西方国家吸取历史的教训，战后注意了制定各种社会福利政策，极大地缓和国内阶级矛盾，同时，也由于法律的健全和全体社会成员法制意识的增强，国内发生直接对抗性阶级矛盾的发生率已经降到最低点。这样的社会现实，促使政府不断扩大了经济社会职能，而使政府职能的地位下降。

2. 政府宏观调控职能强化，同时干预经济的形式改变

战后 60 年来，各国政府宏观调控的职能不仅没有放弃，而且还从经济领域扩大到了社会各个领域。人们所谓"政府失灵"、"后凯恩斯主义"，实际上，在更大程度上是指政府应该改变对经济的干预方式，而不是真的要政府退

出经济社会领域。

国家垄断资本主义的实质就是政府干预经济。近些年来，在新公共管理运动的影响下，西方国家不再单纯地坚持最好的政府就是规模最小的政府，而把政府看做是一个重要的、强有力的机构，它可以扮演扶助私营部门的角色，而不是作为私营部门的竞争对手而存在。在政府与市场的关系上，人们也逐渐认识到，无论是政府还是市场都不是完善的，它们都有缺陷，都会失灵。因此，在市场经济的条件下，考虑到市场失灵，必须重视政府的作用，让政府在弥补市场缺陷和纠正市场失灵，并且是在自己的能力范围之内起到应有的作用，即让政府在保持经济总量平衡，提供公共物品，消除外在效应，进行收入和财富的再分配等方面发挥应有的作用。考虑到政府干预行为的局限性及政府失灵，必须让市场在资源配置和私人物品的生产和供给上起到基础作用，政府只能是补充市场机制，而不是取代这种机制。政府应根据市场经济发展的不同阶段以及现实经济运行情况，确定好干预的内容、范围及手段。政府职能的社会化，就是政府改变干预经济形式的产物。

3. 政府与非政府组织合作

非政府组织的发展弥补了政府与市场的缺陷，所以，已经引起政府关注，政府也愿意加强与它们的合作。

非政府组织最早出现在 17 世纪的英国，当时的组织特点以自愿、互益为主。19 世纪末以后，非政府组织中出现了工人团体，且致力于社会公益事业。20 世纪两次大战期间，非政府组织志愿性突出，显著推动社会进步。战后非政府组织得到广泛而全面的发展。现在不仅世界上几乎所有国家都存在非政府组织，而且出现了与联合国体系密切结合的国际非政府组织。1968 年联合国经社理事会规定：在有关国际公益事务中发挥作用的非政府组织可获得联合国体系的咨商地位，获得这种地位的非政府组织即为国际非政府组织。

非政府组织引起社会的普遍关注是近 20 年的事情。20 世纪 80 年代以来，在政府与市场都失效的困境中，发达国家非政府组织在承担公共事务管理中表现出特殊的作用：它有效促进了社会沟通，增加了社会公共物品（服务）的供给，促进了政府职能的转移，还在促进就业方面发挥了重要作用。非政府组织以自己的业绩为自己"证明"，使自己在社会政治经济中的地位显著提高。非政府组织与政府合作，或者说，政府充分发挥非政府组织的作用肯定是一个基本的趋势。

2.3 政府职能的社会化

2.3.1 政府职能社会化的必要与可能

政府职能社会化也称"民营化"，是指由市场或民间部门参与公共物品或公共服务的生产、输送等政府职能实现的过程。这是新公共管理运动中，西方国家政府普遍实行的方式。政府职能社会化的必要性主要来自"政府失灵"。

20世纪30年代，发生严重的世界性经济危机时，经济学家们曾惊呼"市场失灵"，凯恩斯主义者以国家干预的方式，使资本主义的经济重新回到战后高速发展的轨道。但是20世纪70年代中期的石油危机，结束了资本主义国家战后发展的"黄金时期"，西方国家先后陷入经济和社会的全面困境。

1. "政府失灵"现象的出现

经济"滞胀"是"政府失灵"各种现象爆发的"导火索"。20世纪70年代中期由石油危机引发的经济停滞，表现出与战前经济危机的显著不同。这次西方各国遇到的是经济停滞和通货膨胀两种现象同时出现，而且互相交织，不能解脱的严重局面，政府干预政策不再能扭转局势。

社会问题丛生。战后20多年的快速发展，也引发了众多社会问题，如人口膨胀、社会治安恶化、环境恶化、失业、教育、健康、交通、犯罪等问题层出不穷，政府疲于应对，或者说几乎无计可施。

财政赤字居高不下。战后由于各国都实行福利政策，结果一方面是政府权力扩张，职能范围不断扩大，另一方面，未来维持高额的社会福利支出，不断增加税收，引起公众的不满增加。

政府遇到信任危机。由于政府管理的事务内容急剧增加，政府的规模也不断扩大。政府规模扩大必然带来的问题就是财政压力。加之原有的层级节制的官僚体制、繁文缛节的办事方式，政府的高耗低效，严重影响了民众对政府的信任度。

上述种种现象表明，到上世纪70、80年代，政府干预不仅不能解除经济和社会的困境，甚至连自己也深陷其中不能自拔——政府也"失灵"了。

2. 各种非政府组织的发展

非政府组织最早出现在17世纪的英国，当时的组织特点以自愿、互益为主。19世纪末以后，非政府组织中出现了工人团体，且致力于社会公益事业。20世纪两次世界大战期间，非政府组织志愿性突出，显著推动社会进步。

战后非政府组织得到广泛而全面的发展。现在不仅世界上几乎所有国家都成立有不同形式的非政府组织，而且出现了与联合国体系密切结合的国际非政府组织。非政府组织引起社会的普遍关注是近 30 年的事情。20 世纪 80 年代以来，发达国家非政府组织在承担公共事务管理中表现出的特殊作用，使其在社会政治经济中的地位显著提高。

非政府组织的作用主要表现在：能促进社会沟通。非政府组织具有非政府、非营利的特性，所以它们在国家经济生活中的角色定位首先就是沟通，即沟通市场与政府。与营利组织追求投资回报不同，非政府组织在市场上的作用是为组织成员提供服务、提供利他性服务、提供令人信任的产品、提供营利组织在数量上无法满足的产品，以及提供营利组织在质量上无法满足的产品①。同时，非政府组织还为市场（企业）和政府收集并传递信息，双向服务，双向提供咨询。有效的沟通有助于实现社会经济的平稳发展。

能增加社会公共物品（服务）的供给。非政府组织公益性或互益性的特征，决定了它们以向社会提供公共物品（服务）为主要职能。社会的进步使得人们对公共物品（服务）的需求日益多样化、个性化，单靠政府已经远远不能满足社会的需求。非政府组织的出现弥补了政府这方面的不足，通过公益的或互益的组织解决了政府对公共物品（服务）投资不足，或投资不均衡的问题。既减轻了政府的压力，也满足了社会的需求。尤其是在一些扶贫济困、环保生态等分布面广，工作量大的领域，非政府组织总能发挥不可替代的重要作用。

能促进政府职能转移。非政府组织参与公共物品（服务）的供给，承担了政府向社会转移的部分职能，实际就促进了政府职能的转移，有利于政府改革。

能促进就业。由于非政府组织中也有固定的工作人员，所以各国的经验表明，发展非政府组织也是扩大就业的一条重要途径。

在事实表明市场和政府都有局限的时候，非政府组织的发展显示了它不可替代的特殊作用，从而为政府职能的社会化提供了可能。

---

① Abzug, Rikki and Webb, Natalie J. . 1999. Relationships between Nonprofit and For-profit Organizational: A Stakeholder Perspective. *Nonprofit and Voluntary Sector Quarterly*. 28（4）: 416-431.

2.3.2 政府职能社会化的现实成效

西方国家在新公共管理运动中普遍实行政府职能社会化以后，都收到了明显的成效。

1. 政府职能社会化的目的

政府职能社会化即政府部门通过契约外包、业务分担、共同生产或解除管制等方式，将部分职能转由民间部门经营，政府只须承担财政筹措、业务监督，以及绩效成败的责任。

政府职能社会化的主要目的有两个：一是利用市场经济的"经济原则"与"效率原则"，改善并提高政府公共服务的水平与质量；二是针对某些政府职能和政府业务，给予删减或终止，以此缩小政府活动和政府职能的范围。但是，政府职能的社会化并不是政府责任的转移和让渡，转移的仅是通过民间的功能所表现出来的成效。真正的社会化，并不会造成政府角色的消失，而只是减少了政府活动的范围。因为政府仍要承担政策说服、政策规划、目标制定、监督标准拟定以及执行、评估及修正等功能，因此，政府职能社会化的成功，是建立在一个健全的政府功能基础之上的。

2. 降低公共服务成本

过去，政府是公共服务的惟一提供者。许多公共事业部门都存在着机构臃肿、人浮于事的现象，而且公共事业由政府财政拨款也容易导致寻租现象的发生和"公用地困境"（Public Place Dilemma）。这些现象的存在客观上造成了政府提供公共服务的高成本，造成社会资源的极大浪费。萨瓦斯（Salvas）在一项针对服务行业的研究中指出，公营部门提供服务的成本费用，平均比承包商提供服务的成本费用（包括管理合同执行的费用在内）要高出35%~95%。而由于有自身利益的驱动和外部竞争的压力，企业在提供公共服务的时候会很注意控制成本，使成本和收益的比例保持在一个合理的水平上。

3. 提高服务的效率和质量，提高居民的生活质量

由于公共服务具有公共性和公益性，因此，政府在提供公共服务时具有天然的优势。然而也正是因为它这种优势，公共服务领域出现了一个问题，那就是垄断。政府的这种垄断地位使得它不用担心没有消费群体。在没有了压力的情况下，它也失去了根据市场变化和公众的需求及时做出调整变化的动力。在这种情况下提供的服务很难想象是高效率和高质量的，最后的结果要么是人们支付越来越多的钱却接受着质量越来越差的服务，要么是人们不接受则根本享受不到应有的服务。不管是哪种结果，都违背了政府为社会服务的目的，不仅

没有改善居民的生活，反而降低了居民的生活质量。与政府提供公共服务的效率、质量不同的是，企业的收入主要由接受服务的消费者来约束。这就决定了企业不得不千方百计地提高效率和质量，以在激烈的竞争中保持优势。不管它是不是以提高居民的生活质量为目的，最后都客观地达到了这种效果。

4. 增加公众选择的机会

在传统的公共服务供给体系中，政府是惟一的供给者，而公众则缺乏选择的机会。在这种情况下，它可以任意决定提供服务的种类、时间、成本和质量，而不必理会公众的实际需求，对公众的回应性不够，缺乏提供高效优质服务的积极性和使命感。然而，政府这些不能令人满意的表现却得不到任何惩罚。而企业在价值规律和市场机制的作用下，会积极地加强服务意识、降低成本、加强管理以增加竞争力，提高市场份额。与此同时，公众也可以自主地选择公共服务主体，有了更多的选择空间，即"用脚投票的机会"。

5. 吸收民间资本，整合国家资源

随着收入的增加和生活水平的提高，公众对公共服务的需求越来越大，这不仅体现在数量上，而且体现在质量上。而政府提供公共服务的能力却是有限的，远没有达到完全满足公众需求的程度。如果政府为了满足公众需求不现实地一味增加对公共服务的投资，会导致财政支出的急剧增加。而这会挤占国家用于经济建设的资源，影响经济的健康发展。经济的缓慢发展反过来又会影响政府提供公共服务的能力，这样就形成了一个恶性循环。然而在国家财政捉襟见肘的同时，社会上却存在着大量的闲散资金。公共服务的民营化在为这些民间资本提供良好的投资机会的同时，也为国家减少财政赤字、整合有限的资源用于发展提供了可能。①

2.3.3 政府职能社会化的方式

公共事业管理社会化的形式有多种：委托、替代、撤资等都是行之有效的。

1. 委托

委托就是指政府通过合同或协议等形式让市场或民间组织行使某些公共职能，提供一定的公共产品和服务，目的在于减轻政府压力，实现"适度政府"的目标。公共服务民营化中的委托，发端于西方社会的新公共管理运动。新公共管理运动倡导政府管理职能委托给社会，借用社会多元化的团体组织（包

---

① 费璐璐：《公共服务的民营化探析》，《理论界》，2005 年第 10 期，第 102 页。

括营利组织与非营利组织）来行使原本由政府承担的责任。这种职能任务的委托既可以借用社会强大的力量来改变政府面对公众不断增加的需要日渐力不从心的窘迫之境，又能通过减少政府职能而缩小政府规模，降低政府成本，从而使政府专心致力于最关键的工作领域，提高管理服务质量，最终建立适度、合理、高效的政府管理体制。所以，通过政府主动开发利用民间部门的价值，依托政府经由法定程序在某一领域或行业内的授权，委托民间组织行使某些公共管理服务职能是当前政府职能转变可行性途径之一。

政府要实现公共事业管理职能的委托，由市场或民间组织来担负向社会公众提供一部分公共服务及公共产品的工作，可以采取的委托方式有：

授权合作式委托。授权合作就是在以往由政府垄断的一些社会发展领域中，政府主动通过授权与市场或民间组织合作从事一些社会发展项目。授权委托的民间组织进入以往由政府或国有企业所经营的行业，从而打破了国家垄断的局面，建立起政府与市场或民间组织之间依据各自比较优势进行的分工，即政府负责资金动员，市场或民间组织负责提供服务，两者的合作可以使双方更好地发挥出各自的优势。

合同项目式委托，也称合同式委托。这主要指政府通过与民间组织签订合同协议等方式实现职能的委托。通过政府职能向民间部门的权力下放可以实现政府职能的社会化、民营化。

公开招标。为了使各民间组织之间也产生良性竞争，从而推动公共服务与产品的质量，政府可以对一些公共项目进行公开招标。比如在一些公共建设工程、绿化环保工程、老年护理等方面，在规定基本指标和目标的前提下，让有关民间组织来进行竞标。同行业的机构也可以联合起来参与竞标，以扩大自己的竞争力，一些大的组织在中标后也可以分包给较小的组织，从而实现用最合理的价格提供最满意的产品的目的。政府在招标过程中担当着策划、组织、批判与选择的角色，而在项目被某一组织承担后，政府也不是全然脱离，还必须在整个项目建设中起到对服务产出检查评估的作用。一旦发现该服务（或其他公共产品）达不到合同原先的规定，则完全可以按照有关法律规定中止资助，另选别家。这么做的目的在于确保由民间组织提供的公共产品的质量，保障大众的福利。

其他委托方式。政府作为组织协调和管理者，可以充分利用市场或民间组织的比较优势，与其建立伙伴关系。两者可通过多种方式进行合作，如制定税收政策、政府补贴、特许经营、股权投资以及发行有价债券等，为公众提供少花钱、多办事的优质服务。

2. 替代

替代主要是指民间组织通过独立自主，积极主动地开展活动，起到事实上替代政府一部分职能的效果。替代形式无需政府特定的授权及参与，是民间组织自主自觉地开展公益性活动。使政府提供公共服务、公共产品的单向途径变为民间组织主动参与公共事业管理的双向互动。这类活动主要限于社会领域，非营利性、非政治性是其基本特征，政府只需给予一些政策上的认可和支持就足矣。替代不同于委托，它更倾向于借助社会公众代表的广泛性和参与的主动性，是一种自下而上的主动式替代。

3. 撤资

撤资，就是政府放弃某一企业、某一职能或某一资产。撤资总体上是一次性工作，它主要采取出售、转让、清算等具体形式。

出售。就是将国有企业出售给私人买主。国有企业可以不完全地出售，譬如可以建立合资企业，私营企业通过注入资本和提供技术获得一半股份，并掌握企业运营的控制权；私人投资保留在企业，政府并不直接从资本投入（即掌握的一半股份）中获取回报。不论采取合资还是其他形式的安排，不论保留还是放弃多数股份的所有权，政府必须放弃对企业的控制；否则，出售只能被视为集资行为而非民营化。出售也可以分步进行，即在一段时间内售出一部分股份，就像日本、德国出售国有电信公司所做的那样。

无偿赠与。就是将企业无偿赠送给雇员、使用者或消费者、公众、原所有者，也可以赠送给符合资格的特定群体。我们可以把合资视为无偿赠与的例子，因为国家将其股份转让给一个新创立的实体，并且不因此索取回报。

清算。撤资还可以通过关闭经营不善的企业来实现。这就是说，如果企业作为一个继续经营的实体难以找到买主，或者扭亏增盈无望，可以卖掉其资产。这也是民营化形式之一，因为企业资产重新进入市场，可望得到更好的利用。

2.4 我国政府职能的转变

2.4.1 我国政府职能转变的必要性

1. 新中国的政府职能特点及历史意义

新中国成立之初至党的十一届三中全会前，我国政府职能的特点是重政治职能，轻经济和社会职能。政府职能的内容是，把一切政治事务、经济事务、文化事务，以及一切社会事务全部包括在内；政府职能方式的特点是以运用行政手段、进行直接的微观管理为主。当时的政府职能的这些特点是在当时的计划经济体制下形成的。

新中国的政府职能定位并非一无是处。成立之初，处在一穷二白状态下的新中国，外有帝国主义国家的包围、封锁，内有刚被推翻的旧政权残余势力的反扑。为了在最短的时间里建成新生政权赖以立足的经济基础，政府的职能目标就是，集中国内仅有的人、财、物，争取最佳资源配置，从而实现这些资源的效用最大化。新中国的建设成就表明，当时的政府很好地实现了这个职能目标。所以，当时的职能是特殊历史条件下的特殊产物，它也曾为新中国的经济恢复和建设发挥过积极作用。

2. 改革前政府职能的弊端

随着社会主义建设规模的逐步扩大，原有职能就日益显露出了弊端。

首先，政府职能的重心停留在政治方面，全国的工作重心迟迟不能转到经济建设上来。其次，无所不包的职能内容造成了职能庞杂，运行紊乱。政府管了许多管不了也管不好的事情，另外一些该管的事又没有管，或者没有管好，使得政府在很多方面不同程度地存在"越位"、"缺位"、"错位"现象。再次，政企不分、政事不分、政社不分，使企业和社会缺乏应有的活力。政府直接干预经济、社会发展中的微观事务，甚至直接投资于私人物品，使企业成为政府的附属物，同时还容易滋生腐败。最后，无所不包的政府职能，还必然导致行政费用巨大，财政负担沉重。

这些弊端严重制约了我国经济和社会的发展，转变政府职能成为深化经济体制改革的必然要求。1987 年党的十三大第一次明确提出转变政府职能的任务，使次年开始的新一轮机构改革第一次与政府职能转变联系在了一起。

3. 世纪之交继续转变政府职能的必要

自 1987 年党的十三大明确提出转变政府职能至今已经 20 年了，20 年来，我们围绕政府职能转变进行了机构精简和重组的改革，进行了消费权力的改革，还进行了建立公务员制度的人事行政改革，1999 年前后，各级政府又开始了以审批制度改革为突破口的新一轮转变政府职能改革。

在世纪之交再次加大转变政府职能的力度，首先是为了最终建立和完善社会主义市场经济体制。党的十四大确定了我国经济体制改革的目标是建立社会主义市场经济体制，市场经济的本质要求就是要充分发挥市场机制这只"无形的手"的作用，企业和个人作为经济活动的主体，自主和自觉地在参与生产、流通和消费过程。我国的改革开放是政府主导型的，虽然经过多年的改革，但与现代市场经济相比，政府职能尚未完全归位到为社会提供公共物品和公共服务上来，政府在很多方面不同程度地存在"越位"、"缺位"、"错位"等现象。因此，要完善社会主义市场经济体制，必须切实推进政府职能转变，使政府切实地履行为社会提供公共物品和公共服务的职能。

其次，是适应经济全球化和我国加入世贸组织的迫切要求。中国在加入世贸组织以后，实际也要求政府的职能与"国际接轨"。与世界贸易组织的"对接"，再次凸显我国政府职能与市场经济的不适应，真正的市场经济体制对政府职能的内容、方式、效率实际有全面的要求，我国的政府转变职能的任务还很艰巨。

第三，是落实科学发展观，全面建设小康社会的需要。为实现这个任务，需要政府成为"以人为本"的服务性政府。就是要把人民的利益作为一切工作的出发点和落脚点，不断满足公众多方面需求和实现人的全面发展。

总之，是经济和社会的不断发展，对政府的职能转变不断提出新的要求。

2.4.2 我国政府职能转变的主要内容

从 1978 年底党的十一届三中全会召开以来，我们实现了政府职能重心转变，明确了政府职能定位，转变了职能方式。

1. 政府职能重心转变

政府职能重心转变就是，把政府的职能重心从政治职能转到经济和社会职能方面。

政府职能重心转变是改革初期就实现了的。1978 年底召开的党的十一届三中全会《公报》指出："全党工作的着重点应该从一九七九年转移到社会主义现代化建设上来。"① 全会关于转变工作重心的决定立即得到全党和全国人民的坚决拥护。在党的领导下，政府工作重心很快转移到经济建设方面。而与此同时，是大规模的改革开放的展开。

所以可以说，政府职能重心的转变，既是改革的起点，也是改革的首个重大成就。没有政府职能重心的转变，就不可能有现在我们所看到的所有改革开放的辉煌成果。

2. 明确政府的职能定位

政府实现职能重心转变以后，接下来需要解决的就是如何进行社会主义现

---

① 《中国共产党第十一届中央委员会第三次全体会议公报》，载《三中全会以来——重要文献选编》，人民出版社 1982 年版，第 1 页。

代化建设的问题，这实际上就是要回答政府"做什么"和"怎么做"的问题。在 20 多年的时间里，我们对政府的职能定位进行了不断的探索。

1980 年邓小平在中共中央政治局扩大会议上，作了关于党和国家领导制度改革的长篇讲话。讲话中，他尖锐指出，由于实行高度集权的计划管理体制，各级政府都管了许多不该管，管不好，也管不了的事。这是我们官僚主义的总病根。这是对政府职能定位问题的提出。

1984 年党的十二届三中全会通过的《关于经济体制改革的决定》中指出，要实行政企职责分开，正确发挥政府机构管理经济的职能。同时《决定》还具体提出了几个方面的政府经济管理职能。比较过去的"全能"政府，列举政府经济职能，已经是在向"有限"政府转变了。

1987 年党的十三大召开，大会全面系统地提出了进行政治体制改革的任务，同时在这个基础上明确指出："为了避免重走过去'精简——膨胀——再精简——再膨胀'的老路，这次机构改革必须抓住职能转变这个关键。"① 这是改革以来，中央第一次明确提出"职能转变"这个概念。同时这次职能转变是以机构精简为背景提出的，所以它还表明中央对政府职能问题的认识有了重大突破。

1992 年党的十四大确立了社会主义市场经济的理论，同时也对政府职能有了更为明确的认识。大会报告指出："政府的职能，主要是统筹规划，掌握政策，信息引导，组织协调，提高服务和检查监督。"这就为社会主义市场经济条件下的政府职能转变提出了基本目标。

到 2002 年党的十六大时，我们关于政府职能的定位就已经完全明确了。党的十六大报告明确提出了"完善政府的经济调节、市场监管、社会管理和公共服务的职能"的要求。这就明确了我国目前政府职能转变的方向和主要内容。"在这四项职能中，公共服务是现代政府的主要职能，而且从根本上说，经济调节、市场监管和社会管理的最终落脚点也在于为社会和公众提供服务。"②

经过 20 多年的不懈探索，我们终于把政府职能定位在："经济调节、市场监管、社会管理、公共服务"这十六个字上了。这四项职能的定位十分精辟，也成为我们继续实现政府职能转变的目标。

---

① 《中国共产党第十三次全国代表大会文件汇编》，人民出版社 1987 年版，第 40 页。
② 应松年：《不断把政府职能推向深入》，载《中国行政管理》2006 年第 4 期，第 11 页。

3. 转变职能方式

政府职能重心的转变职能定位不明确，客观上也要求转变职能单一的行政方式。

改革开放以来，随着商品经济的发展，过去单一的行政命令已经越来越不适合经济社会的发展。同时商品和市场的活动，也迫切要求法制的健全。正是在这样的背景下，经济的方式、法律的方式成为行政方式的补充。在社会主义市场经济体制建立以后，多种职能方式的结合成为一种。需要特别指出的是，职能方式的转变，不是从行政的方式转到经济的和法律的方式，而是从单一的行政方式，转变为行政的、经济的、法律的等多种方式的结合。

行政方式主要是政府下达指令性计划，强制下属和社会各领域主体实行的方式。经济方式主要是政府按照客观经济规律的要求，灵活运用价格、财政、税收、信贷、工资等经济杠杆，调节和影响社会经济活动的方式。法律方式主要是制定和完善经济领域的法律，严格实施法律，以此规范社会各种经济主体行为的管理方式。这三种方式各有所长，也各有所短，所以应该把它们结合起来灵活运用。

2.4.3　我国政府职能转变的基本趋势

传统的行政管理是政府对社会实行全方位、多层次、宽领域的统揽一切的直接管理，政府代替市场、社会、企业，政府部门通过指令性计划、行政控制、微观管理、政治强制等手段直接管理社会和企业，政府无所不包，无所不管，是一种全能型政府。20多年来，我国一直致力于转变这种全能型政府的模式。党的十六大报告明确了行政体制改革的目标，今后我国的政府职能应当转变到经济调节、市场监管、社会管理和公共服务上来，在公共设施和基础设施建设、环境资源保护、发展科学教育文化事业、公共福利和保障、国家安全、法制建设等方面发挥政府应有的作用。凡是市场、社会、企业和公民能自我调节、自我管理的事，政府就不必介入。同时政府要积极培育社会中介组织，提高社会与公民的自治能力，形成政府与社会的良性互动。我国政府职能的转变，主要体现在以下几个方面：

1. 从管制型政府向服务型政府转变

传统的管制型政府，政府职能大包大揽，甚至直接介入私人物品的生产中，导致政府效能很低。服务型政府是以公民、社会为本位，在整个社会民主秩序的框架下，通过法定程序，为社会提供公共物品和公共服务的政府。随着我国经济全球化的推进，政府对社会的管理方式必将产生重大变革，我们必须从观念上到行动上弱化权力意识，强化服务意识。为市场、企业、社会乃至公民提供优质服务，乃是政府的基本职能。我国政府要切实转变工作方式和工作作风，推行政务公开制度，改革行政审批制度，建立依法行政制度，规范政府行为，提高行政效率，进一步提高政府机关按国际通行规则办事的能力。

2. 从微观经济管理向宏观调控转变

随着我国社会主义市场经济体制的初步建立，市场在资源配置中的基础性作用日益得到体现。世贸组织规则的最终目的是要求各成员国政府按照市场经济规则运作，以促进贸易自由和经济自由，这就要求我国进一步减少对市场和企业的直接干预和微观管理，从真正意义上实行政企分开，把本来属于企业的权力毫无保留地、实实在在地归还给企业，使企业真正成为参与国内外市场竞争的主体。同时政府要通过宏观经济政策调控经济的发展，培育和完善市场体系，完善和规范市场运行规划，从而促进经济的长久健康发展。

3. 从市场参与者向市场秩序的维护者转变

目前，我国还存在着地方保护、行业垄断、有法不依、执法不严等阻碍市场经济发展的问题，这就要求政府从对市场的直接干预者转变到市场规则的制定者和监督者，从侧重市场准入转向全面规范市场主体、维护市场秩序上来。尤其是要加强市场经济的法制建设，在符合 WTO 规则体系和法律规范的前提下，建立健全规定市场经济中的各种基本经济关系的法规（如破产法、企业法、公司法、银行法等），规定市场活动和市场主体行为方面的法规（如合同法、外贸法、证券交易法、产权法、反不正当竞争法等），规定解决特定经济行为方面的法规（如会计法、审计法、成本法、工资法等）。同时，按照 WTO 规则要求统一市场，取消关税壁垒，打破垄断，规范补贴，从而为企业创设一个统一、公正的市场运行环境。

4. 从全能政府向有限政府、责任政府、法治政府转变

全能政府是无限政府，政府职能无所不包。从本质上讲，政府职能是有限的，政府职能的行使仅限于为社会提供公共物品和公共服务。在这一过程中，政府行使职能不得介入私人物品的生产，侵犯公民的各项权利和自由，并有义务去保障公民的各项权利和自由，为公民的权利、利益的实现创造有利条件，积极拓展人的权利、自由，促进人的全面发展。

要建设法治国家，我国政府应根据权责相统一的要求，行使职能必然要承担相应法律责任。政府行使职能违反法律、越权行政或不遵守法定程序行政都必须承担法律责任。造成公民、法人和其他组织合法权益损害的，应当依法承担赔偿责任。我们倡导建立有限政府并不意味着政府的责任也随之减少，相

反，政府的责任意识必须加强。按照近代以来的国家观念，民主政治是一种责任政治，民主行政也是一种责任行政，它需要对法律、对社会、对人民负责，政府职能的行使需要承担相应的责任并在一定义务限制范围内行使权力。所以，从广义上讲，责任政府一方面意味着它要履行有效保障公民权利的责任，做公民权利的忠实代表者和有效维护者；另一方面意味着政府要正确、有效、合理行使职能，并对其违法失职或不当行政必须承担道义上、政治上或法律上的责任。做到有权必有责，用权受监督，违法要追究，侵权要赔偿。

总之，转变政府职能的关键在于政府要处理好新形势下政府与市场、政府与企业、政府与社会以及政府与公民之间的关系，同时作为市场竞争规则的制定者、市场秩序的维护者、财产权的保障者、宏观经济的调控者、公共服务的提供者、收入及财产的再分配者、良好国内秩序和国际环境的维护者等多重身份和复合角色。一句话，政府应当回到为社会、为公众提供公共物品和公共服务的轨道上来。

☞本章小结

政府职能的内涵是为社会提供公共物品和公共服务，这一内涵可从西方国家政府职能演变的几个主要阶段中呈现出来。从西方国家政府职能演变的过程和趋势可知，政府职能社会化、民营化和市场化乃大势所趋，这对于我国政府职能转变具有直接的启示和重要的借鉴意义。我国政府要成功地转变其职能，就要顺应世界潮流，把政府为社会提供公共物品和公共服务的职能逐步社会化、民营化和市场化，提高政府供给公共物品和公共服务的品质和效率，更好地为社会、为公众服务，满足公众需要。

☞关键术语

政府职能　　公共服务　　政府职能社会化　　政府职能转变

☞思考题

1. 何谓政府职能？
2. 阐述西方国家政府职能的发展阶段。
3. 政府职能社会化的主要形式有哪些？

4. 政府职能社会化的理论依据如何？

5. 我国政府职能转变的主要内容有哪些？

6. 试述政府职能转变的主要趋势。

☞**案例**

温家宝考察生猪生产及猪肉供应情况

近来全国猪肉价格上涨较快。国务院总理温家宝十分关心生猪生产、市场供应和价格情况。26日一大早，他就前往陕西进行调查研究。

一下飞机，温家宝就驱车来到兴平市西吴镇散区村，这个村是生猪养殖专业村，从事养殖及相关行业的农民有200多户。总理走进农民张养养家的猪舍，详细了解生猪饲养情况，张养养告诉总理他养了80头猪，一头猪能赚300元左右。走出张养养家，总理和围拢过来的村民坐在一起，倾听大家对养猪的看法。村支书马志勇告诉总理，去年下半年以来，由于价格下降，全村生猪存栏量从7 000多头下降到3 500多头。温家宝问："恢复到原来的7 000头存栏要多少时间？""一年左右。"总理接着又请生猪营销专业户白生华立即用手机给西安的销售商打个电话，问问西安今天的肉价。白生华告诉总理，后腿精肉每市斤9块左右，价格稳中有升。温家宝说："解决13亿人的吃肉问题还得靠农民。肉价涨一些有利于调动农民的养猪积极性，但涨到一定程度后要保持平稳，通过市场调节的办法，让农民养猪能挣钱，城里人特别是低收入家庭又吃得起肉。"

下午，温家宝来到位于咸阳市的星光良种猪繁育养殖公司，这家企业是国家生猪活体储备基地。他认真察看了母猪产育舍，和防疫人员握手交谈。当得知这个基地现存栏猪近2万头，其中国家储备8 000头，占全国活体储备的1%时，温家宝十分高兴，他说，这种活体储备办法能够起到调节市场的作用。要特别注意防治疾病，搞好生猪的安全饲养。

温家宝又来到西安市方欣食品有限公司，向企业负责人详细询问生猪的收购、宰杀和储存情况。当听说最近猪源少，收储量下降时，总理沉思片刻说道："当前，最主要的是要解决供需矛盾。屠宰厂要加强同周边养殖场和农户的联系，千方百计扩大生猪出栏数量，及时组织货源，确保猪肉供应。"在华润万家超市，温家宝和前来购物的群众亲切交谈，了解市场供应情况。一位居民告诉总理，肉价是涨了一些，目前还承受得起，再涨的话就有点压力了。温家宝说，我们已经注意到这个问题，政府正在采取各种办法，让大家吃得上猪肉、吃得起猪肉。温家宝还来到白露湾小区看望低保户。在90岁老人孔秋霞家，他握着老人的手说，照顾好您是我们的责任，最近肉价涨了，还吃得起吗？孔秋霞老人说，社区对我照顾得很好，基本生活都没问题。西安市的负责同志告诉总理，针对肉价上涨情况，准备适时给低保户发放肉类补贴。温家宝说，政府部门就是要为群众着想，想办法解决好群众的生活困难。

当天晚上，温家宝主持召开陕西省、西安市有关负责同志座谈会。他指出，生猪生产和市场供应事关群众生活，影响全局，不能掉以轻心。各级政府要高度重视，采取切实措施，认真做好这项工作。一要切实抓好生猪生产，对饲养母猪给予适当补贴，保护母猪生产能力；二要组织好猪肉和其他副食品的市场供应，做好采购工作，增加市场投放，切实做到不断档、不脱销；三要严格控制玉米深加工的盲目发展，确保国内市场饲料供应；四要加强市场质量和价格监管，维护市场秩序，搞好检验检疫，严肃查处哄抬价格等违法行为；五要加强猪肉等副食品生产需求和价格的监测，完善应急预案；六要关心困难群体的生活，根据猪肉价格上涨情况，适当提高低保标准；七要加强舆论引导，全面准确报道市场供应和物价情况，反映各地区各部门采取的措施，维护社会稳定。

（资料来源：贺劲松：《温家宝考察生猪生产及猪肉供应情况》，http://www.sina.com.cn，2007年5月27日。）

请思考：

1. 国家总理温家宝为什么要考察生猪生产及猪肉供应情况？

2. 根据我国现实国情，你如何看待政府职能转变中政府与市场选择的问题？

第3章
公共组织

在中国，作为公共管理主体的公共组织是一个庞大的组织系统。在这个系统中，有政府组织也有非政府的公共组织，具体而言，包括行政组织、事业单位、社会团体、民办非企业单位。本章主要研究中国的公共组织系统。为了突出政府组织的职能，同时也为了不产生其他歧义，使用行政组织的概念。我国的公共组织有鲜明的特色，我国的非政府公共组织不是西方国家的非政府组织，这不仅因为我国的事业单位和民办非企业单位在西方找不到与之对应的概念，而且我国的事业单位和社会团体中还有一部分实际上是准政府组织，这些都是本章要专门研究的内容。

3.1 行 政 组 织

3.1.1 行政组织的内涵

行政组织（administrative organization）是公共管理的核心主体与其他公共组织比较，它具有明显的特征。

1. 行政组织的含义

行政组织有广义、狭义之分。广义的行政组织是指各种为达到共同目的而负有执行性管理职能的组织系统。它既包括各类企事业单位、群众团体、政党的负有管理职能的组织系统，也包括国家机关中的立法、司法系统中负有执行职能的各类单位和整个国家行政机关。狭义的行政组织是指国家的行政机关，即根据宪法和法律组建的、体现统治阶级意志、行使行政权力、执行行政职能、推行政务、管理国家公共事务的机构体系，是国家权力的执行机关①。显

---

① 傅明贤：《行政组织理论》，高等教育出版社2000年版，第2页。

然，作为公共管理主体的行政组织是狭义的行政组织。

行政组织与行政机构和行政机关的概念并不一样。行政机构是指行使行政职能的各个具体单位、部门，行政机关是从把行政机构作为一个整体的总称，而行政组织则是对行政机构和行政机关的统称。

我国的狭义行政组织就是国务院系统，它是我国最高权力机关——全国人民代表大会的执行机关，相关法律规定，它的任务是负责执行全国人大所通过的法律、政策和决定，并接受国家权力机关的监督。我国是单一制国家，所以国务院系统的具体组织形式包括：从中央人民政府即国务院到基层的乡镇人民政府；从国务院各部、委、办、局、署到市县的职能局、委、办，构成的完整的统一的组织系统。这个组织系统就是本章要研究的行政组织。

2. 行政组织的特性

行政组织作为法定组织，与其他公共组织比较具有以下几个方面的特性：

政治性。即行政组织在运行中必然会把国家意志放在首位，同时也把维护统治阶级的利益作为活动的根本目的。行政组织作为国家权力机关的执行机关，其活动必然会表现出鲜明的政治性。

社会性。即行政组织履行社会公共事务的管理职能。社会性是行政组织的基础，也是其政治性的核心要求。通过对社会公共事务的管理，实现社会安定、经济发展，人民富足，这样才能真正维护统治阶级的根本利益。从这个意义上说，行政组织的政治性和社会性是一致的，也是互为目标的。

权威性。行政组织依照法律规定，在法律授权范围内做出的所有规定、命令等，要求管理对象绝对服从，遵照执行。作为国家权力的执行机关，行政组织代表国家行使法定权力，同时有国家法律和政纪作为组织运行的保证，所以具有绝对的普遍约束性和权威性。

法制性。行政组织的设立、变更或撤销均须依据宪法、法律的规定和程序进行，同时行政组织自身也必须依法行政。法制性是行政组织具有权威性的基础，也是行政组织活动的依据和手段。

系统性。行政组织是一个庞大的系统体系，这个系统不仅遍及全国，包括最边远的地区，分布于社会的各个领域，而且协调有序、运转灵活。在这个行政系统中，处在不同行政层级的行政部门、行政单位、个体组织效应得到充分发挥时，系统的整体效应也就能得到最好的发挥。

需要特别指出的是，行政组织的这些特性并不是它的特权。现在一些行政部门并没有严格坚持这些特性，比如滥设编制外机构，临时机构成为事实上的常设机构，另一些行政部门则滥用组织的权威性，出台一些维护少数人或小集团利益的政策、规定，这些都是我们需要通过改革加以纠正的。

3.1.2　行政组织的类型

行政组织是由一个不同层次、不同功能的诸多行政机构组成的系统。根据不同的标准，行政组织可以分成不同的类型。如根据管辖的地域范围，可分为中央机关和地方机关；根据权限性质，可分为一般权限机关与专门权限机关；根据管理的客观复杂程度和管理对象的差异，可分为综合管理机关、专门管理机关等。

这里我们根据我国行政实践，按照行政组织的功能和作用将其划分为以下几种类型：

1. 行政领导机关

行政领导机关也就是行政首脑机关，它具有决策、组织、指挥、协调、控制和监督等权力，是各级行政机关的领导和首脑。如我国的国务院和各级地方人民政府中，由本级最高行政首长组成的行政机关。

2. 行政职能机关

行政职能机关是经过法定程序批准设立的，在本级行政领导机关直接领导下，负责组织和管理某一方面行政事务的机关。它们对上执行行政领导机关的决定和指示，对下领导或指导下属行政机关的工作。如我国国务院的各部、委，地方政府中的各厅、局。

3. 行政辅助机关

行政辅助机关是直接为行政首长和行政职能机关服务的机关。它们不直接具有决策、指挥权，也不具有独立地位，仅起承上启下、协调和咨询等辅助作用，但它们是在间接为实现行政目标服务，是行政首长和行政职能机关完成行政任务不可缺少的辅助机关。实践中，行政辅助机关比较多，如果按照它们的职责划分，还可以再进一步划分为政务性机关、事务性机关、专业性机关、综合性机关等。如各级政府的办公厅（室）是综合性辅助机关，政策研究室、经济研究中心等是政务性辅助机关，统计、人事、财务等部门是专业性辅助机关，后勤、招待所、机关事务管理局等是事务性辅助机关。

4. 派出机关

派出机关是省级政府根据政务工作需要在辖区内设置的代表机关。按照《地方组织法》规定，在区域太广、或省级政府所管辖的县级政府的行政幅度过大的省（区），为了避免增加行政层级又便于管理，经国务院批准，可以设立派出机关。派出机关的主要职责是代表它的派出政府指导、协调县、市的工作，这种派出机关一般被称为行政公署（行署）。

另外，《地方组织法》还规定，县级政府在必要时，经省级政府批准，也可以设立派出机关，县级政府的派出机关被称为区公所，县级市、市辖区政府的派出机关被称为街道办事处。1986 年以后，区公所在经过乡镇合并的机构改革后，逐步减少，现在已经不再存在。而随着城市化建设的步伐加快，街道办事处在城市管理中的地位却在不断提高。现在街道办事处的主要功能有：执行功能，即执行它的派出机关的决议和命令，承办派出机关交办的各种事务；管理功能，即从事市政管理、经济管理，以及民政、司法、治安、卫生、教育、计划生育等事务的管理；协调功能，即协调辖区内各部门、各单位完成如防火、防震、防汛、防灾、抢险等紧急任务，开展如社会主义精神文明建设、社会治安综合治理等活动；指导功能，即指导辖区居民委员会的工作。

5. 临时机关

临时机关是行政领导机关为解决某一特定问题，或为调查某一事件，而组成的临时性机构。这些特定工作完成后，临时机构就应该撤销。如国务院人口普查领导小组、国务院安全检查工作小组等。

3.1.3 行政组织的结构

行政组织结构就是行政组织的排列组合方式，它一般包括行政组织的横向结构和行政组织的纵向结构。行政组织结构的科学、合理，直接关系行政效能的发挥。

1. 行政组织结构的作用

所谓合理的行政组织结构，就是实现了一级行政组织的设置职能与任务的平衡，实现了各个组织、人员之间的按比例配制，以及能够实现各机构分工合作，灵活协调。也就是做到事有人做，人有事做，分工明确，合作良好的组织结构。

在一定的行政环境中，行政组织结构是完成行政目标提高行政效率的物质基础，所以，行政组织结构有重要的作用。具体而言：

合理的行政组织结构有利于实现行政组织目标。合理的组织结构能保证每个行政层次、行政部门、单位都是按需设置的，既没有虚设机构，也没有漏设机构，而且各级、各部门之间分工协作、运行协调。这样的组织结构有利于发挥行政组织的整体功能，更好地实现行政组织目标。

合理的行政组织结构有利于提高行政效率。合理的组织结构能保证各个行政单位、部门之间，各个工作职位之间，相互间沟通良好，无论上行、平行、下行沟通渠道，都能畅通无阻，信息传递迅速。这样能有效地运用人力、物力和财务，降低行政成本，提高行政工作效率。

合理的行政组织结构有利于调动行政人员的积极性。合理的组织结构能使每个行政人员职、责、权明确，且因材施用，人尽其才。行政人员工作分工合理，关系协调，有利于调动他们的工作积极性和创造性，有利于形成团队力量。

2. 行政组织的纵向结构

行政组织的纵向结构又称层级制，是指行政组织自上而下分为若干层次，上下之间构成领导与被领导关系的组合方式。

行政组织的纵向结构是以层级制为基础的垂直分工。层级越高，管辖范围越广，行政组织的数量越少，如全国最高行政组织——国务院，只能有一个。层级越低，管辖地域的范围越窄，行政组织的数量越多，如我国最基层的乡镇政府，虽经多次撤并，截至2004年9月的数量还有37 166个①。不同层级的行政组织，有不同的权力与责任。一般而言，凡属全国性的宏观问题，由中央行政组织管理，地方的社会事务，由地方行政组织管理。

行政组织的纵向结构可以使国家行政管理做到事权集中、统一领导、统一指挥，有利于加强控制和监督。但这个结构也会产生各级行政首长管辖事务过多，责重事繁，不可能样样精通等问题，这样又会影响到行政组织的效率。因而，行政组织的纵向层级结构又必须辅之以横向的职能部门结构。

3. 行政组织的横向结构

行政组织的横向结构就是以职能制为基础的行政部门分工。任何一个国家行政组织为完成各种行政任务，在纵向分工构成层级化的基础上，必须进一步进行科学的横向分工，以适应分门别类地处理行政事务的需要，这种横向分工就构成了行政组织的横向结构。

行政组织的横向分工有多种方式。有按业务性质分工的方式，即按行政管理的业务性质异同来设置行政机构，如财政、商业、外交等都是不同的业务，以这些业务为基础设置的不同职能的平行部门，就是财政部、商业部、外交部等。行政组织中绝大多数职能部门都是按业务性质不同设置的，这是行政组织常用的一种横向分工方式。有按行政管理工作过程的程序分工的方式，即按行政管理工作过程的程序来设置行政机构，如设置决策部门、执行部门、监督部

---

① 新华社：《我国撤乡并镇初见成效》，http：//www. chinaorg. cn，2005年6月25日访问。

门、反馈部门等。

行政组织的横向分工所形成的平行结构，能够使职能部门专于某方面的工作，从而达到提高整个工作效率的目的。但这个结构也有缺点，即会出现事权分散、各职能部门之间扯皮推诿的现象。

4. 管理层次与管理幅度的关系

各国的行政组织的设置都是纵向结构与横向结构的结合，即都是分层设置平行的行政组织，这样就客观上产生了一个管理层次与管理幅度的关系问题。行政组织的纵向结构形成管理层次问题，行政组织的横向结构形成管理幅度问题。一般来说两者之间是反比例关系，即管理层次越多，管理幅度越小，反之亦然。

由于管理层次体现决策者与执行者之间的距离，一般而言，距离越近，信息沟通越便利，信息衰减越小，执行当然就会越准确、迅速，对上级来说控制和监督也就越有力和越及时。而管理幅度体现的是上级对下级的管理数量，一般而言，管理幅度越窄，上级对下级的管理效率越高，反之，管理幅度越宽，上级对下级的管理效率会越低。而且由于任何人和单位的时间和信息处理量都是有一定限度的，任何领导者的知识、能力也会是有限的，所以，管理的幅度是必须受到限制的。科学设置行政组织结构最根本的问题，就是要处理好管理层次与管理幅度的关系，也就是要根据影响管理层次和幅度关系的各种因素的不同，寻找和确定两者最佳的结合点。

3.1.4 准行政组织

在国家承担公共管理职能的组织中，还有一类比较特殊的组织，它们不是行政组织，但实际承担着部分行政组织的公共管理职能，而且国家对它们参照行政组织在进行管理，我们有必要了解这些组织存在的形式和意义。

1. 准行政组织的含义及特点

准行政组织是指那些不具备国家行政机关性质，而实际承担着某些行政管理职能的非政府公共组织①，也就是指那些由政府设立，虽不属于行政系列但实际拥有行政职能，经由政府授权，承担一定行政管理职责的公共组织。这类组织，在许多国家都存在，只是由于各国的情况不同，它们的种类、数量以及职责权限的大小有不同。

---

① 汪玉凯：《公共管理与非政府公共组织》，中共中央党校出版社 2003 年版，第 126 页。

我国的准行政组织主要是指那些属于事业单位或社团性质，但又具有某种行政职能的机构，如中国地震局、中国气象局、中国证监会等。这些组织的准行政性质主要体现在这样几个方面：首先，准行政组织虽然不属于党政机关，但这些组织都是由执政党或政府直接设立的。其次，准行政组织的费用都来源于国家财政。准行政组织的预算，一般都纳入国家总的财政预算之中，并通过国家财政拨付。第三，准行政组织，在管理上都参照党政机关的管理模式进行，这些组织及其工作人员不仅都有一定的行政级别，而且主要领导都是由政府直接任命的。

2. 准行政组织的类型

我国的准行政组织按其性质可以分为三种类型：

一类是国务院直属事业单位，如"国务院证券监督管理委员会"、"中国地震局"、"中国气象局"等。它们虽然是事业单位，但被明确授权具有一定行政管理职能；

另一类是隶属于政府部门，但具有一定行政管理职能的事业性机构，如隶属国家知识产权局的"国家专利局"、隶属国家工商总局的"国家商标局"等；

还有一类是一些官方色彩十分浓厚的行政性行业组织，如"中国贸促会"等。

3. 准行政组织在公共管理中的功能

准行政组织作为政府实施公共管理的辅助机构，在各个国家的政府管理中广泛地存在，并不断地发挥作用。准行政组织存在，是因为它在公共管理中可以发挥某些独特的作用。

准行政组织承担部分公共管理事务，有助于政府转变职能。准行政组织所在的领域，多数是专业性、技术性比较强的领域，这些领域的公共事务，交由这些专门组织管理，有助于政府转变职能，提高行政效率，实现公共管理社会化。

准行政组织承担部分公共管理事务，有利于政府减少机构，降低行政成本。改革开放以来，我国政府虽然进行了多次精简机构的改革，但改革后总是不能改变"反弹"趋势，实践证明，发挥准行政组织在公共管理中的作用，可以有效控制政府规模，所以是降低行政成本的一条重要途径。

规模的大小在一定程度上会影响政府管理的能力。一般来说，由于社会经济事务的不断扩大，政府管理的领域不断增加，很容易导致政府管理规模的膨胀，也常常会引起民众的不满。正因为如此，西方国家在政府改革中，把控制

71

规模，削减财政开支，始终作为一个重要目标。中国的国情虽然与西方国家不同，但是就其控制政府规模来说，同样面临着艰巨的任务。因此，准行政组织承担部分公共管理事务，还有利于消除公共权力的寻租现象。利用公共权力寻租，是在政府官员产生腐败的主要源头，也是一个带有普遍性的社会问题。准行政组织经行政机关授权，承担部分公共管理职能，客观上分散了行政组织的权力，会有利于减少寻租现象。

虽然准行政组织不是我国特有的现象，但是我国的准行政组织现象却的确还存在一个需要进一步规范的问题。规范准行政组织的组织形式、作用、地位、管理体制等，不仅是深化政府改革的需要，也是当前深化事业单位改革、深化社团管理改革的需要。

3.2　行政组织的编制管理

3.2.1　编制与编制管理

编制是行政组织设置的依据，所以，研究行政组织必须研究编制及编制管理。

1. 编制的含义

关于"编制"可以有狭义和广义两种理解。狭义的"编制"，指法定的社会组织的法定人员数额及其相关的人员结构与职位配置。广义的"编制"，则指法定的社会组织的职能范围、责权关系、机构设置、规格级别、隶属关系、人员数额、人员结构及职位配置的总称。简单说，广义的"编制"涉及一个法定组织的职能、机构、人员的系统结构与规模。狭义的"编制"，则仅涉及一个法定组织的机构、职位的系统结构与规模。我们从广义上研究"编制"。

编制是政治与行政制度在组织上的实现，是国家意志表达与执行的载体。因为，如果没有承担某种政治职能和管理职能的具体机构和人员，国家政治意志的表达是无从谈起的，而且国家机构与人员的结构形态与规模的科学程度，又会直接影响政治统治的有效性。

在我国，根据机构的性质、任务、经费来源的不同，统一管理的编制分为机关编制（行政编制）、事业编制两大类。

2. 编制管理

编制管理就是对各类国家编制实施的管理。由于编制包含职能、机构、人员三个方面的内容，编制管理也就是指对法定组织的职能管理、机构管理、人员管理。

编制管理的具体内容包括：制定编制方案；确定各部门的职能范围，并协调不同部门间的职责分工；审批机构与人员；监督编制执行情况；进行编制统计；制定有关的法令法规。

3.2.2 编制管理的基本原则

行政组织编制管理的政策性和科学性很强，为了做好编制管理，应遵循以下基本原则：

1. 职能决定原则

职能决定编制，这是编制管理中要坚持的第一个原则。这个原则要求机构的设置、人员职位、职数的确定，都要以职能为依据。科学安排职能也是编制管理的第一步工作。

2. 职位设置原则

职位设置要体现责任、权力相称的基本原则。编制管理就是要保证每个机构的职位种类和每种职位的职数符合机构的职能要求，做到责权相称，这样才能保证组织目标的实现，也才能体现编制管理的重要。

3. 协调平衡原则

协调平衡是指行政组织要做到内外协调平衡。即在行政组织内部，通过编制管理，做到行政部门之间、层级之间、部门层级之间，在工作的沟通、衔接、比例等方面实现协调平衡；在行政组织外部，使行政编制与国家财政的承受力平衡，与国民经济的发展水平和速度平衡。

4. 精简统一原则

精简原则包括精简机构、精简人员、合理定编定员和减少层次等方面。统一原则要求编制管理做到统一领导、统一职能目标、统一机构设置。只有这样才能形成既有最高指挥，又有逐级指挥与服从；既有分工，又有合作的上下衔接配套、左右功能齐全的组织体系。

5. 依法管理原则

依法管理原则要求编制的确定、执行、监督和控制都要以法律为依据，随意增加编制要按照法律程序以违法论处。只有使编制具有法律效力，才能保证编制管理的规范化和权威性。

3.2.3 编制管理的主要方法

编制管理的方法，总体上说有两类：一类是从管理的内容特征上看，可以将编制管理分为行政方法、经济方法、法律方法；另一类是从管理的对象看，可以将编制管理分为职能管理方法、机构管理方法、人员管理方法。前一类管理方法是一般方法，我们有必要详细了解。

1. 行政方法

这是指编制管理部门依靠行政组织的权力，按照组织系统对编制进行直接管理的方法。这是编制管理中传统的基本方法，它包括制订编制方案、核定编制总额、具体审核编制、进行编制监督等。

2. 经济方法

是指按照物质利益原则，运用经济手段，以物质作为激励动力，对编制进行调控的管理方法。它包括经费预算管理、编制与工资基金结合管理、编制包干、经济奖罚等。

3. 法律方法

是指运用法律规范，对机构设置和人员编制等进行调控管理的方法，这是有效控制编制的一种方法。但从现阶段看，我国的编制立法工作比较薄弱，行政机关组织法规还有待完善。为了使我国的编制管理尽快纳入法制的轨道，我们必须抓紧编制立法工作，制定编制管理、机构设置、人员编制、审核程序等方面的法律规范。

3.3 事业单位

3.3.1 事业与事业单位

事业单位是我国在计划经济时期形成的社会组织类型，在西方国家并没有"事业单位"这个概念，也没有与之相对应的组织类型，所以事业单位是中国特有的组织形式。

1. 传统的事业单位概念

事业单位中"事业"的内涵在我国是有特殊含义的。传统的事业单位中的"事业"，是特指没有生产收入，所需经费由国库（财政）支出的社会工作。"事业单位"通常也指上述社会活动形成的部门或是行业。由于在计划经济时代，所有的事业活动全部由国家包办，将其纳入国家计划管理的范围，并且这些活动几乎全部是由国家举办的事业单位所从事的，因此，"事业"和"事业单位"在日常的话语以及一些书面资料中，是不加区分的，所以要具体了解"事业"所包含的内容，也可以直接从了解"事业单位"入手。

在 1998 年国务院颁布《事业单位登记管理暂行条例》对"事业单位"作出官方权威界定之前的近 50 年时间里,我们国内对"事业单位"的理解和解释是多种多样的。

国家管理部门第一次正式使用"事业单位"的概念,并对事业单位的概念进行界定,是在 1955 年。在 1955 年第一届全国人大第二次会议通过的《关于 1954 年国家决算和 1955 年国家预算的报告》中,第一次将由政府举办的履行政府向社会提供公共服务的单位定名为"事业单位"①。从那时起,国家管理部门对"事业单位"的解释又调整多次,如事业单位是"为国家创造或者改善生产条件,促进社会福利,满足人民文化、教育、卫生等需要,其经费由国家事业费开支的单位"(1963)②。"凡是直接从事为工农业生产和人民文化生活等服务活动,产生的价值不能用货币表现,属于全民所有制单位的编制,列为国家事业单位编制"③ 的单位就是事业单位(1965)。"凡是为国家创造或者改善生产条件,从事为国民经济、人民文化生活、增进社会福利等活动,不是以为国家积累资金为直接目的的地位,可定为事业单位,使用事业编制。"(1984)④

可见,我国政府管理机构对事业单位的最初界定是从编制管理的需要,以组织的经费来源为标准界定的。20 世纪 60 年代以后几次对事业单位重新界定,尽管这些界定的动因仍然是来自编制管理的需要,而且也没有能从理论上解决划分事业单位的依据,但毕竟对事业单位组织目标、活动范围及属性做了比较清晰的界定,这是一个很大的进步了。

学者们对"事业单位"的定义有自己不同的理解,钱其智提出,"凡面向全社会,直接为国民经济和社会生活各个方面提供具体的业务性服务(包括知识性劳务服务和非知识性劳务服务),并且不以为国家积累资金为主要目的的非营利的社会组织机构,均可视为事业单位。除政党机关、国家机关、一般社会团体和企业之外的所有社会组织机构都是事业单位"⑤。朱庆芳认为,

---

① 徐颂陶:《神圣的天职——中国现代人事管理》,中国人事出版社 1996 年版,第 209 页。

② 《国务院关于编制管理的暂行办法(草案)》,1963 年 7 月 22 日(内部资料)。

③ 《国家编制委员会关于划分国家机关、事业、企业编制界限的意见(草案)》,1965 年 5 月 4 日(内部资料)。

④ 全国编制工作会议:《关于国务院各部门直属事业单位编制管理的试行办法(讨论稿)》,1984 年(内部资料)。

⑤ 钱其智:《事业机构编制管理教程》,河南人民出版社 1992 年版,第 6 页。

"事业单位是不同国家机关、党派、社会团体，也不同于企业单位的社会组织；是为党政机关和国民经济、社会生活各个领域服务的，为国家创造或改善生产，增进社会福利，满足人民文化、教育、科学、卫生等方面的要求，不以为国家积累资金为直接目的的单位"①。黄恒学认为，事业单位"是特指受国家行政机关领导，没有生产收入，由国家经费开支，不实行经济核算，提供非物质生产和劳务服务的社会组织，主要包括科学、教育、文化、卫生、体育等部门和单位，例如学校、医院、演艺团体、研究机构等等"②。

可见，学者们研究问题的角度与政府管理部门有区别，学者们更强调事业单位的社会性，目的性。而且他们已经注意到改革以后出现的新现象，即出现了一些不是由国家举办，经费也不由国家经费开支的知识性和非知识性劳务服务，需要给这样一些"业务性服务"以明确的社会定位（钱其智，1992）。

不过从上述政府管理部门和学者们的各种定义中，我们还是很容易看到传统的事业单位的特征：国有、国办；人员列入国家专门的事业编制；所需经费靠财政拨款；所有活动依照行政指令计划进行；活动目的是服务性的；主要活动领域是科学、教育、文化、卫生、体育等。

2. 现在事业单位的权威定义

到 20 世纪 90 年代末期，随着社会主义市场经济体制的基本建立，随着政府职能转变改革的全面推进，我们对事业单位的性质、事业单位的范围及社会地位有了更明确的认识。1998 年 10 月 25 日国务院同时颁布了《事业单位登记管理暂行条例》和《民办非企业单位登记管理暂行条例》，《事业单位登记管理暂行条例》对事业单位进行了界定："事业单位是国家为了社会公益目的，由国家机关举办或者其他组织利用国有资产举办的，从事教育、科技、文化、卫生等活动的社会服务组织"。这个界定是至今为止政府部门管理事业单位的最权威依据。这个界定也是我们第一次不因编制管理和经费管理需要发布的对事业单位的专门管理法规，所以这个《事业单位登记管理暂行条例》的颁布和实行对事业单位的发展和改革，也具有里程碑式的意义。

《民办非企业单位登记管理暂行条例》与《事业单位登记管理暂行条例》同时颁布，表明国家最高管理部门承认事业领域不应该由国家"全包"，允许非国家机构和非国家经费进入事业领域。

也正是由于现实中事业领域已经不是国家"全包"，而且国家就不应该，

① 朱庆芳：《现代事业人事管理》，中国人事出版社 1997 年版，第 8 页。
② 黄恒学：《中国事业管理体制改革研究》，清华大学出版社 1998 年版，第 2 页。

也不能够"全包"事业服务，所以国家这两个法规颁布后，一些学者马上提出了他们的不同观点。如成思危认为，"事业单位宜定义为：为了社会公益目的，由各级政府、企业法人、社团法人或公民个人出资以及上述法人和自然人的某种合资形式依法举办的、依法自主运作，独立承担民事责任，从事教育、科技、文化、卫生、体育等方面的非营利性社会服务活动的独立法人"[1]。或者将现在的事业单位、民办非企业单位合并称为"公共事业组织"[2]、"公共事业单位"[3]。

归纳起来，学者们的意见集中在两个方面，一是认为对事业单位的界定还应该进一步完善；二是认为现行的"事业单位"和"民办非企业单位"这两个概念应该合并。而我们认为，合并这两个概念，还需要理论界和实践部门的共同努力，前提则是我国事业单位改革的继续深化。

3.3.2 事业单位的特征

从现行《事业单位登记管理暂行条例》对事业单位的界定，可以看到，事业单位的几个重要特征得到了强化：

1. 事业单位的性质是社会公益性组织

《条例》对事业单位的界定，首先强调的就是国家举办事业单位的社会公益目的，这就指出了事业单位的社会性质。

2. 事业单位的举办主体是国家机关或其他国有机构

由于《条例》明确指出可以用于举办事业单位的资产必须是国有资产，所以等于是划定了事业单位的举办主体的国有性质。对举办主体的限定就从根本上区别了事业单位与其他非政府组织。《条例》中关于举办事业单位的"其他组织"，主要是指事业单位，经国务院批准免于登记的社会团体和由国务院机构编制机关核定的社会团体以及国有企业。

3. 事业单位的经费来源是国有资产

国有资产就是在法律上确认为国家所有，能以货币计算的各种经济资源的总和。《条例》所指的"国有资产"，既包括事业单位的事业资产，也包括企

① 成思危：《中国事业单位改革——模式选择与分类引导》，民主与建设出版社 2000 年版，第 134 页。

② 娄成武：《公共事业管理学》，高等教育出版社 2002 年版，第 9～10 页。

③ 郑国安：《非营利组织与中国事业单位体制改革》，机械工业出版社 2002 年版，第 52 页。

业的国有资产，还包括一些人民团体的国有资产。如普通高校举办的医院，一些国有大型企业举办的学校、医院，还有全国总工会、工商联、科协等这些人民团体举办的学校等。

4. 事业单位的组织目的是从事社会根本服务

《条例》中明确规定，举办事业单位的目的是为了从事相关领域的社会服务。以"社会公益"为最终目的，就是说事业单位不是为了局部的、某一具体部门或是团体的利益，而是为了全社会多数人的利益。事业单位的这一组织目的，也是根本区别于以营利为目的的企业组织的。

5. 事业单位的活动领域主要是科技、教育、文化、卫生等

这些领域的产品或服务都是公共物品，而且也都具有持续的社会需求。将这些领域的单位划为事业单位，使得事业单位不仅有存在的必要，还有发展的可能。

上述五点也是我们区别事业单位与其他非政府组织的主要依据。

3.4 社 会 团 体

3.4.1 社会团体的定义和特征

作为一种社会成员的自组织形式，社会团体现象不仅古已有之，而且是各国都有。

1. 社会团体的定义

多年以来，研究社团的中外学者们从不同的视角为社团作了各种界定。比如清华大学的研究者就将国内外的各种定义归纳为"共同特征说"、"互益说"、"公益说"、"特殊目的说"、"剩余说"、"法律定义说"等六种①。

本书的研究所采用的是政府权威定义，即国务院《社会团体登记管理条例》中为社团下的定义。在1998年国务院修订颁布的《社会团体登记管理条例》中指出：社会团体是指中国公民自愿组成，为实现会员共同意愿，按照其章程开展活动的非营利性社会组织。

在这个定义里，突出强调了社团的几个特征：

非政府性。社团是公民组成的民间组织。

---

① 王名，刘国翰，何建宇：《中国社团改革：从政府选择到社会选择》，社会科学文献出版社2001年版，第15~17页。

自愿性。参加社团是公民的自愿行动，这里隐含着加入和退出自由的含义。

共同性。社团要实现的会员意愿不论是公益性的还是互益性的，都是会员共同认可的。

非营利性。《条例》明确规定社团是"非营利性社会组织"。

自我约束性。社团开展活动的基本规范就是本组织的《章程》，也就是说社团是需要自我约束的。

2. 社会团体与事业单位的区别

社会团体和事业单位都是非政府组织，但两者之间有明显的不同。对比1998年国务院颁布的《社团登记管理条例》和《事业单位登记管理暂行条例》，我们可以看到它们的主要区别是：

组织的目的不同。社会团体的组成目的是"为实现会员共同意愿"，多数社团更加注重组织内会员的互益性，如一些行业协会，它们的宗旨就是为了完成协会内的成员无法单独完成目标，制订一些行业标准、维护行业内的秩序与稳定、代表会员与政府实现沟通与协调等，为本组织的成员服务。而事业单位举办的目的则是"为了社会公益目的"，也就是说事业单位更加注重服务的公益性。现实中，事业单位也主要从事科技、教育、文化、卫生等领域的活动，这些领域都是为社会提供公共物品和公共服务的领域。

组织的经费来源不同。社会团体的经费来源主要是社团成员交纳的会费，以及一些社会捐助等，社会团体也会得到政府的资助，但这不是它们的主要经费来源。另外，《社团登记管理条例》还规定了成立社会团体的最低经费额度，即全国性的社会团体须有10万元以上的活动资金，地方性的社会团体和跨行政区域的社会团体须有3万元以上的活动资金。而事业单位则不同，《事业单位登记管理暂行条例》明确规定，事业单位是"由国家机关举办或者其他组织利用国有资产举办的"，所以一般事业单位的主要经费来源就是财政拨款。在事业单位申请登记过程中，只需出具相关的经费来源证明即可。

组织的经营性质不同。相关管理条例明确规定社会团体只能从事"非营利性"活动，《社团登记管理条例》还规定"任何单位和个人不得侵占、私分或者挪用社会团体的资产。社会团体的经费，以及开展章程规定的活动按照国家有关规定所取得的合法收入，必须用于章程规定的业务活动，不得在会员中分配"。社会团体的专职工作人员的工资和保险福利待遇，则参照国家对事业单位的有关规定执行。而事业单位则不同，事业单位从事的经营活动既可以是营利的，也可以是非营利的，如现在社会上存在着营利性的学校、医院和非营利性的学校、医院。事业单位依法举办的营利性的组织，要像国家对有关公司、企业等经营组织的法律、法规的规定一样，实行独立核算。

登记、管理机关不同。这是社会团体和事业单位又一个重要的区别。社会团体是由登记管理机关登记管理和业务主管单位业务管理。根据《社团登记管理条例》规定，国务院民政部门和县级以上地方各级人民政府民政部门是本级人民政府的社会团体登记管理机关。国务院有关部门和县级以上地方各级人民政府有关部门、国务院或者县级以上地方各级人民政府授权的组织，是有关行业、学科或者业务范围内社会团体的业务主管单位。具体的管辖措施则可以参见条例的相关规定。事业单位则不同，《事业单位登记管理暂行条例》规定，国务院机构编制管理机关和县级以上地方各级人民政府机构编制管理机关是本级人民政府的事业单位登记管理机关。同时，事业单位在执行国家有关财务、价格等管理制度时，必须接受财税、审计等相关行政部门的监督。

可见，虽然都是非政府组织，但两者的区别却是明显的。

3.4.2　社会团体的作用

社会团体是作为弥补政府和市场失灵而发展起来的非政府组织，所以社团的作用也主要集中在沟通政府与社团成员，沟通企业与社团成员，以及沟通内部成员几个方面。

1. 沟通和协调社团与政府的关系

社团是在法律法规的规范下，代表本社团所联系的社会成员的利益而组织起来的，它的目的之一就是要向政府反映社团成员的要求。而政府由于实现了职能转变，由过去的直接管理、微观管理转变为间接的宏观管理后，客观上也需要社会团体作为一种政府与社会的对话机制，来实现政府与社团成员的沟通与协调。

2. 沟通和协调社团与企业的关系

在我们基本建立起社会主义市场经济体制以后，就实现了政企分开。但是，在企业完全走向市场之后，又会出现许多诸如咨询、建议、信息、法律、公证与监督等需求，而社团一般就是为承担这些社会功能组成的。所以社团能够通过整合民间资源，对社会特定群体提供公益服务，弥补政府与市场无法或不愿涉足的服务领域。

3. 沟通和协调社团成员间的关系

社团成立的目的就是成员的共同利益，所以协调成员间的利益矛盾就是社团最重要的作用了。从社会团体开展活动的特征来看，社团与内部成员的关系主要有五个方面：一是联系关系。即社团是成员建立联系的基本形式与途径，也是与其他组织建立联系的桥梁和纽带。社团的组织结构本身就是成员间联系的基本形式与途径。社团各种活动的开展，既满足了成员的沟通需求，也促进了社团的发展。二是代表关系。即社团是其成员合法权益的代表者、维护者。如行业协会在其成员的利益受到侵犯或破坏时，那么社团就可以代表本组织成员通过相关的法律手段为成员讨回公道，维护其正当的合法权益。同时，它也能代表组织成员参加与其自身利益相关的政府决策，通过影响相关政策，为企业成员的发展创造良好的环境。三是服务关系。即社团履行为其联系的社会成员服务的职能，并因此与其成员建立联系。社团的组成目的就是服务其会员，在这一点上，它是有义务完成这项职责的，会员交纳相关的费用，社团就对其提供相关的服务措施，同时与其会员建立一种稳定的联系机制，尽可能满足其提出的要求。四是管理关系。即社团为履行协助政府部门加强行业管理的职能而与其成员产生的关系。在履行一定的服务义务时，社团也要协助政府部门加强对行业的管理，进入政府部门无法直接进入的领域，管理政府部门无法直接实施政治管理的事务，协调成员间、行业间的利益格局，稳定相关的市场秩序。五是监督关系。即社团成员对社团管理和服务的监督。社团在为成员提供服务的同时，也可能会发生各种不正当行为，或者提供服务的质量不符合要求，危害成员的利益。所以社团成员也会有必要对社团进行监督。

3.4.3 社会团体的分类

由于现代社会是高度分化的社会，所以社团的类型也会纷繁多样。为了便于管理，需要对社团进行分类。用不同的分类标准，可以得到不同的划分：

按照社会团体的社会职能不同，可以将社团分为政治性团体、经济性团体和社会性的团体。政治性的团体是指以政治任务为中心的组织，表现为担负管理社会的职能，起着依照阶级、阶层的切身利益，协调社会部门间关系的作用，如工会、青年会、妇联以及侨联等都属于政治性社会团体。经济性社团是指那些主要履行经济职能，以为企业服务为宗旨，进行信息、技术和管理方面的交流，协调市场行为的社团，如消费者协会、经济信息协会、企业管理协会、质量管理协会等。社会性的团体是指主要履行提供社会文化生活服务的职能的社团，这类社团涉及的领域非常广泛，包括文化、科学和其他社会生活的各个领域，主要有文化、艺术、体育、科技、学术以及宗教团体等。

按照社团的组织形式不同，可以将社团分为协会、研究会、基金会、联合会、联谊会、促进会、商会等。协会是指由个人、企业和其他组织结成的非营利性的社会组织，包括行业协会和专业协会。研究会是指有学术研究单位和个人自愿组织起来的群众性学术团体。基金会是指对国内外社团和其他组织以及个人自愿捐赠的资金进行管理的民间性非营利组织。联合会是指有社会各界人士自愿组织起来的联合群众组织。联谊会则是曾经在同一个生活领域里接触过的人组成的群众性团体。促进会是为了推动某一社会事业的发展而建立起来的、不以营利性为目的的组织。商会则是指商业界的各种利益代表，为了某一宗旨和目的而举办的民间性群众团体。

另外，按照社团的宗旨和活动内容不同，可以将社团分为为谋取自身合法权益的切身利益组织，为谋求社会共同利益和福利事业的社会福利团体，基于成员共同的爱好、意向和共同愿望的志同道合团体等。另外，还可以根据社团民间性程度，将社团分为官办、半官办和民办的社会团体①。

上述各种分类方法都有其合理性，也可以适合特殊的研究或管理的需要，但是本书采用的是《社会团体登记管理条例》中的权威划分方法，即将社会团体划分为学术性社会团体、行业性社会团体、专业性社会团体、联合性社会团体四类的划分方法。

1. 学术性社会团体

学术性社团是指以从事学术研究和交流为主的社会团体。这类团体一般以学会、研究会命名。这类团体的目的一般是为了开展学术活动，促进学术发展。这类团体通过组织和联系本领域内的专家、学者和热心于该事业的相关人员，按照一定的方法和原则开展活动，推动科学研究，它们可以影响社会生活的各个领域和方面，乃至党和政府的一些重要决策。根据学术的性质，学术性的团体又可分为自然科学类社团、社会科学类社团和交叉学科的社团。

2. 行业性社会团体

行业性社团是指从事某一行业的管理、协调或服务的社会团体。这类社会团体主要是经济性团体，一般以协会命名。这类社团一般应其行业内成员，或是政府的要求在行业间或是行业内从事相关的管理和协调服务，通过调查研究和经验交流，提出本行业的发展规划，促进行业的发展与繁荣。同时，它也能够协助政府规范成员的市场行为，维护行业合法权益，沟通企业与政府间的联系，进行统筹、规范、协调等各方面的服务活动。一般我们比较熟知的有行业协会、商会、同业公会等。这类社会团体按行业不同又可以分为农业类、工业类和商业类等。

---

① 崔树义：《社团组织与人口控制》，山东人民出版社 2001 年版，第 23 页。

3. 专业性社会团体

专业性社会团体指由专业人员组成或以专业技术、专门资金为从事某项事业而成立的社会团体。这类社会团体主要是非经济团体，一般以协会等命名。这类社团的组成目的是为了研究和解决本专业内发展的一些问题，协调本专业内部的关系，加强专业内的交流和合作，为社团成员以及社会大众提供各种公益性服务，协助政府处理某些专项事物，担负起社会需要而暂时无人负责的部分社会工作，推动相关事业的发展，如老区建设促进会等。

在 2004 年《基金会管理办法》颁布前，基金会是放在专业性社会团体内进行管理的，《基金会管理办法》颁布后，民政部门对基金会设立了专门的管理部门。《基金会管理办法》对基金会作出了明确界定："基金会是指对国内外社团和其他组织及个人自愿捐赠的款额进行管理的非营利性和非政府团体。"显然，基金会明显不同于社会团体，这两类组织不适宜放在一起管理。《基金会管理办法》将我国的基金会分为两类：面向公众募捐的基金会（简称公募基金会）和不得面向公众募捐的基金会（简称非公募基金会）。公募基金会按照募捐的地域范围，分为全国性公募基金会和地方性公募基金会。

4. 联合性社会团体

联合性社会团体主要指人群的联合体或学术性、行业性、专业性团体的联合，这类团体一般以联合会、联谊会、促进会命名。这类社团存在的领域、行业十分广泛，一般分为两种类型：一是由具有某种共同特征的人群组成的，如青年联合会；一类是以相同类型社团为主组成的，如工商联。这两种类型的社团都是为了团结成员，密切成员关系，加强成员间的联合和团结，引导其遵守法律、法规，沟通其与政府的关系，协助政府完成相关的社会职能。

3.5　民办非企业单位

3.5.1　民办非企业单位的概念与特征

民办非企业单位是改革开放的产物，其发展历程并不长，但其发展速度确是相当迅猛的，根据民间管理局统计，在不包括卫生、教育类民办非企业单位的情况下，全国民办非企业单位的登记数字 2001 年底为 8 万余家。2002 年 5 月底为 9.6 万余家，迄今为止，已达到了 10 万余家。如果将上述两类也纳入登记范围，同时加上其他暂未登记的民办非企业单位，如中外合作办学机构、中外合作医疗机构等，那么其总量至少在 70 万家左右。① 由于各类民办非企业单位的性质和特征，其在社会生活中的科技、教育、文化、卫生、体育等方面的作用越来越明显。

1. 民办非企业单位的概念

在国务院颁布的《民办非企业单位登记管理暂行条例》中，对民办非企业单位做了最权威的界定：民办非企业单位是指企业事业单位、社会团体和其他社会力量以及公民个人利用非国有资产举办的，从事非营利性社会服务活动的社会组织。它主要包括民办的大学、医院、科学研究院、体育俱乐部、福利院、职业培训学校、法律援助中心和艺术表演团体等。此前，人们都习惯称这类组织是"民办事业单位"。为了避免与"民办"的概念与"事业单位"这个概念本身所固有的"国家机关"、"利用国有资产举办"内涵的矛盾，1998年 10 月国务院颁布的《民办非企业单位登记管理暂行条例》第一次使用了"民办非企业单位"这个概念。

2. 民办非企业单位的特征

国务院法规为民办非企业单位所下的定义，强调了这类组织的几个特征：

民间性。判断一个单位是官办还是民办，主要是从其资金的投入主体和对组织人员的管理权的归属这两个方面来看。如果其资金是由财政拨款，或是政府对于投资单位能够产生直接的影响和干预作用，那么这个单位肯定是"官办"性质的组织，反之，则属于民间组织。民办非企业单位是由企事业单位、社会团体、其他社会力量以及公民个人利用非国有资产举办的，即利用单位主要创办人员的个人财产、集体所有财产、社会个人组织和公民个人的无偿捐赠和资助等举办的，不是依靠政府的财政拨款成立起来的，其资金来源和举办主体显然与事业单位不同。因此，它具有民间性的特征。

非营利性。非营利性是民办非企业单位区别于企业的主要特征之一。民办非企业单位从事的是非营利性的社会服务活动，它从社会需要出发，提供的是社会文化、教育、科技、卫生等公益事业的服务，其宗旨是为了实现社会公共利益和促进社会进步，与企业单位主要从事产品生产和流通，或为流通提供服务，并且通过这些经营活动获取利润和经济效益完全不同。另外，民办非企业单位的财务管理和财产分配体制也和企业单位不同，民办非企业单位清算后的财产只能用于公益事业，而不得在成员中分配。所以，民办非企业单位具有公

---

① 崔树义：《社团组织与人口控制》，山东人民出版社 2001 年版，第 115 页。

益性、非营利的特征。

社会性。这个特征主要是来源于民办非企业单位投资主体以及服务对象的社会性。民办非企业单位的投资主体是除党政机关以外的社会各界，如企事业单位、社会团体、各民主党派以及其他社会组织和个人，他们可以通过各种形式出资兴办。另一方面，民办非企业单位提供的服务领域，如科、教、文、卫、体领域，也具有鲜明的社会性特征。

独立性。民办非企业单位的独立性特征主要表现在它的人、财、物管理权，以及组织运作的决定权方面。民办非企业单位不由政府领导，而是单位实行自行管理，有属于自己的组织管理章程；业务的活动范围与服务宗旨也是自行确立；民办非企业单位的专业人员聘请由组织自己决定。同时，也不需要由编制部门核定人员编制；民办非企业单位的资产管理和使用原则也是自己独立制订的。当然，它们也可以根据组织的需要，在适当的时候依照适当的程序修改章程。这些都表明，民办非企业单位的整个运行过程都是相当独立的，与在很大程度上依赖于政府开展活动的事业单位有明显的不同。民办非企业单位的独立性，正是其开展活动能够满足特定社会群体需要的重要原因。

实体性。这也是民办非企业单位与社会团体的主要区别。社会团体是由分散的个人会员或单位会员组织而成的，其存在主要形式是定期或不定期地开展各种形式的活动，而不具有固定的、专门的活动场所和固定的、专门的工作人员。而民办非企业单位则不同，它从事固定的专业，如民办医院从事医疗服务，民办学校从事教育服务；民办非企业单位有相对稳定的专业人员，这些专业人员都具备从事相关专业的技术和资格；同时，民办非企业单位有固定的开展业务活动的场所，以及从事该专业必备的基本设施；民办非企业单位还有固定的资金，以便开展业务活动。

当然，并不是所有的民办非企业单位都具备以上特征。民办非企业单位从事的业务活动或服务领域不同，所具备的特征就会不同，但是，只要它的资金来源是非国有性的，它开展的业务是非营利性的，它就可以归入民办非企业单位的行列。

3. 社会团体与民办非企业单位的区别

在非政府组织中，社会团体和民办非企业单位都是民间组织，但是比较两者的特征，可以看到区别也是明显的。

首先，两者组成方式不同。社会团体是按照会员共同意愿、由个人会员和除国家机关以外的单位会员组成的社会组织，组织的服务对象也主要是会员。民办非企业单位则没有会员，但是有固定的专职工作人员。而且这些固定的工作人员都具备相关的业务技术和资格。

其次，组织的目的不同。社会团体主要是为成员提供服务，致力于完成会员的共同意愿的组织，所以，我们一般称之为互益性组织。而民办非企业单位则不然，它主要是整合民间的资源，"从事非营利性社会服务活动"，所以，我们一般称之为公益性组织。

再次，机构设置不同。相关管理法规规定，社会团体可以自行设置一级分支机构或代理机构，并由其所属的社团授权发展会员、开展相关的活动。只是社会团体的分支机构不能再设立分支机构，而且，社会团体也不能设置地域性的分支机构。而民办非企业单位则不被允许设立分支机构。

最后，实体性程度不同。社会团体不一定有外在的、经常可辨别的实体性。因为社团是公民按自愿原则成立的会员制组织，不一定有固定的活动场所，其活动也具有不定期性，所以，我们一般用会员数量衡量社会团体的组织规模。民办非企业单位则不同，它有固定的、专门的活动场所和固定的、专门的工作人员，所以具有明显的外在可识别性。民办非企业单位没有会员，在论及民办非企业单位规模时，我们一般是以专门的活动场所，固定的专门工作人员，以及服务对象规模为衡量依据的。

3.5.2 民办非企业单位的分类

现在我国的民办非企业单位遍布科、教、文、卫、体各个领域，数量庞大，有的规模也不小，对它们进行研究和管理也必须对它们进行分类。现在常见的分类有两种：一是按照承担民事责任的不同所做的划分；二是按照行业的不同所做的划分。

1. 根据承担民事责任的不同的划分

根据承担民事责任的不同，可以将民办非企业单位划分为三类：法人型、合伙型和个体型。

法人型的民办非企业单位。法人是与自然人相对的民事权利主体，法人型的民办非企业单位即举办该单位的主体是依法成立的，有必要的财产或者经费以及有自己的名称、组织机构和场所，并且能够独立承担民事责任的法人。与合伙型的民办非企业单位相比，其特点主要是：能独立承担民事责任；法人组织的规模一般较大，注册资金可以达到相关行业规定的标准；在组织机构和权利机构方面，法人组织机构和权利结构比较复杂、完整，还设立了董事会作为权利机构。

合伙型的民办非企业单位。合伙是一种较为原始的经营方式，合伙型的民办非企业单位，一般组织形式比较简单，筹集资金也比较便捷，同时组织内部关系主要以信用为基础，成员也比较稳定。当然，相比于法人型的民办非企业单位来说，它的组织规模就比较小，合伙人日常的议事方式也是以相互商议为主，并且享受同等权利。另外，合伙人的财产也是属于共有的，非经合伙人同意，其他人不能使用和处分共有财产①。

个人型的民办非企业单位。根据民政部的相关规定"个人出资并担任民办非企业单位负责人的，可申请办理民办非企业单位（个体）登记"。个人型的民办非企业单位，相对于上述两种来说，无论是资金，还是组织规模都比较小。同时，其机构的设置也没有上述两种庞杂，在管理方面也比较简单。

2. 根据行业不同划分

根据民办非企业单位从事行业的不同来划分，可以分为科、教、文、卫、体等不同类别。教育类民办非企业单位，如民办的专门学校，民办的大、中、小学校等；医药卫生类的民办非企业单位，如民办的医院、按摩院等；文化类的民办非企业单位，如文化会馆、民间文艺演出队等；科技类的民办非企业单位，如民办科学研究院、所等；体育类的民办非企业单位，如民间的体育俱乐部、训练馆等。

这些不同行业的民办非企业单位，分布在社会各个层面和区域，它们的多样性和普遍性很好地满足了人民群众日益增加的对物质之外的公共物品和公共服务的需求。

☞本章小结

公共组织是具有公共性、非营利性、组织性的为社会提供公共物品和准公共物品的组织。行政组织，即国家的行政机关，是我国规模最大也最具权威性的公共组织。事业单位是我国特有的，国家为了社会公益目的，由国家机关举办或者其他组织利用国有资产举办的，从事教育、科技、文化、卫生等活动的社会服务组织。在我国行政组织与事业单位都是由国家编制部门管理的。社会团体是指中国公民自愿组成，为实现会员共同意愿，按照其章程开展活动的非营利性社会组织。民办非企业单位是指企业事业单位、社会团体和其他社会力量以及公民个人利用非国有资产举办的，从事非营利性社会服务活动的社会组织。一般来说它们具有非政府性，它们参与公共物品的供给，也是公共组织。

---

① 袁寅生：《民办非企业单位的分类认定问题》，《中国民政》，2002年第4期。

行政组织　　　准行政组织　　　编制

编制管理　　　管理层次　　　　管理幅度

事业单位　　　社会团体　　　　民办非企业单位

☞思考题

1. 我国的行政组织包括哪些机构？
2. 行政组织有哪些类型？
3. 什么是行政组织的纵向结构和横向结构？
4. 管理层次与管理幅度之间是什么关系？
5. 什么是准行政组织？
6. 编制管理的主要内容是什么？
7. 事业单位有哪些特征？
8. 社会团体有哪几类？
9. 什么是民办非企业单位？

☞案例

推行"大处制"撤销后勤中心 深圳政改全面启动

继深圳市政府及其下属 21 个相关职能部门迁入深圳市中心办公，拉开效能政府、开放政府和服务政府改革序幕后，6 月 11 日，深圳市政府正式出台了一个以"大处制"为核心内容的《深圳市深化行政管理体制改革试点方案实施意见》，这标志着深圳建市以来的第七次改革正式启动。

根据该《意见》，在行政管理体制上，新的深圳市政府机构由 35 个部门组成，其中，深圳市政府办公厅和组成部门 21 个，民族宗教事务局不计机构个数，直属特设机构 1 个，直属机构 12 个，地方税务局、知识产权局不计机构个数。发展和改革局、贸易工业局等 12 个机构为新组建和新设立，人口和计划生育局等 9 个机构为调整和更名的部门，而教育、文化、体育、卫生等剩余部门则保留不变。

在管理层次和级别上，局级机构的内设机构按正处级建制，副局级机构的内设及下设机构按副处级建制，处以下原则上不设科，推行"大处制"。编制不足5名的不设内设机构，现有编制4名及以下的内设机构原则上应予以撤并。部门领导职数的确定为：部门领导一般配1正2副，个别综合部门可配1正3副，情况特殊的可配1正4副。在行政编制上，行政编制及行政事务编制总量基本保持不变，不实行离岗退养政策。公务员从机关（含行政事务机构）调整到事业单位的，在过渡期内原有待遇保留不变，待事业单位岗位津贴政策出台后再予调整。现有局、处领导在机构设置调整后，凡未能安排领导岗位的，全部改任为相应级别的非领导职务，不受非领导职数配备标准限制。

同时，该《意见》还提出，现有机关后勤服务中心一律撤销，推进机关后勤社会化。全面推进政府公共事务的社会化和市场化，将能通过市场解决的公共服务以适当形式推向市场，政府尽可能地退出；将一些专业性、技术性、事务性工作，从政府职能中分离出来，交给行业协会和其他中介组织承担；将部分社会公共服务职能交由区、街道办事处或委托社区承担，完善社区的综合服务职能。现有各类执法队伍除城市管理综合执法职能仍由城市管理局承担外，其他执法队伍归并到政府相关部门，不再另设执法队伍，也不另搞综合执法。

［观察员］作为中编办确立的全国地方政府行政管理体制改革的五个试点城市之一，深圳此次行政体制改革有四大亮点值得关注。一是弱化了经济部门的微观管理功能，加强了职能部门对市场秩序管理与中长期规划职能；二是强化了政府的社会安全、公共服务功能；三是实现了政府决策与执行，政府投资项目的制定与实施适度分离；四是建立健全了行政决策咨询机制和部门协调机制。

（资料来源：中国政务信息网，《推行"大处制"撤销后勤中心 深圳政改全面启动》，http：//www.ccgov.org.cn/zhggqdt/gqdt20060323_032.htm。）

请思考：

1. 深圳"大处制"改革改变的是什么？

2. 深圳"大处制"改革的意义是什么？

3. 深圳的改革有没有可能普遍推行，为什么？

第 4 章
公共管理主体间关系

公共管理的主体是由多种类型的组织组成的一个组织系统。本章主要研究在这个系统中的政府间的关系以及政府与非政府公共组织的关系。在政府间关系中，主要研究中央政府的地位和作用以及中央与地方的关系。在政府与非政府公共组织的关系中，主要研究政府对事业单位、社会团体、民办非企业单位的管理体制。

4.1　政府组织及其职权

4.1.1　中央政府及其职权

中央政府是国家的最高行政机关，它是在全国范围内总揽国家政务的国家机构的总称。各国中央政府有着不同的名称，如国务院、政务院、内阁、部长会议、国务委员会、联邦执行委员会等。由于各国政权组织形式不同，其中央政府也呈现出不同的类型，主要包括内阁制中央政府、总统制中央政府、委员会制中央政府、部长会议中央政府等。本章主要研究中国的中央政府。

1. 中央政府的法律地位

在整个社会管理体系中，中央政府居于最高、也是最核心的行政地位，国家与社会发展的主要权力通常掌握在中央政府手中。中央政府的作用主要表现在负责管理全国事务，集中掌握国家的国防、外交、财政、内政等行政职权。我国的中央政府是国务院。国务院是最高国家权力机关的执行机关，是最高国家行政机关。我国的中央政府由最高国家权力机关，即全国人民代表大会产生，对它负责并报告工作。

规定我国中央政府的地位和作用的法律和法规主要有：《中华人民共和国宪法》、《国务院组织法》、《国务院机构改革方案》（第九届全国人民代表大会第一次会议批准），此外，还有《国务院关于机构改革设置的通知》（国发〔1998〕5号文件）、《国务院关于部委管理和国家局设置的通知》（国发〔1998〕6号文件）和《国务院关于议事协调机构和临时机构设置的通知》（国发〔1998〕7号文件）等法规性文件。这些法律和法规明确规定：

国务院是最高国家权力机关的执行机关。《中华人民共和国宪法》第85条规定：中华人民共和国国务院，即中央人民政府，是最高国家权力机关的执行机关，是最高国家行政机关。

国务院是最高国家行政机关。按照宪法的规定，国务院统一领导全国地方各级国家行政机关的工作，规定中央和省、自治区、直辖市的国家行政机关的职权的具体划分，以及其他能够影响全国所有地方政府和居民的政策和措施。

总之，国务院在国家行政体系中的最高地位是国务院的宪法地位所决定的。国务院的最高行政地位还体现了我国单一制国家中央政府的特点，即中央政府具有绝对的、集中的权威和权力，在中央和地方政府之间不存在明确、法定的分权关系，地方政府是主要作为中央政府的代理人而设置和存在的。因此，中央政府可以对全国任何地方、任何层级的地方政府实行直接或间接的领导。

国务院的最高行政地位还意味着，在中央政府体系中不存在独立于国务院而存在的、担当某些特定任务的独立行政机关，中央政府的行政职能完全由国务院统一行使，因此国家的行政权力是统一和集中的。

相对于联邦制国家或地方分权制国家，中央集权制单一制国家的地方政府由于不具有独立的政治和行政地位，仅仅是中央政府设置在地方的分支机构，因此中央集权制单一制国家的地方政府所采取的任何行政行为均不具有最终的法律和政治效力，中央政府对地方政府的行政行为均可采取一定的措施加以改变。因此，国务院的最高行政地位表现在国家范围内任何地方政府在任何问题上均需服从中央政府即国务院的领导。

2. 中央政府的机构设置

我国的中央政府机构主要包括国务院领导机构和国务院工作部门。

国务院领导机构即国务院，它是中央政府的核心机构。国务院由总理、副总理、国务委员、各部部长、各委员会主任、审计长、秘书长组成。其中，总理负责领导国务院的工作，副总理和国务委员负责协助总理工作。副总理通常受总理的委托分管某一方面的事务，国务委员可以受总理委托，负责某些方面的工作或专项任务，也可以代表国务院进行外事活动。国务院秘书长在总理的领导下，负责处理国务院的日常工作，具体办事机构为国务院办公厅。

国务院实行行政首长即总理负责制，"国务院发布的决定、命令和行政法规，向全国人民代表大会或者全国人民代表大会常务委员会提出议案，任免人员，由总理签署"。国务院总理通过特定的会议实施决策和对执行进行领导。国务院会议由国务院全体会议和国务院常务会议构成。国务院全体会议由国务院全体成员，即总理、副总理、国务委员、各部部长、各委员会主任、中国人民银行行长、审计长、秘书长组成。国务院常务会议由国务院总理、副总理、国务委员、秘书长组成。总理负责召集和主持国务院全体会议和常务会议，国务院工作中的重大问题必须经由全体会议或常务会议讨论决定。国务院对需要处理的事务实行分工负责制。

国务院工作部门是国务院所属的分管各项专门业务的、拥有专门管理权限的行政机关，它们是中央政府的主体机构。国务院的工作部门，依据其职能、权限和法律地位，可以划分为以下几种类型：

国务院职能机构。即国务院部、委、行、署，如教育部、科技部、公安部、国防科工委、国家民委、发展改革委、人民银行、审计署等，它们是中央政府最主要的职能机构，它们在中央政府的直接领导下，具体负责主管经济、科技、外交、国防、文教、卫生等各个领域的行政管理事务。其设立、撤销或者合并，须经国务院总理提出，由全国人民代表大会决定，在全国人民代表大会闭会期间，由全国人民代表大会常务委员会决定。

国务院办事机构。即协助国务院总理进行工作的办事机构，如国务院外事办公室、国务院侨务办公室、国务院港澳事务办公室、国务院法制办公室、国务院新闻办公室、国务院台湾事务办公室、国务院研究室等。国务院办事机构具有一定的行政职权。国务院办事机构包括两种类型：一是负责处理国务院机构内部日常办公事务的机构，主要包括国务院办公厅；二是协助总理处理专门事务和特殊事务的机构。

国务院直属机构。国务院直属机构是在中央政府领导下主管各项专门业务的机构，其业务功能在许多方面和各部、委相似，如海关总署、税务总局、工商总局、质检总局、环保总局、民航总局、广电总局、新闻出版总署（版权局）、体育总局、安全监管总局、统计局、林业局、食品药品监管局、知识产权局、旅游局、宗教局、参事室、国管局等。国务院直属机构在行政级别上稍低于各部委，但高于各部委下设的司局。国务院直属机构的设立、撤销或变动，由国务院自行决定，其行政首长不是国务院组成人员，由国务院总理任免。

部、委归口管理的国家局。部、委归口管理的国家局是中央政府主管各项专门业务的机构，归口各部、委管理，具有直属机构性质，如信访局、粮食局、烟草局、外国专家局、海洋局、测绘局、邮政局、文物局、中医药局、外汇局、煤矿安监局、档案局、保密局等。国家局不是归口部、委内的职能司局，具有相对独立性，只是在向中央人民政府汇报工作时须经归口管理的部、委转呈，做出较大决定时须与归口管理的部、委协商并征得同意。

国务院直属事业单位。国务院直属事业单位是国务院从事某种专门业务的机构。从其承担的事务性质上，可分为三类：一是依法承担执法监管职能的机构，如中国证券监督管理委员会、中国保险监督管理委员会；二是承担的事务具有特殊重要性，如新华社、中国科学院、中国工程院、全国社会保障基金理事会；三是承担的事务专业性特别强，如中国地震局、中国气象局。一般而言，事业单位不具有行政管理职能，不是行政机构，不列入政府序列。但是，这些事业单位因其承担的事务特别重要，具有特殊性，因此作为国务院直属事业单位，列入国务院机构序列。

非常设机构。也称临时机构，是为了处理各种临时性事务或非常事件而设立的，主要包括：为指导某些专门性工作而设立的办事机构，如国务院第五次全国人口普查领导小组；邀请有关专家或部门负责人组成的咨询性机构，如国务院环境保护委员会；协调或调节性的机构，如国务院残疾人工作协调委员会等。

特设机构。这是 2003 年国务院机构改革提出的一种新的机构类型。在这次改革中，成立的国有资产管理委员会，被定位为"国务院直属正部级特设机构"。

国务院各工作部门在国务院领导机构的统筹安排下，负责国家各个领域的具体管理事务，或者协助总理处理国务院本身的日常事务和专门事务。

3. 中央政府的职权

中央政府各机构的职权在不同历史时期不完全一样。根据现行宪法和国务院组织法的规定，国务院行使的职权有 18 项，这些职权可以归纳为以下几个方面：

立法权。即国务院作为国家最高权力机关的执行机关，有权根据宪法和法律规定的行政措施，制定行政法规，发布决定和命令。

提案权。即国务院有权向全国人民代表大会或者全国人民代表大会常委会提出议案，有权建议国家权力机关制定或修改法律，增设或撤销行政机构，任免国务院部分组成人员，通过国民经济和社会发展计划及其执行情况的报告，通过国家预算及其执行情况的报告等。

领导权。这是国务院权力的主体部分，它包括对国务院各部、委、办、局的统一领导，对地方各级行政机关的统一领导，对不属于各部委的全国性行政事务进行统一领导。这些工作的主要内容有：统一领导各部、委的工作和全国性的行政工作，负责具体编制、执行国民经济和社会发展计划及国家预算，领导和管理经济、城乡、教育、科学、文化、卫生、体育、计划生育、民政、公安、司法行政、监察、国防和民族事务等方面的工作；统一领导全国地方各级国家行政机关的工作，规定中央和省、自治区、直辖市的国家行政机关的职权的具体划分；管理对外事务，同外国缔结条约和协定；保护华侨的正当权利和利益，保护归侨和侨眷的合法权利和利益；批准省、自治区、直辖市的区域划分，批准自治州、县、自治县、市的建制和区域划分，决定省、自治区、直辖市的范围内部分地区的戒严等。可见这部分权力的行使也是最复杂的。

监督权。即监督国家各级行政机关对国家宪法、法律以及国务院的行政法规等的执行情况，并对违反上述内容的不适当的命令、决定、规章予以改变或撤销。

人事权。即国务院有权审定行政机构的编制，依照法律法规任免、培训、考核和奖惩行政人员。

其他权力。即全国人民代表大会及其常委会授予的其他职权。

总之，国务院作为国家的最高权力机关的执行机关，国家最高行政机关，拥有对整个国家行政工作的领导权，统一领导全国的公共事务的管理，拥有对行政执行的监督权，监督国家各级行政机关对宪法、法律及国务院决策的执行情况。

4.1.2 地方政府及其职权

地方政府是依法按照国家行政区域建立起来的地方各级行政机关。关于地方政府有两种理解，一种是广义的理解，即认为地方政府是包括各级地方人大、政府、司法、检察机关的地方国家机关总称。另一种是狭义的理解，即认为地方政府就是各级地方人民政府。本章在狭义理解的基础上展开研究。

我国政府实行五级行政体制，除中央政府外，都被统称为地方政府，所以，地方政府实际还有省、地（地级市）、县、乡四级。对这四级地方政府的共性之处，我们集中研究，必要时再分别研究。

1. 地方各级政府的法律地位

我国的宪法和地方组织法规定，地方各级人民政府是地方各级权力机关的执行机关，是地方各级国家行政机关。由这个法律规定可以看到，地方各级政

府的法律地位具有双重隶属性:

作为地方各级权力机关的执行机关,地方各级政府隶属于本级国家权力机关——地方各级人民代表大会。地方各级政府由本级人民代表大会产生,执行本级人大及其常委会的决议,对本级人大负责并报告工作,接受其监督。

作为地方各级国家行政机关,地方各级政府同时还隶属于上一级国家行政机关,还要对上一级国家行政机关负责并报告工作,这是我们的单一制国家结构决定的隶属关系。由于是单一制国家,地方政府是整个国家行政机关的从属部分,下级政府必须接受上级政府的决议和命令,以保证国家行政活动的统一性。

这样的双重隶属关系,决定了各级地方政府既要执行国家的统一意志和统一政令,又要执行本级人大对本行政区域重大事项的决定。这实际要求,各级地方政府在实现国家的整体利益和本地区的地方利益结合的基础上,具体地组织和管理本行政区域的行政工作。地方政府地位的双重隶属性决定了其工作目标的双重性,即要同时保证实现国家整体利益和地方利益。实现这样的双重目标,成为对各级地方政府行政能力的最大考验。

2. 地方政府的机构设置

省、地(地级市)、县、乡四级地方政府在机构设置方面有相同之处,也各有特点。

省级政府的机构设置。

省级政府即省、自治区、直辖市的政府。省级政府分别由省长、副省长、自治区主席、副主席、直辖市市长、副市长和秘书长、各厅长、局长、委员会主任等组成。

关于省级政府的机构设置,中央政府不强求一致,有关法律法规也没有做出具体规定,只是要求将按照中央政府统一领导和垂直管理的原则,参照国务院职能部门的设立情况和本行政区域的实际需要设置行政机构。省级政府行政机构大体可以分为四类:

政法综合管理机构。如监察、民政、公安、司法、国家安全、外事、人事、民族宗教事务、侨务、机关事务等厅、局、委员会或办公室。

财经综合管理机构。如计划、经济、外贸等委员会,审计、财政、劳动、税务、统计、物质、城建、环保等厅、局。

经济行业管理机构。如农业、水利、林业、粮食、商业、工商行政等厅、局、委员会。

文教管理机构。如科技、教育、文化、卫生、体育、计划生育、广播电视、新闻出版等厅、局、委员会。

各直辖市政府还另外设置了市政管理和工作的部门机构，如城市规划、建设、园林、市政、城管等局、管理局。

另外，地方组织法规定，省、自治区政府在必要的时候，经国务院批准，可以设立若干派出机关。这种派出机关即"行政公署"（行署）。行政公署一般由专员、副专员、顾问、专员助理、秘书长等组成，其人选由省级政府任免。行政公署的工作机构称为局，行政公署所管辖的区域被称为"地区"或"盟"。行政公署的职责是代表省级政府指导、协调县市的工作，所以行政公署属于地方管理机构。

地级市政府机构设置。

地级市又称设区的市，包括市、自治州。地级市人民政府由市长（州长）、副市长（副州长）、秘书长、局长、委员会主任等组成。

关于地级市政府的机构设置，大体与省级政府相同，一般而言，都设有局、委员会和办公室等工作部门。地级市人民政府的行政机构，受本级人民政府的统一领导，并且依照法律或者行政法规的规定，受上级人民政府主管部门的业务指导或者领导。地级市人民政府的行政机构设立、增加、减少或者合并，由本级人民政府报请省级人民政府批准，并报本级人大常委会备案。对于设在本行政区域内而不属于自己管理的国家机关和企业、事业单位，地级市人民政府应当协助它们进行工作，并且监督他们遵守和执行法律、法规和政策。

县级政府机构设置。

县级政府包括县、自治县、不设区的市、市辖区。县级人民政府由县长（市长、区长）、副县长（副市长、副区长）和局长、科长等组成。县级人民政府根据工作需要和精干、效能原则，依法设立必要的行政机构。县级人民政府的机构称局或科，其设立、增加、减少或者合并，由本级人民政府报请上一级人民政府批准，并报本级人大常委会备案。县级人民政府的机构受本级人民政府的统一领导，并且依据法律或者行政法规的规定受上一级人民政府主管部门的领导或者业务指导。

县级市、市辖区人民政府除了设有县级人民政府的一般工作部门外，还设有市政管理所需要的工作部门。

地方组织法规定，县级政府在必要的时候也可以经省级政府批准，设立若干派出机关。市辖区、不设区的市，经上一级政府批准，可以设立若干街道办事处，作为它的派出机关。街道办事处简称"街道"，由主任、副主任、办公室、各工作科、办组成。街道办事处不是一级行政区域，它的主要工作是对所在城区及所在城区的居委会进行管理、协调和指导，同时执行派出机关的决定，承办派出机关交办的事项。近些年来城市管理重心下移，街道办事处在城市建设中的地位越来越重要，所以，街道管理体制的改革问题也被提到了重要的日程。

乡级政府机构设置。

乡级政府包括乡、民族乡、镇的政府，一般被简称为"乡镇"。乡级政府由乡长（镇长）、副乡长（副镇长）、工作科室科长、主任组成。民族乡的乡长由建立民族乡的少数民族公民担任。

乡级政府是我国行政体制的最末一级政府，所以机构设置的主要特点就是所包括的序列多，机构庞杂人员多，机构管理体制特别复杂。由于我国是单一制国家，所以，地方机构的设置总体上是模式化的，即不同层级、不同类型地方政府的机构设置没有大的差异。在乡镇一级的机构一般有三种管理体制：一是乡镇自己的直属机构，如乡镇的办公室、计生委、民政科，它们接受本级政府的统一领导，俗称"块块"管理体制；二是接受双重领导的，上级政府设在乡镇的派出机构，如派出所、粮管所、财政所、工商所、邮电所等，它们既要接受本级政府的统一领导，又要接受上级政府对口部门的工作指导，俗称"条块"管理体制；三是县、市事业机构设置在乡镇的机构，简称"垂直机构"，如农机站、种子站、文化站、广播站，它们只接受上级部门的领导，乡镇地方政府对它们只有监督责任，俗称"条条"管理体制。这些机构总计有35~45个。

2005年国务院实行以精简机构为突破口的乡镇综合配套改革，现在在已经完成这一轮改革的乡镇，机构大大精简。就乡镇内设机构而言，已经精简合并为"三办一所"，即党政综合办公室（加挂"社会治安综合治理办公室"的牌了），经济发展办公室，社会事务办公室和乡镇办财政所（为乡镇直属事业单位）。同时，这些乡镇规范编制管理，实行领导班子交叉任职。即党委书记兼乡镇长，三名副书记，一人兼人大主任，一人兼纪委书记，一人兼常务副乡镇长，另外有三位党委委员兼副乡镇长。完成这样大幅度的机构改革时间不长，但意义是重大的，对降低行政成本，提高行政效率的成效也是明显的。

3. 地方政府的职权

根据宪法和地方组织法规定，县级以上各级政府的职权归纳起来主要有以下几个方面：

执行权。即各级政府必须执行本级人大和上一级政府以及国务院的决议和命令，向其汇报工作，服从其领导。

制令权。即根据法律和上级行政机关的行政法规，规定行政措施，发布决定和命令，制定行政规章。不过这个制令权不是所有的县级以上各级政府都有的。省级政府有制定地方行政规章，即地方行政立法权。另外，地方组织法还规定，省级政府所在地的市，以及经国务院批准较大的市的政府，也可以根据法律和国务院的行政法规制定行政规章。所谓经国务院批准较大的市，主要是指副省级城市（原计划单列市）。也就是说，除省级政府外，省会城市、副省级城市也有制令权，而其他地级市政府就不拥有制令权。

管理权。即执行国民经济和社会发展规划、预算，全面管理本行政区域的各项行政事务。省级政府还有决定乡镇设置和区域划分权。

领导监督权。即领导并监督所属部门和政府的工作，依法任免、培训、考核和奖惩行政机关工作人员，改变或撤销下级不适当的命令、指示和决定。

乡镇级政府的职权主要是执行权和管理权。即执行本级人大和上一级政府以及国务院的决议和命令，管理、领导本行政区域内的经济、文化建设等方面的行政工作。

4.1.3　特殊的地方政府及其职权

除了一般的地方政府，我国还有两种特殊的地方政权，即民族自治地方和特别行政区。

1. 民族自治地方

我国实行民族区域自治制度，即以少数民族聚居区为基础，设立自治机关，行使管理本自治区域的民族内部事务的权力，这种实行民族区域自治的地方，就被称为民族自治地方。设置民族自治地方，是实行区域自治和民族自治的统一，是符合我国的历史和文化传统的地方管理体制。

现在我国建立的民族自治地方有三个行政级别：省级，即自治区；地级，即自治州；县级，即自治县、旗。内蒙古的"盟"，是自治区的派出机关，相当于行政公署的行政地位。另外，根据民族聚居的实际情况，以及历史传统，有的地方还建立了乡镇级的自治机关民族乡。

我国的民族自治地方还有三种类型：以一个少数民族聚居区为基础建立的自治地方，如西藏自治区、吉林延边朝鲜族自治州；以一个人数较多的少数民族聚居区为基础，包括其他几个人数较少的少数民族聚居区建立的自治地方，如新疆维吾尔自治区，区内是维吾尔族的聚居区，但也包括了哈萨克、蒙古、回、锡伯、塔吉克等多个民族的聚居区；以两个或多个少数民族的聚居区为基础联合建立的自治地方，如湖南湘西土家族苗族自治州。

民族自治地方的机构比照同级一般地方政府机关设置。民族自治地方的自治机关的职权也拥有一般地方政府行政职权，但是根据宪法和民族区域自治法规定，还拥有自治权，它包括：

管理地方性政治社会事务的自治权。民族自治地方的人民代表大会有权依照当地民族的政治、经济和文化的特点，制定自治条例和单行条例，自治机关还可根据本地实际情况贯彻执行国家的法律和政策，上级国家机关的决议、决定、命令和指示如有不适合民族自治地方实际情况的，自治机关可以报请该上级国家机关批准，变通执行或停止执行。

管理和安排地方经济建设的自治权。自治机关拥有制定经济建设方针政策和计划的自主权，管理地方性经济建设、外贸的自主权，安排利用工农业产品和其他特产的自主权。

管理地方财政的自主权。民族自治地方在财政方面享有有关的优待，除国务院统一审批减免税项目外，凡是依照国家财政体制属于民族自治地方的财政收入，自治机关都可自主地安排使用。自治机关对本地方的各项开支标准、定员、定额，可根据国家规定的原则结合本地实际制定补充规定和具体办法。

管理自治地方教、科、文、卫、体等事业的自主权，以及使用和发展当地通用的一种或几种民族语言的自主权。

2. 特别行政区

特别行政区是一个主权国家内享有高度自治权的地方行政区。我国为了实现祖国的统一大业，在香港、澳门两个地区实行根本不同于其他地区的社会、经济和政治制度，但这个地区的政府仍在中央政府的管辖之下，不拥有国家的主权。

我国建立特别行政区的基本原则是："一国两制"；高度自治；由当地人管理。

香港、澳门《基本法》规定了特别行政区的政府机构。特别行政区的行政首长是特别行政区行政长官，简称"特首"。特首是特别行政区的首长和特别行政区的政府首长，是身兼二任的地方首长。特首的地位不同于一般地方行政首长，他是特别行政区的全权代表，对外代表特别行政区，这样的地位就显然会高于各省级地方行政首长。特首必须对中央政府和特别行政区双重负责。作为统一的中国境内的一个地方区域，特首必须对中央政府负责；同时作为特别行政区的行政长官，在处理有关中央与特别行政区关系的事务时，他又代表特别行政区。特首身兼二任、双重负责的身份，使得他应当既宣誓效忠国家，又宣誓效忠特别行政区，拥护《基本法》。

《基本法》规定了特别行政区的政府机构设置。以香港特别行政区为例，特区政府的行政机关分上、中、下三个层次。高层是"政务司"、"财政司"、"律政司"组成的领导层，主管官员称"司长"。其中政务司和财政司是核心部门，政务司司长是特首的首席政策顾问，地位仅次于特首，同时他要负责整个香港地区的行政管理事务。财政司的主要职责是制订财政和经济政策、全权管理香港的外汇储备金、管理金融和行政监督工作，财政司司长是特首的首席经济顾问。律政司主管刑事检察工作，不受任何干扰，律政司司长则是特首的首席法律顾问。中层是由各"局"组成的政策或资源管理层，其职能是制定政策，主管官员称为"局长"。下层是由"处"或"署"组成的执行层，"处"是执行政策的部门，"署"是具有特定职权，而且工作性质比较独立的政府执行部门。其职能是执行政策，主管称为"署长"或"处长"、"专员"。

这种行政决策与行政执行纵向分层设置的方式是承袭"九七"前的机制，其显著的优点在于能有效避免政策的部门化倾向。另外，部门间横向关系的处理辅之以"高层资源会议"和跨部门小组等协调机制。高层资源会议由政务司司长担任主席，成员包括财政司司长、库务局局长和公务员事务局局长。

另外，《基本法》保留了香港原有的行政机关设立咨询组织的制度。

立法会是特区的立法机关。立法会拥有特区立法权、批准权、监督权、弹劾权，以及受理并处理市民申诉权。立法会由选举产生，立法会主席由立法会议员互选产生。立法会通过的法案，须经行政长官签署、公布，方能生效。

特区的各级法院是特区的司法机关，行使特区的审判权。特区拥有独立的司法权和终审权，设立终审法院、高等法院、区域法院、裁判署法庭、各专门法庭。香港原陪审制度的原则予以保留。法官由当地法官和法律界其他方面知名人士组成的独立委员会推荐，行政长官任命。

特区设立非政权性的区域组织，接受香港特别行政区政府就有关地区管理和其他事务的咨询，或负责提供文化、娱乐、环境卫生等服务。

全国人民代表大会先后制定的香港特别行政区基本法和澳门特别行政区基本法详细划分了中央最高国家机关与有关特别行政区的职权，其中属于最高国家机关的职权可以说就是国家对香港和澳门恢复行使主权或"一国两制"方针中"一国"方面在法律上的具体表现。以《香港特别行政区基本法》（以下简称基本法）为例，中央最高国家机关的职权主要有以下诸项：（1）与特别行政区有关的外交事务的管理权；（2）特别行政区防务的管理权；（3）特别行政区行政长官和行政机关主要官员的任命权；（4）行政长官弹劾案之决定权；（5）决定进入紧急状态和发布命令将有关全国性法律在特别行政区实施之权；（6）基本法的修改权；（7）基本法的解释权；（8）对基本法有关附件列举的适用于特别行政区的全国性法律做出增减之权；（9）对特别行政区立法机关制定的法律是否符合基本法关于中央管理的事务及中央和特别行政区关系的条款实行监督之权。至于特别行政区的职权，则是"一国两制"中的"两制"方面或由其所决定的高度自治原则在法律上的具体表现。高度自治原则最根本的体现是特别行政区不实行社会主义制度和政策，保持原有的资本主义制度和生活方式不变。

从香港特别行政区地方国家机构享有职权的角度看，高度自治权有以下数项：（1）行政管理权。除基本法列举属于中央人民政府管理的为数很少的几项事务外，特别行政区有权处理本行政区的其他一切行政事务，包括中央授权它自行处理的对外事务。（2）立法权。特别行政区立法权的范围是非常广泛的，虽然基本法没有直接指明特别行政区可以就哪些事项立法，但按照法理，它无疑有权就其行政管理权所及的范围内的一切事项立法。特别行政区立法机关制定的法律虽须报全国人大常委会备案，但备案不影响有关法律的生效。（3）独立的司法权和终审权。特别行政区设立包括终审法院在内的各级法院作为其司法机关。法院独立审判，不受任何干涉，除继续保持原有的法律制度和原则对法院审判权所作的限制外，特别行政区法院对本区所有的案件均有审判权，包括终审权。

为了保障特别行政区的高度自治，基本法特别规定中央人民政府派驻特别行政区负责防务的军队不得干预特别行政区地方事务，中央人民政府所属各部门、各省、自治区、直辖市也都不得干预特别行政区的地方事务。

4.2 政府组织间的关系

4.2.1 政府组织的管理体制

政府组织的管理体制即政府体制，是国家行政制度的重要组成部分。它主要包括国家行政机关为推行其政务所建立的组织机构体系、权责体系以及运行机制。政府组织的管理体制直接关系政府组织功能的发挥，从而关系到政府行政目标的实现，所以是十分重要的问题。

在单一制国家中，根据不同层级的行政组织隶属关系，可以有三种不同的管理体制：

1. 科层式管理体制

科层式管理体制是各级政府组织之间严格遵循领导与被领导关系的管理体制，即层级节制的管理体制，也称为"金字塔式"的体制，我国就是实行的这种管理体制。中国是单一制国家，总体上是实行的中央集权制，在这种体制下，全国的各级政府呈现出金字塔式的排列结构。处于最高层"塔尖"的是最高国家行政机关——国务院，国务院下辖31个省级政府（台湾省除外）及两个特别行政区，省级政府各下辖若干中层和基层政府。由于具体下辖的政府类型不同，所以下辖政府的行政层级也不同。

二级政府：直辖市——区，或省——县级市；

三级政府：直辖市——区——镇，或省（自治区）——县——乡（镇）；

四级政府：省（自治区）——地（市）——县——乡（镇）。

科层式管理体制最突出的优点，就是令行禁止，管理绝对有效。但也会因为权力过于向上集中，不利于调动地方的积极性。

2. 垂直管理体制

垂直管理体制是上下级政府职能部门直接隶属的管理体制，一般简称为"垂直管理"。这是国家行政职能纵向分工的形式。由于上下级行政职能部门所管理的事务相同，所以就建立直接的业务指导与被指导的关系。这种体制有两种形式：

同一级政府内部职能部门的纵向结构。如国务院的职能部门设三级管理：部（委）——司——处；地方政府一般设两级管理：省级政府的厅（局）——处，地级市政府的局——处（科）。

上下级政府职能部门的纵向结构。这主要是在一些独立性比较强的职能部门，如公安、审计、监察等，设立上下级之间的领导和被领导关系。在经济、文化和社会管理等部门建立的这种垂直管理体制，上下级之间就是业务上的指导与被指导关系。

3. 双重管理体制

双重管理也称双重负责体制，它是指一个地方政府的行政机关同时分属两个行政组织领导的行政组织管理体制。这种管理体制肯定是与垂直管理体制共同存在的。即在建立了垂直管理体制的地方政府职能部门，实际上既要接受同级政府首脑机关的领导，又要接受上级同类业务部门的领导（指导），就形成了双重管理体制。这种管理体制在我国是普遍存在的。

在实行双重管理体制的机构，它实际上对两个领导总会有所侧重的，有的以接受地方政府领导为主，如气象局、地震局，它们与垂直上级就是业务上的指导与被指导关系。有的则以接受垂直上级部门领导为主，如监察，它们与垂直上级就是业务上的领导与被领导关系。

以上看来，三种管理体制实际是两种管理体制。每个地方、每个部门实行什么样的管理体制是需要具体问题具体分析的，不可以简单行事，而且管理体制是可以随时根据实际情况进行调整的。

4.2.2 中央政府与地方政府的关系

中央政府与地方政府的关系简称中央与地方的关系。这个关系是国内政府间关系的主线。在任何一个国家，中央与地方的关系都直接决定整个国内政府间关系的基本格局。因为，中央与地方的关系决定着地方政府在国家机构体系中的地位、权力范围和活动方式，从而也就决定了地方政府体系内各级政府之间的关系，决定了地方政府之间的关系①。

1. 中央与地方的关系的实质

所谓中央与地方的关系，其核心内容就是中央与地方的权力关系和职能关系。在实行地方分权的国家，宪法和法律明确规定了中央与地方各自拥有的权力，而中央与地方应承担的职能是由各自的权力决定的，所以，在这样的国家里，中央与地方的权力和职能不仅是划分得比较清楚的，而且两者是一致的。在实行中央集权制的国家情况就不同了。在中央集权制的国家里，也在宪法和法律里规定中央与地方的职权，但实际法律规定的只是中央与地方各自的职权范围，也就是说，不会划定清晰的各自职权的边界。同时，地方政府的权力是中央授予（让与）的，实质是中央决定地方权力的大小，所以就经常会出现中央与地方权力关系和职能关系不一致的情况，这是所有实行中央集权制国家普遍存在的问题。

中央与地方关系的实质，是国家利益与地方利益的关系。中央政府是国家利益的代表，地方政府是地方利益的代表。一般来说，国家利益是国家的整体利益和共同利益，是统治阶级的根本利益，而地方利益则是局部利益和特殊利益，整体利益与局部利益、共同利益与特殊利益之间并不必然存在矛盾，但却很容易产生矛盾，这个矛盾的形成是由于利益的性质不同造成的，与国家的阶级性无关。所以，中央与地方的关系的实质，就是国家的整体利益与局部利益的关系，就是国家的共同利益与特殊利益的关系。研究和处理中央与地方关系，实质也就是研究和处理这个主要的矛盾。

---

① 林尚立：《国内政府间关系》，浙江人民出版社 1998 年版，第 19 页。

中央与地方的关系的主要内容是权力关系、财政关系、行政关系。权力关系就是中央与地方各自地位和职权范围的划分，它是中央与地方关系的基础。一般来说，这个权力关系会由国家的宪法和法律规定，但一方面相关法律规定未必明确和有可操作性，另一方面，在现实中，受到经济、政治和社会的多种因素的影响，实际情况并不能与法律规定完全一致。财政关系是关于中央与地方各级政府之间的财政分配问题，它是中央与地方关系的核心。由于财政分配状况直接关系中央与地方政府的职权实现能力，从而影响到各级政府在社会公共事务中的地位于权威，所以从来就是调节中央与地方关系的重要杠杆。行政关系是在管理社会公共事务中形成的中央与地方政府的活动关系，它是以权力关系和财政关系为基础的。实际上，行政关系不仅要受到中央与地方政府的权力关系和财政关系的制约，还要受到社会结构、历史传统、民族宗教状况、社会变迁、政治体制等多种因素的影响。当然，行政关系也会反过来影响中央与地方的其他关系。总之，中央与地方的关系的主要内容之间是一个互相影响、互相制约的关系，而且这个主要内容实际上也是地方政府间关系的主要内容。

2. 中央与地方的关系的理论观点

在关于中央与地方的关系处理方面，国内外主要有四种理论：

集权主义。即强调中央政府对整个社会的协调与控制地位的理论。集权主义理论的支持者主要观点是，认为中央集权有利于社会化大生产的发展，有利于提高中央政府的权威，保证国家的统一，有利于社会资源的合理配置，总之，有利于国家的现代化发展。这个理论早期的代表人物是黑格尔、玛基雅维里、布丹、霍布斯等。20世纪80年代，新权威主义者成为这个理论的支持者。

地方分权主义。即强调地方自治的理论。地方分权主义者的理论依据，第一是民主权利的理论。他们提出社会各主体都应该享有充分的自由、平等权利，都应该自主地决定自身的事务，不能容许任何形式的专制。地方分权与地方自治就是发展民主政治的重要途径。第二个是地方权力固有的理论。即认为地方自治所依据的权力是地方固有的，不是国家让与的。这个理论实际是前一个理论的延伸。与人生而平等，人生而拥有主权一样，地方自治的权利也是地方的自然权利，不是国家的特许或恩赐。第三是行政辅助理论。即认为实行地方分权可以使地方政府具有积极性和创造性，从而形成对中央政府积极有效的辅助。

均权主义。即强调中央与地方之间的分工与协调，而不是简单的集权或地方分权。均权主义并没有否认集权和地方分权各自的合理性，只是更致力于从中央和地方的职能关系上，寻找中央与地方关系的平衡点。均权主义的理论依据主要有：政治力量平衡论，即认为应该在政治的自由与专制这两个极端中寻找平衡，均权就是对集权和地方分权这两个极端形式的平衡；国家有机体论，即把国家作为一个有机体，在划分中央与地方权力时，要从国家整个有机体的协调和发展出发，让权力均衡分配，使国家的各组成部分都为国家承担不同的职能。这个理论显然带有理想主义的色彩，但却可以启发我们的思考。

联邦主义。即关于联邦制的性质和功能的理论研究。联邦主义产生于对联邦制的研究，他们主张的中央与地方关系是以承认中央政府和各成员政府法律和行政上的独立为前提的，即在一个国家的主权下，建立一个共同的政治系统，但这个政治系统的各成员政府是各自独立的，他们之间是协调与合作的关系。由于这样的中央政府的权力不能涉及各成员政府独立的领域，中央政府就不是完全意义上的国家政府，这与集权主义是完全不同的。联邦主义理论上的合理性在于，它主张的是一种开放的国家结果形式，所以容纳性强，容易形成强大的国家；它能够保证国内民主的实现；它有助于协调多民族国家的利益，有利于国家的稳定与发展。

上述有关中央与地方关系的理论都有其提出、存在和发展的现实原因或依据，长期以来，这些理论为各国处理中央与地方关系的实践提供了重要的理论支撑。

3. 中央与地方关系的实践模式

中央与地方关系的实践实际就是国家结构形式。按照中央与地方政府的法律地位，以及中央政府的实际地位和作用，也按照中央与地方政府间的权力关系，以及地方政府的权力性质和法律地位，我们可以把现在世界各国实现的中央与地方关系的模式分为：单一制模式、联邦制模式，另外还有特别自治模式。其中，单一制和联邦制是两种基本模式。不过由于各国的基本国情不同，单一制和联邦制这两种基本模式中又可以分为若干具体的类型。

单一制模式。这是指中央政府享有充分权力，地方政府的存在及其权力都取决于中央政府的模式。它的基本特征是，中央政府掌握主要的和统一的政治权力，并统辖地方政府，中央与地方政府之间是控制与被控制、服从于被服从的关系。由于各国的历史、社会和文化条件不同，单一制中又有中央主导型和地方自主型两种主要形式。中央主导型是中央政府将部分权力交给地方政府行使，中央仍有最终的决定权。所以，中央与地方的分权实际只是一种中央对地方的权力委任或代理，中央与地方的关系也实际上是一种"分工"关系。地方自主型是以立法的形式赋予地方政府一定的权力，实行地方自治。由于中央政府是在承认地方政府相对独立的前提下，对地方政府实施控制，在这种形式中，法律规定中央政府不得随意干涉地方政府权力范围内的事务，所以，中央与地方的分权是权力确定性的转移，是对权力的分割。

联邦制模式。这是由两个以上的政治实体（共和国、州、邦）联合组成统一国家的模式。它的基本特征是国家由中央政府与各成员政府两套政府组成。中央政府与各成员政府之间存在明确的、由国家宪法规定的权力划分，所以，联邦政府是宪法性政府，各成员政府可以在宪法规定的范围里，自主决定和管理本成员国的事务，各成员下属的地方政府实行自治。实践中的联邦制模式又有均衡型和非均衡型两种形式。均衡型形式中，中央政府与各成员政府间的权力分配比较均衡，而且中央政府无权直接干预成员政府以下的各级地方政府。各成员政府以下的各级政府实行自治，所以各成员政府只能对以下的各级政府行使监督权，不能行使直接管辖权。在行政关系上，各成员政府起主要作用。非均衡型形式中，中央政府与各成员政府间的权力分配不均衡，其表现主要是权力向中央集中。造成权力的非均衡有两种原因，或者是宪法的规定使权力集中于中央政府，或者是中央的执政者将权力向中央集中造成的权力非均衡。在非均衡形式下，各成员所属的地方政府的自主权和自治权也相应减少。

特别自治模式。这是中国为实现祖国统一创立的一种中央与地方关系的新模式。在这种模式下，中央政府对特别行政区实行管辖，特别行政区在中央监督下，在实行与国家其他地区完全不同的政治、经济、社会制度的基础上实行高度自治。特别自治模式的主要内容是：有关国家主权和国家整体利益范围的事务，由中央政府管理，特别行政区必须服从中央的领导，所以，在这些方面，中央政府与特别行政区是领导与被领导的关系；有关特别行政区的地方性事务由特别行政区自己管理，其中有些事务要受中央政府的监督，在这些方面，中央政府与特别行政区政府是监督与被监督的关系；特别行政区实行高度自治，管理地方性事务，中央政府不予干预。可见，特别行政区享有的是非主权性的高度自治权，所以，这种特别自治模式不会根本改变国家的基本结构形式。

不论是哪种中央与地方关系模式的实行，都是这个国家历史、传统、文化、政治体制等多种因素共同作用的结果，不可以简单评价它们的优劣，也不可以指望完全移植某种模式取代国家原有的模式。

4.2.3 地方政府间的关系

由于地方政府是多层的，所以地方政府间的关系也是可以分为纵向关系和横向关系的。

1. 地方政府间关系的基本格局

地方政府层次的多少，通常与国家的大小有直接关系，一般会在两级至四级之间。为研究方便，我们将地方政府分为基层、中间层和地方最高层三类。基层行政单位是直接承担管理辖区居民的行政单位；地方最高层是直接受中央政府领导和监督，并领导地方各级政府的行政单位；介于两者之间的是中间层行政单位。

地方各级政府间的纵向关系受到中央与地方关系的制约，所以主要是政治关系。如果中央与地方关系上是实行的地方分权制，地方政府之间在权力上主要是法律上的指导关系，而不是直接的等级制约或从属关系。在联邦制模式下，地方各级政府实行自治，即各级地方政府可以依据地方法律，作为法人独立行使法定的管理权力。地方政府可以视察下级政府的工作，却不能控制各级政府。而在实行中央主导型的中央与地方关系的国家，情况就会完全不同，在这种中央与地方关系的制约下，地方各级政府之间也严格实行层级节制，即上级地方政府与下级地方政府之间也完全是领导被领导、制约与被制约的关系，每一级政府的权力，都来自上一级政府。

地方政府间的横向关系主要是合作与交流关系，所以也可以看成主要是经济关系。地方政府间的横向关系主要有平行关系和斜交关系两种。平行关系是指同级地方政府间的关系，斜交关系是不同级的不同地区的地方政府间关系。由于不论是哪种中央与地方关系模式中的地方政府间的横向关系，都不会形成领导与被领导，控制与被控制的关系，所以，地方政府间的横向关系比较自由，或者说，横向关系的建立和发展与否一般主要取决于经济利益。但是，地方政府间横向关系的发展是会影响纵向关系的。

2. 地方政府间关系的实践模式

地方政府间关系总体上说是一种横向的政府间关系，积极的关系表现为一种合作共赢关系，消极的关系表现为以邻为壑，地方保护主义。显然地方政府间的积极关系是主流，地方政府间积极开展的地区经济合作对促进国家的经济社会发展有重要的意义。在各国的实践中，地方政府间的横向合作有正式和非正式两种形式。正式的关系一般是基于一定的正式合作文件或合作组织形成的，而非正式的合作一般是建立在某件具体公务或政府官员的私人关系之上的，所以没有稳定性。

地方政府间形成正式的合作关系一般有这样几种途径：由中央政府策划形成合作；相邻的地方为处理某一共同问题而形成合作；基于某一领域的合作协

议形成合作；通过组建合作组织形成合作。这些地方政府间的合作都会包括平行的和斜交的关系。

地方政府间的合作总体上是符合经济发展规律的，是会促进国家整体发展的，所以是值得我们积极推进的。

4.3 政府对非政府公共组织的管理

4.3.1 事业单位的管理体制

新中国成立以后形成的事业单位管理体制，是高度行政化和国家统包的管理体制。这种管理体制从根本上说是计划经济的产物，虽然它曾经在新中国的经济建设中发挥了重要的作用，但改革开放以来，其弊端确实也日益显现。

1. 新中国事业单位管理体制的形成

新中国事业单位管理体制是在特定的历史时期形成的，所以这个管理体制不可避免地带有时代的深刻烙印。

新中国事业单位管理体制是在所有制单一、高度集权的计划经济体制基础上建立的。旧中国的教、科、文、卫等公共物品和服务的供给基本上还是多元性的。当时的民国政府、民族经济实业家、一些外国教会、商会以及一些私人基金会是供给公共物品和服务的主体。但是由于旧中国在国力衰微，民族经济弱小，外资也不会真正选择造福中国人民的立场，所以留给新中国的公共物品和服务的供给基础是相当薄弱的。新中国成立之后，随着大规模社会主义改造的完成，所有私人的、外国的所有制形式都被铲除了，取而代之的是在单一的所有制基础上建立起来的计划经济体制，公共物品和服务的社会配置体制也不复存在。在政府成为一切社会经济活动惟一主体的同时，政府也责无旁贷地承担起了全部的公共物品和服务的供给职责。即政府作为公共物品和服务的惟一供给者，通过计划直接配置社会资源，包办了包括科、教、文、卫、体等所有公共领域的物品和服务。由于这些公共物品和服务实际具有非物质性、非营利性及公共性，这些特性在某种程度上与企业相去甚远，与政府机关倒有一定的共性，所以政府在管理它们时基本采用了与政府部门相同的方式。

新中国事业单位管理体制是在高度中央集权的、"万能政府"的行政体制基础上建立的。新中国成立之初，在管理社会公共物品和公共服务供给方面可以借鉴的经验主要来自两个基础，一是解放区十分有限的管理模式，一是苏联的管理模式。解放区的管理模式实际上是军事化的模式，这种模式以集权式、命令式、单一制、供给制为主要特征。而苏联的管理模式也是以高度集权、行政指令、单一制、所有权和经营权统一为主要特征。在这样的基础上建立政事不分的、单一体制的事业单位管理体制应该是一种必然。

新中国事业单位管理体制还是建立在对公共事业不理性的认识基础上的。新中国成立之初，国家的经济建设决策者们由于缺乏对现代社会的认识，缺乏对现代经济发展规律的认识，片面地将社会经济活动理解为物质生产活动，而将科、教、文、卫、体等非物质产品的生产活动排斥在经济活动之外，这是后来被确定为事业单位的公共物品和公共服务的供给部门行政化的认识根源。1955年中央政府正式确定事业单位的概念之后，事业单位被定位为从事非生产性收入，且资金来源主要靠国有资产投资的社会工作组织，这样就更是加快了事业单位脱离经济发展轨道的速度。国家对事业单位及其人员的管理完全比照政府部门管理之后，公共物品供给要走社会化道路也就更加困难了。

2. 传统事业单位管理体制的特征与弊端

传统的事业单位管理体制是与计划经济体制相适应的，在新中国建设的前一阶段，由于社会总体发展水平极低，人们的物质需求是第一位的。而且在社会资源极端匮乏的条件下，由政府集中配置资源发展公共事业，积极意义也是显著的，所以这样的管理体制还能基本满足社会十分有限的对公共物品的需求。

传统事业单位管理体制的特征是：

非经济性。即事业单位活动被排斥在经济活动之外。由于片面地认为只有直接创造物质财富的，从事生产性收入的活动才是经济活动，而事业活动不能直接创造物质财富，也不能取得生产性收入，所以各项事业活动都是社会活动，而非经济活动，最终促成了政事不分。

国有化。即国家是举办事业单位的惟一主体。由于国家实行单一的所有制经济，所以国家也就顺理成章地包办了非经济领域的所有社会事务。一些原本是由私人或社会团体举办的社会事务，如一些科学研究机构、教育机构、文化机构、卫生医疗机构以及一些体育机构等全部改制为国有国营，同时将它们的工作也纳入国家计划。它们或者通过政府的事业职能部门，或者通过附属的事业单位来完成相应的国家计划，使得整个事业活动也呈现出计划性和行政性的特征。

行政化。即政府直接举办各项事业，同时由国家财政提供各项事业经费。传统事业管理体制的一个典型特征就是，政府设立相应的事业行政管理部门，直接掌握各个事业单位的管理权、经营权。由于没有明确划分事业单位与政府各自的职责，经费预算也得不到法律的保证。

3. 传统事业单位管理体制的弊端

在国内的经济建设发展到一定水平以后，特别是社会主义市场经济体制基本建成之后，传统事业单位管理体制的所有特征几乎都成为了需要改革的弊端。

非经济性的事业单位脱离社会经济发展轨道。由于在计划经济时代，事业单位一直都被认为是社会组织，而非经济组织，最终导致科学、教育、文化、卫生、体育等事业活动被排斥在经济活动之外，不仅不能发挥事业发展与经济发展的互动作用，还造成了诸如科研成果转化难等事业、经济发展"两层皮"，实际严重浪费事业投入的现象。

国家"包办"事业加重了财政负担，降低了事业投入的使用效率。国家"包办"事业的实质是用行政手段配置事业资源，以及事业资源的无偿使用，其结果就是造成了事业单位的福利化。各个部门、各个单位和地区纷纷建立属于自己的事业体系或事业单位，结果就形成了事业单位的相互封闭和严重重复建设的状况。这种重复建设造成大量的浪费，大大降低了各类事业资源的利用效率。

事业单位的行政化使事业单位成为政府的附属物，一方面泯灭了事业单位发展的内生动力，出现所谓事业单位越办越"死"的现象；另一方面，混淆了政府和事业单位各自的职能界限，泛化了事业职能，也泛化了政府的行政职能，出现所谓政事不分和事业单位行政化的现象。

总之，传统事业单位管理体制亟待改革。

4.3.2 社会团体的管理体制

1. 统一登记

这是指社会团体统一由国务院民政部门和县级以上地方各级人民政府民政部门登记管理，其他任何部门无权审批和颁发证书。登记机关承担依法登记管理和依法监督管理的职责，对社会团体在成立之前实行统一登记。在审核社团的申请材料时，登记机关要根据相关的规定，对社会团体的宗旨、业务范围、法人资格、以及在同一行政区域内是否已有业务范围相同、或者相似的社会团体等信息审核清楚，才能批准相关社团的成立。在社团成立之后，要根据相关的法律、法规对其统一监督管理，使其按照相关规定进行运作。同时登记机关还负责把握社会团体的变更和注销环节。登记管理机关通过对各类社团档案的归类和统计，以及对社团各类活动情况的历史记录，能够为社团的行政管理提供相关的依据，保证社团的活动能依照法律和法规进行，避免社团管理出现混乱的局面。

2. 双重负责

双重负责是指对社团实行业务主管单位和登记管理机关双重负责管理。

业务主管机关的主要职责有：对社团的申请成立材料进行资格审查。在我国，各种社团在成立之前，都要先经过业务主管单位的审查，如组成人员、规范的名称、相应的组织机构以及经费的来源与合法性等。经过业务主管单位的审核后，才能交由登记机关登记、审核和批准。

对社团进行业务指导。由于一般情况下，业务主管部门就是该领域各项方针、政策以及各种法规的直接制订者和执行者，所以，它们在这些领域内有一定的权威性和广泛的影响力，能够帮助社团把握准确的发展方向，明确发展前景。另一方面，业务主管部门也能够协助国家传达有关政策的意图，为社团提供及时有帮助的信息和资料。

对社团进行日常的管理。这些管理活动包括：对社团的负责人进行有关法律、法规的宣传教育；对社团的人事任免进行审核；协调社团内成员之间的关系；对社团所接受的社会捐赠资金运作进行监督；对社团的成立进行初审、年度检查；对社团的变更、注销等进行审查。

登记管理机关的监督管理职责有：负责社团的成立、变更、注销的登记或是备案；对社团实施年度检查；对社团违反本条例的问题进行监督检查，对社团违反本条例的行为给予行政处罚。

对社会团体实行双重管理，业务主管部门主要负责社团的日常业务开展活动，登记管理机关主要负责社团的成立变更和撤销事宜。

总之是业务管理和登记管理双管齐下，保证社团的正常运行。

3. 分级管理

分级管理是指按照社团活动的地域分级登记管理。即全国性的社会团体由国务院的登记管理机关负责管理；地方性的社会团体由所在地人民政府的登记管理机关负责管理；跨行政区域的社会团体由所跨行政区域的共同上一级人民政府的登记管理机关负责管理。

按照行政管辖区域的级别对社团进行管理，可以保证不同级别的社团在法律上各自独立，互不干涉。

4.3.3 民办非企业单位的管理体制

1. 政府的管理体制

和社会团体的管理体制一样，民办非企业单位的管理体制也是遵循统一登记、双重负责与分级管理的原则。根据《民办非企业单位登记管理暂行条例》的规定，国务院民政部门和县级以上地方各级人民政府民政部门是本级人民政府的民办非企业登记管理机关。国务院有关部门和县级以上地方各级人民政府的有关部门、国务院或者县级以上地方各级人民政府授权的组织是有关行业、业务范围内民办非企业单位的业务主管单位。也就说，民办非企业单位的登记注册工作统一由国务院民政部门和县级以上地方各级人民政府民政部门负责，其他单位和组织无权对这类组织进行审批、登记和管理。

民办非企业单位也是由民政部门和业务主管单位实行双重管理的。一方面，登记管理机关要严格登记程序，把好登记关，对已经登记了的民办非企业单位要严格日常的监督管理，以及变更登记和清算事务。另一方面，业务主管单位负责对民办非企业单位的业务进行指导，建立和落实相关的管理制度。

分级管理主要是指，民办非企业的登记管理机关和业务主管机关的行政管辖范围要与民办非企业单位的活动范围相一致。

2. 民办非企业单位内部制度建设

由于民办非企业单位独立性较强，因此建立一系列完善的内部制度，实现自我管理非常必要。这些内部制度建设的形式主要有：

建立各项内部制度。包括内部人员设置，领导的职责与任务，业务活动范围，接受捐赠、资助的资金的运用程序，以及向相关业务主管单位报告相关的业务活动情况等。

制定章程。《民办非企业单位管理暂行条例》规定，民办非企业单位的活动要按照章程规定的具体范围来展开。同时，章程的修改程序也要严格向登记管理部门申请登记。

建立组织机构和管理制度。由于民办非企业单位是一种实体性较强的民间组织，有固定的工作场所和专业，所以，制定管理制度和建立相关的机构与设置是必不可少的，这对于组织开展正常的活动具有重大的影响。

建立财务、会计、资产管理制度。民办非企业单位是利用非国有资产举办的，资金来源主要是单位主要创办人员的个人财产、集体所有财产、社会个人组织和公民个人的无偿捐赠和资助等。这类资产的管理要严格按照对企业资产的管理方式来进行，组织内应有配套的财务、会计和资产管理制度来对民办非企业单位内资金的运作情况进行严格控制，对捐赠和资助资金要明确其用途及流向，规范其经营性收入以及资产清算时的资金运用方向。

☞本章小结

公共管理主体包括政府组织和非政府公共组织，所以研究公共管理主体首先要研究政府组织。政府组织一般分为中央政府和地方政府，我国还有民族自治地方和特别行政区这两种特殊的地方政府。对这些不同性质的政府组织实行管理的管理体制即政府体制，它是国家行政制度的重要组成部分。政府组织的管理体制一般分为科层式管理体制和垂直管理体制，与这两种管理体制一致的是双重管理体制。

中央政府与地方政府间关系是国内政府间关系的主线，其实质是国家利益与地方利益的关系，其主要内容是权力关系、财政关系、行政关系。单一制、联邦制以及特别自治模式是中央与地方关系实践的主要模式。地方各级政府间的纵向关系受到中央与地方关系的制约，所以主要是政治关系。地方政府间的横向关系主要是合作与交流的经济关系，我们要积极推进地方政府间的合作总体关系。

政府与非政府公共组织之间的关系是领导与被领导的关系，所以研究它们之间的关系，实际是研究政府对非政府公共组织的管理。新中国成立以后形成的事业单位管理体制，是高度行政化和国家统包的管理体制。改革开放以来，这种管理体制弊端日益显现，正在改革。我国现行的社团管理体制和民办非企业单位的管理体制大体相同，都是遵循统一登记、双重负责与分级管理的原则严格管理的体制。

☞关键术语

中央政府	科层式管理体制	垂直管理体制
地方政府	集权主义	地方分权主义
均权主义	联邦主义	社团管理体制

☞思考题

1. 如何理解中央政府的法律地位？
2. 我国地方政府的法律地位怎样？
3. 我国的政府组织管理体制主要有哪些？

4. 中央与地方关系的实质是什么？

5. 地方政府间的关系有哪些形式？

6. 我国政府对社团的管理体制是什么？

☞案例

乡镇撤并何以艰难

乡镇机构改革许多次了，每一次之后似乎都有回潮的现象，使乡镇干部在一些地方不是越减越少，而是越减越多。税费改革尤其是全面取消农业税之后，庞大的乡镇撤并工作在全国诸多地区成为必须之事。虞城县曾经是河南省动作最快的县，他们在 2002 年 4 月合并了 3 个乡镇，一年之后却又恢复到原有格局。

乡镇撤并，看来已成为我国政府体制改革中非常难以突破的一环。相对于国务院、省以及地市级政府改革，乡镇"小而全"式的格局显得更加坚若磐石。可是，机构撤并是一项极为繁琐和细致的工作，把责任归于乡镇工作人员尤其是乡官们的恋栈之心是最简单的理由，却也是最不负责任的理由。

乡镇撤并之难，难就难在它的最基层地位。正由于它是行政序列的最后部分，所以位于其上序列的那些改革的压力也就最终不可扭转地转移到乡镇上来。试想，国务院裁减人员，可以分流到国家部委和省，省可以分流到市，市可以分流到县，县可以分流到乡，乡呢？无处可去，除非下岗。在这样的分流局势之下，乡镇就会累积起诸多矛盾，而这些矛盾，又岂是乡官们所能左右的？

在江浙等一些民间企业较为发达的地方，乡官们可以有多方面的选择路径，尤其是到企业工作，所以撤并矛盾看起来并不特别突出。但在宁夏、河南等省的农业地区，由于乡镇多为"空壳"乡镇，没有乡办企业，富余人员无处可去，又不能推向社会，所以只能东家搬西家，最终还是大家捧着"铁饭碗"。中央、省市和县级干部们有世俗的考虑，乡官们当然也有世俗的考虑，谁让我们依旧处在一个人情冷暖和物欲扩张的世俗社会呢？

旧的走不了，队伍又需要年轻化、专业化，自然就会出现干部人数增加的现象。撤也不是，并也不是，保持现状是最为稳妥的选择。可是，一旦默认现状坐大，政府与社会发展适应的危机只能越来越大。这就需要反观我们的用人思路，是全盘的，而不只是乡镇一级的用人思路。实际上，乡镇机构的设置基本上都是参照县一级的架构，依次类推。而干部的仕途命运由百姓掌握才是治本之策。需要什么样的官，百姓最有发言权。百姓们能管好一个村，就能管好一个镇，依次递进。让百姓来管干部，就不会有那么多复杂的裙带关系，现在干部难以精简下去，说白了，不就是关系难以精简下去吗？

（资料来源：周虎城：《乡镇撤并何以艰难》，《南方日报》，2005 年 9 月 21 日。）

请思考：

1. 从案例中看乡镇撤并难在哪里？
2. 从我国的行政管理体制上分析乡镇政府的特点。
3. 你认为乡镇改革的要害何在？

第5章
公共组织中的领导

为了使庞大的公共组织体系协调、有效地运转，统一的组织、指挥、协调工作必不可少，这个工作就是领导的作用。本章主要研究不同性质的公共组织中的领导，而且我们突出区分了领导者和领导活动的不同。即在本章里，既研究了行政组织及各种非政府公共组织的领导活动的特点，也专门研究了领导者所应具备的素质及领导集体的素质结构问题。

5.1　行政组织中的领导

5.1.1　领导的双重含义及定义

自人类诞生以来，就需要各种不同的组织作为其社会活动的承载体，而不同类型的组织则需要不同的领导管理以达到组织的各种目标。因此，对于领导的研究一直都是各种组织结构所面临的首要问题，政府组织也不例外。

1. 领导的双重含义

"领导"这个词，看似简单，但研究起来，内容还是非常丰富的。《说文解字》中将领导解释为"领者项也，导者引也"，即认为"领导"有带领和引导的双重含义。另外，如果从词性上看，也有两种含义，即作为动词，它指领导活动，作为名词又指领导者。而现实生活中，领导者可以是个人，也可以是集体。我们首先把领导作为一种活动来理解，在系统分析领导活动的基础上，再分析这样的活动对领导者的要求。

领导行为或领导活动是自有人类历史以来就一直存在的社会现象，人们对这种现象的研究也由来已久，但是将领导作为一门专门的科学加以研究，即建立领导科学，却是 20 世纪 40 年代以后在管理科学的基础上展开的。各国学者站在各自不同的立场，运用不同的方法研究领导理论，从不同角度和层面揭示了领导的内涵。

2. 国内学者对领导含义的研究

我国学者沈远新将国内的不同研究成果用等式的形式作了归纳①：

权力论者认为，领导＝有效的影响。即认为领导过程就是领导者向被领导者施加影响的过程，这个过程是以被领导者的自觉服从为前提的。而领导者的影响又可以分为权力性的影响和非权力性的影响两种。其中，权力性的影响指因为职位、资历、传统习惯等因素产生的影响，非权力性影响指由于领导者的知识、才能、品格等因素形成的影响。

伦理学者认为，领导＝带领＋疏导。带领既指领导者的"身先士卒"，即"身教"，也指领导者对下属工作积极性的调动和激励。疏导对内是指帮助下属克服困难，建立工作信心，对外指灵活运用政策，通过创造性工作开创工作局面。

管理论者认为，领导＝权＋责＋服务。权是权力和权威的结合，是领导形成的基本依据；责是责任、职责，是领导的实际内涵；服务是现代社会领导的本质，同时也是领导的根本宗旨。

系统论者认为，领导＝领导者＋被领导者＋环境。在领导活动中居主导地位的领导者，在领导活动中居基础和下属地位的被领导者，以及整个领导活动所处的外部和内部环境，三者是一个整体，认识和充分调动每一个因素的积极作用，是成功实现领导目标的保证。

兵家推崇者则认为，领导＝智＋信＋任＋勇＋严。这是《孙子兵法》提供的等式，其实质是主张领导者以智取胜，以仁求治。在强调"以德治国"的今天，其中的合理性也是明显的。

3. 西方学者对领导含义的研究

西方学术界对于领导内涵的研究归纳起来主要有以下几种：

领导者权威说。即认为领导是领导者依靠组织赋予的权力以及个人的人格魅力去影响、指导下属实现符合领导者意图和追求的目标。

行为互动说。即认为任何领导活动都是在领导者与被领导者之间的互动过程中实现双方共同追求的目标的。与领导者权威理论不同，它反对过分强调领导者的人格魅力特征，指出任何出色的领导都是在与被领导者的互动磨练中成长起来的。舒马洪曾提出领导是人际相互影响中的一个特例，在这个特例中，

---

① 参见沈远新：《新时期领导者行政能力测评与提升》，中共中央党校出版社 2001年版，第 4 页。

个人或群体会效仿领导者的指示去行动①。

目标说。即认为领导活动的焦点在于实现一个符合某种群体需要的公共目标。这个观点强调的既不是领导者的先天素质，也不是后天的领导风格，而是对公共目标的实现。如霍根认为，领导实际上是说服该群体中的个人放弃个人利益，发挥群体力量，追求该群体共同目标的过程。大桥武夫也认为领导是发挥集团内成员的全部力量，通过代表全体成员的集体意志，完成集团所规定的目标的过程。由此看出，领导者在群体中的道德倾向应该是中立的②。

结构关系说。即认为领导是在一定的组织结构或人际关系结构中展开的一种特殊活动。结构的构成方式是不同的，可以是由权力、规章所组成的正式结构，也可以是由人际关系、感情、性别、心理等要素所维系的非正式结构。

以上四种主要的领导理论还派生出了其他的一些理论，如权变理论、权力与资源理论等。权变理论是行为互动理论的一个分支，它把领导看做是一种动态的过程；权力与资源理论则强调领导工作的成功与否关键在于领导者所拥有的权力和可支配的资源的多少等等。这些理论从不同的角度描述了领导及领导活动的各种特征，启发我们从不同方面来理解领导的内涵。

4. 领导的定义

以上中外学者虽然所站的角度不同，使用的研究方法不同，表述的理论术语也不同，但他们的研究成果都涉及了领导活动开展所需要的具备的基本要素，即领导者、被领导者、环境、所要实现的目标。

综合上述研究成果，可以将领导定义为，领导是领导者为了实现所在组织的目标，依靠组织赋予的权力及自身的综合影响力，通过组织、协调、引导和鼓励等手段，不断动员和激励被领导者实现组织目标的过程。在我们的定义中，首先强调了领导是一种有目的的活动，第二强调了实现领导，需要依靠权力和领导者自身的影响力两个方面的力量，第三强调了领导者的作用主要是动员和激励被领导者，第四强调了领导是一个过程。

5. 领导与管理的区别

在研究领导与管理的关系时，有人认为领导和管理没有区别。因为在形式上，多数情况下，两者的目的相同，都是为了实现组织的目标；两者的工作方式区别也不大，领导和管理都要对下属施加影响，以集合群体力量实现目标。但实际上在更多时候领导和管理是有区别的，而且无论是把领导和管理作为动

① 竺乾威：《公共行政学》，复旦大学出版社 2004 年版，第 66 页。
② 杨寅：《公共行政学》，北京大学出版社 2005 年版，第 76 页。

公共管理学

118

词还是名词，两者的区别有很多是本质性的。

领导行为与管理行为是有区别的。学者约翰·考特尔曾就领导与管理的不同做了专门的研究，他从确定组织的工作进度、确定组织人员、任务过程以及行为结果等四个方面，比较了领导行为和管理行为。如表 5-1 所示：

表 5-1   领导行为与管理行为的比较

行为	确定工作进程	确定组织人员	任务过程的监控	行为的结果
领导行为	将远景与组织的目标结合考虑，注重工作中的灵活性变化，从整体上把握，应对可能出现的变化。	领导者通过自身的言行影响组织成员，使成员明白自己的方向和目标。团结一致，奖惩分明。	领导者通过关心组织成员，了解其想法和需要，鼓舞其克服困难以确保组织的目标和任务的完成。	由于各个领导者自身不同的特点往往会出现戏剧性的结果，并且对组织的发展有利。
管理行为	将目标、任务做细致划分，制定详细的任务计划时间表，作好预算，从微观上督促工作进程达到最好效果。	管理者通过明确工作分工和职责范围，使用相应的规定、政策来督促和指导人员完成工作任务。	管理者在管理的过程中，不断的发现和了解工作中出现的问题，确保它们得到及时有效的解决。	由于管理的严密性和跟踪性，往往行为的结果都是在预料之中，并且产生让人满意的结果。

（资料来源：转引自周庆行：《公共行政导论》，重庆大学出版社 2004 年版，第 109 页。）

上表显示，领导是高层次的管理，而且由于是"高层次"，所以它就已经不能再被称为管理了。

领导者与管理者是有区别的。领导者的很多特征都和管理者相似，一个人可能既是领导者又是管理者，但是，在非正式组织中，两者分离的情况是存在的。一个人可能是领导者但并非是管理者，这个领导者可以根据自己的影响力去影响甚至命令组织成员去完成某一目标，但是在这个过程中，组织并没有赋予其相应的职权，他们同样也没有义务去履行这种管理责任；同样，一个人可能是管理者但并一定是领导者，管理者可以使用所在职位赋予的权力来要求组织成员的行为，但这个过程组织成员可以不是从心理上认同这种命令或要求，甚至是服从。而领导者则不同，领导者拥有被领导者的追随与服从，这种服从取决于追随者的意愿。这样的不同就决定了领导者和管理者所关心的事情是不一样的。美国著名领导学家华伦·本尼斯在《重塑领导者——对话集》中就对它们做了这样的界定①：领导是做正确事情的人，他（她）更多关注的是组织的方向、前景、目标和意图、效果等正确的事情；而管理者则是将事情做正确的人，他（她）更多的是注重完成组织目标的效率、方式和短期的效应等看得见成效的东西。因此，从上述的比较来看，领导者和管理者还是有着相当大的差别的。

5.1.2 行政领导及其特点和分类

领导是普遍存在于社会组织中的活动，而行政领导就是专指在行政领域的领导活动和领导者。

1. 行政领导的含义

如果说一般的领导活动是与人类社会活动同时出现的，那么行政领导则是人类社会发展到一定阶段的社会现象，具体说是国家行政权力生产后才出现的。根据前面从一般意义上给领导下的定义，我们给行政领导下定义并不困难。

所谓行政领导，就是行政组织中的领导者为了实现特定行政目标，依法行使行政权力及自身的综合影响力，通过组织、协调、决策和指挥等手段实现组织目标的过程。在这个定义里，"领导"是指领导活动，而不是领导者。同时这里强调了领导活动中的依法行政，这是不同于一般意义上的领导活动的。

2. 行政领导活动的特点

行政领导是国家行政管理活动的组成部分，所以与一般的领导相比较，有比较鲜明的特点。

行政领导活动有鲜明的政治性。行政活动是国家活动的组成部分，其出现和存在的前提是国家的出现和存在，所以，国家的政治性就决定了行政活动的政治性，决定了行政领导的政治性。在民主国家里，一方面，任何行政活动的出发点都必须是公众利益，公众利益的实现程度直接关系行政领导者的存废；另一方面，行政领导活动的展开实际是同各政党、公众、议会等政治团体密切协调的过程。因此，行政领导活动总是带有政治性，行政目标也是从政治高度调控社会的发展方向。

行政活动有明显的执行性。行政是对国家意志的执行和实现，行政领导活动说到底都是在执行国家权力（立法）机关的意志，所以，行政领导所进行的组织、协调、决策和指挥等活动，其性质都是事务性的，而不是政务性的。

---

① 周庆行：《公共行政导论》，重庆大学出版社 2004 年版，第 108 页。

行政领导关系具有协同性①。任何领导活动的开展都应该与行政环境相适应，同时需要得到被领导者和公众的认同与支持。被领导者和公众与领导者互动、协作，才能使得各项行政事务顺利开展，从而使行政组织目标顺利实现。

行政领导活动具有公共性。国家是形式上凌驾于全社会之上的权力组织，作为这个权力组织组成部分的行政组织就必然具有公共性。一方面，行政组织为社会服务，行政领导为社会提供无差别的、非排他的服务。另一方面，行政领导活动要主动接受社会监督，实现行政领导活动的公开、公正。

3. 行政领导者的特点

行政领导者的特点主要是：行政领导者的职权具有法定性。即国家行政机关的领导者的职权都是由宪法和法律所规定的。行政领导者的职权授予过法定的程序，职权的行使也不允许与国家的宪法、法律以及相关法规相违背，否则就要承担相应的法律后果。

行政领导者的职位具有等级性。行政领导者所处的行政机关是按照严格的行政体制进行分级的，所以行政领导也有严格的权力分层，即我们通常所说的科层制。这种等级分明的科层制领导体制会凸显职位差异，同时也要求行政领导者在这种特定的行政领导体制中行使职能，严格遵循自上而下的科层制领导体制行事。

行政领导者的权威具有合法性。行政领导者由国家授权，以国家名义进行活动，并以国家的强制力为行动的后盾，因而有不可替代的权威性。同时，行政领导者的权威性还来自于法律规定的公民服从的义务。各国的法律都赋予了行政机关及其工作人员的生活管理权力，同时规定了社会管理对象的服从义务，这就为行政领导者建立自己的权威提供了法律依据。

4. 行政领导的分类

由于行政领导的活动是多层次、多领域、有系统的现象，为研究的方便，我们可以从不同角度划分行政领导类型。比如，按照领导活动的领域，可划分为政党领导、国家领导、军队领导、政府领导等；按照不同行政层次，可划分为中央领导、地方领导、基层领导等；按照不同的年龄特征，可划分为老年领导、中年领导、青年领导等；按照不同的行为特点，可划分为决策型领导、参谋型领导、协调型领导、执行型领导等；按照不同的个人素养，又可划分为经验型领导、专家型领导、守成型领导等。显然，我们所谓行政领导，是按照领导活动的领域划分的。

① 刘小康：公共行政学基础，华文出版社 2003 年版，第 88 页。

5.1.3 行政领导的地位和作用

行政领导是行政工作的决策中心和指挥中心，各种信息的输入、输出，命令与决策的上传下达都需要行政领导这个指挥中枢来调控。在现代国家管理事务复杂化、专业化的背景下，行政领导的这种地位和作用尤为突出。所以，无论是行政领导活动，还是行政领导者的地位和作用都十分重要。

1. 行政领导活动的地位和作用

行政领导在行政活动过程中是处在核心和保证的地位，它直接关系行政目标和国家职能的实现程度。行政领导所发挥的作用具体有：

行政领导能保证行政活动过程的统一。行政活动是由许多组织和个人共同参与，并在多个领域开展的管理活动，而不同的组织和个人的利益、价值取向，甚至行动习惯都会不同，这样就必须有统一的意志和统一的指挥，以确保行政活动的每一个环节得到落实，确保行政活动的各环节的协调与合作，从而确保行政活动的有序进行及目标的实现。另外，行政活动又是多层次的活动，不同层次活动的步调一致，也是靠行政领导实现的。

行政领导能保证行政活动过程的内外协调。行政活动是高度专业化的活动，随着社会的发展和科技的进步，行政事务日趋庞杂，行政人员也在增加，行政领导对各行政部门力量调配的科学性，对全体行政人员主观能动性的调动程度，都会直接关系行政效率的高低。同时，行政领导对行政环境的认识与适应程度，也将直接关系到行政系统与外部环境的平衡程度。

正确有力的行政领导能保证行政目标的顺利实现。整个行政过程实际上就是不断制定政策和执行政策的过程。制定政策，选择正确的实现行政目标的路径和措施，可以大幅度提高行政效率，收到事半功倍的效果。

2. 行政领导者的地位和作用

行政领导者是行政系统中的首脑，行政目标确定之后，行政领导者就是决定目标能否实现的最关键因素。行政领导者在行政组织中的作用具体有：

制定决策与实现决策。行政领导者是行政活动的中心，他的首要作用就是为实现组织目标制定决策，并指导被领导者执行决策。在这个过程中，行政领导者需要对决策负责，还要处理决策执行可能会碰到的意外等。行政领导者要整体把握行政活动，并利用自己的专业知识，合理使用法定职权实现行政目标。

调配与激励被领导者。在决策制定后，行政领导者面临的就是如何将这个决策付诸实践的问题。因此，行政领导者需要整合人力、物力、财力资源，制订具体详细的执行计划，调配组织成员执行计划。另外，行政领导者还需要利用各种手段和方式来激励和引导被领导者，充分发挥组织成员的工作热情与积极性、创造力，共同完成行政目标或任务。

协调人际关系与评估工作业绩。为实现行政目标，行政领导者需要在领导者与被领导者之间、不同的工作部门之间进行协调和沟通，及时处理个人利益与组织利益的关系、不同组织成员之间的人际关系，以保证信息畅通和工作协调。另外，行政领导还要及时、客观、全面的评价组织成员的工作情况，及时对他们的工作业绩进行评估，并运用评估结果激励下属提高工作效率。

提供服务与示范。行政领导作为行政组织的核心，需要为下属做好服务工作，包括为下属提供或改进工作环境与条件，为下属提供工作规则和要求，必要时还要为他们做业务指导和示范①。同时，作为行政组织的灵魂人物，行政领导还要处处以身作则，给被领导者做一个良好的示范。

5.2　非政府公共组织中的领导

5.2.1　事业单位的领导

事业单位是国家为了社会公益目的，由国家机关举办或者其他组织利用国有资产举办的，从事教育、科技、文化、卫生等活动的社会服务组织。事业单位的非营利、公益性的性质，决定了它的领导与行政部门的领导有明显区别。

事业单位的领导特点主要有以下几个方面：

1. 领导者录用方式多样

由于事业单位的举办主体以及其所从事的服务性质，事业单位领导人员的任用有多种方式。根据中共中央《党政领导干部选拔任用工作条例》、国务院办公厅转发人事部《关于事业单位试行人员聘用制度意见的通知》等制度与办法，最常用的主要有：委任制和聘任制、聘用制。

委任制是指按干部管理权限由上级任免机关直接任命事业单位领导人员的任用制度。实行委任制的一般为党委、政府直属事业单位的领导班子成员和部门所属事业单位的党政正职。事业单位内设机构管理人员一般不实行委任制。

所谓聘任制和聘用制，是指事业单位领导人员的领导职务实行契约管理的任用制度。主要包括竞争聘任、选举聘任、招考聘任、招标聘任。

---

① 刘小康：《公共行政学基础》，华文出版社 2003 年版，第 90 页。

竞争聘任，指由同级党委组织部门和事业单位主管部门在内部通过公开竞争的方式产生事业单位行政领导、内设机构的管理人员；选举聘任，指参照有关章程，采用民主选举的形式产生事业单位领导人选和事业单位内设机构管理人选。选举聘任只适合于面向事业单位内部选任领导人员或在主管部门所属范围内选聘所属事业单位领导人员；招考聘任，是指面向社会公开考试招聘事业单位领导人员和内设机构管理人员。报考条件由干部任免机关确定；招标聘任，指通过投标招标办法聘任事业单位领导人员。招标聘任范围：主要是具有开发经营性质的事业单位、企业化管理的事业单位和以科研（工程）项目为主的事业单位的行政正职、科研课题或工程项目负责人。

聘任制不改变事业单位领导人员与所在单位的人事关系。聘任关系可以通过合同、聘书或文件确定。随着我国事业单位改革的不断深入，越来越多的事业单位实行全员聘任制，这也是符合市场经济体制的。

2. 领导者具有部门行政职务和行政职级双重身份

我国事业单位都有相应的行政级别，事业单位的领导也都是参照行政机关的行政级别进行管理的。即事业单位的行政领导，比如学校的校长、系主任，医院的院长、科室主任等，不仅与政府公务员一样由政府编制部门确定事业编制，而且各级干部参照政府部门行政干部进行管理，所以领导都有相应的国家公务员序列的行政职级，比如科级、处级、局级等。这是我国事业单位区别于其他非政府公共组织的一个典型特征。事业单位领导这种双重身份的管理，是传统的政事不分的事业单位管理体制的产物和遗留物。计划经济时期，国家举办事业单位，同时完全控制事业单位的运行，事业单位成为国家机关的附属物，领导也完全行政化。改革以来，事业单位的自主性大大增强，但事业单位行政化的状况并没有根本改变，事业单位领导比照行政单位职级任职的情况也没有改变。

3. 领导管理采用任期目标责任制

事业单位的业务主管单位对事业单位领导实行任期目标责任制，即事业单位领导需要在任期内完成上任时签订的责任目标。任期目标责任制的具体内容和实施方式是，事业单位及其主管部门根据岗位的特点，采取定性与定量结合的办法，制定年度责任目标和任期责任目标，并制定与之相应的考核指标。考核分年度考核、届中考核、届末考核等形式。按干部管理权限，领导人员的届中、届末考核，由主管部门组织实施，内设机构领导人员的考核由事业单位自行组织实施。事业单位领导人员的年度考核分为优秀、合格、基本合格、不合格四个等次，考核的结果与奖惩、续聘挂钩。即届末考核为优秀、合格的，可参加新一届竞聘或重新委任。届末考核为基本合格、不合格的，原则上不再参与新一届竞聘或不再委任①。因此，相对于行政单位，事业单位的领导更注重事业单位的任期目标的完成情况。

4. 领导者具有专业性

事业单位是从事有关教育、科技、文化、卫生等领域的公共服务组织，这些领域的专业技术性比较强，所以事业单位的领导者首先应该是相关领域的专才，熟悉相关领域的专业知识、发展前景以及一般趋势。所以，事业单位的行政领导任职，一般会要求与专业技术职务的取得相联系，即获得了相应的专业技术资格后，再任用或聘用为行政领导。而符合这一领导机制的典型做法即在相关的领导领域采取行政首长负责制，负责该组织的生产经营权、机构设置权、用人自主权以及中层管理人员的分配决定权等等②。这些相关领域的领导只有具备了相关方面的专才，才能完成这些工作要求，才能根据组织发展的阶段制定合理的组织发展目标，指导和带领组织成员挖掘该领域的潜在发展动力，朝着更高的层次前进。

总之，长期以来，我国的事业单位比照行政机关管理，所以，领导的行政色彩十分浓厚。2000 年以来开展的新一轮事业单位改革中，用人制度的改革成效显著，一些改革试点地区和单位实行了全员聘用制，在一定程度上淡化了事业单位的行政色彩，但主流事业单位的行政化状况却不是短期内可以根本改变的。

5.2.2 社会团体的领导

社会团体也是非政府公共组织的一种类型。社会团体是指由公民自愿组成，为实现会员共同意愿，按照其章程开展活动的非营利性社会组织。虽然也是非政府公共组织，但是由于组成方式不同，所以社会团体的领导也有它自身的特点，归纳起来，主要有以下几个方面：

1. 领导产生方式民主化

社会团体的领导都是按照章程的规定，以民主选举的方式产生的。按照《社会团体登记管理条例》规定，我国的社会团体实行民主的组织管理制度，社团负责人的条件和产生、罢免的程序，都是在社团成立时通过的本社团章程中明确规定的。所以，社会团体的负责人和法定代表人都是按照本社会团体的

---

① 赵立波：《公共事业管理概论》，山东人民出版社 2005 年版，第 143 页。

② 赵立波：《公共事业管理概论》，山东人民出版社 2005 年版，第 145～147 页。

章程，由会员大会或者会员代表大会通过规定的程序选举产生的。而且，社团负责人是实行任期制，一般规定连任不能超过两届。这样的领导产生方式显然与政府组织和事业单位都不一样。

2. 领导具有专业权威性

社会团体由公民自愿组成的民间、非营利组织，社团成员的进入、退出组织也完全是自由的。这种相对松散的组织机制对领导者提出了比较高的要求，即一方面，社会团体的领导者应该有足够的专业权威和人格魅力吸引社团成员，另一方面，社会团体的领导者应该有足够的沟通和领导能力，能够汇集社团成员的意愿和利益，完成社团成员的共同目标。

3. 领导机制非行政化

社会团体属于非政府组织，这样的组织性质决定了社会团体领导机制具有非行政化的特点。社团是完全独立于政府组织的民间组织，它致力于完成会员的共同意愿，活动的开展也主要是为成员提供互益服务，社团领导注重的应该是如何为社团成员服务，如何制定计划或目标来完成组织成员的共同意愿，以及如何协调组织成员内的各种关系问题。所以它内部的领导机制不会像政府组织实行科层制，全国社团和地方社团之间、总会和分会之间只是指导和协调关系，而不是严格的行政隶属关系。

4. 领导活动以服务为主

社会团体的领导活动是以服务为主的，而不是像行政组织的领导活动以指导、带领、监督等为主。社会团体的领导是为实现社团成员的共同利益而产生的，对他们来说，领导就是服务。一方面，他们要能够协调社团成员内部的利益需求，实现社团成员互益共赢的目的，另一方面，他们要能够代表社团与政府和其他外部组织协商，维护和争取社团及社团成员的最大利益。这也就要求社团领导充分尊重社团成员的自决权、成员知情权以及相关成员信息的保密权等。这些都是社会团体领导活动服务性的体现。

由于我国社会团体产生的方式各有不同，所以社团领导的产生及作用也就不同，一般由于政府转变职能自上而下产生的社团，领导产生过程中的民主性会受到一定的限制，而对于那些民间自发自下而上产生的社团，领导产生的民主性会更多一些。

5.2.3 民办非企业单位的领导

所谓民办非企业单位是指企事业单位、社会团体和其他社会力量以及公民个人利用非国有资产举办的，从事非营利性社会服务活动的社会组织。它主要包括民办的学校、医院、科学研究院、体育俱乐部、福利院和艺术表演团体等。民办非企业单位是改革开放以后出现的非政府组织类型，他们的产生背景主要有两类，一类是事业单位改革后，从原事业单位中独立出来的，还有一类是民间投资兴办的。正是这样两类产生背景，使得民办非企业单位的领导也表现出两类特点，即前者的领导特点和事业单位的领导特点有相似之处，而后者领导特点又具备了社会团体领导的一些特点。

1. 与事业单位相比较的领导特点

由于民办非企业单位从事的社会服务领域也是科技、教育、文化、卫生等领域，那么其领导机制的特点也和事业单位一样，具有领导人员知识结构的专业性，组织领导人员录用的多样性等特点。民办非企业单位的领导同样是具有科技、教育、文化、卫生等领域专业知识结构的从业人员；其录用的方式和事业单位领导的录用方式一样具有委任、聘任、选任以及招任等形式。这是类似于事业单位领导的特点。

而民办非企业单位的"民办"特征又决定了它们完全没有事业单位准行政领导特点。民办非企业单位及其领导都没有行政职级，独立按照自己的管理章程实行自主管理，领导自主决定有关本组织的发展规划、各类专业人员的聘请任用等事项，不需要由上级主管部门批准、编制部门核定人员编制等。

2. 与社会团体相比较的领导特点

民办非企业单位与社会团体都属于非政府组织，但它们的区别还是明显的。它们之间最大的区别在于民办非企业单位是实体性的，而多数社会团体是非实体性的。即民办非企业单位从事固定的事业或专业；有固定的业务活动场所和从事该事业必备的基本设施；有固定的资金，以便从事公益事业或开展业务活动；有相对稳定的专业人员，并且这些专业人员都具备从事相关事业的技能，具备与业务相一致的资格。

这样的组织特点决定了它的领导管理方式完全不同于社团。民办非企业单位一般实行董事会的领导体制，董事长由投资人担任，民办非企业单位内的各级领导如前所说实行聘用、招用等方式，这些领导仅向聘用方（董事会）负责，完成聘用方的任务，所以，从这个意义上说，单位内的各级领导，实际只是高级雇员。

民办非企业单位是中国特有的一种民间组织形式，它的总体状况类似于社团，即一部分从政府或事业单位剥离而来的民办非企业单位，领导的行政色彩多一些，而纯民间自己组织建立的民办非企业单位则运作时更多地借鉴了企业的方式，当然也就包括了领导产生和工作的方式。

5.3 公共组织中的领导制度与方法

5.3.1 行政领导制度

政府组织的领导制度也被称为行政领导制度，它作为一种行为规范，依其对领导人和领导活动的制约程度，又可以分为根本性的制度、基本制度和一般工作制度三个层次。

1. 行政领导的根本制度

民主集中制是我国行政领导的根本制度。我国宪法总纲中明确规定，国家机构实行民主集中制的原则，所以它是我国行政领导的根本制度。其中民主制要求领导充分尊重人民群众在国家政治生活中的民主权利，充分保障不同利益群体的民主权利，充分协调人民内部的矛盾；而集中制则要求领导要最终维护人民群众的根本利益，保障大多数人民的基本利益。这个制度要求实行在集中指导下的民主和在民主基础上的集中。有了这个根本制度，才可能正确处理和协调中央、地方、部门、单位间的利益矛盾；克服上有政策、下有对策、有令不行、有禁不止的现象。

2. 行政领导的基本制度

行政首长负责制、集体领导制、个人分工负责制是行政领导的基本制度。

行政首长负责制是我国的基本行政领导制度。我国《宪法》和《国务院组织法》都规定，我国的各级行政机构实行首长负责制。在实践中，首长负责制表现为：国务院实行总理负责制；各部、各委员会实行部长、主任负责制；地方各级人民政府实行省长、市长、县长、区长、乡长、镇长负责制。①首长负责制的内容就是行政首长有"三权一责"：全面领导权，行政首长对本级政府或本部门工作负有全面领导权，副职行政首长协助和配合主要行政首长进行工作；最后决定权，行政首长召集本级政府或本部门的行政会议，在会议上就讨论的重大事项作出最后的决定；人事提名权，行政首长有权就下属各部门的主要领导人选，向本级人民代表大会及其常委会提名；行政首长对本级行政机关负全部责任。

集体领导制是指集体决策、共同负责。也就是对重大问题由领导集体共同讨论研究，作出决策和决定。决定一旦作出，领导集体必须共同服从和遵守，

---

① 参见《中华人民共和国宪法》，人民出版社 1999 年版，第 33、35、39 页。

任何领导个人不能违背，也不能随意更改。个人分工负责制是指行政领导集体内的各个成员分工明确，各司其职，各尽其责，密切合作。一般集体领导与个人分工负责制是联系在一起实行的。因为如果只有集体领导，就可能会出现互相推诿，无人负责的现象；而如果只有个人负责则难免出现长官意志，个人专权。集体领导与个人分工负责相结合，就能够既充分发挥领导集体的整体作用，又有效协调领导成员的工作，做到分工不分家，相互配合，共同合作。

3. 行政领导的日常制度

行政领导的日常制度。各个实际行政工作部门在工作中还制定了一些日常的工作制度。这些日常制度一般包括两个方面的内容：一是协调领导集体内部关系的制度，比如例会制度、集体学习制度、党政联席会议制度等；二是协调领导者与群众关系的制度，如领导接待日制度、市长（区长、校长等）热线制度、公示制度、情况通报制度等。实践中，这些制度在优化行政行为，提高行政效果，增进社会效益，实现行政目标等各方面都有重要的促进作用。

以上研究的只是主要的行政领导基本制度和日常制度，并不是所有的领导制度，而且也不是所有的行政部门都实行了上述所有制度的。

5.3.2　领导的方式与方法

为了实现有效的领导，领导者还必须选择适当的领导方式和方法。方式方法的正确，可以使领导的作用得到最大限度的发挥。

1. 领导方式

根据不同的标准可以将领导方式进行不同的分类。如领导者态度、影响力产生的过程、领导者活动的范围、领导者的人格特质等。一般说来以领导者对权力运用的方式和以领导者的作风和态度为标准的划分比较普遍。

以领导者对权力运用的方式的不同，可以把领导方式分为专权型领导、民主型领导和放任型领导。

专权型领导。也有人称之为独裁型领导，是一种传统的领导方式，是指领导者个人决定一切，分配工作给下属，要求下属绝对服从，并认为决策是一个人的事情。这种领导方式下，领导者完全依赖职位赋予的权力，决定所有的政策和制度，严密的监督下属的工作，并一味地追求工作结果，以事为中心；下属只能奉命行事，没有参与或提供意见的机会或权利，即便是对领导的命令有所怀疑也是以执行为前提的。这种领导方式以牺牲员工的主动性换取组织行为的统一。在某些特殊情况下，这种领导方式的确能起到一些积极的作用。

民主型领导。是指领导者使用鼓励和引导的方式，发动下属讨论，共同商量，集思广益，然后决策，领导者和下属能够合作一致地工作。在这种领导方式下，领导者只是决策过程的最后一步，对下属的工作只作政策性的指导，关心下属的生活，尊重其人格，与下属充分合作并共享工作成果或承担后果；下属能够积极主动地参与到决策过程中来，对问题的具体处理有一定的自主权，也能够得到客观公正的评价。民主型领导被认为是一种较为理想的领导方式，它对于工作绩效的增加能够产生明显的效果，下属因为积极主动地工作而能够不断地发挥出潜能。

放任型领导。就是领导者放弃其领导任务，完全由下属决定和处理工作，领导者不给予任何主动的指导。这种领导方式下，领导者既不关心下属，也不关心工作，对员工的奖惩也是被动的、刻板的；员工得不到有效的领导和监督，凭各自的意见各自行事，思想和行动非常不一致。这种领导方式下的组织如同一盘散沙，精神涣散，情绪低落，随时有瓦解的可能。

以领导者的作风和态度为标准，可以把领导方式分为以人员为中心的领导和以工作为中心的领导方式。

以人员为中心的领导。这种领导者十分看重下属。生活上，关心下属个人和家庭；工作中，鼓励下属参与决策，听取他们的意见，授予一定程度的权责，给予善意的指导，并运用合适的激励方法激励下属。领导者与下属之间是一种良好的相互信任、相互支持的关系。这种领导方式有利于激发员工的工作热情，从而提高工作效率。但是，有时又因忽视必要的监督和制裁，管理过于松散。

以工作为中心的领导。这种领导者把工作看得十分重要，对于下属的考核和评价完全依据工作表现和工作成果。领导者只关心工作的进程，不关心下属生活，对下属工作进行严格的监督，下属的优劣完全取决于他们的工作效率。领导者与下属之间只有工作上的来往，没有其他任何的感情交流。这种领导方式严格规范，但过于死板，不近人情，有时不能达到预想目的。

以上两种方式各有偏废，各有优点，也各有缺点。在实际工作中，只有根据实际情况的变化，灵活地将两种领导方式相结合，才能既使员工主动能动性得到发挥，又使工作得到有效的监督，从而大幅度地提高工作效率。

2. 领导方法

领导方法，就是领导者为达到一定的领导目标而采用的工作方式和手段，也是领导者对领导活动过程的规律性的认识与运用。领导方法是实施领导的重要保证。在领导活动中，有了正确的路线、方针、政策，如果领导方法得当，就能取得"事半功倍"的成效；如果领导方法不当或错误，就有可能适得其反，使领导失效。从领导方法的层次性上来说，领导方法分为：领导的思想方法与具体领导方法。

领导的思想方法。最经常使用的是辩证的思想方法和系统的思想方法。

辩证的思想方法集中反映了马克思主义哲学的思维方法论。包括了分析与综合相结合的方法、从抽象到具体的方法、归纳与演绎的方法、逻辑与历史相结合的方法等。基本的特点就是实践性、客观性和辩证性。领导的辩证思想方法在实践中的具体要求就有：首先，坚持从实际出发，客观地思考问题。这是辩证唯物主义最基本的观点，也是辩证思维方法的最基本点。在领导活动中，领导者对客观环境的认识、领导方式的选择、对下属工作的评估等都基于客观实际。从建设有中国特色的社会主义这个最大的实际出发，同时结合公共管理组织的一般特点和具体类别、具体部门的特点和实际情况。其次，坚持全面地分析事物矛盾。既看到事物的正面，又看到事物的反面；既看到事物发展的内在动因，又看到事物发展的外在原因；既看到事物矛盾的普遍性，又看到事物矛盾的特殊性；注意具体情况具体分析，这样才能有效地解决矛盾。随着社会的发展，领导者面临的矛盾会越来越多，也越来越复杂。只有全面地分析矛盾，领导者才能正确地判断、正确地处理，抓住机遇、迎接挑战。再次，用发展的观点看待问题。就是要从事物的矛盾运动出发，动态的分析矛盾，并把动态和静态分析相结合，如实地反映事物发展的趋势。也就是说我们看到一切事物，都要联系一定的历史条件，随着客观事物的发展而发展。当今世界发展如此之迅速，不能紧跟时代，就只能落后，只能停滞不前，甚至后退。最后，对事物的分析要横向与纵向相结合。纵向思维是关于历史、时间和过程的考察法。横向思维是截取历史的某一横断面，研究同一事物在不同环境中的发展状况，在同左邻右舍的相互关系和相互比较中，找出该事物在不同环境中的异同的一种思维活动。纵向思维可从历史的比较中，看到已取得的成绩，找到发展的方向；横向思维可以克服和弥补纵向思维的局限性，打开我们的眼界，使我们有宽广的视野。

系统的思想方法。系统的思想方法就是运用系统观点，把对象事物作为多方面联系的动态整体来加以研究的思维方法。系统理论坚持六个基本原则：整体性原则，就是把系统看作一个由各组成部分相互作用的有机整体，并以此为基础，研究整体与部分的相互关系，这是系统方法的核心内容；层次性原则，认为系统各组成要素间是有层次的，而且不同层次之间是有联系的，系统各层次间有质的差别，同一层次的要素也有主次之分；结构性原则，重视结构方式的作用，认为结构方式不同，系统的功能特性就会不同；相关性原则，是将系统以及系统与环境看成一个有机整体，从系统的内部和外部两个方面的联系考察系统；目的性原则，认为有序运行是系统的固有性质，整个社会系统的子系统只有都围绕一个共同的、符合历史发展规律的科学目标运行，这个社会系统才能实现高度有序；定量原则是对整体与要素、要素与要素关系进行量化分析的原则。系统思想方法的六个原则在领导活动中，特别是在大系统的协调与决策中将发挥越来越大的作用。掌握系统方法既是思维方式变革的内在要求，也是现代领导活动的客观需要。

领导的具体方法。领导的具体方法有很多，同时也因人而异、因事而异、因组织而异。以下几个方法具有代表性，在实际领导活动中也很有效。

主观指导与客观实际相结合的方法。这个方法包含了两个方面的含义：一是在结合实际、听取下属或服务对象意见的基础上，要有领导的主见、目标和规划。二是尊重客观实际，随时根据实际情况的变化，做出相应的调整。具体说来：首先，在掌握数据、充分分析的基础上作结论。不可以以偏概全、以点带面，要在充分占有数据、资料的基础上，结合定性分析、定量分析，运用科学的统计方法，加之比较分析，对可行性进行研究和分析。不可以主观，也不可以片面。其次，讲究实效，不偏重形式。很多领导者在工作中摆架子、讲排场、搞形式主义、做表面文章、不注意工作的实际效果。既浪费了组织的资源，降低了工作效率，对领导者本身也造成了不好的影响。最后，对收到的信息要辨别真伪、去粗取精。对大量信息的处理能力也是领导者必备的。作为领导者，会接收到或接触到来自各个方面的信息。领导者要对信息进行甄别、处理，形成自己的观点和处理意见。不可以偏听，也不可以盲从。

领导和群众、下属或服务对象相结合的方法。领导者的领导活动，是通过对被领导者施加影响，实现领导者和被领导者的团结一致，共同作用于客观对象以改造客观世界。因此，领导和群众、下属或服务对象相结合，是领导方法的中心问题。领导者是广大被领导者的代表，而被领导者是领导者服务和依靠的对象。这个方法的基本途径是"从群众中来，到群众中去"。也就是说，把被领导者或服务对象的意见集中起来整理、研究，又到群众中去做宣传解释，化为群众的意见，为群众所接受，并在实践中接受检验。

说服教育、典型示范的方法。说服教育就是讲道理，摆事实，从群众的觉悟水平出发进行启发引导。运用典型，以实际的榜样进行示范也是一个有效的途径。领导者还要关心被领导者生活，真正成为他们利益的代表。

抓重点带一般的方法。这是中心工作和一般工作相结合的方法。领导者往往被很多事务所围绕，分不清主次和缓急，不仅使自己经常处于疲劳的状态，对工作效率的提高也无济于事。因此，领导者首先要分清主次，分清轻重缓急，从中找出并抓住重点问题和中心工作，同时又要照顾到其他各方面的工作。也就是说，要抓住中心、统筹兼顾、带动一般、推动各项工作全面发展。

调查研究方法。所谓调查研究方法就是通过一定的途径和方式，对客观事物进行观察了解，以获得关于客观事物的各种信息，并在此基础上，对所获得的信息进行科学加工处理，最后取得对客观事物规律性的认识。调查研究分为调查和研究两个过程。调查过程就是采用科学的手段和方式，搜集各种资料和信息的过程；研究过程是对搜集到的各种资料进行系统分析并上升为理论的过程。这两个过程相互联系、相互贯通，组成一个完整的过程。一般经常采用的调查方法有：典型调查法，即对个别典型的事件进行调查的方法；抽样调查法，即按随机原则抽取若干样本进行调查的方法；重点调查法，即选择重点部门、单位进行调查的方法；普查法，即全面调查的方法。无论采用何种方法，调查获得的资料和信息都是分散的、不系统的，所以，还必须对调查结果进行研究。这是将感性材料进行"去粗取精，去伪存真，由此及彼，由表及里"的分析处理的过程。在研究中要注重坚持实事求是的、辩证的分析方法，这样才能获得准确、全面的规律性认识。

总之，方式和方法还是有所区别的，前者侧重于世界观和方法论层面，后者侧重于实际操作层面。

5.3.3 领导艺术

领导艺术是指领导者个人在一定知识和经验基础上，在实施领导职能的过程中，运用特殊的手段和方法，创造性地、富有成效地解决各种实际问题，尤其是解决疑难问题的领导方式、方法和技能等。领导艺术的内容范围很广泛，我们可以将其分为运时、用人、处事三个方面。

1. 运时艺术

运时艺术是指支配时间的艺术。做任何工作都要耗费时间，为了在最短的时间里取得最高的工作成绩，即提高工作的效率，就必须科学支配时间。这既包括领导者对自己本职工作时间的合理安排，也包括对本组织各类事务处理的时限了解和运筹。

实现运时艺术要求把握三个环节：一是从整体上规划时间，把最有效的时间使用在最重要的事情上，不要被杂事、琐事拖累；二是要将工作分类，可做可不做的事不做，可合并做的事合并，可用更简便的措施做的一定用简便的措施做；三是将时间化零为整，有效利用自己的最佳时区。心理学家的研究表明，一个人做某件事或考虑某一问题时，最好能一次完成，中间不被中断。因为一旦中断，则需要经过一段较长的时间才能把精力和思路重新集中起来，出现事倍功半的情况。同时，由于生物节律的原因，一天中每个人工作效率最高的时间段是不同的。有人是上午，有人是晚上。运时艺术就是能够把零散时间集中使用，同时还能够根据自己的生物节律，把最棘手的事放到自己的最佳时区去办，以取得最高的工作效率。

2. 用人艺术

用人艺术，即实现人尽其才的艺术。这是高效率利用人力资源的必然要求。"知人善任"是用人艺术的基本要领。"知人"是"用人"的前提，"知人"就是要了解下属。不仅了解下属的专长、能力、兴趣、爱好，而且了解他的缺点、弱点，甚至他的家庭、与他人的关系等。"善任"就是扬长避短。不仅能为不同专长、能力的人员安排最能发挥其特长的岗位，而且能针对下属不同的性格、爱好采取不同的领导方式，对有的人用"请将法"，对有的人用"激将法"。"以诚相待、用养结合"也是用人艺术的重要组成部分。"知人"、"用人"应该是在和谐的上下级关系中进行的。和谐的人际关系有利于上级取得下属的支持和拥护，从而有利于增强内聚力，有利于开展工作和提高工作成效。要做到这一点，上级就必须关心下属，平等待人，不徇私情，同时还要适时奖罚，处罚有度。

3. 处事艺术

处事艺术，即对工作统筹安排的艺术。处事艺术是与运时艺术密切相关的。行政领导每天总有大量亟待处理的事务，所以对领导来说，仅仅做到勤政廉政是不够的，还必须具有统筹安排，具有会"弹钢琴"的能力。处事艺术的要领有四：一是要对工作加强计划性。就是工作中要做到既有长期计划又有短期安排，对某一时间内该做的事心中有数，这样才能忙而不乱。二是要提高工作的有序性。就是对所有要做的工作分清主次、缓急，按先主后次、先急后缓的原则有条不紊、井然有序地进行工作。三是要严格权责范围。领导者面面俱到，事必躬亲实际上是会降低行政效率的，所以，领导者应该明确各职位、各岗位权责划分，不容许越权越位、包办代理。四是提高会议效率。在领导活动中，开会是一项不可缺少的重要内容，提高会议效率的要点在于注重会议的质量和实效。这就要求严格控制会议的数量，严格控制会议的规模和实践，开有准备的会，开议题明确、集中的会。

4. 授权艺术

授权艺术，即适度放权的艺术。授权艺术也是处事艺术的延伸。授权就是上级授予下级在一定范围内自主处理问题的权利和责任。授权艺术的主要内容是授权留责、适度放权、视能授权、逐级授权、授权与监督相结合。授权成为艺术，是指权授而不乱，"事半功倍"。通过授权可以使领导分身有术，集中精力、时间办大事、要事，也可以激发下属的责任心、上进心，提高工作效率，同时使下属感受到适当的压力，锻炼工作能力。

5.4 领导者的素质

5.4.1 领导者素质的涵义

对领导者素质的研究是建立在一般人的素质的研究基础之上的，即一般人的素质研究的成果也可以适用于领导素质。但领导毕竟是一般人中比较特殊的一部分，所以领导素质也会有特点。

1. 人的素质与领导者素质

关于人的素质有广义和狭义之分。狭义的素质一般是指偏于先天的禀赋、资质，是生理学方面的概念，内容包括人的神经系统、感觉器官和运动器官等先天的解剖生理特征。这种先天特征是人们获得知识和才能的自然基础。广义的素质概念是在生理学意义的基础上发展起来的，泛指人的性格、毅力、兴趣、气质、风度等，不仅包括人获得知识、才能的自然基础，更指通过后天的学习和训练而形成的基本状态。广义的素质由于包括后天养成的基本特点，因而也往往称作"素养"，含陶冶、锻炼、养成的意思，内容包括政治、思想、知识、技能、道德品质等方面的造诣和水平。

关于领导者素质的理解也有类似上述素质广义、狭义之分的分歧。即传统特性理论认为领导者的品质是天生的，与后天的培育、训练和实践无关，因而这种理论也被称为伟人说。另有一个现代特性理论，这个理论认为领导者的品质和特征是在后天的实践环境中逐步培养、锻炼出来的。另外，在现代管理学中，领导者素质不能忽视后天的培养和成长的环境。它是领导者在一定的时空条件下实施领导的知识、才能、品格、观念、气质、体魄等因素的总和。[1]

我们同意现代管理学的观点，认为所谓领导者素质，是指领导者的政治、思想、知识、技能、性格、气质、体魄等因素的总和。

---

[1] 贺善侃：《领导科学和现代行政》，上海大学出版社 2001 年版，第 192 页。

2. 领导者素质的特点

领导者素质的基本特点有：综合性，领导者素质是政治素质、知识素质、能力素质、心理素质和身体素质的综合体；层次性，因领导者所处地位、层级的不同，其素质也体现了一定程度的层次性；动态性，一方面客观环境是不断变化的，领导者素质要不断改进以满足环境的需要，另一方面领导者本身因职务变动、阅历的增加、后天的学习，其素质也会产生相应的变化。

5.4.2 领导者个人的素质结构

对不同层级的领导者的素质要求是不同的，而不同的领导者之间因为存在个体差异，其素质也表现出不同的形式。从一般意义上来说，领导者个人的素质结构基本上由四个部分组成：政治素质、知识素质、能力素质、身体素质。

政治素质。政治素质决定了领导者的价值取向、行动准则，是现代领导者的首要条件。无论是行政领导者，还是非政府公共组织的领导者，都必须具备基本的政治素质，坚持四项基本原则，自觉贯彻执行党和国家的各项方针政策、法律法规，全心全意为人民服务，以身作则，为人表帅。要确立造福于人民的观念，具有高度的事业心和责任感，还要有顽强的进取心和坚韧性。

知识素质。知识素质是领导者胜任工作所必备的基本条件。领导者不仅要通晓所在领域内的知识、还要具有现代管理知识，同时了解社会生活的实际知识，积累丰富的工作经验。领导者或许不是该领域内最权威的专家，但是也应该是相对的权威。一方面是日常工作的需要。只有全面深刻了解了本行业、本部门，领导者才能真正有效的实施领导活动，否则即使具有再大个人魅力，领导者的工作也举步维艰。另一方面相对权威的知识占有，是领导者管理其他人员的基础，是领导信服力的来源之一。仅仅是专业领域的知识是远远不够的，并不是所有的专业领域的权威人员都适合做领导者。领导者还必须具备现代管理及相关学科的知识。领导者要有较高的组织管理素养，包括：统筹全局的思考能力，深入群众、多谋兼听的探讨能力，权衡利弊的决断能力，突出重点、兼顾一般的能力。

能力素质。领导者的能力素质是领导者在其生理和心理要素基础上，经过后天努力，在实践中逐步形成和发展起来的一种认识世界、改造世界的能力。领导者的能力可以分为一般能力和领导能力两类：一般能力包括逻辑思维能力和语言表达能力；领导能力包括计划能力、决策能力、组织协调能力、人际沟通能力、创新能力、应变能力，以及所在部门所需的特殊能力。占有相对权威的知识以后，领导者还要善于把知识转化，提高实际工作能力。能力素质是领导者素质结构中一个重要的方面。

身体素质。领导者的身体条件非常重要。只有具备充沛的精力，才能承担繁忙的工作。因而，作为一个称职的领导者，应该具有健康的身体和旺盛的精力、敏锐的思维、良好的记忆、合适的年龄条件，同时具有良好的心理素质。心理素质是人的动机、兴趣、态度、情绪、个性、气质等方面内在因素的总和。当今社会，发展节奏加快，知识更新速度加快，社会要求不断提高，加之复杂的人际关系、繁重的工作压力，这些都使领导者的心理调适能力和心理发展能力成为领导能力的基本组成部分。健康的心理素质要体现为社会适应能力、自我控制能力、耐压能力、受挫后的自我康复能力、自我实现能力、自我完善能力，以及意识水平等。

5.4.3 领导集体的素质结构及其优化

1. 领导集体及其素质结构

领导集体是指为了实现特定的组织目标，由多个领导成员组成的具有多种功能的统一的整体。又叫领导班子、领导集团、领导群体等。领导集体的素质和能力在很大程度上决定了组织的效率和发展能力。

领导集体的素质结构是指领导集体中不同专业、不同智能、不同年龄、不同性格气质的领导人员的搭配和配合。领导集体的素质结构优化是提高领导集体系统功能的关键。

一个优化的领导集体的素质结构应该是相对稳定的、高效的和具有自我适应性的。相对稳定的领导班子是组织稳定发展的保证之一；是否高效是评估领导集体绩效的主要标准；为了能够与时俱进，有效地处理突发事件，领导集体的素质结构还应该具有自我适应性，即能够在实践中不断地自我完善。

2. 领导集体的素质结构优化

领导集体素质结构的优化就是促使领导人员在专业结构、智能结构、年龄结构、性格气质结构等方面的合理化。

专业结构的优化。专业结构是指具有不同专业知识、专业技能和专业经验的领导人员的组合方式及其比例关系。领导者集体内部本身是有层次的，不同层次的领导者的专业要求是不同的，客观上要求领导者集体的专业结构体现层次性；现代社会，专业化分工很明确，因此同一层次的领导者也要因部门的不同、分工的不同拥有不同的专业知识和技能；为了处理越来越频繁的突发事件，作为公共管理组织的领导者集体更要具有多样化的、合理搭配的专业结构。

智能结构的优化。智能是指在工作中运用知识的能力和水平。智能结构是指具有不同类型职能的领导成员间的协调组合。每个人的智能类型是不同的。在一个领导班子中，既要有富于远见卓识，善于分析综合，有决断能力的主要领导者，又要有沉着冷静、足智多谋的智囊人物；既要有善于做深入细致的思想工作的，又要有善于做组织管理工作的；既要有具有活跃的思维品质、广泛的交往能力的活动家，又要有兢兢业业、埋头苦干的实干家等。合理的智能结构是领导集体多功能、高效能的基础。

年龄结构的优化。年龄结构指在领导集团中各个成员按年龄分布和组合的情况。不同年龄层次的领导者具有不同的优势，也有不同的劣势。老干部稳重、经验丰富，但对新事物和形势变化的适应能力不强；中年干部年富力强，具有一定的经验，承前启后；年轻的干部思想解放，敢做敢当，易于接受新事物、新思想，但经验不足。不同年龄层次的领导者结合，取长补短，才是合理的。同时，领导班子层次不同，整体年龄也应有所变化。越是底层次的领导班子，整体年龄应越倾向年轻化。最后，领导班子的年龄结构是动态的，需要经常调整的。

性格气质结构的优化。领导班子的性格气质结构指具有不同类型性格气质的领导成员的协调组合。性格、气质都是人的重要心理特征。由于先天遗传和后天实践的影响不同，人们具有不同的气质和性格。有的性格外向，有的性格内向；有的少言寡语，有的快言快语；有的沉着稳重；有的雷厉风行。作为一个领导集体应当把不同气质、性格特点的人合理地组合起来，形成气质互补，各善其长。这样的领导集体既可以避免工作安于现状，又可以防止急躁冒进，有利于实现领导职能。

促进领导集体的素质结构优化，需要做到四个转变：要从着重考虑个体素质，转到重点考虑最佳组合；要从着重考虑成员的年龄、文化程度等的静态组合，转到着重考虑成员的性格、气质等的动态组合；要从对成员的全面要求，转到因岗位不同而有所侧重；要从注重调整配备干部，逐步转到加强对领导集体成员的培训。

☞**本章小结**

领导是领导者为了实现所在组织的目标，依靠组织赋予的权力及自身的综合影响力，通过组织、协调、引导和鼓励等手段，不断动员和激励被领导者实现组织目标的过程。行政领导，就是行政组织中的领导者为了实现特定行政目标，依法行使行政权力及自身的综合影响力，通过组织、协调、决策和指挥等手段实现组织目标的过程。行政领导者的职权具有法定性，职位具有等级性，权威具有合法性。

事业单位的领导人员录用方式多样；领导者具有部门行政职务和行政职级双重身份；领导管理采用任期目标责任制；领导具有专业性。长期以来，我国的事业单位比照行政机关管理，所以，领导的行政色彩十分浓厚。

社会团体领导的特点有：产生方式民主化；领导具有专业权威性；领导机制非行政化；领导活动以服务为主。民办非企业单位一般实行董事会的领导体制，完全没有事业单位准行政领导特点。

民主集中制是我国行政领导的根本制度。行政首长负责制、集体领导制、个人分工负责制是行政领导的基本制度。领导方式方法的适当，可以使领导的作用得到最大限度的发挥。

领导者个人的素质包括：政治素质、知识素质、能力素质、身体素质。领导集体的素质结构优化，则指促进领导集体在专业结构、智能结构、年龄结构、性格气质结构等方面的合理化。领导集体的素质结构优化是提高领导集体系统功能的关键。

☞关键术语

领导	行政领导	行政领导制度
领导方式	领导方法	领导艺术
领导素质	领导集体的素质结构	

☞思考题

1. 什么是领导？
2. 行政领导的特点及作用是什么？
3. 事业单位的领导有什么特点？
4. 社会团体领导的产生有什么特点？
5. 行政领导的基本制度有哪些？
6. 成功的领导者应该具备哪些素质？
7. 什么是领导集体的素质结构优化？

☞**案例**

全国省级党委换届结束显示的新"亮点"

优化领导班子素质结构，加强领导班子建设是长期性工作。在现行体制下，各级领导班子对各地方的发展有至关重要的作用，其内部成员的素质结构就成为同样重要的问题。素质结构包含有年龄结构、文化结构、专业结构、性别结构等多方面内容。此次换届中，严格执行年龄任职界限，这既是 1980 年代以来干部年轻化方针的延续，又是落实科学发展观、构建和谐社会、保持中国特色社会主义事业连续性的需要。在人大、政府、政协的换届中，性别、民族、党内与党外职数比例结构也出现新的变化。此外，此次换届出现的党政正职、纪委书记、组织部长异地交流，被媒体广为宣传。其实，干部交流始于 20 世纪 60 年代。这是党在长期执政条件下而采取的措施，一方面要防止干部长期处在一个地方工作形成关系网而难以开展工作，另一方面也可以锻炼干部开拓新局面的能力。人们注意到，此次异地交流的都是重要职位的干部。从世界某些国家的经验来看，为了防止腐败，某些重要岗位，包括监督岗位，需要定期轮换。中国共产党的这些重要职位的异地交流，实际上也有此动机，属于廉政体系建设的一部分内容。

在本次省级党委换届中，在人事任免方面的亮点之一是：党委"减副"。

换届后的全国各地省级党委除西藏、新疆保留 4 位副书记，内蒙古保留 3 位副书记外，其余各省区市党委副书记职数均为两人，其中一人兼任行政首长，另一人为专职副书记，"一正两副"模式成为地方党委领导机构的主要形式。据悉，31 个省区市党委副书记大幅精简，共设党委副书记 67 人，比上次换届时的 158 名减少 91 人。"减少地方党委副书记职数，实行常委分工负责，充分发挥集体领导作用"，是十六届四中全会通过的《中共中央关于加强党的执政能力建设的决定》提出的明确要求，这次有了认真的"兑现"。

亮点之二是：班子年轻化。

这次换届后调整的省级党委书记中，生于 20 世纪 50 年代的达到 12 人，占省级党委书记总数的 39%，逐渐成为中坚。省级党委领导班子呈现出"456"的三级年龄梯次格局：即 40 岁出头、50 岁开外、60 岁上下，老中青三代合理搭配的班子初步形成。据统计，目前各省级党委一把手的平均年龄为 58.39 岁。在这次换届中，一批 50 岁上下年富力强的领导干部走上省委书记、省长的重要岗位。换届后担任陕西省委书记的赵乐际今年只有 50 岁，是目前最年轻的省委书记。从团中央书记处第一书记到湖南省委副书记、省长的周强今年 47 岁，是目前最年轻的省长。

亮点之三是：知识型官员。

据不完全统计，换届后的省级党委书记中，有博士、硕士学位的近半数，其中上海市委书记习近平（法学博士）、辽宁省委书记李克强（经济学博士）、吉林省委书记王珉（机械制造专业博士）、江苏省委书记李源潮（法学博士）等具有博士学位；青海省委书记强卫（工学硕士）、山西省委书记张宝顺（经济学硕士）等都有硕士学位。

实行党政领导职务任期制，是中央干部制度改革的一贯方针。这次全国地方党委换届在探索和完善党的领导体制、机制和方式方面有了重大突破，具体表现为裁减"书记办公会"、扩大党内民主、强调常委会集体领导，加大干部交流力度；在干部任用方面则围绕构建和谐社会的要求，更加注重考察领导干部的绩效。省级党委换届后，一大批务实、博学、年轻、阅历丰富的省级领导主政一方，为全面建设小康社会提供了组织保障。

（根据以下资料改编：①高新民：《党政交叉任职限制适当 未触及政治体制核心问题》，http：//cpc. people. com. cn/GB/74144/76753/5273573. html，2007 年 1 月 29 日访问；②《全国省级党委换届结束 班子年轻化成为亮点》，《新京报》，2007 年 6 月 30 日。）

请思考：

1. 本次省级领导换届的意义有哪些方面？

2. 领导者个人素质对组织或地区发展会有哪些影响？

第6章
公共部门人力资源管理

在当代，工商管理领域首先出现了从传统人事管理到人力资源管理的革命性转变，并逐步推广和运用于公共部门特别是政府的人事管理之中。公共部门人力资源管理成为当代各国政府组织及非政府组织人事管理的新模式。目前，如何结合我国行政体制以及人事管理体制改革，在公共部门人事管理中引入人事管理的新观点、新模式，推动我国公共部门人事管理体制的创新和管理方式的转变，提高公共部门人事管理的水平，成为公共管理领域的一个基本主题。因此，在这一章我们将研究公共部门人力资源管理的基本理论以及实践，并着重研究政府部门这类公共组织的人力资源管理。

6.1   公共部门人力资源管理概述

6.1.1   传统的人事行政管理及其特点

从传统的人事管理到当代的人力资源管理是人事管理领域的一次革命性的转变。当前，人力资源的开发利用已扩展到公共部门，形成了一套与传统人事管理理论不同的公共部门人力资源管理的理论与实践。

1. 人事及人事管理的概念

人事管理中的"人"是特定的、处于劳动组织中的人，即没有工作或没有在劳动组织中工作的"人"，都不是人事管理的对象。人事管理中的"事"是广义的，即它不仅包括事情、工作，还包括"人"的职务、职位等相关的事物。

"人"与"事"结合起来的"人事"，就是指人们在工作中形成的关系，这个关系包括人与人、人与组织、人与事之间的相互关系。所谓人事管理，就是对这种在工作中形成的关系的管理。其目的在于调整好各个方面的人事关系，使人与事、共事的人与人之间的相互关系达到最佳状态，有效地实现组织目标。具体来说，人事管理是以从事社会劳动的人和有关的事，以及共事人之间的相互关系为对象，在一定管理思想和原则的指导下，通过组织、协调、控制、监督等手段，谋求人与事及共事人之间的相互适应，为实现充分发挥人的潜能，把事情做得更好这一目标所进行的管理活动。

人事管理有广义与狭义之分。广义的人事管理是指各类社会组织中的人事管理活动，其中包括企业人事管理、公共组织人事管理。而狭义的人事管理也称为"人事行政"，仅指政府组织里的人事管理活动。本章从狭义上的人事管理着手对公共部门人力资源管理的研究。

狭义的人事管理即人事行政，"是指国家行政机关对公共行政活动中的行政人员与行政事务之间的关系和行政人员相互之间关系的组织、指挥、协调、控制和监督等管理活动"[1]。人事管理的全部内容都是围绕人与事、人与人的关系展开，它既不是单纯的对人的管理，也不是简单的对事的管理，它强调要使社会劳动中人与事的相互适应，事得其人、人尽其才、才尽其用是人事管理的出发点和归宿。

2. 传统人事管理的特点

传统人事管理的特点在于：

第一，视事为中心。管理过程强调事而忽视人，把人降格为"执行指令的机器"，人的调进调出和职位安排被当做管理活动的中心内容。

第二，管理活动局限于给人找个位置，为事找人，人才的发现和利用相当薄弱。即使存在选拔、奖惩和培训等活动，其标准主观随意性强，往往形式重于实质，也始终未成为人事管理体系中的重要环节。

第三，视人为集体财产，只重拥有而不重使用，更谈不上开发。人才闲置、人才压制、人才浪费现象严重，既进不来，也流不出。

第四，人事管理过程受政治影响较大，强调个人"服从安排，听从调遣"，"哪里需要到哪里去"，而否定个人的需要与个性。管理的运行机制是自上而下的"垂直式"管理，上级意志和需要就是一切，而管理对象仅是被动的"棋子"。

第五，不重视人事管理的地位与作用，把其看做管理的次要部分，既看不到它直接影响的效益，也不重视对人事管理本身的研究和改进。存在着管理观念难更新，管理手段和方法简单、粗糙，管理过程常被人为中断，管理制度落

---

① 郭济：《中国公共行政学》，中国人民大学出版社 2003 年版，第 155 页。

后等现象。由于在管理者与决策者之间划上鸿沟，致使人事管理失去其主动性、创造性，而长期处于被动执行、上行下效的地位。

可见，传统人事管理的特点包含了局限性，而公共部门人力资源管理理论及模式的兴起就克服了这些局限。

6.1.2 公共部门人力资源管理的兴起

20世纪80年代末以来，随着全球化、信息化、市场化和科技杂交化趋势的不断加强，以及国内经济社会发展所面临的种种新问题及压力，西方各国政府普遍进行了政府改革以及公务员制度改革。这场改革的主要内容有：精简政府机构，削减公务人员；调整政府与市场及社会关系，转变政府职能；利用市场力量来改造政府，实行公共服务职能社会化；进行政府管理体制创新，增强政府内部活力；改革文官制度，转变人事管理的方式，即由传统的人事管理向人力资源管理转变。经济合作组织近年发表的一个报告称，20世纪80年代以来，多数经合组织成员国都致力于在行政管理中进行人力资源管理改革，公共部门在经济上的巨大消耗增加了提供高质高效服务的要求。

以美国20世纪90年代初开始的公务员制度的改革为例。1993年克林顿政府上台后便进行了一场声势浩大的"重塑政府"的行政改革运动，改革的一个基本内容是文官制度方面。这次文官制度的改革不仅在于调整公务员管理机构和削减管理人员，更在于引入公共部门人力资源管理模式，在管理体制、管理过程及管理方式上加以变革，包括废除不必要的管理法规，放松管制，给用人单位以自主权，采取更灵活的管理方式，改革职位分类制度和工资制度，调整劳资关系，加强公共部门人力资源的预测、规划和开发，等等。

正是由于公共部门人力资源所具有的特殊性和所处的重要地位，使对公共部门人力资源的有效开发与管理成为必要。实践告诉我们，一个政府的工作水平、工作效率，在国内人民心目中的地位和威信，在国际竞争中的实力和地位，很大程度上取决于该国公共部门人力资源——公务员和公务员制度，取决于公共部门人力资源管理的效益和效率。因此，围绕经济体制和经济增长方式两个根本性转变，努力实现由传统的人事管理向整体性人力资源管理与开发的转变，积极主动开发人力资源，尤其是公共部门人力资源迫在眉睫。正如经济学家、诺贝尔经济学奖得主西奥多·W.舒尔茨所说："人类的未来不取决于空间、能源和耕地，它将取决于人类智力的开发。"

从某种意义上说，公共部门人力资源管理是企业人力资源管理模式在公共部门人事管理活动上的推广和应用。公共部门人力资源是指在公共部门就业的人员，主要包括政府机关公务员和非营利组织中的雇员（在我国指党政机关、群众团体、中介组织和某些事业单位的工作人员）。所谓公共部门人力资源管理是指对公共部门就业人员特别是政府公务员从招聘、录用、培训、晋升、调动、考核、评价、工资福利分配、离退休以及人力资源的需求预测、规划和开发的一系列活动所实施的管理，其目标是调动公共部门就业人员的积极性，提高工作能力，改善服务质量。

公共部门人力资源管理体现企业人力资源管理的基本精神：它同样把人当做第一资源，"投资于人力资源并使之优先发展"也是公共部门人事管理的基本信条；它提倡尊重人、理解人，让人的才能和潜力得以发挥，自身的价值得以实现；它把人力或人事管理当做组织发展战略的组成部分，注重人力资源的预测、规划和开发，采用更加灵活多样的管理体制及方式，强调人性化、服务式、民主参与式的管理；注重公共组织文化或行政文化的建设，培养工作人员的合作、团队精神等。同时，公共部门人力资源管理也具有某些与企业人力资源管理相同或相似的管理内容及功能活动环节。

6.1.3 公共部门人力资源管理的特征

将公共部门人力资源管理与传统的人事管理比较，可以发现它们有以下基本的特征。

1. 在关于人的假定上

传统人事管理视人为成本，把人事管理工作看做行政工作，属日常人事行政事务；而人力资源管理则把人看做资源，是第一资源，最宝贵的资源，把对人的管理置于重要位置。

2. 在管理原则上

传统人事管理注重以事为中心，恪守"进、管、出"管理模式，陷入"调出调入天天找，工资考勤统计表，实习培训探亲假，生老病死办劳保"的窠臼；而人力资源管理则奉行以人为中心，人的因素是第一位的，重视采用各种激励手段调动人的积极性。

3. 在管理方法上

传统人事管理靠纪律和监督，是强制性、被动型的"管家式"管理；而人力资源管理实行主动开发型、有预见性的方式，既是一门严密的科学，也注重艺术性，强调定性与定量结合。

4. 在管理内容上

传统人事管理的主要任务是为本组织招募新人，填补空缺，监督执行

"进、管、出"各个环节的有关规定；而人力资源管理视野广阔、内容丰富，不只局限于本组织，注意"进、管、出"，而且注重全社会人力资源的开发利用，着眼于地区、国家乃至国际上人力资源的规划与生产，重视人与事、人与环境的协调配合。

5. 在管理部门的地位上

传统人事管理把人事部门视做非生产、非效益部门，地位较低，且从事管理的人员进不了决策层；而现代人力资源管理部门已经成长为除了落实具体人事事务之外，还协调管理系统，提供决策预案的咨询专业技术的中枢性机构，且人力资源管理者不仅进入高层领导，还成为核心成员之一。

6. 在对国家公务人员的管理上

人力资源管理一改传统人事管理把其与其他行业人事管理一样对待，采用同一管理模式，运用同样管理手段的做法，而致力于公共部门人力资源的开发利用，重视现代国家公务员制度的建立与完善，把加强公务人员的预测与规划、培训与教育、选拔与使用、配置与管理看做开发公共部门人力资源的重要措施。立足于吸引优秀人才，树立良好的政府形象和高效、精干、优化的政府工作系统，并通过它给社会经济的迅速发展和国家富强带来巨大的效益与效率。①

6.2 政府部门人员分类管理

6.2.1 人员分类的含义与意义

人员分类是人力资源管理中的一项基础工作，没有分类就没有管理。政府部门的任职人员数量庞大，为了科学合理地对这些人员进行管理，势必要对其进行相应的分类。

1. 政府部门的人员分类

政府部门的人员分类，就是把政府部门中的工作人员或职位按照工作任务、责任与工作人员的资历、条件等因素分别归类，划定等级，为人员的选拔、使用、培养、升迁、报酬支付等管理活动提供相应的依据。

古今中外的政府部门人员分类，主要存在着两种典型的分类制度，一是以

---

① 陈振明：《公共管理学——一种不同于传统行政学的研究途径》，中国人民大学出版社 2003 年版，第 319~325 页。

人为中心的品位分类，二是以职位为中心的职位分类。

2. 人员分类的意义

人员分类的意义主要体现为：

有助于提高政府部门人力资源管理的效率。人力资源管理的目标，是使现有的人力资源得到有效的利用，实现人尽其才、事得其人。人员分类管理有助于政府部门人力资源管理的简明、高效。比如在职位分类制度下，首先是对每个职位进行全面的分析，写出职位说明书，然后按职位的工作性质分类，再按照职位的责任大小、工作难易复杂程度、任职资格要求等划分为若干等级。这就可以对各个职位的状况有比较清晰的认识。在进行人力资源管理时，也能够减少盲目性，做到有的放矢，实现政府部门人力资源管理的高效率。

有助于政府部门人力资源管理的规范化。人员分类后，无论是品位分类、职位分类还是两者的混合分类，每类都有相应的分类标准。通过职位规范，明确各个职位的任务、责任、权限、任职资格和工资标准等，为政府部门人员的选拔、使用、培养、升迁、报酬等管理活动提供客观依据，进而使管理工作规范化，有法可依，有章可循，避免可能发生的许多主观臆断和人为纠纷矛盾。

有助于政府部门人员的自我激励和开发。人员分类管理通过两方面对政府部门人员进行激励：一方面，通过管理的规范化，使管理工作有据可依，更加科学、公平，减少了不必要的人为干扰因素。这就使政府部门人员专心于完成自己的工作，并尽力发掘出自己的潜能。另一方面，分类管理可以使政府部门的任职人员清楚自己所处的等级，明确自己的升迁途径和目标。可以激励自己圆满完成现任工作，并为将来的升迁做好知识能力的准备，进一步搞好自我开发、自我经营。

6.2.2 品位分类管理

概括地说，品位分类制是一种以"人"为中心的人员分类体制。

1. 品位分类制的含义

从字面上理解，品位分类的基本要素，一是品，品指官阶；二是位，位指职位、职务。合起来看，品位指按官位高低、职务大小而排列成的等级，品位就是官阶的等级位置。品位分类是以国家政府部门工作人员的个人条件，如学历、资历等为主要依据的分类管理方法。它注重个人的资格、能力等条件。品位分类对公务员个人来说，意味着既有官阶又有职位。官阶表示个人的级别，代表着地位高低、资格深浅及报酬多寡；职位表示其权力等级，代表着职责轻重和任务繁简。

品位分类有着悠久的历史。我国古代的官员分类就是一种典型的品位分类，如我国古代将官阶分成九品，数目越大，表示官阶越低。自隋唐以后，官阶的分类更加细化，除了每一品分为正品和从品之外，四品以下，各品又分为上下，总共是九品三十级。清代则是典型的九品十八级。当然，古代的品位首先是一种特权和身份的标志，这同现代的品位分类有着根本区别。

现代的品位分类，是随着西方国家文官制度的建立，而逐步建立和发展起来的。文官制度建立之初，由于政府的社会管理职能较为简单。选拔官员时，注重的是知识广博，具有多种才能的通才，体现在人员分类上，就是只进行等级划分，而没有工作性质的分类。进入19世纪以后，随着社会分工的细化，这种通才式人员很难适应政府管理职能的转变，许多专业性、技术性的人员进入政府工作，体现在分类上，品位分类增加了横向划分，即先把政府部门人员划分为行政性与技术性等大类，各类内部再建立各自的品位分类。例如法国按照职位具有的工作性质和所需教育程度的不同，将公务员划分为 A、B、C、D四类；我国台湾地区也将公务员分为特任、简任、荐任、委任几大类。

2. 品位分类制的特征

品位分类作为两种基本的人员分类制度之一，它有以下基本特征：

第一，它是以"人"为中心的分类体系。表现为分类的对象是人以及人格化的职务或等级和其他人所具有的资格条件。具体而言，在公务员的录用方面重视人员的学历、资历、经验和能力，个体背景在公职录用和发展中起至关重要的作用。晋升则重视任职年限、德才表现等通用的资格条件。可见，品位分类的特点是人在事先。

第二，分类和分等结合在一起。品位分类通常采用先纵后横的方法实施。这就是说，品位分类的分类过程是先确定等级，然后再分类别。

第三，品位分类强调综合的行政管理能力，适合于"通才"的发展。公务员需要适应有弹性的工作环境，其调动、交流、晋升不受所学专业以及以往工作性质的限制。

第四，官位和等级与职位可以分离。表现为官等随人走，官等成为任职者固有的身份资格。而薪酬水平取决于官等的高低，与所从事的工作没有直接关系。

3. 品位分类制的优点与不足

品位分类的既有优点也有缺点。品位分类制度的优点是：

第一，人员线条粗犷，结构富有弹性，工作适应性强，便于人事机构调整公务员的职务。由于官阶与职务相对分离，使公务员不会因职位调动而引起地位、待遇的变化，从而免除了公务员因职务变动所带来的不安全感，有利于个人的全面发展和人才流动。

第二，品位分类强调工作人员的个人条件，如学历、资历等，有利于吸收高学历的、经验丰富的人员进入政府部门。

第三，比较适用于担任领导责任的高级公务员的分类。领导工作往往需要多方面的知识，很难将其划归一定的职位，采用品位分类有利于领导工作的开展。

第四，品位分类有利于某些临时性工作的开展，有些临时性的指派工作，通过确定到某一具体的人，往往能取得更好的效果。

随着现代政府职能范围的日益扩大，许多专业性、技术性工作进入公务员的工作领域，品位分类不可避免地暴露出一些缺陷来，特别是在业务类公务员管理中，这一缺陷更为明显：品位分类不注重对工作人员现有岗位设置是否合理进行调查分析，人在事先，容易造成因人设岗、机构臃肿、职责不清、人浮于事的局面；品位分类在管理中主观随意性比较大，没有系统、规范的要求，不利于严格的科学管理；品位分类过分重视学历、资历等因素，限制了学历低、资历强的人才的发展；品位分类不重视专业人才的选拔与培养，不利于业务类工作效率的提高。

6.2.3 职位分类管理

职位分类又称"职务分类"或"职务分级"，它是一种以"事"为中心的人员分类体制。

1. 职位分类制的含义

职位分类制的基本含义是指在工作分析的基础上，将适合职位分类的公务员职位，按工作性质、责任轻重、难易程度和所需资格条件，分成若干不同的类别和等级，从而对组织职位进行分类管理的过程。也就是说，以工作的类型和所要求的职责水平为基础，将所有相似的职位集中于同一模式或类别之内。可以看出，职位分类的前提是工作分析，职位分类假定每一职位都能在组织分类体系中得到合理的安置。

职位分类始于美国，是以美国为代表的许多发达国家普遍采用的一种人员分类制度。美国1883年通过制定彭德尔顿法，开始正式推行文官考试制度，并将政府的工作人员划分为两大类：一类为事务人员，一类为政务人员，这一改革为职位分类奠定了基础。1896年，联邦文官事务委员会明确提出，应以政府部门人员的职务和职责作为职位分类的依据，并于1903年建议政府机关正式推行职位分类原则。1905 年罗斯福总统设立部务规程委员会，开始进行有关分类和工作评价的研究。1911 年芝加哥市首先制定了《职位分类法》，并于 1912 年推行了这一制度。在以后的 20 多年里，许多州和地方政府都先后实行了职位分类制度。1923 年，美国国会正式通过了美国第一个《联邦政府职位分类法案》。此后，职位分类制在美国就成为定制，具有法定的意义。由于这一分类方法所具有的科学、规范、高效的优点，近些年来，它已被越来越多的国家所采用。

2. 职位分类制的优点

职位分类的优点具体主要表现为以下几个方面：

第一，因事设人有利于获得职位的最佳人选。职位分类以确定的职务内容、责任和困难程度为中心而制定职业规范，这就使人员选录有的放矢，并获得适合的人选，避免了滥竽充数的现象发生。

第二，可以使考试和考核标准客观。公务员的考核是在职位要求的标准下，对其履行职务的情况进行评定的过程，职级规范中各项目为测量任职人员的业绩提供了尺度。在业绩考核的基础上，人员的升调晋级也可以变得较为合理。此外，职位分类使得升迁、调迁路线的选择十分方便。

第三，有利于公平合理的酬劳制度的建立。职位分类对每一工作的责任和困难程度进行了分析，为建立同工同酬的工资制度提供了基础。

第四，可做到职责分明，减少不必要的推诿纠纷，解决机构重叠、层次过多、授权不清、人浮于事等问题，提高组织机构的运行效率。

第五，有助于预算管理。职位分类有整齐划一的职级名称，这就使得预算编制时能够进行合理归类，使款项数目计算简单化，使编制预算精确而简明。

3. 职位分类制的局限

但职位分类也有缺点，具体表现为以下五个方面：

第一，在适用范围上，职位分类比较适合专业性较强的工作和职位，而对于高级行政职位、临时性职位以及通用性较强的职位，则不太适用。

第二，职位分类强调以事为中心，规定了每个职位的工作数量、质量、责任，使得个人积极性不容易得到充分发挥。同时，职位分类严格规定了人员的升迁调转途径，妨碍了人员的全面发展和人才的充分流动。

第三，由于当今社会新技术、新科学的不断发展，每年都要有各方面的人员进入政府部门，这使得对工作的描述变得复杂，对它们的分类也不太容易。另外，由于外部条件的改变使得职业地位发生了变化，而职位分类很难对这种变化做出适时调整。

第四，职位分类的实施程序非常繁琐复杂，需要动用大量的人力、物力以及需要有专门知识的专家参与，这使职位分类与品位分类相比，显得费时费力且成本高昂。

第五，职位分类还存在着误差的问题，许多国家的研究表明，职位分类的误差率在 6% ~ 15%，职位分类的不正确会造成人力与钱财的浪费。

由于品位分类和职位分类各有优缺点，随着政治经济环境的不断变化，品位分类和职位分类出现融合、互补趋势。随着专业化分工的不断发展，许多专业性、技术性工作进入政府领域。品位分类原有的注重通才的粗犷型分类方法已不能适应现代社会的需求。因此，原来实行品位分类的国家纷纷吸收职位分类的先进方法，使分类管理更加系统化、规范化。典型的品位分类国家英国，于 20 世纪 70 年代对原来的公务员分类制度进行改革，引入职位分类方法，提高了分类的科学化程度。日本则改革过去的品位分类，实行了介于职位分类和品位分类之间的名誉上的职位分类，人们称之为"工资分类"。职位分类管理制度中不利于通才培养，不利于人员流动的缺点也随着经济的发展变得愈加突出。实行职位分类最早的美国也于 70 年代对其职位分类制度进行了改革，将一般职务类（GS）中的 GS15 至 GS18 职等改为品位分类，取消了职等，只设工资级别，实行级随人走，以便于高层官员的职位流动。同时，改变了原本人员只能在职系内流动的状况，允许公务人员像品位分类那样跨职系流动，竞争上岗。

6.2.4　我国公务员职位分类

我国对公务员实行分类管理是在实行公务员制度以后才开始的。而实行公务员制度是我国对传统干部人事制度的重大改革，也是进行经济体制改革，建立社会主义市场经济的必要条件。

1. 我国公务员制度的建立

在我国，从明确提出建立公务员制度的干部人事制度改革目标，到颁布实行《国家公务员法》，中间经历了整整二十年时间，这足以显示这项改革的慎重。

正式提出干部人事制度改革以建立国家公务员制度为重点，是在 1987 年召开的党的十三大上。1988 年七届人大一次会议的《政府工作报告》强调，要抓紧建立和逐步实施国家公务员制度，同时确定成立国家人事部，为推行国家公务员制度作出了组织上的准备。1988 年 10 月，国家人事部提出了《国家公务员暂行条例（草案）》，1989 年以后在国家六部委进行试点。在试点和多

次在全国范围征求意见进行修改的基础上，1993 年 10 月 1 日，国家正式颁布实施《国家公务员暂行条例》，这标志着我国公务员制度的正式推行。

为了保障《国家公务员暂行条例》的实施，人事部还先后制定了十多个单项法规及实施细则，基本上形成了一个健全的法律体系。同时通过十多年的试行，我国建立正式的公务员制度的条件已经成熟，2005 年 4 月颁布了《国家公务员法》，2006 年 1 月 1 日正式生效，标志着我们完成了公务员制度的建立任务。

2. 我国公务员职位分类的内容

我国于 2005 年 4 月颁布的《国家公务员法》明确规定了公务员职位类别。即按照职位的性质、特点和管理需要，将公务员划分为综合管理类、专业技术类和行政执法类等类别。另一方面国家根据公务员职位类别设置了公务员职务序列，公务员的职务分为领导职务和非领导职务两个序列，领导职务指副科长以上的职务和各级政府职能部门的领导职务；公务员的非领导职务序列包括：办事员、科员、副主任科员、主任科员、助理调研员、调研员、助理巡视员、巡视员。同时我国根据公务员所在职位的责任大小，工作难易程度以及公务员本身的德才表现，资历因素等将公务员分为 27 级，分别与 12 个职务等次相对应。职务等次高低与级别的高低相互交叉，每一职务对应不同级别，职务越高对应的级别越少，职务越低对应的级别越多。其中非领导职务在中央行政机关可设到正局级，在地方国家行政机关最高不能超过本级政府各部门的领导职务层次（见表 6-1）。

国家级正职：1 级；

国家级副职：2～5 级；

部级正职、省级正职：4～8 级；

部级副职、省级副职：6～10 级；

司级正职、厅级正职：8～13 级；

司级副职、厅级副职：10～15 级；

处级正职、县级正职：12～18 级；

处级副职、县级副职：14～20 级；

科级正职、乡级正职：16～22 级；

科级副职、乡级副职：17～24 级；

科员：18～26 级；

办事员：19～27 级。

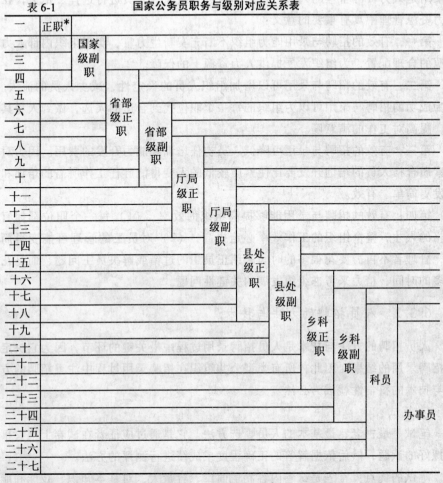

表 6-1　　国家公务员职务与级别对应关系表

（级别一至二十七：正职*、国家级副职、省部级正职、省部级副职、厅局级正职、厅局级副职、县处级正职、县处级副职、乡科级正职、乡科级副职、科员、办事员）

* 此处"正职"为国家级正职

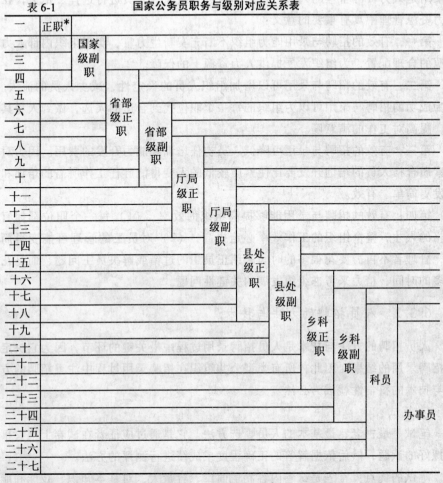

《国家公务员法》的上述划分使我国的公务员管理更加科学、规范化。

6.3　政府部门人员的招聘与录用

6.3.1　招聘与录用的含义和意义

招聘与录用是指通过不断收集有关信息，进行寻找、筛选，作出取舍决定等活动，把具有一定能力和资格的适当人选吸纳到组织空缺岗位的过程。招聘与录用是人力资源管理的人口管理，即对进入组织的人员进行选择、把关，在人力资源管理中具有重要的意义：

第一，有效的招聘与录用能为组织不断充实新生力量，实现组织内部人力资源的合理配置，为组织发展提供人力资源上的保障。

第二，有效的招聘与录用可以增加组织人员的稳定性，减少人员的流失。因为成功的招聘与录用可以为组织的每一个职位找到合适的人选，做到人尽其才，提高对工作的满意度。

第三，有效的招聘与录用可降低人员初任培训和能力开发的费用。因为对高素质合格人员的培训开发要比使素质较低的人变得能胜任工作所需的培训和开发更简单、有效。

第四，有效的招聘与录用能够提高组织的效率：（1）每一个职位都拥有合格的人才，整个组织的工作效率必定提高；（2）对员工的管理可能变得简单，管理者不再需要花很多的时间来纠正员工的过错或解决员工问题，而是花更多的时间、精力来考虑组织发展的关键性问题。

6.3.2　人员招聘的方法与技术

人员招聘的方法与技术是人员招聘录用过程中最关键的环节，因为它决定着招聘录用的结果。因此，所有类型公共组织在招聘录用过程中注重招聘的方法与技术的科学性就成为必然。

1. 笔试

笔试是最古老、最基本的人员甄选方法。它是通过应征者在试卷上笔答事先拟好的试题，然后依据解答的正确程度或成绩进行测评的方法。

笔试的优点：首先是试卷内容涵盖面广，容量大，对基本知识、技能和能力的测试信度和效度较高；其次是笔试可以对大量的应聘者同时进行，测评效率高；再次是成绩评定比较客观，考试材料可以保存以备待查，体现公平原则。笔试的缺点在于不能全面地考察应试者的工作态度、品德修养以及组织管理能力、口头表达能力和操作技能。因此，笔试法一般不能单独使用，还须配合其他方法。

2. 面试

面试是应聘者在主考人面前，用口述方式现场回答问题，主考人根据应聘者在面试过程中的行为表现及回答问题的正确程度来进行测评的一种方法。通过面试，可以判断出应聘者运用知识分析问题的熟练程度、思维的敏捷性、语言的表达能力。并且通过应聘者面试过程中的行为举止，可以了解到应聘者的外表、气质、风度、情绪的稳定性质。此外，通过面试还可以核对应聘者个人材料的真实性。

除以上两种常用的方法外，有的政府部门还采用心理测试、行为模拟测试等方法来招聘录用人员。

6.3.3 招聘录用的程序

人员的招聘录用是一个复杂、完整而又连续的程序化操作过程，这一程序的每一组成部分都是为了保证组织人员招聘录用的质量，确保为组织录用到合格、优秀的人才。人员招聘录用的程序包括以下几个步骤：

1. 制定招聘计划

组织中出现职位空缺，由此提出人员增补需求，人员招聘录用工作开始。一般来讲，只有通过科学的人力资源规划，才能准确把握组织对各类人员的需求信息，确定人员招聘的种类和数量。

2. 落实招聘组织

确定招聘录用负责部门，制定招聘实施计划。一般由人力资源管理部来负责人员招聘录用，也可由业务部门负责实施计划，包括招聘人数、招聘标准、招聘对象、招聘经费预算、参与人员等。

3. 确定招聘方式

也就是根据组织的具体情况，选择恰当的招聘方式，可以几种方式结合使用。

4. 对应聘人员进行考试、面试等招聘工作

一般由人力资源部会同用人部门共同来完成。在这一步骤，应依据具体职位的工作规范对应聘人员进行各种形式的知识、技能和能力考试和心理测验，从应聘人员的基本素质、心理特点、能力特长上进行甄选，合格者参加面试。绝大多数组织都要通过面试评价来确定最后的录用人选。这是由于，面试评价所提供的关于应聘人员的信息最直观、真实、准确。因此，面试是人员甄选中最重要的环节。

5. 确定试用人员并进行任职培训

经考试、测验和面试合格者成为组织的试用人员，在试用之前，需进行任职培训。通过多种形式的任职培训，使试用人员充分了解组织和工作职位的状况，掌握工作所需的有关知识、技能。

6. 试用人员上岗试用

目的是为了通过工作实践进一步考察试用人员的工作适应能力，同时，也

为试用人员提供了深入了解组织和职位的机会。事实上，试用期间，组织与试用人员仍可双向选择，双方不受任何契约影响。试用期 2 个月至 1 年不等。

7. 签订正式任用文件

试用期满后，对试用人员的工作绩效和适应性进行考核，合格者正式录用为组织人员，双方签订任用合同或其他契约。

至此，整个招聘录用过程全部结束。

6.3.4 我国公务员的考试录用制度

1. 考试录用制度的确立

考试录用作为政府录用人员的一种制度，最早起源于我国隋朝的科举制度。科举制改变了以往只重门第不重才能的录用弊端，是政府录用制度的一大进步，被以后各朝沿袭并发展。但到晚清时，八股文体的考试形式限制了应试者的独立思考和创新意识，再加上社会衰退，舞弊丛生，科举制最终走向了末路。

科举制的精髓被西方吸收后，在 19 世纪 70~80 年代形成了以公开考试录用为主要内容的文官制度。第二次世界大战以后，西方的文官制度在世界各国得到普遍效仿，制度本身也日益完善。

新中国建立之后的前 30 年，我国的干部录用基本方法一直是按计划接收"干部"，即国家统一分配的大、中专毕业生和军队转业干部，或从企事业单位有经验的工作人员中推荐、选拔的人员。

改革开放以后人事制度的改革被提上议事日程。1982 年，我国原劳动人事部才制定颁布了第一个关于干部录用工作的综合性文件《吸收录用干部问题的若干规定》，首次提出国家机关、企事业单位吸收录用干部要实行公开招收，自愿报名，进行德智体全面考核，坚持考试，择优录用的考试录用办法开创了干部录用的新局面。至 2005 年 4 月我国颁布了《国家公务员法》规定，国家行政机关录用担任主任科员以下非领导职务的国家公务员实行"凡进必考"。即对要进入国家公务员队伍的人员一律采用公开考试、严格考核的办法，按照德才兼备的标准择优录用。至此，考试录用作为国家公务人员的录用制度在我国得到确立。

2. 公务员考试录用的原则

国家公务人员的考试录用，除必须按照编制、工作需要及德才兼备的标准来选拔人才外，还必须遵循公开、平等、竞争、择优的原则。

公开原则。是指录用主管部门将计划招聘的职位、资格条件、时间、地点及招聘结果通过各种媒体向社会发出公告，目的在于增加政府部门招聘、甄选的透明度，接受社会监督，防止人员招聘甄选过程中的腐败行为。

平等原则。指对所有应聘者应一视同仁、平等对待，不得因民族、性别、出身、宗教信仰、婚姻状况等受到歧视和不平等待遇。这一原则在我国政府部门人员招聘甄选的实际操作中，还受到一定的限制，如地域条件的限制、婚姻状况的限制等。

竞争原则。首先是指录用要在全社会范围内公开竞争，通过考试进行。要按照应聘者的素质条件优劣对比进行甄选，不得按照主管人员的主观好恶；其次，应吸引更多的人员来进行应聘，只有人多，才有竞争。

择优原则。指通过各种甄选方法，选择真正优秀的人才到政府中来。这一原则适用社会上任何组织的招聘甄选。这里的择优不是盲目的素质越高越好，还要考虑是否符合空缺职位的工作规范要求。

3. 考试录用的范围

依照《国家公务员法》的规定，录用担任主任科员以下非领导职务的公务员，采用公开竞争考试录用的方法，而主任科员以上的职位的录用不一定采用考试录用，而主要靠推荐、选拔、调配。但在某些省、市，副局长以下的主要领导职位也逐步开始采用考试竞争录用的方法。

无论是通过公开竞争考试还是通过简化程序进入政府公务员系列的人员，都必须具备下列条件：

国籍：具有中华人民共和国国籍，享有公民的政治权利。

政治条件：拥护中国共产党的领导，热爱社会主义。

品德条件：遵纪守法，品行端正，具有为人民服务的精神。

文化程度：具有与报考职位相应的文化程度。

基层经验：报考省级以上政府工作部门，须有两年以上基层工作经历，若无则应安排到基层工作一至二年。

年龄和身体条件：身体健康，年龄在35岁以下，经考试主管机关批准，也可放宽年龄限制。

考试主管机关批准的其他条件，指由用人部门依据特殊职位的要求提出，经考试主管部门批准，在一般资格条件之外增加的条件。

此外，条例规定民族自治地方人民政府和各级人民政府民族事务部门录用国家公务员时，对少数民族报考者应当予以照顾。

4. 考试录用的程序

依据《国家公务员暂行条例》规定，国家公务员的考试录用应遵循下列程序：

发布招考公告。主管考试部门应在考试前一定期间内，通过报纸、广播、电视等媒体，发布招考公告。内容包括职位性别、报考条件、考试科目时间、地点等。

资格审查。对报考人员进行严格审查，条件合格者发给准考证。

公开考试。对审查合格者进行公开考试，全面测试基本专业知识，与职位相关的基本能力等，考试形式有笔试和面试。

严格考核。对考试合格者进行政治思想、道德品质、工作能力等方面的考核。

审批录用。根据考试、考核结果提出拟录用人员名单，报设区的市以上人民政府人事部门审批①。

6.4　政府部门人员的考核与奖惩

政府部门人员的考核与奖惩，是政府部门人力资源管理的重要环节，它们的作用体现在两个方面：一是激励功能，解决政府部门人员的工作动力问题；二是约束功能，也可称负激励功能，解决政府部门人员的监督约束问题。哪种形式的考核、奖惩及职务的升降任免能更好地达到政府部门人员管理的目标，将是本节要着力探讨的问题。

6.4.1　政府部门人员的考核目的和意义

政府部门人员考核是指国家行政机关按照规定的原则、内容、方法和程序对所属工作人员进行的考察和评价，并以此作为人员任用、晋升、奖惩、培训等的基本依据。具体看，政府部门人员考核的目的和意义主要是：

1. 考核是政府部门人员管理的基础

政府部门人员的管理包括职位分类、规划、考核、奖惩、晋升、培训、工资福利等多项内容。在这些管理活动中，考核是其他各项活动的基础和依据。考核通过对政府部门人员的政治表现、工作能力和工作实绩的考察和评价，形成对其进行奖惩、职务升降、培训、工资增减的客观依据。

2. 考核可以激励政府部门人员改进工作绩效

从激励的角度看，考核提供了政府部门人力资源发展的激励机制。首先，

---

①　孙伯瑛、祁光华：《公共部门人力资源管理》，中国人民大学出版社 1999 年版，第 162～165 页。

通过对政府部门人员进行定期的、规范化的考核，使其获得持久动力的源泉。没有考核，就没有竞争和压力。而在一个没有竞争和压力的环境中，人们很难对工作产生持久的热情。同时考核还可以使每个政府部门人员相互对照、比较，使大家明白自己的优缺点之所在，从而明白今后工作应该努力的方向。

3. 考核便于了解政府部门人员的现实能力和潜在素质，是合理选用人才的前提

每个人都有其长处和短处，通过考核，使领导层能正确地对政府部门人员进行评价，并根据每个人的实际情况，把他们安排到最能发挥优势的职位上，真正做到知人善任。考核也有力地促进了政府部门公正、平等的用人机制的形成，使政府部门的人才任用有章可依，杜绝了用人制度的随意性与主观性，给部门发展带来生机和活力。

4. 考核有利于对政府部门人员进行监督

考核是依法监督政府部门人员的前提和重要途径。政府部门是为全社会服务的部门，部门的工作人员理应受到其服务对象，也即一般群众的监督。考核不仅使领导能够对政府部门人员进行监督，也应便于群众对其进行监督。实行考核，应把领导和群众对政府部门人员的监督结合起来，促使政府部门人员更好地为社会工作。

6.4.2 政府部门人员考核的内容

从各国的组织对人员考核实践看，大体存在两种基本的考核导向，即以人员为导向的考核标准和以绩效为导向的考核标准。当然，大多数情况下，考核内容也可能是两种标准的混合体。

1. 考核导向的选择

确定考核导向，并以建立考核标准和指标体系，是政府部门人员考核工作的基础和核心，又是考核中最难以解决的问题。考核导向一般分为人员为导向的考核标准和以绩效为导向的考核标准。

人员导向的考核标准，是根据工作人员自身的品质、性格特征等因素，如忠诚、勤奋、创造性、独立性、适应性、合作能力等，对人员进行考核。这种考核标准是最易于实施、管理和解释的，也容易量化。但这一方法的弱点也很明显，就是它的信度和效度都很低，对于改进绩效水平的作用，也令人怀疑。具体来看，以下两方面的因素限制了这一标准作用的发挥。（1）个人品格只是代表了个人行为的趋向。它与工作行为和工作结果并不具有必然的联系，在个人特征与工作绩效不相关的领域内，这一评估标准是无效的。（2）个人特征考

核的信度往往不高。不同的主考者对个人品质、性格的理解是不同的。如两个主考者对于"适应性",可能有完全不同的定义。这既是由于主考者的价值观不同所引起,也由于他们对工作的看法和对政府部门人员的期望不同所引起。

绩效导向的考核标准,是注重对工作行为本身进行评估,而不是对同绩效有关的个人个性特征进行评估的标准。绩效标准的优点在于:(1)它清晰地传达了管理目标。如果客观的绩效标准是通过管理者和工作人员共同参与设定并建立起来的。那么,工作人员就能清楚地认识到与其工作职位相关的特定行为期望。(2)明确规定预期行为这一事实,使得评估标准更加有效、可靠,考核者和被考核者可以根据客观的考核标准,决定是否已经达到预先设定的绩效标准。(3)由于绩效标准考核的规范性和确定性,使这一标准考核的结果更加易于为工作人员接受和认同。研究表明,在绩效导向的考核标准下,即使工作人员得到了较低的评估结果,由于评估体系可以觉察到的公正性,也会使工作人员认可考核结果,不会因抱有埋怨情绪而影响工作。

绩效导向的考核标准可能遇到的问题是:(1)绩效标准的设计开发有着相当的难度,需要耗费大量的人力与物力。不同职位、不同工作的绩效标准是千差万别的(它依赖于工作人员的特性、工作的目标、可获得的资源和各种内外部条件),必须分别开发适合于不同层级的绩效标准。(2)绩效标准需要不定期地做出改变,以适应组织目标、资源分配和环境约束条件的变化。这种变化很少是按照固定的时间表来进行的,这就加大了管理工作的难度。(3)绩效标准更适合于对简单工作进行衡量。这类工作具有以下特征,即绩效带来的是实质性的产出。在衡量复杂工作或是很多人共同合作完成的工作时,绩效标准往往显得不得要领。如学生的成绩除了受老师的教学绩效的影响外,还受到家庭环境、自身素质、班级规模和其他因素的影响,这就使得以学生成绩为基础的老师绩效评估,难以得出合理的结论。(4)在有些时候,通过绩效标准对人员进行比较,尤其是要分出名次时,常常有很大难度。如几个工作人员都达到了规定的绩效标准,管理者该如何决定他们中的哪一个应当得到晋升的机遇。单单考虑绩效标准,显然是不够的。

2. 我国政府部门人员考核的基本内容

我国政府部门人员的考核制度是在借鉴国外考核管理的先进思想的基础上,结合我国古代官吏考核思想的精华后,确立的以德、能、勤、绩为主要内容,并以绩为重点对象的考核制度。这实际是结合了人员考核和绩效考核二者优势的考核标准。

公务员的德、能、勤、绩的考核标准中,德是指公务员在工作中政治思想和道德品质表现；能是指公务员的业务知识和工作能力；勤是指公务员态度和精神；绩是指公务员工作的数量、质量以及贡献的大小等。表 6-2 简明地概括了公务员德、能、勤、绩四方面的主要考核内容。

表 6-2　　　　　　　　　公务员德、能、勤、绩主要内容考核表

考核项目	德 思想政治表现	能 政策理论水平	勤 出勤率	绩 工作数量
考核内容	职业道德 社会公德 组织纪律性	业务水平、开创能力 表达能力、分析能力 组织实施能力	工作效率 工作态度 工作方法	工作质量 工作贡献 工作成果

（资料来源：姚先国，柴效武：《公共部门人力资源管理》，科学出版社 2004 年版，第 295 页。）

专业技术人员的考核内容，包括政治表现、工作态度、科研水平、科技进步等，具体内容如图 6-1。

6.4.3　政府部门人员奖惩

奖惩是奖励与处罚的统称。政府部门人员的奖惩是对政府部门人员考核结果的重要运用。它是指国家行政机关或其他公共部门依据规定的标准、条件和程序，对成绩突出的政府部门人员给予物质和精神的奖励；对行为失职的政府部门人员进行处罚、制裁的管理活动。奖惩作为考核结果的反馈，是和考核一起发挥作用的。没有奖惩的考核是无意义的；没有考核的奖惩也是无依据的。奖惩与考核作为政府部门人员管理的重要组成部分，通过其激励、约束与反馈功能，与其他管理环节，如录用、培训、辞退等，共同构成了人员管理的整个过程。

1. 政府部门人员奖惩的类型及涵义

我国的公务员制度中，按照奖励形式把奖励分为荣誉奖励、物质奖励和晋升奖励等不同的类型。在荣誉奖励中，又对公务员的奖励分为嘉奖、记功、授予荣誉称号等几个类别。

对政府部门人员的处罚有司法处罚和行政处罚两种，司法处罚的主体不是政府组织，所以不是我们的研究范围，我们只研究行政处罚。

行政处罚指当公务员存在违法失职但尚未构成犯罪行为，或者虽然构成犯罪但依法不追究刑事责任的，给予的行政处分。行政处分分为警告、记过、记

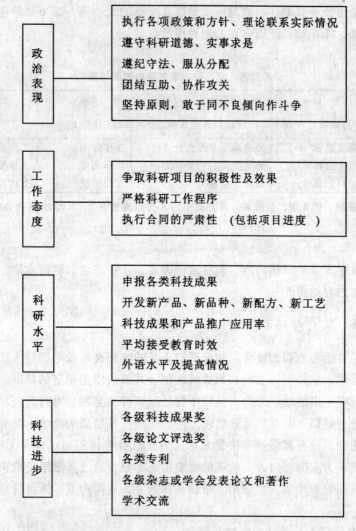

政治表现	执行各项政策和方针、理论联系实际情况 遵守科研道德、实事求是 遵纪守法、服从分配 团结互助、协作攻关 坚持原则，敢于同不良倾向作斗争
工作态度	争取科研项目的积极性及效果 严格科研工作程序 执行合同的严肃性（包括项目进度）
科研水平	申报各类科技成果 开发新产品、新品种、新配方、新工艺 科技成果和产品推广应用率 平均接受教育时效 外语水平及提高情况
科技进步	各级科技成果奖 各级论文评选奖 各类专利 各级杂志或学会发表论文和著作 学术交流

图 6-1　专业技术人员的考核内容示意图

（资料来源：姚先国，柴效武：《公共部门人力资源管理》，科学出版社 2004 年版，第 295 页。）

大过、降级、撤职、开除几个等级。受撤职处分的，同时降低级别和职务工资；受行政处分期间，不得晋升职务和级别；其中除受警告以外的行政处分的，不得晋升工资档次。这种处罚既包括名誉方面的处罚，又包括物质方面的处罚。

2. 奖励

工作实践中人们认识到，并非所有的奖励都能激发员工的工作积极性，也不是奖励越多，产生的激励效果就越好。关键在于奖励能否与被奖励者的需要结合起来。政府部门的奖励同样使用这一道理，奖励的效果取决于奖励方式以及奖励场合与时机的选择。

奖励方式要注意物质奖励与精神奖励相结合。这里所说的结合包括两层含义：一是指针对要奖励的对象选择适当的奖励方式，或是精神奖励，或是物质奖励，抑或是两者的结合，一切视情况而定；二是物质奖励和精神奖励并非截然分开。有的管理者只把奖金看成是物质奖励的手段，忽视了奖金的心理功能，使得奖金的激励作用被大大削弱。事实上，物质奖励可以部分包含精神奖励的功能。另外，物质奖励可以采取一定的仪式，而非通常所讲的公司中的"发红包"，这可使受奖者首先感到一种荣誉的授予，使奖励的效果大大增强。

奖励要体现公平原则。追求公平、公正是绝大多数人的内在要求。一定的绩效应当获得相应的奖酬，这是奖励要发挥作用的必要条件。例如，贡献小而奖励大，会使人产生投机心理；贡献大而奖励小，则会使人感到不公平，并会以各种方式做出反应。最主要的反应是工作绩效大大降低。另外一个问题是，公共部门内工作人员的公平感，主要来自与内部其他人员的比较，而非与其他部门人员的比较。部门内的比较，主要体现在同级人员之间的比较，而非与不同等级人员比较。公平问题是一个相对比较的问题，管理者不应过分重视奖励的绝对数量，而要着重奖励在不同人员之间的平衡。

3. 处罚

处罚所产生的是负激励效应，起一种约束功能。它体现了组织对个人的权力，是维持部门管理规范的保证条件。处罚的意义不在于处罚本身，而在于处罚的存在有利于造就激励的环境。政府部门的处罚需要注意以下几点：

要将教育与处罚结合起来。处罚不是目的，而只是一种手段。处罚是对既成事实的处罚，目的在于惩前毖后，对来者进行警戒。处罚并没有制止以往违纪失职行为的发生，而在于通过处罚提高政府部门人员的认识，从中吸取教训，防止类似事件的再发生。

处罚要把握时机，注重时效性。处罚不应匆忙，但也不能贻误有利时机。有一句话准确的概括了处罚把握时机的原则是："事实真相弄清，领导激情消失，错误尚未扩大，员工记忆犹新。"

处罚应力求客观、公正。组织和行政领导者必须用同一尺度对政府部门人员予以处罚。处罚的事实、条件必须明确、具体，排除主观随意性，处罚措施要明确，应对事不对人，不能因为某人受过处罚而对其另眼看待。

☞本章小结

　　传统的人事行政管理，是指国家行政机关对公共行政活动中的行政人员与行政事务之间的关系和行政人员相互之间关系的组织、指挥、协调、控制和监督等管理活动。传统人事管理是以事为中心的管理。公共部门人力资源管理则奉行以人为中心，重视采用各种激励手段调动人的积极性。

　　政府部门人员实行分类管理。品位分类和职位分类两种分类方法各有长短。我国公务员分类结合了两者的优势。政府部门人员招聘和录用，一般采取笔试和面试的方法。我国公务员制度对公务员的考试录用制定了实施的细则。对政府部门人员的考核与奖惩，是政府部门人力资源管理的重要环节，它具有激励和约束功能。

☞关键术语

人事行政	公共部门人力资源	职位分类
品位分类	招聘与录用	绩效考核

☞思考题

1. 传统的公共部门人事管理理论及其模式的局限性表现在哪些方面？
2. 现代政府部门人力资源管理的特征是什么？
3. 政府部门人员分类的含义与意义？
4. 比较品位分类与职位分类管理的优缺点？
5. 简述我国公务员的考试录用制度的原则。
6. 简述政府部门人员考核的内容。

☞案例

干部考核应如何搞好

　　某局总务处新上任李处长，针对机关后勤工作管理不善，干部职工热情不高，员工对整个后勤部门意见大等问题，进行了充分的调查研究，制定了"严格干部队伍管理，促进后勤工作转变"的工作方针，并将科级干部工作绩效考核作为整个方针落实的第一步。当李处长的意见在处办公会议表露后，便引来各种意见：

总支书记老王认为：后勤工作千头万绪，关键要稳住顶在第一线的科长们。考核工作是很重要，但在全局尚未全面实行干部考核之前我们自搞一套，科长们压力一定很大，一旦影响了情绪，工作会更糟。

副处长老肖则认为：后勤工作繁重琐碎，能维持现状已属不易，再折腾，搞乱了干部思想，局面更难。

李处长再次强调干部考核的意义，他认为只有做到奖惩分明，打破大锅饭，并把干部奖金、提拔和晋升工资与工作好坏挂起钩来，后勤工作才可能根本改观。在李处长的坚持下，处办公会议同意了对科长进行考核的意见，并让李处长拿出具体考核细则交全处科长会议讨论。

经过几次处办公会议的争论，李处长也听取了老王、老肖的意见，意识到科长们能否理解考核的意义将成为整个考核工作成败的关键。因此，在几天后的全处科长会议上，李处长把解决科长们认识问题列为会议的重点。科长会议开得不错，在李处长阐明考核工作意义之后，不少科长纷纷发言表态，支持处领导的决定，气氛相当热烈。李处长看到原先的担忧基本解除了，便给每位科长一份《考核细则》（见附件），并当众宣布下一季度试行，第一个月的奖金将按考核后的实际得分发放。

一个月的考核工作顺利地进行着，科长们比过去忙多了，后勤工作多少有些起色了。每当全处召开科长会议时，到场的人多了，平时不记录的科长也带上了小本本，各科挂起了行踪留言黑板。各科上报一个月工作计划和工作汇报都早早收到了。处办公室也整整忙了一个月，记录着各种反馈信息。

第二个月的5日，李处长收到了科长们送上的自评表，出乎意料的是科长们几乎都给自己打上满分；群众评议表和其他部门的打分表又带有很浓的个人成见。如物资科长工作负责、原则性很强，得罪了一些人，被其他部门打了最低分；只有处领导的评分才恰如其分，可以公布。

在第二天的处科长会议上，李处长公布了处领导对科长们的考评结果，宣布奖金获得数。6位得分少的科长当场要求处领导说明原因和理由，会议难以进行下去。当天下午他们还联合起来到局长办公室和人事处告状。由于6位科长接连几天没有主持工作，闹得不可开交，直接影响了处的正常工作秩序。

一周之后，经局领导协调，总务处26位正副科长的奖金仍按最高等级发放。面对这一切，李处长陷入了苦闷的沉思。

附件：《考核细则》

1. 有强烈事业心；不计个人得失；不以权谋私；工作任劳任怨。（以上4点满分为20分）

2. 参加处召集会议活动：迟到或早退一次扣1分；缺席1次扣2分。（满分10分）外出留言情况：一月中无交代外出查到1次扣2分。（满分10分）

3. 精通岗位业务知识；不断改进业务工作。（满分10分）

4. 善于发动群众；善于识人用人。（满分10分）

5. 每月按时上交工作计划；全科人员职责明确；工作有条不紊；有考核标准和要求。（满分20分）

6. 按期按质完成处交办的任务；工作成效明显或群众反映良好。（满分20分）

本考核细则由个人自评、本室群众、其他部门及处领导分别测评，相加数平均后得出总分。

（资料来源：陈瑞莲，《行政案例分析》，中山大学出版社2002年版，第115~117页。）

请思考：

1. 你对案例中总务处的考核改革怎么评价？

2. 案例中总务处的考核细则内容是否可行？考核标准和方式是否可行？

3. 这个考核改革如果要继续应该注意什么问题？

第 7 章
公 共 政 策

公共政策是公共管理的首要环节，它贯穿于公共管理的整个过程，对公共管理目标的实现起着举足轻重的作用。本章主要研究公共政策的基本性质和功能。研究公共政策的目标与手段。同时，还从公共政策的制定、执行及监控三个环节进行了全面系统的研究。

7.1 公共政策的基本内容

7.1.1 公共政策的性质和功能

1. 公共政策的概念

"公共政策"是当今社会出现频率最高的词汇之一，因为它已经成为以政府为代表的公共组织进行社会管理的重要工具，大的方面涉及国家的内政外交，小的方面涉及公民个人的衣食住行。尽管公共政策很重要，但是要准确地界定它却非常困难，以致在当今学术领域，人们对它的含义并没有一致的看法，归纳起来主要有这样三类观点：

认为公共政策是一种法律、法规或行为准则。比如公共行政学的创始人美国学者伍德罗·威尔逊（Woodrow Wilson）认为：公共政策是由政治家即具有立法权者制定的而由行政人员执行的法律和法规①。托马斯·戴伊（Thomas R. Dye）认为：公共政策是政府选择作为或不作为的行为②。我国学者陈振明也认为，公共政策是"国家（政府）、执政党及其他政治团体在特定时期为实现一定的社会政治、经济和文化目标所采取的政治行动或所规定的行为准则，

---

① 转引自伍启元：《公共政策》，台湾商务印书馆 1989 年版，第 4 页。
② 转引自张国庆：《公共政策分析》，复旦大学出版社 2004 年版，第 3 页。

它是一系列谋略、法令、措施、办法、方法、条例等的总称"①。王骚认为，公共政策是以政府为代表的公共权力机构针对社会公共问题的解决，通过民主政治程序制定和执行的行动方针和行为准则②。彭和平认为，公共政策是管理社会公共事务的基本规定和指导准则，它不仅关系国家意志的表达，而且关系国家意志的执行，对整个国家和社会的发展有着全局性的和方向性的影响③。谢明认为，公共政策是社会公共权威在特定情境中，为达到一定目标而制定的行动方案或行动准则④。

认为公共政策是一种计划、方案。公共政策学的创始人哈罗德·拉斯韦尔（Harold D. Lasswell）认为："公共政策是一种含有目标、价值和策略的大型计划。"⑤ 我国学者宁骚认为，"公共政策是公共权力机关经由政治过程所选择和制定的为解决公共问题，达成公共目标，以实现公共利益的方案"⑥。

认为公共政策是一种价值分配。美籍加拿大学者戴维·伊斯顿（David Easton）认为：公共政策就是对全社会的价值作有权威的分配⑦。

上述观点是从不同的角度，以不同的方式对公共政策进行的描述性概括，都很准确，只是侧重点不同，有的强调公共政策对政策对象的行为约束功能，有的强调公共政策对公共目标实现的计划功能，还有个别的学者强调政策对社会价值的分配功能。这些都是政策固有的功能，而且它们之间并不是互相排斥的，而是同时并存的。但考虑到公共政策对政策对象的行为约束功能一般是第一位的，在现实中也是最普遍的功能，所以我们同意这个观点，即认为公共政策是政府和其他公共权威组织为达到公共目标而制定的、在特定区域或范围内起作用的行为规范和行动准则。

2. 公共政策的特征

公共政策的第一个特征就是具有政治性与公共性。自从诞生了国家，便有了公共政策，因为无论是什么阶级组成的政府，若要维护其统治，要使国家按一定的方式继续运行下去，就必须对整个国家的行动进行统一的规范和指导。

---

① 陈振明：《公共政策学》，中国人民大学出版社 2004 年版，第 4 页。

② 王骚：《政策原理与政策分析》，天津大学出版社 2003 年版，第 7 页。

③ 彭和平：《公共行政管理》（修订版），中国人民大学出版社 2004 年版，第 148 页。

④ 谢明：《政策分析概论》，中国人民大学出版社 2004 年版，第 25 页。

⑤ 转引自林水波、张世贤：《公共政策》，台湾五南出版公司 1982 年版，第 8 页。

⑥ 宁骚：《公共政策学》，高等教育出版社 2003 年版，第 185 页。

⑦ 伍启元：《公共政策》，台湾商务印书馆 1989 年版，第 4～5 页。

而任何国家、任何政府在本质上都是代表特定阶级的，它们所要实现的目标、所期望的行动必须符合统治阶级的利益和要求，这就决定了任何公共政策在本质上必然具有鲜明的政治性特征。公共政策的这种本质特征首先表现在它是一定社会阶级意志和利益的集中体现，其次表现在它是统治阶级管理国家，进行政治统治的工具。公共政策的这一本质特征是不以人们意志为转移的客观现实。尽管随着国际交往的频繁和广泛，人们也开始关注人类共同存在的问题，诸如吸毒、环境污染、自然灾害等，但并没有改变公共政策的政治性这一基本特征。

与公共政策政治性特征相对应的是其公共性。公共政策是政府等公共部门进行社会公共管理、维护社会公正、协调公众利益、确保社会稳定发展的措施与手段。也就是说，公共政策是政府等公共权力机关为解决公共问题、实现公共利益而制定的规范，这就是公共政策的公共性。公共性是政策的基本属性。离开了公共性，公共政策就有可能变为某些个人、团体、阶层谋取私利的工具。

公共政策的政治性与公共性既有一致的一面，也有相互矛盾的一面。当占据统治地位的阶级、政党以及贯彻统治阶级意志的政府所代表的利益与社会公众的利益一致时，公共政策的政治性与公共性就能很好地结合在一起。反之，当其利益不一致时，公共政策的政治性与公共性就会发生冲突。

公共政策的第二个特征就是具有目的性与明确性。任何公共政策都是为了解决特定的社会问题的，都是为一定的政治或经济的目的而制定的。这就赋予了公共政策强烈的目的性。这种目的性具体表现在政治或经济发展的目标上。一定的政策是根据国家的政治、经济形势、主要任务和目标为出发点的。政策目标是一个多层次的目标系统，在政策系统中，不同部分、不同层次、不同环节之间的相互作用不是随便建立起来的，而是根据政策系统的目标及其为实现目标所应具备的系统功能建立起来的。政策目标在公共政策实践中起着惟一的导向作用。不同的政策有不同的目的，目的不明确，或者混淆了不同的目的，就会造成政策的混乱和失误。这就要求公共政策必须同时具备明确性的特征。

公共政策的明确性是指公共政策的内容、规范、要求要十分明确，绝不能含混不清，模棱两可。首先，公共政策目标要明确、具体；其次，公共政策措施要明确，便于操作；其次，公共政策的调整对象、适用范围，甚至包括文字表述都应明白无误。因为只有明确的公共政策，才能使公共政策对象依据公共政策内容来规范自己的行为，知道应该做什么、不应该做什么以及做到什么程度，从而使公共政策产生实际效用。公共政策的明确性依赖于公共政策主体对公共政策所要解决问题的透彻了解。公共政策主体只有准确把握问题的性质、范围、原因和过程，才能制定出切合实际、明白无误的公共政策。

公共政策的第三个特征是具有合法性、权威性和强制性。公共政策要发挥对团体和个人行为的规范与指导作用，必须以公共政策作用对象的认可和接受为前提。无论是政策受益者的自愿接受，还是利益受损的政策对象慑于政策主体的权威和强制的惩罚而被迫接受，都需要公共政策具备合法性。公共政策的合法性是公共政策具有权威性的保证。所谓合法性，是指公共政策的制定和实施，公共政策的内容和形式都有一个按照规定程序合法化的过程。正是这种合法化使公共政策具备了权威性和强制性。公共政策的合法性、权威性与强制性是公共政策实施所必须的条件。因为任何一项具体的公共政策，它不可能总是符合所有公民的个人的眼前的利益，有时为了国家整体的和长远的利益，就会牺牲某些群体、个人的局部和眼前的利益。为了解决公共政策运行过程中这种局部与整体、近期与长远利益的冲突，维护公共政策的合法性和权威性，使公共政策能够全面贯彻实施，必须有强制性的措施加以保证，否则，公共政策的权威性就会削弱。

公共政策的第四个特征就是具有稳定性与变动性。公共政策必须保持一定的连续性、稳定性，才有利于政策的实施及政策目标的实现。朝令夕改、变化频繁的政策，不仅会丧失政策的严肃性和权威性，而且会使政策对象和执行机关无所适从，会影响公众对政策的信任程度和执行政策的坚定性，进而影响社会生活秩序的安定和社会生产力的发展。当然，公共政策稳定性的前提是公共政策的正确性。

公共政策的这种连续性和稳定性又是相对的。也就是说，公共政策既具有稳定性的一面，又有变动性的一面。随着社会政治、经济、文化的发展和形势的变化，公共政策也应发生相应的变化。因为任何公共政策的制定，都是以当时的社会利益关系、公共政策环境、公共政策资源为依据的，如果原来的社会利益关系、公共政策环境、公共政策资源改变了，公共政策也就必须进行相应的调整。一般说来，关系全局和在政策体系中居主导地位的公共政策，其稳定性具有特别重要的意义，不宜过于频繁地变动，否则会影响国家的安定和社会经济的发展。总之，公共政策的稳定性是相对的，是包含合理变动的稳定，是稳中有变。公共政策的变动性是绝对的，但变中要求稳。合乎客观实际的公共政策是稳定性与变动性的统一。

3. 公共政策的本质

公共政策的制定、执行及其执行的结果都是为了解决一定的社会问题，调整社会利益关系。公共政策的本质集中表现在三个方面：

第一，公共政策是阶级意志、利益的集中体现和表达。公共政策的本质首先表现在它是一定社会阶级意志和利益的集中体现。在阶级社会中，不同性质的国家政权代表不同阶级、阶层利益的政党及其他政治组织，面对的是各种各样、错综复杂又千变万化的社会问题。为了解决这些社会问题，它们就必须制定自己的公共政策，而任何公共政策的制定和执行都是以维护本阶级的政治、经济利益为宗旨的。

公共政策在一定程度上表示着阶级力量的变化。由于政策是阶级利益的集中体现，所以任何阶级、国家在制定自己的政策时，首先考虑的是如何维护自己的经济利益，如何巩固自己的政治地位，如何削弱敌对阶级的力量，剥夺敌对阶级的政治经济权益，这是制定和执行政策的根本出发点。但是，任何阶级在制定和维护政策时，又不能不考虑到现实的阶级关系、现实政治力量的对比。一定的阶级为了本阶级的长远的整体的利益，往往会在眼前的、局部的利益方面向敌对阶级做出某种让步和妥协。政策在一定程度上便成了各阶级政治力量对比变化的晴雨表。

公共政策体现了阶级的意志、利益，不同历史阶段的不同统治阶级，其政策的本质有明显区别，但都是为了巩固其统治，进行政治管理的基本工具。

第二，公共政策服务于社会经济的发展。公共政策服务于社会经济的发展，政策的这种本质是由国家职能的两重性所决定的。国家作为阶级统治的工具，除了维护其统治的政治职能外，还要有维护其统治的社会经济职能。作为其意志与利益的直接体现的政策及法律当然也带有这样的特性。国家负有管理社会事务方面的职能，作为阶级统治的工具，国家总是力图把阶级矛盾控制在秩序的范围内，努力创造相对稳定的政治局面。这样，国家往往根据统治阶级的需要，组织社会经济活动，发展科学文化事业，管理某些社会公共事务，从而使国家履行管理社会事务方面的职能。这种职能必然通过国家政策体现出来，使政策在执行过程中，通过对各种社会资源的利用，对各种社会潜能的挖掘，在总体实现政策目标的同时，推动社会经济文化的发展。例如，在20世纪30年代的大萧条时期，美国"罗斯福新政"既要缓解经济危机，维护统治，又要促进社会平衡协调发展。大量公共工程的建设，减少了失业人口，刺激了消费，使美国经济逐渐回升，走出低谷，从而促成了美国社会的再次繁荣。我国"西部大开发"的战略决策指出，必须缩小地区间差异，促进整体协调发展，保证社会的稳定和发展。

第三，公共政策是各种利益关系的调节器。公共政策的核心就是要解决社会利益分配的问题，所有政策最终都表现为对社会利益关系的处理。在对社会利益分配的理解上，应该是既全面又重点突出。首先，政策的本质表现在它是一定社会阶级意志和利益的集中体现，政策所要调控的各种社会利益关系实际上是阶级关系的表现形式；其次，政策对社会利益关系的分配又是一种反映全体社会成员利益（从根本上说是服务于统治阶级的整体和长远的利益，服务于政府整体目标的需要）的全社会利益的综合性分配；最后，"公共政策对利益的分配，是一个动态的过程。这个过程大致经历四个环节：利益选择、利益综合、利益分配与利益落实"。①

4. 公共政策的功能

公共政策的功能就是公共政策的功效与作用。公共政策是政府等公共权力机关实现其职能的基本手段，在社会生活中发挥着十分重要的作用。公共政策主要有引导、制约、调控、分配四种功能：

引导功能。公共政策引导功能所体现的作用，就是引导整个社会朝着公共政策制定者所希望的方向发展。为了解决某个政策问题，政策制定主体依据特定的目标，通过政策对人们的行为和事物的发展加以引导，使得政策具有导向性。由于公共政策具有明确的导向性，就能将整个社会生活的各种复杂的、多面的、相互冲突的、漫无目的的表现与行为，有效地纳入到统一的、明确的目标上来，使全社会按照既定目标有序地前进。引导功能是政策的积极功能。这项功能表明政策不仅要告诉人们什么是该做的，什么是不该做的，而且还要使人们认识到为什么要这样做而不那样做，怎样才能做得更好。如此看来，公共政策的引导既是行为的引导，也是观念的引导。从作用结果来看，公共政策的引导功能既有正向引导功能，也有负向引导功能。人们既要充分发挥公共政策的正导向功能，又要清醒地认识到它的负导向功能，克服其消极影响。

制约功能。公共政策的制约功能所要达到的目标是制约、禁止公共政策制定者所不希望的行为发生，在形式上表现为对特定对象行为的限制。在现代国家的政策总量中，大量的属于规制政策。所谓规制政策就是对相对人行为进行限制的政策。因此，规制政策最能体现公共政策的制约功能。如我国的计划生育政策。这种功能通常是通过规制政策的条文规定，以两种方式体现出来：第一，由于规制政策的规定，规制对象不能、不愿、不敢超出规范擅自行为，这是政策的积极性制约功能；第二，规制政策规定被规制对象若发生违犯规范的行为，就要受到相应的处罚，这是政策的消极性制约功能。当然，公共政策制

---

① 陈庆云：《公共政策分析》，中国经济出版社 1996 年版，第 9 页。

约功能的最终目标是要实现公共利益，即理想的经济和社会秩序。但关于公共利益或理想的经济和社会秩序的认定，在规制者和被规制者中间会有不同的认识和看法。因此，最能体现政策制约功能的规制政策的制定需要经过严格的程序和各方面的广泛参与，以避免失误。

调控功能。公共政策的调控功能是指公共政策主体运用政策，在对社会公共事务所出现的各种社会矛盾进行调节和控制的过程中所起的作用。公共政策的调控功能主要体现在调控社会各种利益关系，尤其是物质利益关系，以实现社会的和谐、稳定和健康发展。由于现实社会是一个多元化的社会，存在着种种不同的利益群体，这些利益群体之间总是存在着矛盾和冲突，为了解决这些矛盾和冲突，保证社会的正常运行，政策制定者就要运用公共政策对现实社会的矛盾和冲突进行协调和控制，使这些矛盾和冲突得到缓解、调和，使社会趋于和谐。公共政策的调控功能有直接与间接之分，还有积极调控与消极调控之分。

分配功能。公共政策分配的功能，主要体现在对人们利益的调整上。美籍加拿大学者戴维·伊斯顿（David Easton）曾将公共政策定义为"对全社会的价值作有权威的分配"。① 外国学者洛威在《分配，规制，再分配：政府的功能》一文中将政府的政策分为三类：分配政策，规制政策，再分配政策。② 可见，他们都强调分配功能是公共政策的一项最基本的功能。任何一个社会的实际资源是有限的，不可能时时事事都满足每一个人的需要。社会中每一个利益群体和个体都希望在有限的资源中多获得一些利益，这必然造成利益分配上的冲突。为减轻社会成员之间的利益冲突，缓解而不是激化这类社会矛盾，需要通过政策来调整社会利益关系。因此，从利益调整和分配的角度来看，公共政策确实具有明显的分配功能。

7.1.2 公共政策的分类

现实社会中的许多公共政策，如果从不同角度、按不同的标准来分类，则会产生交叉重合的现象。因此，不能把某项公共政策机械地仅仅归属为某一类，我们应该把握公共政策的基本类别。下面我们介绍几种主要的分类方式。

1. 公共政策的横向分类

横向上的公共政策分类，主要是从公共政策所涉及的社会生活领域来划分

---

① 伍启元：《公共政策》，台湾商务印书馆1989年版，第4~5页。

② 转引自张金马：《公共政策分析》，人民出版社2004年版，第46~47页。

的，政策之间通常为并列关系。

政治政策。政治政策是指在政治生活领域里，由国家政权机关或特定政党所制定的涉及政权的相关准则、规范、法律等，是国家和政党调节、处理人们的政治生活、政治关系的规范和准则。它是政治体系（国家、政府、政党等）得以存续、维持和发展的根本措施。政治政策一般包括政党政策、法制政策、军事政策、公共安全政策、民族政策、外交政策等。

经济政策。经济政策是指一个国家在经济领域方面所规定的政策，是调整人们的经济关系、经济活动的规范和准则。经济政策是国家管理经济活动的重要方式和手段，分为宏观调控和微观管理两个基本层次，主要调整国家与社会、政府与市场之间的关系。在一个社会中，人们的经济活动是最主要的社会活动。由于经济活动几乎涉及人们的全部生活，因此，经济政策在一个国家的政策总量中是最多的。经济政策一般包括农业政策、工业政策、金融政策、财政政策、税收政策、物价政策、贸易政策、房地产政策、区域发展政策等。

社会政策。这是指专门解决社会问题，促进社会安全，改善社会环境，增进社会利益，谋求社会秩序平衡发展的基本原则和规范。社会正义、社会公正、社会协调和社会稳定是社会政策的核心价值。各政党、政府通过社会政策宣传其政治主张，处理各种社会关系，维护其利益。社会政策一般包括劳动政策、医疗卫生政策、社会保障政策、公共救助（社会救济）政策、人口政策、宗教政策、环境保护政策等。

文教政策。文教（包括文化、教育、出版、体育、卫生等）政策是国家对自身的文化教育事业的统筹规划、发展方向所制定的指导原则。文教政策是国家、政府管理公共事业的重要依据，该政策不仅事关国家物质文明建设，而且事关国家精神文明建设。文化政策一般包括大众传播（新闻、出版、广播、电视）政策、文学艺术政策、体育政策等；教育政策一般包括国民义务教育政策、高等教育政策、职业教育政策、继续教育政策、社会教育政策等。

科技政策。科技政策是国家在一定时期的总目标下，为了促进和调节科学技术的发展，充分发挥科技工作者、科学技术对社会经济发展的推动作用而制定的基本准则和规范。科学技术是第一生产力，科技政策是指导整个科学技术事业的策略原则。为了促进科学技术的进步和发展，当今世界各国政府都是把科学技术政策作为重要国策，给予了高度的重视。科技政策一般包括科技管理政策、高新技术开发政策、科技成果转化政策等。

2. 公共政策的纵向分类

纵向上的公共政策分类，主要是按公共政策的纵向层级、从中央与地方之间的关系来划分的，政策之间通常具有从属关系。

总政策。总政策又称为元政策，是指用来规范与引导政策制定行为本身的准则或指南，即关于如何制定政策的政策。总政策决定由哪些组织和个人按照怎样的程序、依据什么原则、采用什么方法来制定政策。总政策是国家和政党在一个较长历史阶段上所确定的战略目标和根本任务。在我国，总政策和总路线、总方针、总任务常常是通用的。它的主要作用是指明一定历史阶段的大方向。在公共政策体系中，总政策是带有根本指导性和原则性的政策，在整个政策体系中居于最高层次和统帅地位。总政策是其他各种政策的出发点和基本依据，其他公共政策的制定和实施，必须服从于和服务于总政策。总政策一旦形成和确定，就将贯穿在一定历史阶段的始终，因而具有较长时期的稳定性。总政策对于一个国家的社会生活和历史发展的影响是巨大的，其正确与否直接关系到一个国家的兴衰成败。

基本政策。基本政策是执政党和政府针对某一社会领域或社会生活某个基本方面而规定的目标、任务和指导原则。在我国，基本政策又被称作基本国策、方针性政策、纲领性政策等。基本政策在政策体系中处在仅次于总政策的层次上，它是总政策在某一领域或某一方面的延伸和具体化，同时它又是该领域或该方面的总政策，对该领域或该方面的具体政策起管总的、统摄的作用。它既从属于总政策，又统帅其具体政策。所以说"基本政策是总政策的具体化，是具体政策的原则化，是连结总政策和具体政策的中间环节"。① 基本政策的这种双重地位，决定了它的中介作用。它是保证总政策得到贯彻执行的重要环节，但由于基本政策一般都规定得比较原则和抽象，它只有通过具体政策的贯彻执行才能提供这种保证。因此，基本政策实际上是连结总政策和具体政策之间必不可少的纽带或桥梁。

具体政策。又被称为方面政策或部门政策。具体政策是在基本政策的指导下，为解决特定时期和范围内的某类或某个特定问题所确定的具体目标任务和行动准则。这个概念表达三层意思：第一，具体政策制定的主要依据是基本政策的方针和原则。基本政策直接统帅和指导具体政策。第二，具体政策的对象是各部门各地区在特定时期和范围内的特定问题，在时间和空间上具体而明确。第三，具体政策的主要内容是为解决特定问题而确定的具体目标、任务、途径和方法。具体政策在政策体系中处在基础层次，又是前沿地位。它是总政策和基本政策最具体最直接最现实的表现。具体政策的内容极其广泛，涉及面

① 王福生：《政策学研究》，四川人民出版社1991年版，第48页。

第7章 公共政策

175

很宽，国家和社会管理的所有领域都有许许多多的具体政策。公共政策的执行往往体现在执行具体政策上。值得说明的是，在公共政策实践中，总政策、基本政策、具体政策的区分具有相对性，有些具体政策相对于总政策和基本政策来说，它是具体政策，但高一层次的具体政策相对低一层次的具体政策来说，又具有统帅作用。

3. 按照影响划分

政治学家罗威（T. Lowi）等人提出，根据政策对社会和有关人们之间关系的影响，把公共政策划分为四种类型，见表7-1所示。

表7-1 　　　　　　　　　　　　按照影响划分公共政策

公共政策种类	含　义	备　注
分配性政策	将服务和利益分配给特定的个人、团体和社区	农产品补贴计划、免费公共教育
调节性政策	将限制和约束强加于个人或团体，减少受调节者的自由和权力	控制污染条例、食品和药品管理条例、反不正当竞争法
自我调节性政策	涉及对某一事物或团体的限制，不是强制性的，是团体自我保护的手段	职业和专业执照发放
再分配政策	政府在不同群体之间进行的财富、收入等转移性分配	累进所得税、社会保障计划

（资料来源：陈振明主编：《公共管理学原理》，中国人民大学出版社2003年版，第206页。）

7.1.3 公共政策的目标与方法

政策目标就是政策制定者的预期。

1. 明确政策目标的重要作用

确定正确的政策目标在政策制定过程中具有非常重要的作用：

第一，确立政策制定的方向。政策目标的确立，也就明确了整个政策制定过程应该朝着哪个方向努力，便于依据目标的内容，拟定各种备选方案，从中选择满意的结果。

第二，为备选方案的设计和筛选提供依据。任何一项公共政策的制定，都不会出现单一方案的设计和论证的情况，一般都是多方案的设计与筛选。不管方案的设计还是筛选，都必须围绕政策目标来进行，否则，明显偏离政策目标的备选方案根本无法进入到政策制定的过程。

第三，为政策执行和政策评估提供基本依据。有了正确的政策目标，可以对政策实施情况加以控制，顺利地实现目的，同时对政策结果提供可评价的标准。

2. 处理多重及冲突目标的方法

在制定公共政策时需要保障多重目标的实现，其中有些目标还可能是相互冲突的，这是确定目标过程中经常遇到的困难。遇到这样的问题时，就应努力寻找一个能取得共识的更高一级或更一般性的目标。可以采取两种另外的程序或途径——最优化途径和"满意"途径来确定一个偏好的目标。

寻求最优化途径是一个由如下三步组成的分析程序：（1）在目标之间确立一个相对价值和交易的系统；（2）确定目标的偏好顺序和优化序列；（3）除最重要的目标外，在最低限度的目标达成共识的基础上，将其他目标转变为约束或限制。

第二种途径是所谓的"满意"途径，它是西蒙1964年提出的。如果不能调和目标之间的冲突的话，那么放弃寻找最佳解决方案的想法，转而确定各种目标的最低界限。若在这些目标上能达成共识，那就接着寻找一种至少能超过这些界限的解决方案。

3. 目标最优化的方法及技术

多目标的最优化问题实质上是各种目标和各种限制条件之间寻求一个合理的妥协。在一般决策分析以及公共决策分析中，人们提出种种方法及技术来解决多目标决策问题。早在1896年，帕累托就提出这个问题，他把许多本质上不可比较的目标化成一个单一的目标；1951年库普查尔斯和库珀提出目标规划，不仅使一些目标最优，而且尽量与原目标值靠近；1963年托德从控制论的角度提出多目标问题；20世纪70年代以后，人们又提出了许多新的方法。根据陈湛匀在《现代决策分析概论》一书中的讨论，目前常用的多目标决策分析的方法和技术及其应用如下：（1）化多为少法；（2）重排次序法；（3）分层列序法；（4）直接求非劣解法；（5）层次分析法。

为了实现既定的目标，可以采用多种多样的可供选择的方法、手段和措施，它们统称为备选方案。通过搜寻或设计可供选择的各种备选方案是政策分析的基础。由于好与坏、优与劣都是在对比中发现的，所以需要搜寻出一定数量的可行方案进行对比选择，而政策方案的设计过程则是一个不断创新的过程，很多人都认为这一过程是政策分析最能大显身手之处。此外，为了保证备选方案的拟定、设计和选择，人们十分重视政策方案的科学预测。科学预测结果如何，取决于经验、资料与其他信息以及预测的技术等①。

7.2　公共政策的制定

7.2.1　公共政策的制定主体

政策制定，又称为政策规划，指的是为解决某个政策问题而提出一系列可接受的方案或计划，并进而制定出政策的过程。所谓政策制定主体，就是指在特定政策环境中直接或间接地参与公共政策的制定、实施、评估的个人、团体或组织，他们能够自觉地认识公共政策并能动地参与政策过程。

1. 立法机关

立法机关是最重要的政策主体之一。在实践中，立法机关大多是就一些比较确定的公共政策问题制定法律（这些问题已经有了比较规范化的解决方案，立法机关将这些方案用法律的形式固定下来），即政策的法律化过程。它的职能主要包括立法权和监督权，从而在根本上控制公共政策过程。立法权包括两类：一类是制定和修改宪法的权力，另一类是制定和修改普通法律的权力。监督权主要包括：监督财政、批准条约、批准对官员的任命、监督政府。

2. 行政机关

行政机关是贯彻执行国家的法律政策，管理国家的内政、外交等行政事务的机关，它掌握着国家的行政权力，能够运用公共政策对国家公共事务进行管理，是国家意志的执行机关。当今社会公共政策的广泛性和复杂性日益突出，法律几乎不可能对所有政策领域做出预先规定，这就需要行政机关通过法律之外的政策来弥补法律条文的不足。

3. 司法机关

司法机关作为政府的重要组成部分，也是公共政策的重要主体之一。在许多国家特别是发展中国家，司法机关很难直接介入政策制定过程，不具备直接的决策功能，但是并不意味着其不能在政策制定过程中起到应有的作用。例如在美国，司法机关（法院）能通过司法审查权和法令解释权而对公共政策的

---

① 陈振明：《政策科学——公共政策分析导论》，中国人民大学出版社 2003 年版，第 444～446 页。

性质和内容产生很大影响；通过判例对经济政策（如财产所有权、合同、企业、劳动关系等）和社会政策（如福利政策、基础设施建设等）产生影响。法院不仅参与政策制定，而且在其中扮演重要角色，它不仅规定政府不能做什么，而且规定政府应该采取何种行动以符合宪法和法律的要求。同时，司法机关还拥有法律的解释权，即对那些只有抽象的表述、容易引起歧义的法律法规的明确含义进行解释。这种司法解释一旦发挥效力就无形中使司法机关进入了政策制定领域，而且司法判决中逐渐确立的某些原则也会对公共政策制定产生重要的影响。

4. 政党

现代国家的政治统治大多通过政党政治的途径来实现。它可以将特定的要求转变为可供选择的政策方案，履行特定的利益聚合的功能。所以，政党特别是执政党是一个不容忽视的政策主体，公共政策在很大程度上可以视为执政党的政策。它作为阶级利益的代表者和阶级力量的领导者，在当代政治生活中发挥着日益巨大的作用，在公共政策主体体系中居于主导地位，诸如法律、大政方针政策等公共政策都直接与政党相关。不同国家、不同历史条件下，政党在政策过程中的地位、作用以及参与方式将不完全相同。西方国家一般都采用两党制或多党制，而在我国则采用中国共产党领导下的多党合作制，中西方的政党在政策过程中的地位和作用是相当不同的。而且，执政党和非执政党在公共政策中的功能是不甚相同的：执政党参与公共政策的整个过程，并拥有将其确定为公共政策的法定权力；而非执政党在公共政策中只有参与的权利，不具有确定公共政策，形成公共政策的权力。

5. 利益集团

利益集团是公共政策的重要主体之一。他们为了共同利益而力图参与并影响政治从而获得对他们有利的政策支持。它代表成员的利益，履行利益表达的功能。在当前，利益分化成了一个不可避免的客观事实。各方面利益主体为了满足和实现各自的利益，要求平等地参与国家政治生活，这同时也决定了他们是公共政策重要的间接参加者。利益团体影响政策制定的方式（即如何表达自身利益的方式）是多种多样的：通过本团体在各种代表机构中的代表人物，就某个政策问题向政府陈述意见，提出建议或提案；或者通过社会舆论表达本团体对某个问题的观点和见解，力图说服政府采纳；或者对社会规范价值重新加以界定；也可以用现有法规、制度上的规定表明自己的立场；在某种特殊、紧急情况下，也可能由一个团体单独或几个团体联合向政府施加某种压力；游说相关官员支持利益集团所赞同的议案；舆论宣传，扩大本集团的影响力；积极给相关官方决策者提供政治捐款和抗议示威等。

6. 智囊团

智囊团是现代政策研究组织的别称，又称思想库或专家库。它是一个十分独特而又非常重要的政策主体，是社会不断发展的产物。在现代社会，各种社会问题日益复杂，信息不断增多，决策任务不断增大，单纯的传统的政策制定的程序和方法难以适应新的社会需要，研究政策制定和执行的机构不断兴起，科学决策离不开政策咨询已经成为未来决策的发展趋势。智囊团是由专业人员组成的跨学科、跨领域的综合性政策研究组织，没有独立的决策权，仅仅是对政策的制定和执行提出意见和建议，属于非权力的政策主体。它的出现对改善这个政策系统和环境，促进决策质量的提高都会发生积极而深远的影响。

7. 大众传媒

大众传媒是指在报纸、书籍、杂志、网络、电视、广播等人们藉以表达思想和意愿，传播各种信息的舆论工具。在现代社会，大众传媒是社会公众获取信息的主要来源，是最直接、方便的沟通工具，是公众参与公共决策的一种重要工具和途径，它为公共政策提供必要的信息和观点，并借助于"舆论制约"与"舆论导向"，从而对政府政策形成制约，被认为是并列于立法、行政、司法的"第四种权力"。

8. 公民

公民是指具有某国国籍并依照该国宪章享有权力和义务的个人。它是公共政策主体的一个重要的组成部分，虽然没有明确的组织，力量也比较分散，但却是一种最广泛的非官方政策主体。在现代民主国家中，公民决定或影响政府公共决策的主要途径有：（1）以国家主人或主权者的身份，对某些重大政策问题直接行使主权，如对宪法的修订、领导人的选举、基本国策或重要的地方性政策采取直接投票的方式来加以决定；（2）用间接或代议的方式，选出自己的代表者制定或修改并执行公共政策；（3）使用各种威胁性方式（如请愿、示威游行、罢工、罢课等）去反对某些政策，迫使政府将问题提上议事日程；（4）通过参加利益集团，借助团体的力量去影响政策，或通过制造舆论或游说的方式去影响政策；（5）对政府通过并实施的政策采取合作或不合作的态度，以此影响政策结果等。

7.2.2 公共政策制定的影响因素

公共政策在制定中会受到各种因素的影响，这些因素主要是政策制定者自身素质、政策制定者的价值取向，社会主要利益集团，其他政治团体和社会舆论等。

政策制定者也就是决策人的政治和业务素质对政策制定有重大影响。由于公共政策事关全局，甚至事关长远，所以政治性很强，所以要求决策者有高度的使命感和责任心。同时，政策制定又有很强的可行性，要求决策者具有很高的理论水平和文化科学水平，包括具有相关的专业知识。决策又是一门领导艺术，要求决策者具备很强的领导能力和丰富的实践经验，有准确的分析、判断能力，有灵活的应变能力，以及有民主的工作作风，能充分听取各方面的意见，体察民意，博采众长。

政策制定者的价值取向也直接影响政策制定。价值取向构成确定政策目标的基本前提，它的作用是确认某种目的是否值得去争取，采取的手段能否被接受以及取得的结果是否"良好"。它要回答的问题是"因为什么？为了什么目的？为谁？承诺什么？风险值有多高？什么应优先考虑？"价值分析中主要涉及的是：政策及其目标的价值含义、价值的一致性；绝对价值和相对价值；对明确价值观的可行性的限制；价值组合、价值冲突以及价值观的加强和改变。为明晰目标而作价值分析，通过这一途径主要解决的是目标反映谁的价值观，目标受众的利益等问题。

社会主要利益集团是影响政策制定的重要因素。制定政策实际上就是对社会价值和社会资源的调整和再分配。不同的社会利益集团有不同的价值和利益，所以无论做出怎样的决策，总会触犯一些利益集团的利益，出现这种情况的时候，他们就会对决策者施加压力，有时他们是单独行动，有时会是几个利益集团联合向政府施压。决策使所有的利益集团都满意是困难的，但尽量争取主要利益集团的支持是必要的。

除执政党以外的其他政治团体实际也是利益集团，但他们一般组织会更严密一些，活动的层次也会比一般的利益集团更高一些。在民主国家里一般决策时需取得主要政治社团的理解，并尽可能兼顾他们的利益。

社会舆论因为在很大程度上是反映的民众愿望，所以也需要认真对待。舆论传播的速度极快，传播的范围很广。而且，一旦形成消极舆论，会给决策者以极大的压力。反之，如果形成积极的舆论，则会极大地促进政策的实施。所以，决策者要高度重视舆论的影响，并充分利用舆论的正面导向作用。

7.2.3 公共政策制定的一般程序和方法

1. 公共政策制定的一般程序

当社会问题经过政策议程的筛选，就产生了政策问题，也意味着政策制定过程的正式开始。公共政策制定的一般程序是：确定政策目标——设计备选方案——论证评估方案——抉择方案。这四个环节相互联系。

正确的政策目标，或者说政策目标的有效性取决于两个主要环节：一是政策目标的设计正确，这是决策者的主要职责；二是不同的参与者对政策目标的认同，这涉及民主参与问题。在精英决策体制中，参与者的意见是可以忽略不计的，民主参与也仅仅是一个过场，没有实际作用。在民主决策体制或者团体决策体制中，正确的政策目标取决于大多数人对政策目标的认同。

所谓备选方案的设计，就是指围绕政策目标采取的，以实现政策目标为目的而进行的设计、谋划、拟定解决方案的活动过程，是寻求解决政策问题的方法与途径。从实质上讲，公共政策制定在于选择。"为了达到预定的目标，下级给上级提出的策略（行动方案）必须至少有两个以上，而且必须说明各自的优劣和得失，可供上级考虑和选择。"①

论证评估方案是对备选方案进行全面评估的基础上择优的过程。一般来讲，做好了论证评估工作，政策规划者就容易对政策方案进行比较和鉴别，并能够根据政策目标对最佳方案做出判断。这里需要说明的是，择优有时候还表现为一种综合的活动，即以一个较好的政策方案为蓝本，吸取其他一些方案的长处，创新出一个更为满意的政策方案。

在经过备选方案的筛选之后，将进入到政策方案的最终抉择阶段。这一阶段就是在评估、论证各种备选方案的基础上进行比较，最后选择出最佳政策方案的过程。备选方案的筛选是确定最终政策方案的前提，最终政策方案的抉择是筛选备选方案的结果。由于最终政策方案一旦确定必然在社会上引起巨大反响，会产生各种社会效果，正确的政策会产生积极的社会效应，反之，错误的就会产生消极的负面影响，所以决策机关和决策者对政策方案的最终确定一般都持有非常严肃慎重的态度。

2. 公共政策制定的方法

从方法的角度说，政策的制定方法是比较多的，它们主要有：

传统理性决策方法。传统理性模式起源于传统经济学的理论，即所谓理性的选择就是要做出最大价值的选择，即选择达到目标的最优方案。

有限理性决策方法。有限理性是相对于完全理性而言的。即认为完全理性是不可能实现的，所以就主张既坚持理性决策方法又比较切实可行的方法，即在制定政策时，不求最佳政策方案，只要是产出或收益大于成本的解决方法，

---

① 转引自宣家骥：《多目标决策》，湖南科学技术出版社 1989 年版，第 55 页。

也可以采用。这种决策方法就是一种有限理性决策方法。

渐进决策方法。美国学者林德布洛姆在批判传统理性模型的基础上提出了渐进模型。他认为，政策制定的实际过程并不完全是一个理性过程，而是对以往政策行为不断补充和修正的过程。政策制定只能根据以往的经验，在现有的政策基础上实现渐进变迁，此渐进决策模式是政策渐进与变化的动态过程。

混合扫描决策方法。混合扫描决策模式是首先运用渐进决策模式分析一般性的决策要素，然后在此基础上再运用传统的理性决策模式深入分析的方法。这种方法建立在对传统理性决策模式和渐进决策模式的分析批判基础上，其目的是既要解决传统理性决策模式在实际应用中存在的困难，又要尽力补救渐进决策模式的弱点，从而使这两种模式相互结合、相互补充，从而做出一个最佳决策。

集体行动决策方法。这是在民主政治条件下，在形成了关于公共政策的利益集团的基础上，由利益集团采取集体行动的决策模式。

精英决策方法。这是将公共政策完全交由少数掌握统治权力的政治精英们决策的方法。在这个政策过程中，公众完全是被动的，他们的要求及其行动对公共政策不会产生决定作用。占统治地位的政治精英们把握政策制定的主动权，公共政策完全由他们来决定，然后由行政官员及其机构加以执行。

上述方法主要是西方学者对各国的决策实践进行的归纳和描述，有现实依据，但实际上，公共政策的制定最根本的方法是实事求是，因地制宜。

7.3 公共政策的执行

7.3.1 公共政策执行的原则

公共政策执行是公共政策执行者通过建立组织机构，运用各种政策资源，采取解释、宣传、实验、实施、协调与监控等各种行动，将公共政策观念形态的内容转化为实际效果，从而实现既定公共政策目标的活动过程①。

执行公共政策的基本原则是：

1. 严肃性原则

即执行政策必须认真、全面、坚定不移，不允许打折扣、自行其是、各取所需，也决不允许采取"上有政策，下有对策"，或"你有政策，我有对策"

---

① 陈振明：《政策科学》，中国人民大学出版社 2003 年版，第 260 页。

的做法，更不允许从个人私利、小团体狭隘利益或眼前的、局部利益出发，而置党和国家全局的、长远的、整体的利益于不顾，钻政策的空子，抵制、干扰甚至破坏党和国家政策的贯彻执行。总之，维护公共政策的严肃性和权威性，这是我们贯彻执行党和国家的方针政策必须遵循的重要原则。

2. 创造性原则

即要求执行者必须把政策的原则性和灵活性统一起来，积极、主动并有创造性地去实施政策。只有坚持政策的原则性，才能维护政策的严肃性和权威性。同时还要讲求灵活性。因为政策规定一般都比较原则，它不可能把所有的问题都规定得那么具体和详尽。特别是像我们这样大的国家，各地情况千差万别，不可能用统一的规定、统一的方法去处理各种不同性质、不同发展程度的问题。这就要求政策执行者在实施政策时，必须根据实际情况灵活地运用，并有创造性地执行政策。灵活是在原则所允许的范围内的灵活，而不是违反政策的随心所欲。灵活程度的临界点，以不超过原则规定的界限为准。如果超过了，政策就会受到破坏，只有掌握好政策实施灵活性的这个量度标准，公共政策执行才可以做到原则性与灵活性的高度统一。

3. 协调性原则

所谓政策协调，主要是指上一级领导为使下属各执行机构之间，各执行人员之间能分工合作，协同一致地实现共同的政策目标所进行的各项活动。协调的目的在于强调政策执行者行为的协调一致。政策实施过程中的不协调行为是政策执行的大敌。协调是通过沟通来实现的。所谓政策沟通，是指政策执行机构之间，执行人员之间为共同实现政策目标而采取的正确程序和方法。沟通的目的在于统一思想认识。在政策执行过程中，协调与沟通密不可分。

4. 反馈性原则

这是指政策执行人员应高度重视政策执行过程中的信息反馈工作。一方面，如果发现执行过程中有偏离政策目标的行为，要采取有针对性的措施，确保政策目标的实现。另一方面，通过实践对政策的检验，为政策的修正、完善和追踪决策提供客观依据。政策在执行过程中一般可能出现这样三种情况：一是政策正确，但执行不力。对此必须采取措施，使之坚定不移地贯彻下去；二是目标正确，政策方案总体上合理，部分不够合理，这就必须及时调整和修正，使其完善；三是政策目标有误，或者目标虽正确，但由于原来赖于决策的主客观条件发生了重大变化，已经无法继续实施，这就必须对政策目标或政策方案进行根本性的修正，也就是要进行追踪决策。

7.3.2 公共政策执行的手段和方式

公共政策执行手段是指政策执行机关及其执行者为完成一定政策任务，达到一定政策目标，而采取的各种措施和方法。政策执行的每一环节都离不开一定的执行手段，政策执行手段的恰当与否直接关系到政策目标能否顺利实现。研究政策执行手段是为了更好地运用这些手段，更有效地完成政策执行任务。

政策执行活动的复杂性决定了政策执行手段的多样性。概括说来，主要有以下几类：

1. 法律手段

法律手段是指通过各种法律、法令、法规、司法、仲裁工作，特别是通过行政立法和司法方式来调整政策执行活动中各种关系的方法。法律手段所依靠的不仅仅是国家正式颁布的法律，同时也包括国家各类管理机构制定和实施的各种类似于法律、具有法律效力的规范。法律手段除了与行政手段一样具有权威性和强制性外，它还具有稳定性和规范性的特点。法律手段是政策执行活动得以进行的根本保障，依法行政、依法管理不仅具有权威性而且具有科学性和客观性。只有运用法律手段，才能消除阻碍政策目标实现的各种干扰，保障政策执行活动有法可依、有章可循，从而有利于政策的顺利实施。

2. 行政手段

行政手段是指依靠行政组织的权威，采用行政命令、指示、规定及规章制度等行政方式，按照行政系统、行政层次和行政区划来实施政策的方法。行政手段有着显著的特点：第一，具有权威性。行政手段依靠强制性的权威将国家的各项方针、政策准确无误、坚决有力地推行和落实。第二，具有强制性。强制性体现于行政组织体系在思想上、纪律上要求服从集中统一的意志。这就是说，行政主体所发出的命令、规定、条例等都必须执行，有时属于根本不考虑价值补偿问题的无偿性服从，更有甚者是要求无条件的绝对服从。当然，这同法律所具有的普遍约束力那种强制不尽相同，它允许特殊情况下的灵活机动。第三，对象的有限性和时效性。在实体任务工作中，行政指示、命令等往往是就解决某一具体问题、完成某一项具体任务而做出的，因此，它的内容和发布的对象是具体有限的。不仅如此，行政指令还有时效性，即它只对特定时间和特定对象有效，而不像行政法规那样，适用范围具有广泛性。行政命令是法律的具体化、细目化，它弥补了法律的不足。

3. 经济手段

经济手段是指根据客观经济规律和物质利益原则，利用各种经济杠杆，调节政策执行过程中的各种不同经济利益之间的关系，以促进政策顺利实施的方法。经济手段运用价格、工资、利润、利息、税收、资金、罚款以及经济责任、经济合同等来组织、调节和影响政策执行者和政策对象的活动。经济手段有如下三个特性：第一，间接性。它不像行政手段那样是直接干预，而是利用经济杠杆作用对各个方面的经济利益进行调节来实行间接控制的。第二，有偿性。经济手段的核心在于贯彻物质利益原则，注意等价交换原则，"有偿交换、互相计价"是其主要规则。第三，关联性。一种经济手段的变化不仅会引起社会多方面经济关系的连锁反应，而且会导致其他各种经济手段的相应调整，它不仅影响当前，而且会波及今后。

各种经济手段的功能是不同的，应根据不同情况采用不同的经济手段，切不可简单划一地规定，更不能不加分析地套用。同时，在政策执行过程中，应注意把经济手段与行政手段、法律手段有机结合地使用，这样可以取得更佳的效果。

4. 思想诱导手段

思想诱导手段是一种以人为中心的人本主义管理方法，它通过运用非强制性手段，诱使政策执行者和政策对象自觉自愿地去贯彻执行政策，而不从事与政策相违背的活动。常用的思想诱导手段有：制造舆论；说服教育；协商对话；奖功罚过。思想诱导手段在行使对象上具有多元性，在行使方式上具有协调性，在作用上具有宏观控制性的特点。它的最大好处是通过政府有计划地循循善诱，使政策执行者和政策对象自觉地采取某种行动，因而不仅可以节省许多人力物力，而且更主要的是由于这种行为是出自心悦诚服的自觉自愿，因而就能够牢固而持久；而其他手段的弊端则是"以力服人"，其结果很可能是"非心服也，力不赡也"。因而当今各国的一个共同趋势是发挥思想诱导作用，尽量减少强迫命令。

政策执行手段随着社会的发展而变化。只要政策执行者不以权力与强制为满足，而是用心观察、总结和创造性地工作，就一定能学会使用多种有益的执行手段，大大提高政策的执行效能，保证政策目标的预期实现。

7.3.3 公共政策的评估

政策评估是对政策执行的效果进行判断、评定和提出改进建议的过程，是政策合理化的实践检验和完善阶段。

1. 政策评估的内容

在政策执行过程中，政策执行者也在不断地进行分析和判断，但他们所注意和解决的只是政策执行过程中的问题，有许多影响政策效果的问题是发生在政策执行过程之外的，必须通过专门的政策评估工作发现和纠正。政策评估主要包括以下三方面的内容：

第一，政策目标和政策计划实际实现的程度。这是政策评估的最基本的方面，对于政策制定者和政策分析人员来说，某项政策的制定是与解决某种较为重大和较为紧迫的社会公共问题相联系的，政策目标和政策计划的实现程度实际上意味着所面临的社会问题已经解决到何种程度或已在多大程度上得到了控制。这种评估关系到对某项政策的成败所作出的结论。

第二，影响政策目标和政策计划实现的因素。政策评估的目的和内容并不仅仅局限于准确测量和评定政策目标、计划的实现程度，它的主要目的在于发现影响和妨碍政策效果的问题或因素，力求产生最好的政策效果。无论制定得多么周密的政策方案，在其具体实施的过程中，都会遇到各种各样的问题或因素对其政策效果产生不利影响。政策评估的任务之一就是及时发现这些问题和因素及其产生的原因或根源，为政策制定者、政策分析人员和政策执行人员提供有利于提高政策效果的意见和建议。

第三，政策所产生的各种问题和效果。一项政策的好坏或成败，并不完全取决于其目标和计划实际实现的程度，而取决于它所产生的社会效果和影响。对于一些不合理的或错误的政策，其目标和计划实现的程度越高，其产生的不良社会效果就越大。因此，对社会效果的评估是政策评估的最重要的方面。对社会效果的评估可以分为政治效果、经济效果、社会心理效果和其他社会效果四种类型，其中有些效果在政策分析和政策制定过程中是考虑到的，而有些效果是在政策执行的过程中由于各种复杂关系和连锁反应出现的。因此，政策评估需要对各种各样现有的或潜在的社会效果进行全面的考虑和测量。

2. 政策评估的方法

政策评估所采用的方法主要是对具体政策执行前后的情况进行对比分析，其基本要求是：

确定评估机构或评估人员。政策评估工作可以由政策制定者、政策分析人员和政策执行者自己进行，也可以组织专门的政策评估机构或政策评估人员进行。

确定评估目的和评估任务。政策评估工作应该有目的和有计划地进行，根据对某项具体政策的评估内容和要求制定相应的评估方案。

确定评估标准。对不同的评估内容和不同的政策效果应该设立不同的评估标准，包括定性标准和定量标准两种类型，除此之外，还应有政策分析和政策制定过程中的预定标准及政策执行后的测量标准，这样才能有效地进行政策执行前后的对比分析。

确定可靠的评估信息和资料。政策执行后的变化有些是政策引起的，有些则是由政策之外的因素引起的，有时甚至可能会由于某些政策之外的因素妨碍了政策所应引起的变化。为了使评估结果真实准确，需要对各种信息和资料进行识别和分类，排除与政策执行无关的信息，以便准确判断政策的实际影响和效果及政策执行中真正存在的问题。

确定适当的评估方法。政策评估有"前——后"简单对比分析、"投射——实施后"对比分析、"有——无"政策对比分析、"控制对象——实验对象"对比分析等多种方法。而且还有许多经验性的和技术性的定性定量分析方法，需要根据评估方案和评估标准适当选择相应的评估方法，这样才能保证评估结果的准确性和可靠性。

提出评估结论及政策修改或取舍建议。在对政策目标和政策计划实现程度、政策执行情况及政策效果全面评估的基础上，写出评估报告，提出对该项政策的评估结论，还要进一步提出继续执行、部分修改或终止执行的建议，为政策制定者的决策提供依据。[1]

7.4 公共政策的监控

7.4.1 公共政策的监控及其作用

公共政策监控是政策运行中不可缺少的环节，它在保证政策系统的顺利运行中发挥重要的作用。

1. 公共政策监控的含义

政策监控是为了实现政策的合法化与保证政策的贯彻实施而对政策的制定、执行、评估和终结等活动进行监督与控制的过程，其目的在于保证政策系统的顺利运行，提高政策制定与执行的质量，促进既定政策目标的实现和提高政策效率。[2]

根据上述定义，政策监控的含义有如下几点：

---

① 彭和平：《公共行政管理》（修订版），中国人民大学出版社 2004 年版，第 169 ~ 172 页。

② 陈振明：《政策科学》，中国人民大学出版社 2003 年版，第 344 页。

第一，政策监控是一种目的明确的行动。其目的性表现在两个层面上：一是保证政策内容的合法性，此为其一般性目的或政治意义所在；二是保证政策结果的有效性，此为其特定目的或管理意义所在。

第二，政策监控具有特定的主体。政策监控的主体即从事监控活动的个人、团体和组织，它是一般政策主体的有机组成部分，有立法机关、行政机关、司法机关、政党系统、利益集团、大众传媒以及公众等类别。

第三，政策监控具有特定的客体，即政策系统及其运行。政策运行是一个由个人、团体和组织通过相互作用去解决社会公共政策问题的过程。在这个过程中，政策制定、实施、评估的程序和结果，以及参与上述各个阶段活动的个人、团体与组织都是政策调控的客体与对象。

第四，政策监控是贯穿于整个政策运行首尾的过程。在政策问题进入政策议程时就需要调控。在政策决策中，需要对各个政府机构的活动、政党的活动、利益群体的活动进行调控；政策实施时，更要对实施的程序、环节和结果加以调控。但这种调控又不是一次所能了事的，可能要反复多次。

2. 公共政策监控的分类

政策监控是一种多样化的活动，可以从不同角度对政策监控进行分类。下列是几种主要的分类方法：

根据政策过程的不同阶段的分类。按照政策监控在政策过程中所处的不同阶段，政策监控可以分为政策制定监控、政策执行监控、政策评估监控和政策终结监控四种。

根据政策监控的时态分布的分类。按照政策监控的时态的不同分布分类，政策监控可以分为事前监控、事中监控和事后监控三种。

根据政策监控的层次的分类。按照政策监控的层次分类，政策监控可以分为自我监控、逐级监控和越级监控三种。

根据政策监控内容的分类。按照政策监控的内容分类，政策监控可以分为目标监控和关键点监控。

根据政策监控主体的分类。按政策监控的主体分类，政策监控可以分为立法机关的政策监控、行政机关的政策监控、司法机关的政策监控、政党系统的政策监控、利益集团的政策监控、公众和大众传媒的政策监控。

3. 公共政策监控的作用

政策监控既是政策过程的一个不可或缺的组成部分，又是一个特殊的环节，贯穿于其他各个基本环节之中，在政策过程中起着信息反馈的作用。对于政策系统来说，主要是通过政策监控子系统及监控活动，来确定政策方案是否合理、合法，找出政策目标与执行手段之间、预期政策目标与实现政策绩效之间的差距，发现问题之所在，并从中寻找解决问题新办法，如调整政策目标、加大执行力度、重新配置资源等。政策监控的作用主要表现在以下几个方面：

保证政策的合法化。这里指的是对政策制定活动进行监控以使政策的制定严格遵守法定的程序和原则，并且审查所制定的政策是否符合宪法和有关法规。它由有关的国家机关根据法定的程序和权限对立法活动所作的审查所构成，是政策取得合法性的一个重要环节。一般而言，政策合法化的实现是由各国的立法机关来完成的。然而，各国的情况由于历史与现实上的种种原因而有很大的差别，这主要体现在宪法的解释权的归属不同这一点。欧洲发达的资本主义国家一般都设有宪法法院，宪法的解释权都由宪法法院掌握，所以，政策的合法化最终是由宪法法院来完成的。在我国，宪法的解释权属于全国人民代表大会常务委员会，因此，人大常委会从法律上来说对政策的合法化负最终责任。此外，由于我国的所有政策既不能违背宪法和有关法律法规，也不能与中国共产党的章程和纲领背道而驰。因此，政策的合法化也必须将这个重要因素考虑在内。

保证政策的贯彻实施。政策只有在被采纳并付诸实施之后，才有可能产生实际的作用并达到预期的目标。但是，由于种种原因，如执行者的认识水平、价值取向、个人及其所代表的利益、偏好等，经常使得政策在执行过程之中被误解、曲解、滥用、消极抵制甚至反抗等现象。在此，政策监控的作用就是根据一定的标准对政策的执行活动进行检查、监督，以保证政策达到预期目标，或者发现预期目标与实现效果之间的反差，并找出其中的原因。如果是因为预期目标太高而根本不可能实现，就必须调整目标以适应现实的条件；如果目标是正确的、可行的却没有实现，问题就必然出在执行过程中，如果是执行不力，则需要加大执行力度；如果具体方法或步骤有误，则需要作相应的调整等。

实现政策的调整与完善。政策作为人的认识的产物，一旦制定出来并付诸实施之后，都要保持相对稳定不变，此即政策的滞后性。它不仅是指政策的变动滞后于人的认识的深化，而且更是指政策的变动滞后于外部世界的发展变化。尽管如此，如果政策的滞后变动超过了一定的限度，就必然是有害的。因此，政策必须随着外部世界的变化和人的认识的深化而做出调整，只有这样才能使政策目标、实施步骤、执行手段等与现实相符合以便产生良好的绩效。在这个方面，政策监控的作用就在于敏锐地捕捉外部世界的发展、认识的深化和政策之间的差距，以便帮助及时做出调整，使之臻于完善。

促使政策终结。所有政策都具有时效性这一特征。在政策过程中，政策的时效性是一种常见的现象，即原来适用的政策由于客观条件或政策环境的变化因而不再符合现实需要了。其中的许多情况就不是仅仅做出政策调整就能解决的，相反，这里所涉及的是进行政策终结的问题。对于那些错误的、无效的或是多余的政策，要坚决而又审慎地废除。需要注意的是，政策监控的作用不在于具体实施政策的终结，而是通过本身的工作发现那些错误的、多余的或无效的政策，及时向有关方面提出报告或提交合理建议，促使政策终结的实现。这是提高政策绩效，更新政策的一个关键环节。

7.4.2 公共政策监控的主要环节

政策监控本身是一个动态的过程，由政策监督、政策控制、政策调整等环节组成。

1. 政策监督

政策监督是指政策监控的主体从一定制度、法规的依据出发对政策系统的运行包括政策的制定、执行与评估及终结活动进行监视和督促的行为。

政策监督应具备四个基本条件：第一，建立必要的制度、法规，明确职责。这是形成政策监控的依据问题，有了一定的法规制度，明确了政策主体的职责，政策监督就有了依据；第二，政策监督者与政策监督对象之间应保持时时沟通，即通过各种监督机构或机制及时了解政策系统运行了解掌握政策问题和政策目标，使监督有明确的标准；第三，在机构设置上保持监督机构的独立性，只有不受掣肘，才能勇于监督，敢于提出异议；第四，对监督对象有影响权，影响权包括对违反制度、法规和政策者加以处罚和责令其纠正政策过程中的各种错误和偏差的权力。

政策监督活动贯穿于整个政策过程之中，它的内容包括对政策制定、执行、评估及终结的监督等。政策监督活动是政策主体对各政策环节运行情况的信息反馈，它的作用贯穿于政策全过程，各项监督活动是互相联系、不可分割的，它们共同为提高政策制定和执行的质量以及提高政策绩效提供有力的保障。

2. 政策控制

政策控制是指政策监控主体在政策过程尤其是政策执行中，为了保证政策的权威性、合法性和政策的有效执行，达成特定的政策目标而对政策过程尤其是执行过程的偏差的发现与纠正的行为。

在政策过程中实施控制的目的是为了保证制定出来的政策能够顺利、忠实地得到贯彻和落实。无论计划做得再完备、再周密，在执行过程中都会出现一些难以预料的情况。实际工作中出现的偏差，要么需要服从计划，纠正工作偏差；要么需要根据实际情况，纠正计划。控制是改进工作的有效手段。控制的实质是对实际活动的反馈所做出的反应。如果没有控制，人们就不了解真实情况，工作无法改进，就难以保证正确的工作方向，无法实现政策目标。

无论是反馈控制，还是前馈控制，政策控制的一般程序是由如下三个基本环节构成的，即确立标准、衡量绩效和纠正偏差。这个过程的功能活动可以用图 7-1 表示。

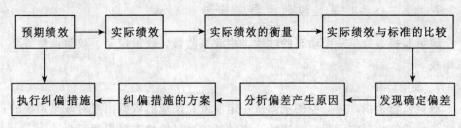

图 7-1　政策控制的程序

（资料来源：陈振明主编：《政策科学》，中国人民大学出版社 2003 年版，第 355 页。）

3. 政策调整

政策调整就是在政策监督和控制所获得的有关政策系统运行（尤其是政策执行的效果）的反馈信息的基础上，对政策方案、方案与目标之间的关系等进行不断地修正、补充和发展，以便达成预期政策效果的一种政策行为。

政策调整主要包括：政策问题的重新界定、政策目标调整、政策方案调整、政策措施调整、政策效能调整、政策关系调整和政策主、客体调整。

7.4.3　公共政策的监控机制

公共政策监控机制是由政策监控主体、政策监控客体、政策监控主体发生作用的内容和方式等要素构成的一个系统。

1. 立法机关对政策的监控

立法机关政策监控的活动内容及其方式主要表现为下列几个方面：依靠法律监控公共政策；以听取和审议政府工作报告、预决算安排等形式，对政策资源内容、规模、分配与方向加以监控；以行使人事任免权的方式对公共政策制定者的选择产生影响；以诘问、质询和弹劾的方式对公共政策进行监控；以提出不信任案的方式对政府所实施的政策或制定政策的高级领导人实施监控；以检查、视察或组成特别调查委员会的方式对政策执行情况进行监控。

2. 司法机关对政策的监控

一般而言，司法机关对公共政策的监控主要表现在以下几个方面：（1）裁定公共政策的制定程序与原则是否合法；（2）依法裁定公共政策的内容是否合法；（3）依法监督政策的执行是否合法。由于政策灵活性和行政裁量权的存在，使得政策执行领域的情况颇为复杂。司法机关在这一领域的工作在于依照法律裁决执行的过程、方法、手段等是否违法，若有违法行为则坚决督促其改进甚至停止执行，同时对违法犯罪行为进行裁决。

3. 行政机关对政策的监控

行政机关的政策监控角色复杂而微妙。作为监控主体，行政机关的政策监控主要是指对政策目标团体或曰政策适用主体的监控。由行政机关的实施政策监控是一种纵向的监控，主要是上级主管机关对下级执行机关工作的指示、检查、布置、督促等。由行政机关所实施的政策监控主要采取以下两种形式：一是行政管理机关的监控，或称一般行政监控。它是根据行政法规定的行政管理权中产生出来的，由上级政府部门对下级政府部门及其所属机关的一种监督和控制，因而成为整个行政管理链条的一个环节。二是专门行政监督机关的监控，即行政监察。与前述一般的业务性的监督、检查有所不同的是，这种监控是由有关专门的监督机关对行政机关内部的工作人员所实施的监控，其内容侧重于对违法违纪现象的查处，其对象是自然人而非法人，即它只能对具体的违法违纪人员进行查处，而不能针对某个机关或部门。

4. 政党系统对政策的监控

政党系统可以简明地划分为执政党（也可以包括参政党、多党联合执政等形式）和在野党两大部分，其中起主要作用的是执政党，在野党对公共政策也有一定的影响。一般说来，执政党的政策监控大多采用以下几种方式：将自己的成员选入立法机关、通过影响立法来影响并监控公共政策的制定；通过将自己的成员列入各级政府机关及政府各部门中以影响政策的实施；由于执政党事实上控制了各种权力机构，它就可以动用从党纪到国法的各种形式对政策的制定者和执行者进行检查、监督、奖惩、任免或绳之以法等；执政党还常以其所影响的社会团体、社会组织以及它所掌握的大众传播媒介等制造各种舆论，从而对公共政策的各个环节进行有力的控制与监督。

在野党在公共政策的监控中也发挥着重要作用。其监控的主要方式有二：一是由于在野党可以在立法机关、行政机关占有一定的席位，因此能够根据法律赋予的权力对政策过程施加一定的影响，并加以制约；二是在野党也可以动用其所影响的社会力量如社团组织、新闻媒体等对国家各级机关及其工作人员进行各种形式的监督。

5. 利益集团对政策的监控

利益集团的存在与发展及对政治生活的参与，是现代社会多元化的一个表现，因而成为现代社会中参与政策运行的重要力量。它在政策过程中的主要作用在于：一是以各种方式将社会的变化及该集团的要求表述出来，以期影响公共政策的制定、采纳与实施；二是将国家的意志和信息传达给社会并对其加以管理，构成一个中介体。①

6. 公众对政策的监控

作为一个个体，公民在对影响自身利益的政策表达特有的要求的同时，就对公共政策给予一定的监控，以减少、纠正或避免公共政策对自身合法权益的损害。公民对公共政策的监控方式主要表现为面访、写信、投诉和提起诉讼等。公众对政策的监控主要是通过社会舆论的形式来实现的。"公共舆论确定了公共政策的基本范围和方向。"② 因而，社会舆论这一因素在现代公共政策中的影响是不容忽视的。

7. 大众传媒对政策的监控

大众媒体对公共政策的影响力，某种意义上，就是公众影响力的表现。公共意志的表达，除了定期的选举之外，更经常的方式是呼吁。媒体集中了公民的这种呼吁，并使之形成社会舆论，因而能对公共政策发挥不可替代的、巨大的影响力。此外，媒体也是学者发表自己见解并借以影响公众意见的重要场所。

"新闻媒介的真正功能在于他们能够决定将被决定的事。规定问题的范围，分辨可选择的政策，将民众的目光引向社会，经济及政治危机——这些都是政策制定的重要方面。"③。大众媒介对政策执行的调控主要是通过以下方式实现的：一是对政策的执行进行跟踪报道，让政策执行机构的行为直接显露在政策目标群体和公众面前，从而使政策的执行更为公开化、透明化；二是对政策执行中的效果和问题加以评论，让政策执行机构能及时地听取政策目标群体和公众对政策的实施和实施中的中间效果的意见和建议。

---

① ［日］辻中丰：《利益集团》，经济日报出版社 1989 年版，第 3 页。

② ［美］詹姆斯·E. 安德森：《公共政策》，华夏出版社 1990 年版，第 95 页。

③ ［美］托马斯·戴伊，哈蒙·齐格勒：《民主的嘲讽》，世界知识出版社 1991 年版，第 161 页。

☞本章小结

公共政策是政府和其他公共权威组织为达到公共目标而制定的、在特定区域或范围内起作用的行为规范和行动准则。横向上的公共政策分类，主要是从公共政策所涉及的社会生活领域来划分的，政策之间通常为并列关系。纵向上的公共政策分类，主要是按公共政策的纵向层级，从中央与地方之间的关系来划分的，政策之间通常具有从属关系。政策目标就是政策制定者的预期。

政策制定主体主要包括立法机关、行政机关、司法机关、政党、公民、智囊团、大众传媒、利益团体。公共政策在制定中会受到各种因素的影响，这些因素主要是政策制定者自身素质、政策制定者的价值取向，社会主要利益集团，其他政治团体和社会舆论等。

公共政策执行的手段主要有法律手段、行政手段、经济手段和思想诱导手段。政策评估是对政策执行的效果进行判断、评定和提出改进建议的过程，是政策合理化的实践检验和完善阶段。

政策监控是为了实现政策的合法化与保证政策的贯彻实施而对政策运行状态进行监督与控制的过程，其目的在于保证政策系统的顺利运行，提高政策制定与执行的质量，促进既定政策目标的实现和提高政策效率。

☞关键术语

公共政策	决策者	政策制定
政策执行	政策评估	政策监控

☞思考题

1. 政策的本质是什么？
2. 政策制定的主体有哪些？
3. 政策执行的方式和手段有哪些？
4. 政策评估的内容有哪些？
5. 政策监控的作用有哪些？

☞**案例**

一份"红头文件"的命运轮回

2004 年 2 月份,《恩施日报》记者欧阳收到一份署名为"市鸣"的读者来信,信中称民生公司对天然气管道在计量表后超过 5 米的部分另外收取费用——超长费。这位读者说,民生公司收取的管道费是 15 元/米,而他从市场上打听到的这种天然气管道费用仅 5 元/米左右。因此,他"请(媒体和民生公司)给消费者一个明白"。

2 月 23 日,欧阳去民生公司采访、调查此事。民生公司的总经理张正群和总经济师胡天禄给他拿出了恩施市(县级市)发展计划局〔2003〕13 号文件(以下简称"13 号文件")。在这份 2002 年 12 月 12 日颁发的《关于核定天然气入户费、天然气气价的通知(试行)》里,明确规定了"居民、集体、商业用户安装收费标准中,均含户内管道 5 米……超过上述标准的,居民用户按管材 15 元/米计收超长费。"民生公司还解释了管道费价格高于市场价的原因是"本公司使用的是专用材料,其价格是材料进价费 +5% 管理费 + 一年内包维修费"。但是,3 月初记者在恩施市发展计划局采访时,发展计划局提供的文件却与民生公司提供的文件有天差地别。"民生公司版"文件中在第三项"入户、安装价格"下多了两条:第 7 条"天然气安装超长费及特殊材料差价计收标准"和第 8 条"热水器安装超长费计收标准"。这恰恰是读者反映最集中的问题!一位姓向的副局长说:"发出的文件是文件承办人经局长审核签字后,擅自在原文的基础上添加内容、印制、盖章下发的。"

3 月 14 日,《楚天都市报》刊登了记者来信《红头文件被人塞了私货》;3 月 16 日,《文汇报》报道了《湖北一公务员私篡红头文件》。就在报道发表后的第二天,恩施市发展计划局马上又发布了〔2004〕5 号文件《关于核定天然气入户费、天然气气价的通知(试行)》。在这份文件中,除了收文单位和民生公司版的一样外,大部分内容和发展计划局版的文件一致,并没有出现关于超长费的内容。这份文件宣布"同时废止恩施市发展计划局恩市计价〔2003〕13 号文件"。

恩施市的物价部门究竟是如何出台这么"颠三倒四"的红头文件的呢?

"我们处于一个两难境地。"州物价局局长兰胜利说,"全湖北省只有恩施州在使用天然气,省里没有一个规范性管理办法,甚至连这方面的经验都没有。另一方面我们又无权（定价），州里无权，县市更无权，但是企业强烈地要求要我们定价。"按照规定，天然气价、入户安装费收费标准的核定权在省物价局，作为市级物价部门的恩施市发展计划局并没有审批权，更无权自行出台关于天然气的定价文件。这个在"两难境地"下恩施市的有关部门还是出台了一个定价，但却大有"吃力不讨好"之嫌。恩施市发展计划局局长徐禾生说，当文件下达到民生公司，"和民生公司所期望的差距比较大，所以他们的领导就跑到我们价格科扯皮。"徐禾生说，在两个不同版本的文件中，他原来批准签发的是第一份，就是没有超长安装内容的那一份。而对于后来发展计划局作出的修改并最后形成的文件，他"没有过目"。"当时第一个版本的文件才印发了5份，所以没在意，第二个版本出来后，前一个版本的文件也没有专门废除。"政府部门的一位工作人员告诉记者。

但在当地媒体曝光了"一份文件两个版本"之后，发展计划局方寸大乱。报道出来的第二天正是星期六，是休息日，计划局还是紧急出台了一份【2004】5号文件，废止了前面两个版本的【2003】13号文件，却又将大部分内容恢复到修改前的状态。徐禾生解释说："我们价格部门，总要在消费者和经营者之间求得一个平衡。我们的初衷是站在消费者立场上，对企业这方面卡得比较紧，结果企业这一块意见比较大；但也不能让企业过于吃亏，就又搞得老百姓意见很大，我们就换了原来的（版本）。"记者问："那么作为政府部门，你们行政的依据又在什么地方呢？"徐禾生没有回答。

（资料来源：戴敦峰：《一份"红头文件"的命运轮回》，《南方周末》，2004年5月6日。参见 http：//www. nanfangdaily. com. cn/zm/20040506/xw/szxw1/200405060030. asp。）

请思考：

1. 案例中反映的是一件什么性质的事情？

2. 案例中州物价局和恩施市发展计划局在对使用天然气定价问题上有没有处理不当之处？

3. 政府部门的行政依据应该是什么？

第8章
公共管理中的法治

公共管理必须依法管理。在九届人大二次会议修改后的宪法中明确写入了"实行依法治国，建设社会主义法治国家"的条款。这意味着，政府不仅要依据法律有效管理和维护社会秩序，而且首先要依据法律对政府组织及其官员进行有效控制和管理。即政府要依法行政，同时也要依法对其他公共组织进行管理。本章主要研究公共管理中的法治，研究公共管理中的法律制度，以及公共管理的立法体制和法律依据，以及公共管理的法制监督。

8.1 公共管理法制概述

8.1.1 公共管理法制的概念与特征

1. 公共管理法制的涵义

如何定义公共管理法制，这是一个迄今为止尚无统一认识的问题。本书倾向于从公共管理权的角度去界定公共管理法制的概念，这同"管理——公共管理——公共管理权——公共管理法制"的发展逻辑也是相互吻合的。基于此，我们对公共管理法制做如下界定：公共管理法制是关于公共管理权的取得、行使以及对公共管理权进行监控和对其后果予以补救的法律规范和原则的总和。对这一定义，可以做以下几点说明：

第一，公共管理法制是规范公共管理权的法。没有制约的权力必然导致腐败，没有制约的权力也必然侵犯公民的合法权益，这是一条已为先哲反复论述过的万古不易的真理。出于对公共权力加以制约的社会需要，公共管理法制才得以产生。因此，公共管理法制只能是以规范公共权力为己任的法。

第二，公共管理法制是规范公共权力的来源、运用及其结果的监控与补救的法。既然公共管理法制是规范公共权力的法，那么，行政法究竟是怎样规范

198

行政权的呢？这涉及公共管理法制的内容问题。从逻辑上看，行政权包括四个内在的链条，即公权力的来源——公权力的实际行使——对公权力运行的监督——公权力运行后果的补救。因此，公共管理法制就必须对这四个不同的环节分别进行规范。

第三，公共管理法制是一类法律规范和规章制度。公共管理法制是规范公权力的法，那么公共管理法制是通过什么形式表现出来的呢？这涉及公共管理法制的形式问题。由于公共管理法制的内容不仅丰富而且复杂，从形式上看，它主要是由一系列的法律规范和规章制度所组成的。其法律制度主要是规范行政组织的，当然也规范准公共组织，而规章制度则主要是规范准公共组织的。

2. 公共管理法制的调整对象

每一种法律规范都有其自身特定的调整对象。就公共管理法制来说，其所调整的对象是因公权力的行使而形成或引发的各种社会关系。具体来说，主要包括以下三种形态的社会关系：

第一，因公权力的取得而产生的各种社会关系。公权力的获得有多种方式，如法律的授予、政府的委托、以及通过契约而形成等。法律的授予是指由权力机关创设、分配或解除行政权力而引起的社会关系。例如，行政处罚法将某些行政处罚的设定权和规定权分配给行政机关行使，行政许可法将某些行政许可的设定权有条件地授予行政机关，从而使国家权力机关与这些行政机关之间产生了特定的关系。政府的委托也称行政委托，是指政府出于管理上的需要，委托其他组织或个人以其政府的名义代行管理职权。在我国现行法律中常能见到关于行政委托的具体规定，尤其在税收法律方面。委托方（政府）同受委托方之间也产生了特定的关系。有些公共管理主体的管理权力既不来源于国家法律的明确授权，也不来源于政府的委托，而是由其成员一致同意达成契约，通过一定机构和程序赋予的，例如一些行业组织和社团。其成员与这些行业组织和社团的机构之间产生了特定关系。

第二，因公权力的行使而产生的各种社会关系。这类关系是公共管理法制最重要的调整对象。具体来说，公权力的行使可能会引起两类关系：一是公共管理主体相互之间以及公共管理主体与公共管理人员之间的关系；二是公共管理主体与被管理人之间的关系。其中，前者可称之为内部管理关系，后者可称之为外部管理关系。

第三，因对公权力的监控而产生的各种社会关系。对公权力实施监控是公权力行使的必然延伸，由此产生的关系可视为一种派生的社会关系。这类关系发生在公共管理主体与一切可能的监控主体之间，如立法机关、行政机关、司法机关等。其可以对公共管理主体行使公共管理权力进行监控，由此引发立法监督关系、行政监督关系和司法监督关系。

3. 公共管理法制的特征

公共管理法制在内容上有相当大的一部分与行政法是重叠的，因此，行政法所具有的特征，在公共管理法制上也能够体现出来。例如，学界大多数学者所公认的，认为行政法在形式上的确具有难以实现完全的法典化、行政法律规范的数量居部门法之首等特点；在内容上具有涉及面广泛、行政法律规范易于变动、实体性规范与程序性规范相互交融等特点。同时，本书也认为很有必要从性质上对公共管理法制的特点进行简明扼要的概括，从而进一步认识公共管理法制的特点。据此，本书将公共管理法制在性质上的特征概括为"规范公权力的国内公法"。以下将就这一特点做进一步的说明：

第一，公共管理法制是公法。公、私法的划分在西方法律史上源远流长，它尤其为大陆法系国家和地区所推崇。即使在不注重公、私法划分的英美法系国家，其实践中照样存在公、私法。尽管世人对公、私法划分的标准一直争论不休，没有定论，但这一划分法律的传统却一直延续下来。由于行政法是关系政府与人民、国家与社会关系的法，因而一般被公认为典型的公法。问题在于社团章程和行业组织的规章的性质如何认定。一般认为，私法是"由契约义务创造的，与自治原则相适应"①，那么，社团章程和行业组织的规章应该属于私法的范畴。但是，"在公私法逐步混合的现代，这些自治规章与国家法律之间的界分日益模糊了"。② 社团章程和行业组织的自治规章与国家法律之间出现了"融合"趋势，正是这种融合的趋势，从公共管理的角度看社团章程和行业组织的自治规章也是公法的一种，是应该成立的。

第二，公共管理法制是规范公权力的公法。尽管公法的使命都在于规范公权力的行使、防止公共权力的越界或滥用，但公共管理法制与其他公法的区别也是十分明显的。作为一个公法部门，公共管理法制所追求的目标就是规范公共管理权——这一最普遍运用又最容易被滥用的公共权力。也正是由于这一特殊规制对象的存在，我们可以说公共管理法制是典型的公法部门。

第三，公共管理法制是规范公权力的国内公法。由于公共管理法制是以一个国家内部的公权力为规范对象的，因而公共管理法制当然是国内法。

---

① 李军鹏：《公共管理学》，首都经济贸易大学出版社 2005 年版，第 267 页。
② 黎军：《行业组织与其成员间关系的研究》，载沈岿编：《谁还在行使权力》，清华大学出版社 2003 年版，第 276 页。

8.1.2 公共管理法制的分类

人类行为规范的种类繁多,要想在众多规范之中将公共管理的依据区别出来并进行研究,就必须确定可以成为公共管理依据的规范所应具备的特征:第一,具有规范性,即其内容是规定人们可以做什么、应该做什么、禁止做什么的规范;第二,具有一定的普遍性,即在一定的地域范围内的人应统一地、无区别地适用该规范;第三,具有公开性,即该规范已经以一定的程序向该地域的人们公布;第四,具有确定性,即其内容是明确的;第五,具有一定的约束力和强制力;第六,符合正义的标准。

依照以上特征与标准,公共管理的依据应是区别于道德规范和社会组织内部规范,以宪法为核心,以法律、法规、自治条例、单行条例、规章、国际条约、法律解释为主干的法的规范体系。

此外,在公共管理的实践活动中,为贯彻好法律的精神,人民群众制定了大量的自治性的规则,如社团章程、行业的规章制度、村规民约、校规校纪,它们在公共管理实践中发挥着巨大的作用,与老百姓的日常生活密切相关。然而,这些规范与法律规范又有着明显的区别,在公共管理的各类主体当中,行政组织的管理依据是法律规范,而非政府的准公共组织的管理依据除了法律规范之外,非法律的规范与制度也是非政府的准公共组织进行某一方面管理的重要依据。但是,它们与公共管理的法律依据是什么关系,它们的性质及法律地位如何,是值得认真研究的重要课题。

8.1.3 公共管理法制的作用与基本原则

1. 公共管理法制的作用

公共管理法制的作用,即公共管理法制的功能或效用,它是指满足人们的某种需要或对社会的影响。从人们对法律作用的一般理解来看,任何法律都具有规范作用(指引作用、预测作用、教育作用、评价作用和强制作用)和社会作用(管理公共事务、调整社会关系)。我国公共管理法制当然也应具有上述两大作用。具体而言,我国公共管理法制究竟有哪些作用呢?对此问题学者们的分析和概括是不同的。

由于公共管理法制所涉对象包括公共管理主体一方、公民一方,另外还涉及社会,因此,公共管理法制必然要对公共管理主体、公民和社会发生影响。鉴于此,我们以为,公共管理法制的作用主要应围绕公共管理法制对这三种不同对象的影响来考虑。

第一，维护公共权力运行秩序的作用。公共管理法制通过对公共权力的权限分配、公共管理主体地位的明确、权力行使规则的规范与控制，保证公共权力有规则、有秩序地行使。没有法律规范，社会就会进入无政府状态，因此，法律规范存在的首要价值就在于规范公权力的行使。如果没有规范公权力行使的公共管理法制，就无法维护社会秩序，必然对人民、对国家和社会都构成危害和破坏。

第二，维护社会秩序和公共利益的作用。公共管理法制是规范公权力的法，通过规范公权力的来源、行使等方式达到维护公共管理秩序，保障社会公共利益的目的。现代社会，随着经济文化事业的不断发展，出现了越来越多的社会问题，诸如环境污染、人口膨胀、不良的社会治安、工商秩序、产品质量及资源破坏等已经成为制约经济发展，损害他人或公共利益，破坏管理秩序的严重社会问题。这些问题仅仅依靠政府已经难以解决，它必须依靠各类公共管理主体充分发挥自身的主动性和能动性，进行综合治理，才能有效地实施公共管理，维护社会秩序和公共利益。

第三，保障私益与公益实现的作用。在法律世界中，社会关系表现为权利义务关系，而权利义务关系总是体现着一定的利益。公共管理法制规范的是公权力，其调整对象是公共管理关系，这样必然涉及公共管理主体与公共管理相对方的权利义务关系问题，涉及背后所隐含的私益与公益问题。公共管理法制通过对公共管理关系的调整，既保障公民的权益又保障公益的实现。一方面，法律赋予了公民相应的权利，以便其实现和保护自己的利益，且确立了多种权利保障机制，同时也规定了公共管理主体保护公民的职责、为民服务的义务。另一方面，由于公共管理活动本身具有公益性，法律规定公共管理主体为实现国家和社会职能，必须主动、积极地为实现公益而活动，公共管理主体有权禁止各种妨害公益（及私益）的行为或事件。在两种利益实现的保障方面，不能简单地归结为公益优先于私益或者私益优先于公益，而是二者并重，并行不悖。

第四，推进和保障社会改革的作用。21世纪，我国进行着深入广泛的社会改革，不仅包括经济改革，而且还包括政治体制的改革。改革促进公共管理法制的转变和发展，反过来，公共管理法制对社会改革又起着巨大的作用。这种作用主要有：一是指明改革方向，推进改革进行，对社会和政府的疾患发挥着手术刀的作用。行政法应为改革指明任务、步骤、原则和方向，使改革有目的、有计划地进行，保障改革不受各种因素的阻扰。二是巩固改革成果。为了防止改革出现反复，就需要公共管理法制将改革的成果及时固定下来并使之继续发展。一方面，改革必须依法进行，另一方面，法律的规定也应给改革留下一定的空间。否则，法律的稳定性和保守性会妨碍改革的顺利进行。因此，必须两方面相结合，保障改革的有序和有效。

2. 公共管理法制的原则

公共管理法制的原则是公共管理活动应遵循的准则。它对于公共管理法制健康发展具有重要的指导作用。公共管理法制是一个涵盖地方、行业和基层，政治、经济、文化和社会的复杂的法制系统工程。为了确保这一系统工程健康有序发展，确保不同层面上公共管理工作的有机联系，必须确立一系列相关的原则，并保证其发挥统领作用。一般说来，公共管理法制应当坚持法律优先和法律保留原则，民主参与原则，程序公开原则，权力监督原则。

第一，法律优先和法律保留原则。法律优先和法律保留是两个相辅相成、密切联系的法律原则，是公共管理法制必须认真坚持的两个重要原则。法律优先原则又称法律优位原则，是指各种法律规范的效力从位阶排序上，法律居于优先的位置。法律规范高于其他的规范（当然，宪法具有最高法律效力，但它可以归为法律）。从广义上理解法律优先原则就是指上一位阶法律规范的效力高于下一位阶法律规范的效力。这样一来，各个位阶的法律规范就保持了高度的和谐统一，从而保证了我国法制的统一。这是公共管理必须绝对遵从的法制原则。法律优先原则包括两个方面的含义：一是在已有法律规定的情况下，任何其他法律规范，包括行政法规和规章、地方性法规和规章，以及各类自治章程都不得与法律相抵触，凡是有抵触的均无效。凡是上一位阶的法律规范已经对某一事项作出规定的，下一位阶的法律规范不得与之相抵触，相抵触者无效；二是对法律尚无规定，又不属于法律保留的事项，其他的规范可以规定，但一旦法律作出规定，其他的规范必须服从法律。同样在上位阶法律规范尚无规定时，下位阶规范可以作出规定，一旦上位阶法律规范就此事项作出规定，下位阶规范必须服从。

法律保留原则是指凡属宪法、法律规定只能由法律进行规范的事项，则只能由法律作出规定；或者必须在有明确授权的情况下，行政机关或者其他组织才可以在行政法规或规章制度中作出规定。前一种情况称为绝对法律保留，后一种情况称为相对法律保留。关于法律保留原则，在我国宪法和有关法律中均有体现。《中华人民共和国立法法》将此称为国家专属立法权。该法规定："下列事项只能制定法律：国家主权的事项；各级人民代表大会、人民政府、人民法院和人民检察院的产生、组织和职权；民族区域自治制度、特别行政区制度、基层群众自治制度；犯罪与刑罚；对公民政治权利的剥夺、限制人身自由的强制措施和处罚；对非国有财产的征收；民事基本制度；基本经济制度以及财政、税收、海关、金融和外贸的基本制度；诉讼和仲裁制度；必须由全国人民代表大会及其常务委员会制定法律的其他事项。"同时规定，上述事项尚未制定法律的，全国人民代表大会及其常务委员会可以授权国务院制定行政法规，但是有关犯罪和刑罚、对公民政治权利的剥夺和限制人身自由的强制措施和处罚、司法制度等事项除外。行政处罚法对行政处罚领域的法律保留原则也作了明确规定。剥夺和限制公民人身权和财产权的设定权只有法律才能行使。其中属于人身自由的设定权，只能由法律行使，不能授权。法律保留原则保证了全国人民代表大会对国家重大问题的绝对决策权，是保证国家法制统一的又一重大法律原则。

第二，民主参与原则。民主参与原则是公共管理法制的基本原则。民主是法治的基础。人民群众是公共管理的主体，是国家的主人。人民参与公共管理是由我国公共管理的性质决定的。公共管理一旦脱离了民主参与，就将失去群众基础，失去动力，成为国家机关单方面的行为，成为上治下、官治民的工具。由此可见，正确认识公共管理法制民主参与原则的作用及其应用价值，对促进公共管理法制的顺利进行有着极其重要的意义。

民主参与原则，简而言之，就是人民群众有权参与公共管理的全过程，包括参与公共管理决策和依据的制定与执行，公共管理效果的评估与评价，公共管理重大事项的听证与论证，尤其参与涉及自身利益的事项的讨论与决定。人民群众有权对公共管理中的具体事项陈述自己的主张，并可为自己的主张和权益进行辩护或辩论。公共管理法制事项包括立法事项、执法事项、法律监督事项等诸多方面。在公共管理的立法过程中，普通公民的参与是一道必不可少的程序。广大公民除了选举自己的代表参加人民代表大会制定法律外，还可以亲自参与法律草案的讨论，在各类自治章程的起草与制订过程中更是不可或缺。在公共管理活动中，行政管理相对人的参与也已成为一种基本的制度。根据法律规定，公民有权对公共管理主体的管理行为提出建议和意见，甚至可以直接参与管理决策过程。此外，根据宪法和有关法律规定，公民有权对公共管理主体的工作进行监督，这种监督也可以被视为法律赋予人民群众的民主参与权利。如此等等，均可视为是人民群众的民主参与原则在依法治理中的体现。

第三，程序公开原则。程序公开原则是指依法治理的各种事项和一切活动除涉及国家机密或安全并由法律规定不得公开的以外，一律公开。程序公开是公共管理法制的重要原则，因为公共管理如果没有公开的程序作为保障，人民便没有知情权，也就无法真正参与到公共管理的实践中来。正如美国法官威廉·道格拉斯所说，正是程序决定了法治与恣意的人治之间的基本区别。又如罗尔斯所说，公正的法治秩序是正义的基本要求，而法治取决于一定形式的正当过程，正当过程又主要通过程序来体现①。也就是说，程序与法治存在着天然的联系，我们要想实现依法治理，必须贯彻程序公开原则，只有程序公开，才可以保障人民群众的参与权和知情权。

程序公开也是社会主义法治的本质要求。我国宪法庄严宣布：中华人民共和国的一切权力属于人民。人民行使国家权力的机关是全国人民代表大会和地方各级人民代表大会。人民依照法律规定，通过各种途径和形式，管理国家事务，管理经济和文化事业，管理社会事务。这就以根本法的形式确立了人民当家作主的主人翁地位，使人民主体思想付诸于宪政实践。坚持程序公开原则，让人民群众享有广泛而充分的知情权，才能使人民群众在公共管理中充分行使主人翁权利。不让老百姓知情，说欢迎老百姓参与就是一句空话。只有在程序上首先公开，群众才有行使参与的权利或者选择不参与的自由。因此说，程序公开是社会主义法制的本质要求。

第四，权力监督原则。法国启蒙思想家孟德斯鸠认为，一切有权力的人都容易滥用权力，这是万古不易的一条经验。有权力的人们使用权力一直到遇有界限的地方才休止。权力监督就是对权力的产生、行使、范围等加以监督制约，以防止权力的异化和滥用。

我国现阶段的国情尤其需要坚持权力监督原则。我国现阶段的国情是：一是我们正在走前人未走过的路，面临着异常艰巨的历史性任务。这既是中华民族发展史上一个新的里程碑，又是我们能否立于现代世界民族之林的关键时期。在这种情况下，要求权力运行的正常率、准确率是非常高的，权力失控就会使中华民族失去难得的历史机遇；二是市场经济体制的需要。发展市场经济，需要一个开明、平等、公平、自由竞争的社会环境，要求社会民主程度的提高和权力受到监督制约；三是目前我国正处在转轨时期，双轨并存社会急剧变革，这使得权力的任意扩张与滥用有机可乘，带来失范、失控的可能性；四是我国长期的封建社会专权和"人治"的残余思想还存在，家长制、官本位、官僚主义还存在，这可能使掌权者的世界观、人生观、价值观产生变异，致使权力天平倾斜；五是人们要求参政议政、政治民主的氛围空前浓厚。要求在法律面前人人平等，依法办事、违法必究的愿望空前强烈。要求清明政治、严惩腐败的呼声日益高涨。所以对权力加强监督既是我们当前国情的需要，也是公

---

① 转引自袁曙宏、萧义舜：《依法治理概论》，法律出版社2003年版，第61页。

共管理法制的内在要求。

8.2 公共管理立法体制

8.2.1 公共管理立法的意义与分类

1. 公共管理立法的意义

在现代国家，面对纷繁的管理事务，无论是政府还是准公共组织，都面临着较以往更为严峻的考验。而公共管理主体通过规则制定来规制社会生活，维护公共利益，实现公共管理目的，相对于个别性的管理活动而言，可以涵盖更为广泛的议题；相对于作出一般性规定的法律而言，又可以更切合公共管理过程的实际，能够发挥公共管理机关的专门知识和专业背景，权衡各种利益与价值，更好地回应社会诉求。因此，在各国，有关规则制定的实体与程序内容的研讨，成为一个持续的热点问题。

在现代社会中，公共管理立法扮演着愈来愈重要的角色。这一点也为各国的制度、学说和判例所确认。在我国，公共管理立法大致有如下三点意义：

第一，减轻人大立法的负担。在公共管理必须依法进行的原理下，约束公共管理权的主要依据是法律。根据我国宪法，由全国人大及其常委会制定法律。但客观上全国人大及其常委会，也很难对日益复杂化的公共管理实践作出即时的回应，并拟定法律对其进行精细的管理。因此公共管理立法有助于减轻立法者的负担。

第二，现代国家管理的需要。在现代国家，本来作为立法意志执行过程承担者的公共管理机关，开始进入形成决定国家基本政策的政治过程，乃至发挥中心性的决定性作用。公共管理机关在特定领域有专业化的人员、设备和后续的技术支持，例如在环境、原子能、烟草、医疗卫生等高度技术化的管制领域中，公共政策的形成往往涉及相当多的技术性问题乃至非常复杂的事实问题，这时，相对于立法机关而言，公共管理机关拥有技术上的优势，加之其有着丰富的管制实践经验，因此通过公共管理立法的手段有助于公共管理目的的实现，形成更妥当的公共政策。

第三，"因地制宜"的需要。中国是一个幅员辽阔的大国，因此各地限于客观因素、自然环境或者历史背景都存在很大的差别。因此最好的管制方法或许是容许各地因地制宜，在符合法律法规和国家政策的前提下，结合本地实际情况自主地制定规则形成符合当地实际情况的政策。在实践中，可以说我国地方政府规章以其面广量大以及更贴近实际、更直接面对社会关系而构筑起我国法律体系的基础，它以更生动活泼、快捷灵活的规范形式，孕育着地方法治建设的生命与潜能，推动和丰富了我国法治建设的健全与发展。

2. 公共管理立法的分类

根据公共管理主体的不同，我国公共管理立法可以分为行政立法、行政规范性文件的制定和非政府公共组织规则的制定三大类。

第一，行政立法。行政立法是指行政机关制定一切具有普遍性效力的规范性文件及其过程。按照行政立法权取得方式的不同，立法功能的不同，以及立法最终结果的不同，行政立法可作如下分类：

根据行政立法权的取得方式，行政立法可以分为职权立法和授权立法。

职权立法是指行政主体根据宪法和组织法所赋予的行政立法权进行的行政立法活动。根据宪法和组织法的规定，国务院，国务院各部委，省、自治区、直辖市人民政府，省、自治区人民政府所在地的市人民政府，和经国务院批准的较大的市人民政府，可以进行职权立法。行政主体通过职权立法所制定的行政法规和规章符合法律、法规的规定，不能变通法律和法规的规定。

授权立法是指行政主体根据单行法律和法规或授权决议所授予的立法权而进行的立法。授权立法的根据有两类，即宪法和组织法以外的单行法律、法规和最高国家权力机关专门的授权决议。根据单行法律、法规所进行的授权立法一般称为普通授权立法；根据最高国家权力机关专门的授权决议所进行的授权立法称为特别授权立法。被授权的行政主体既可以是职权立法的主体，也可以是本来不具有行政立法权的行政主体（主要为国务院的某些直属机构或地方人民政府）。行政主体通过授权立法所制定的行政法规可以修改法律的个别规定，或者对法律的有关规定作出补充；行政主体通过授权立法制定的规章，可以修改行政法规的个别规定，或者对行政法规的有关规定作出补充。

根据行政立法的功能，行政立法可以分为执行性立法和创制性立法。

执行性立法，是指行政主体为了执行或实现特定法律、法规的规定而进行的立法。执行性立法可以依职权也可以依授权而进行，但不得任意增加或减少所要执行的法律、法规的内容。通过执行性立法所制定的行政法规和规章，一般称为"实施条例"、"实施细则"或"实施办法"，在所执行的法律、法规不再存在时也不能独立存在。

创制性立法，是指行政主体为了填补法律和法规的空白，或者变通法律和法规的个别规定以实现行政职能而进行的立法。其中，为了填补法律和法规的空白而进行的创制性立法，即在还没有相应法律、法规规定的前提下，行政主体运用宪法和组织法所赋予的立法权所进行的立法，称为自主性立法。为了补充法律、法规的规定而进行的创制性立法，称为补充性立法。补充性立法应以法律、法规的特别授权为根据，所制定的行政法规和规章并不因授权法律、法规的失效而当然失效，只要不与新的法律、法规相抵触，其法律效力就可继续保持。

根据行政立法的最终结果，行政立法可以分为法规性立法和规章性立法。

法规性立法是指国务院依法制定和发布行政法规的活动。法规性立法的内容包括全国性的政治、经济、教育、科技、文化和外事等各个方面。法规性立法的目的是为了执行法律，实现国务院对全国各项行政工作的领导。法规性立法的方式目前有两种：一是由国务院直接组织起草、制定和发布；二是由国务院主管部门组织起草、制定，由国务院批准，再由制定部门发布。通过法规性立法所制定的行政法规，有条例、规定和办法三种名称。"条例"是对某一方面行政工作作比较全面、系统规定的行政法规名称。"规定"是对某一方面行政工作作部分规定的行政法规名称。"办法"是对某一项行政工作作比较具体规定的行政法规名称。

规章性立法，是指法定的国务院主管部门和地方政府依法制定和发布行政规章的活动。规章性立法所制定的行政规章，可以以规定、办法、实施细则和规则等为名称，但不得采用条例为名称。法定的国务院主管部门所制定的规章，称为部门规章或部委规章；法定的地方人民政府所制定的规章，称为地方人民政府规章，也可简称为地方规章。

第二，行政规范性文件的制定。行政规范性文件，是指国家行政机关为执行法律、法规和规章，对社会实施管理，依法定权限和法定程序发布的规范公民、法人和其他组织行为的具有普遍约束力的政令。行政法规、规章以外的行政规范性文件在我国公共管理中具有非常重要的地位。

根据行政规范性文件发布的主体，行政规范性文件可以分为三类：（1）享有行政立法权的行政机关发布的行政规范性文件；（2）不享有行政立法权的国务院工作部门发布的行政规范性文件；（3）不享有行政立法权的地方人民政府发布的行政规范性文件。

第一类行政规范性文件是享有行政立法权的行政机关发布的，但不属于行政立法的范畴，因为它们不具有行政立法的法定标准。例如，国务院的行政法规必须经国务院常务会议或全体会议审议，经国务院总理签署，以国务院令发布，并且使用"条例"、"规定"、"办法"等法定名称。国务院的文件如果不具备上述形式要件，就不是"行政法规"，而只是"行政规范性文件"。地方人民政府的规章必须经享有规章制定权的相应地方人民政府常务会议或全体会议讨论、决定，经相应政府首长签署，以相应政府令发布。不具备这些条件，就不是规章，而是行政规范性文件。享有行政立法权的行政机关发布的行政规范性文件的效力低于其本身制定的行政立法，但高于其下级行政机关制定的规章。

第二类行政规范性文件在实践中有一部分被视为行政规章。国务院的直属机构和某些国家局，宪法和组织法并未赋予其规章制定权。但国务院的某些法规或规范性文件（如有关规章发布、备案的规范性文件）将国务院某些直属机构的规范性文件纳入规章的范畴，与国务院部、委规章统称"部门规章"。在实践中，这类行政规范性文件，如国家工商总局、环保总局、海关总署、税务总局等发布的规范性文件的作用并不低于国务院部委的规章，人民法院在办理具体案件时也常将之视为规章予以"参照"适用。

第三类行政规范性文件制定的主体最为广泛。在各级地方人民政府中，目前只有省级人民政府、省级人民政府所在地的市的人民政府、国务院批准的"较大的市"和四个经济特区市的人民政府享有规章制定权，其他数以千计的市、县和数以万计的乡、镇人民政府均只能发布行政规范性文件。这些行政规范性文件，调整着广泛的社会关系，对于保障和维护社会经济秩序，促进国家政治、经济、文化等各项事业的发展具有重要的作用。

第三，非政府公共组织规则的制定。实际上非政府组织的管理和服务的职能情况相当复杂，有的是对其内部事务而言的，有的是对社会公共事务而言的。对社会公共事务而言，由于非政府组织行使的公共管理和服务职能是公权力，而公权力与私权利的一大明显区别就是公权力的行使应当由法律、法规的授权或政府委托；私权利的行使则以法律不禁止为限。因此，非政府组织行使公共管理和服务的职能应得到法律、法规的授权或政府的委托。对其内部事务的管理和服务而言，非政府组织行使的职能是其成员大会或成员代表大会一致通过并经过登记机关和业务主管单位审查同意的章程所赋予的，这种对其内部事务的管理和服务与对社会公共事务的管理和服务在性质上是有区别的，它不必得到法律、法规的授权或政府的委托，只要其章程中写明即可。因为非政府组织经其成员大会或成员代表人会通过的章程是成员之间达成的合意，服从章程是其成员的义务，也是非政府组织自治性的重要体现。

此外，除了对内部事务的管理和服务外，许多非政府组织的章程或规则在规定本组织的责任和任务方面，也有一些涉及社会管理和服务的原则性内容。这些原则性规定只要不违背法律、法规或规章的内容，而且经过其成员大会或成员代表大会的通过并报业务主管单位和登记机关审查同意，就具有法定的效力，也可以作为非政府组织行使对公共事务管理和服务的职能依据。

非政府组织可以制定本行业的自律性规范，这些自律性规范就包括了制定行业规章、章程或规则。如根据《中华人民共和国证券法》第 162 条和第 167 条的规定，证券业协会是证券业的自律性组织，是社会团体法人。证券业协会履行"制定会员应遵守的规则"等职责。这类规章、章程或规则经批准、备案或批转，具有法律效力，违反者应承担相应的法律责任。行业组织制定的自治规章主要包括：

章程。章程是一个组织的基本规范，依据法律规定，我国行业组织都有通过会员代表大会制定行业组织章程的权力。行业协会章程应当载明下列事项：行业组织的名称、宗旨、职能；会所；会员资格、入会退会手续、会员的权利义务；机构组织及其职权范围；行业组织负责人的产生办法与任期及职权范围；会费交纳办法及财产管理制度；章程的修改和终止程序等。但是，根据我国对行业组织登记及管理规范的规定，行业组织的章程草案要经登记管理部门审查，并经业务主管部门备案后才能合法生效。

职业道德规范。"所谓职业道德，可以说是一个职业行当内的人们为了维护自己职业生活而形成的制度或道德伦理规范。"①如美国最早的律师职业道德立法是 1887 年阿拉巴马州律师协会制定的《律师职业道德准则》。1969 年美国律师协会代表大会通过了《律师职业责任准则》，并于 1983 年正式通过《律师职业行为标准规则》作为第一个在全美范围试图管理美国律师行业的强制性规范。日本律师联合会也于 1955 年公布了《律师道德规范》。而目前，我国的大部分职业道德规范还是由政府直接制定的，如 1990 年司法部制定了《律师十要十不准》，1993 年司法部又颁布了《律师职业道德和执业纪律规范》。

此外，非政府公共组织制定的管理规则还包括其他社会团体的规章与章程，村规民约，社区规章，校规校纪等。

8.2.2 公共管理立法的基本原则

公共管理立法的原则是指公共管理机关在制定公共管理规范时所应遵循的基本准则。它体现在公共管理立法过程之中，统率和指导整个公共管理立法活动。结合我国的公共管理主体可分为行政机关和非政府公共组织两大类，其立

---

① 苏力：《阅读秩序》，山东教育出版社 1999 年版，第 56 页。

法原则分别是：

1. 行政组织的立法原则

第一，依法立法原则。依法立法原则是由行政机关作为权力机关的执行机关这一基本性质决定的。行政立法是行政机关执行权力机关法律的步骤和活动之一，因此其立法活动必须以法律为依据。依法立法原则是行政立法的首要原则，具体包括：行政立法主体的立法地位要以法律为依据；行政立法主体的立法权限要以法律为依据；行政立法的程序要以法律为依据；行政紧急立法权必须符合宪法所设定的紧急状态条件。

第二，协调统一原则。协调统一原则是多种立法主体并存，多项立法领域结合的必然要求，如果存在法制不健全、立法权限划分不清的状况，则这一原则的重要性和迫切性更显得突出。协调统一原则的基本要求是：各立法主体必须在自己立法权限范围内活动，不得越权立法；各立法主体在立法过程中必须把握行政立法的执行性这一基本特点，完整准确地体现"母法"的目的和精神，保证法律目的的一致性，以实现法制内容的统一性；各立法主体应及时掌握因客观情况变化而引起立法滞后状况，及时对行政法律规范进行废、改、立，使之适应客观形势。

第三，立法民主原则。立法民主原则是指行政立法机关进行立法活动时应当通过有效的方式听取各方面意见的原则。确立这一原则，对于保障人民参与国家权力的行使，以立法体现人民的意志，启发人民的民主法律意识，有效地实施法律，有着积极的作用。立法民主原则包括：凡涉及公民权益的行政立法草案应当提前公布，并附以立法说明，让人民群众有充分的时间对立法事项发表意见；将听取人民意见作为立法的法定程序；向人民公布对立法意见的处理结果；设置专门的立法咨询机关和咨询程序。

2. 非政府公共组织的自治章程制定原则

第一，合法原则。非政府公共组织的自治章程，如社团章程、行业规章、村规民约等不得与宪法、法律、法规和国家政策相抵触，不得有侵犯其成员的人身权利、民主权利和合法财产的内容。

第二，直接民主原则。社团章程、行业规章、村规民约等从内容到形式，都必须反映该组织成员的切身利益和基本要求，从群众中来，到群众中去，在该组织会议上讨论决定，在该组织中间贯彻实施。

第三，实事求是原则。从实际出发，结合本地经济发展、社会发展状况、风俗习惯、民族传统、文化水平等，制定切实可行的社团章程、行业规章和村规民约。

8.2.3　公共管理立法的主体及权限

1. 具有行政立法权的立法主体及其权限

国务院。宪法第 89 条第 1 项规定，国务院"根据宪法和法律，规定行政措施，制定行政法规，发布决定和命令"。根据《立法法》第 56 条的规定，行政法规可以就下列事项作出规定：（一）为执行法律的规定需要制定行政法规的事项；（二）宪法第 89 条规定的国务院行政管理职权的事项。

国务院各部门。宪法第 90 条第 2 项规定"各部、各委员会根据法律和国务院的行政法规、决定、命令，在本部门的权限内，发布命令、指示和规章"。《中华人民共和国国务院组织法》第 10 条规定"根据法律和国务院的决定，主管部、委员会可以在本部门的权限内发布命令、指示和规章"。根据《立法法》第 71 条的规定，国务院各部、委员会、中国人民银行、审计署和具有行政管理职能的直属机构，可以根据法律和国务院的行政法规、决定、命令，在本部门的权限范围内，制定规章。根据《立法法》第 71 条第 2 款的规定，国务院各部门制定规章的权限范围是：执行法律和行政法规的事项；执行国务院的决定和命令的事项。

地方人民政府。《中华人民共和国地方各级人民代表大会和地方各级人民政府组织法》第 60 条规定："省、自治区、直辖市的人民政府可以根据法律、行政法规和本省、自治区、直辖市的地方性法规，制定规章，报国务院和本级人民代表大会常务委员会备案。省、自治区的人民政府所在地的市和经国务院批准的较大的市的人民政府，可以根据法律、行政法规和本省、自治区的地方性法规，制定规章，报国务院和省、自治区的人民代表大会常务委员会、人民政府以及本级人民代表大会常务委员会备案。"《立法法》第 73 条第 1 款规定："省、自治区、直辖市和较大的市的人民政府，可以根据法律、行政法规和本省、自治区、直辖市的地方性法规，制定规章。"该条第 2 款是关于地方政府制定规章的权限：为执行法律、行政法规、地方性法规的规定需要制定规章的事项；属于本行政区域的具体行政管理事项。

2. 具有行政规范性文件制定权的主体及其权限

我国国家行政机关中有权发布行政法规、规章的只占少数，而有权发布行政规范性文件的则为大多数，包括各级人民政府和政府的多数工作部门。行政机关的大量行政行为是直接根据行政规范性文件作出的。

行政立法权，即制定行政法规、规章的权限，是宪法和组织法专门授权较高层次的行政机关行使的，而行政规范性文件的发布权，宪法和组织法几乎授予所有的行政机关行使。例如，宪法第89条规定，国务院可以规定行政措施，并发布决定和命令；第90条规定，各部委可以发布命令、指示。地方组织法第59条规定，县级以上地方各级人民政府可以规定行政措施、发布决定和命令；第61条规定，乡镇人民政府可以发布决定和命令。宪法和组织法中规定的"行政措施"、"决定"、"命令"等都可以是行政规范性文件的形式（当然，也可以是具体行政行为的形式）。

行政规范性文件是行政机关为执行法律、法规、规章，对社会进行管理而实施的一种制定规则的行政行为，是规范公民、法人和其他组织行为的政令。规范性文件不仅规范公民、法人、组织的行为，而且也规范行政机关本身的行为。行政机关依据规范性文件实施具体行政行为，实现对社会的管理，保障法律、法规、规章在相应行政区域内的执行。

3. 非政府公共组织规则制定的主体及其权限

非政府公共组织具体来说有八类：政治团体组织，即那些处于执政党、政府以外的一些党派、群众组织，如民主党派、工会、共青团、妇联、学联等各类组织；准行政组织，即由政府授权，享有某种管理职能的事业单位，如商标管理、专利管理等政策执行性事业单位等；非营利性事业单位，如教育、医疗卫生、科研、文化、体育等行业的各种机构等；社会团体、群众组织，如各类官方、民间创办的社会团体以及群众组织等；为社区提供服务的公益性组织，如就业服务中心、法律援助中心等；民办非企业组织，如民办学校、民办医院以及其他民办非营利组织；各类社会中介组织，如会计师事务所、审计师事务所、律师事务所，以及委托、代理、咨询、策划等营利性组织；基层社会民主自治组织，如农村村民委员会、城市社区居民委员会。

以上各种非政府公共组织在对自身进行管理时，也制定了许多规章制度，非政府组织在发展、改进自我时，可以发挥其创新优势，不断地完善这些规章制度等，而这在一定程度上也是一种特定的公共管理制度创新。

非政府公共组织制定规章制度的权力可以来自国家的授权，也可以是该组织成员一致同意取得。但其规章制度的调整范围受到一定限制，一是对象上的限制，其规章制度一般是针对本组织成员作出，因而主要是对本组织的成员发生效力；二是内容上的限制，其规章制度有权规定的内容一般只限于该组织管辖的范围及任务；三是其规章制度所规范的事项是有关该组织的一般事项，对涉及成员重要事务或权利的事项则应由国家予以规定。

8.2.4 公共管理立法的程序

1. 行政立法的程序

第一，法规、规章的提案和起草。法规、规章的提案，是指有权的主体就有关事项依法提交有关主体审议的，关于制定、修改或废止行政法规、规章的议事原型。提案可以是已经列入行政立法规划内的事项，也可以是未被列入的事项。行政法规的提案可以由国务院法制部门提出，也可以由国务院主管部门提出。部门规章的提案由该主管部门法制机构或业务机构提出，地方规章的提案则由地方政府的法制部门或职能部门提出。其他组织或个人不具有提案权。

法规、规章的草案是提交行政立法主体审议和通过的行政法规和规章的原型，是提案的组成部分。草案可以与提案同时起草，也可以在提出提案后组织起草。起草者可以是行政立法主体内部机构或职能部门，也可以是经委托的社会组织，还可以是两者的结合。起草组织的组成人员一般应包括行政主管部门的业务专家和法律专家，也可以吸收行政机关以外的专家、学者或其他有关人员参加。草案在结构上可以根据需要设章、节，但无论如何都应设条。条不受章节限制而编排，并可根据需要在条下设款、项和目。条在结构上一般应包含假定和处理两个部分，法律责任部分可设专条。行政法规和规章的草案应包括下列必要条款：立法目的、立法根据、适用范围、主管部门、解释机构、具体规范、法律责任、施行日期及需废止的法规和规章等。

第二，法规、规章草案的审查和审议。行政法规和规章的草案起草完毕后，一般要交行政立法主体的法制机构进行审查。其中，行政法规草案的审查由国务院法制机构进行，规章草案的审查由相应行政主体的法制机构进行。审查的主要内容包括：该项行政立法的必要性和可行性；该项草案在内容上的合法性和该项立法在权限上的合法性；该草案的必要条款是否完备以及在内容、结构和文字上是否具有科学性；所需的实施细则草案是否已经拟定以及是否与本草案相一致。法制部门对行政法规、规章草案进行审查后，应提出审查报告，与行政法规、规章草案一并提交行政立法主体审议。

经审查的行政法规、规章草案应由行政立法主体的正式会议审议通过。其中，行政法规草案应经过国务院全体会议或国务院常务会议审议通过；部门规章草案应由该主管部门的部务会议、委务会议等审议通过；地方规章应由地方人民政府全体会议或常务会议审议通过。

第三，法规、规章的发布。经审议通过的行政法规、规章，应由行政立法主体的行政首长签署命令发布，并刊载于相应的媒体。该发布令一般应包括制定和发布机关、序号、名称、通过日期、生效日期和签署人姓名等内容。其中，行政法规一般由国务院总理签署命令发布。经总理签署公开发布的行政法规，由新华社发稿，《中华人民共和国国务院公报》和《人民日报》全文刊载；规章由部门首长、地方行政首长签署，在部门公报、地方政府公报上发布；几个部门联合制定的部门规章，在经这几个部门的行政首长会签后，由其中一个部门发布；重要的部门规章也在《国务院公报》上发布。

2. 行政规范性文件制定的程序

到目前为止，我国并没有统一的行政规范性文件制定的程序规则，这是我国行政规范性文件制定中存在的主要问题。一些部门、机关往往凭某个领导的一个指示、一次大会发言甚至是一句话，便匆匆起草一个规范性文件，期间没有经过周密的调查、考虑，更没有在一定范围内经过相关人员的必要讨论和磋商，听取意见，便草率发文或公布。公布前或公布后，也没有"批准"或"备案"程序。

由于没有行政规范性文件制定的程序规则，因此越权情况严重。既有上下级行政机关的纵向越权，也有同级行政机关之间的横向越权。很多部门、地方常不管法律、法规、规章有何规定，认为只要需要就可以制定。从本地方本部门的局部利益出发，通过制定规范性文件来对付上级政策，即"上有政策，下有对策"，有些行政规范性文件直接侵犯公民权益，这就是群众反映强烈的"土政策"，从而使具有违法内容的行为从形式上合法化。

3. 非政府公共组织规则制定的程序

由于非政府公共组织的种类繁多，对于其自治规章的制定程序，法律并无统一的规定。下面仅以村民自治章程和村规民约的制定程序加以说明。

一是宣传，由村民委员会向村民宣传党的政策和国家法律、法规知识；向村民宣传制定自治章程和村规民约的必要性、可行性；二是草拟并修改，以各种形式广泛征求村民意见，草拟规约条款，然后提交村民委员会修改，形成初稿；三是提交村民会议通过；四是张榜公布，并报乡镇政府备案。

村民自治章程、村规民约的制定受到以下的一些限制：

村民自治章程、村规民约以及村民会议或者村民代表讨论决定的事项不得与宪法、法律、法规和国家的政策相抵触，不得有侵犯村民的人身权利、民主权利和合法财产权利的内容。在程序上，村民自治事项必须提交村民会议讨论决定后，方可办理。村民自治章程与村规民约由村民会议制定和修改，报乡、民族乡、镇的人民政府备案。

8.3 公共管理的主要法律依据

8.3.1 行政组织的法律依据

1. 宪法

宪法是国家的根本大法,从其内容看,又叫基本法,以国家与公民之间的基本关系为内容。它规定了公民对国家享有的基本权利和应向国家承担的基本义务,国家为保障公民基本权利的实现应当组建的国家机构以及他们的职责,国家的结构形式;规定了国家的基本经济制度和政治制度等有关国家的最根本的制度。从宪法与其他法律的关系看,宪法又被称为母法,是其他任何法律制定的依据。从宪法的法律效力看,鉴于宪法根本法、母法的地位,每个国家的宪法都明文规定,宪法在诸法之中具有最高的法律效力,任何法律规范都不得与宪法相抵触,否则该法律规范无效。对宪法的正确理解非常重要,因为宪法是依法治理的最终依据、最高依据和首要依据。

2. 法律

法律是指全国人民代表大会制定的基本法律和全国人民代表大会常务委员会制定的基本法律以外的法律。法律不仅规定了行政权力的范围、行使界限、程序,而且规定了对行政权力的监督、对受害人的补救等内容。法律是公共管理最重要的依据。法律作为公共管理的依据,具有较高的效力等级,是其他依据的基本依据。公共管理其他形式的依据一般都具有执行性和从属性,是法律的具体化,不得与法律相抵触。

3. 行政法规

行政法规是指国务院为领导和管理国家各项行政工作,根据宪法和法律,并且按照法定程序制定的政治、经济、教育、科技、文化、外事等各类法规的总称。行政法规是国务院根据宪法和组织法的授权,在其职权范围内制定的具有普遍约束力的规范性文件,是各类行政组织必须遵守执行的权力依据。从法律效力上看,行政法规的效力低于宪法和法律,因此,作为公共管理的有效行政法律规范,行政法规必须与宪法和法律相一致,不得出现抵触情形,否则,该行政法规无效。

4. 地方性法规、自治条例和单行条例

地方性法规是指省、自治区、直辖市和较大的市的人民代表大会及其常务委员会,根据本行政区域的具体情况和实际需要,在不与宪法、法律、行政法

规相抵触的前提下，或者经济特区所在的省、市的人大及其常务委员会，根据全国人民代表大会的授权，按照法定权限和程序，制定的规范性文件。

地方性法规中相当一部分涉及地方行政机关权力的取得、行使以及对权力的监督等问题，涉及公民、法人和其他组织在行政权力行使过程中的权利和义务，因而是公共管理法制的重要组成部分。随着地方行政事务的不断增多，地方性法规也迅速发展，成为地方行政机关行使行政权力的主要依据。

自治条例和单行条例是指民族自治地方的人民代表大会，依照当地民族的政治、经济和文化特点，在法定的权限范围内，制定的规范性文件。自治区制定的自治条例和单行条例，报全国人民代表大会常务委员会批准后生效。自治州和自治县的自治条例和单行条例，报省、自治区、直辖市的人民代表大会常务委员会批准后生效。自治条例和单行条例是民族区域自治权行使的主要依据之一，其法律地位相当于地方性法规，立法法授权自治条例和单行条例在不违反法律、行政法规的基本原则的情况下，可以对法律、行政法规作出变通的规定。

5. 行政规章

行政规章包括部门规章与地方政府规章两种。部门规章是指国务院各部委、中国人民银行、国家审计署和具有行政管理职能的国务院直属机构，根据法律和国务院的行政法规、决定、命令，在本部门的权限范围内制定的规范性文件，它所规范的事项应当属于执行法律或者国务院的行政法规、决定、命令的事项。地方政府规章是指省、自治区、直辖市和较大的市的人民政府，根据法律、行政法规和本省、自治区、直辖市的地方性法规制定的规范性文件。它所规范的事项包括为执行法律、行政法规、地方性法规的规定，需要制定规章的事项，以及属于本行政区域的具体行政管理事项。

行政规章是行政组织进行管理活动的重要依据，其数量之多、适用范围之广、使用频率之高均是其他形式的管理依据无法相比的。

6. 法律解释

法律解释依解释主体的不同、法律效力的不同，理论界将其分为有权解释和学理解释。有权解释是指法定的机关在其权限范围内，对法律的含义所作出的具有法律效力的解释。学理解释是指公民、社团、学术界对法律的含义作出的不具有法律约束力的解释，又称任意解释。学理解释因其不具有法律约束力，故而不能成为公共管理的依据。有权解释则因其具有法律效力，所以是公共管理的依据之一。法律解释包括立法解释、司法解释、行政解释和地方解释。

7. 国际条约和协定

国际条约和协定是国家之间对其共同关注、关心的国际问题在平等协商基础上所达成的协议，它是最重要的国际法渊源。我国政府参加或批准的国际条约和协定，已经成为我国国内法的一部分，如果其内容涉及我国行政权力的行使和公民法人的权利义务，同样成为我国公共管理依据的组成部分之一。

8.3.2　非政府公共组织的法律依据

具有公共管理职能的非政府公共组织，其进行管理也不能够违反上述行政组织所遵循的各类法律、行政法规、地方性法规、自治条例、单行条例、行政规章、法律解释、国际条约和协定。除此之外，各类非政府公共组织还要遵循本组织所制定的自治章程。例如，农村村民自治章程和村规民约就是村委会对本村公共事务进行管理的依据之一。村民自治章程和村规民约是指村民会议对其自治范围内的事项，按照法定的程序所制定的自我管理性的规范性文件，对生活在其地域范围内的人具有拘束力。

再以学校的校规校纪来看，学校有一个自治的领域存在，在该领域，学校有为实现自身目而自主制定校规校纪、管理规则的权利。只要这些管理规则不与法律、法规相抵触，它们就是有效的，学校可以依据其自治管理规则对学校事务进行处理，对教师与学生的日常管理当然也包括其中。学校有自己可以自治的范围，但是，这一自治的范围应遵守自治的基本原则——合法性原则，受法律的规制。校规校纪的性质可以这样表述：它存在于学校的自治空间，是行使自治权利的结果，遵守不与法律相抵触原则，而不是"依据"法律原则，就像工厂可以制定自己的厂规厂纪，社团可以制定自己的社团规则，行业协会可以制定自己的行规，公民可以处理自己的事务一样，只要不违法就是有效的。

行业组织在对行业事务进行管理时采取的一种最为普遍的方式就是制定行业自治规章，通过这些规范性文件规范和约束其成员的行为，维持良好的行业秩序。

我们还可以以行业组织的自治规章来加以说明。行业组织的自治规章是指由行业组织制定的调整行业事务的规则、规范。世界各国的行业性组织都有制定业内政策或规则的权力，包括章程、行业标准、行业道德规范或行业公约等。行业自治规章是由团体会员全体会议或会员选举产生的理事会制定的，有其民主基础，因而具有合法性，是行业组织实行管理的一种方式。行业自治规章的调整范围受到一定限制：一是对象上的限制。行业自治规章一般是针对本行业成员作出，因而主要是对该行业成员发生效力。当然行业成员以外的其他社会成员也会受到一定影响。二是内容上的限制。行业自治规章有权规定的内容一般只限于该行业组织管辖的范围及任务，即只调整其成员的与行业有关的权利义务。三是行业自治规章所规范的事项是有关行业事务的一般事项，对涉及成员重要事务或权利的事项则应由国家予以规定。行业自治规章应当符合国家法律的规定，如行业自治规章一般是以国家正式立法机关的规定为基础做出执行性规定，它不得与国家法律相抵触、相违背，否则即为违法。即在效力层次上，国家法要优于社会团体的自治规范。

8.4 公共管理的法制监督

8.4.1 公共管理法制监督的概念、特征与内容

1. 公共管理法制监督的概念

所谓公共管理法制监督是指监督主体依法对有义务遵守有关行政法律规范、行政指示、命令和决定，以及自治规章的公共组织及其工作人员的行为进行的全面监察、检查和督促。公共管理法制监督的目的是保障公共组织依法管理公共事务，保障各种法律、法规的实施和公共管理职能的实现，确保公共管理行为的合法性、合理性和有效性，提高工作质量和工作效率。

2. 公共管理法制监督的特征

第一，公共管理法制监督主体的多样性。公共管理法制监督的主体有国家机关（包括立法机关、行政机关、司法机关），政党组织（包括执政的中国共产党和参政的民主党派），以及其他社会力量（包括公民、各类社会组织和新闻舆论媒体），因此，公共管理法制监督的主体呈现多样性和全面性。

第二，公共管理法制监督对象的广泛性。公共管理法制监督的对象是各层级、各种类型公共组织及其工作人员。主要是各级政府、各种类型的公益性事业单位、社会团体、城市社区组织、农村村委会，及其各组织的工作人员。以上各类组织及其工作人员，既是监督对象，在一定的法律关系当中，也可以成为监督主体。

第三，公共管理法制监督形式和程序的法定性。即监督必须依法进行。由于公共管理监督的各主体所享有的监督权，都是法律赋予的，所实施的监督活动都需依法进行。

3. 公共管理法制监督的内容

第一，对公共管理行为合法性的监督。对公共管理行为合法性的监督是指监督主体对公共管理主体的行为是否符合宪法和有关法律而进行的监督。对公共管理主体行为合法性的监督，是公共管理法制监督中不可或缺的重要内容。这是因为以下原因。一是对行政机关的抽象行政行为而言，这是行政机关制定行政法规、规章，发布行政规范性文件的行为。这些行为一般不针对特定对象，而是规定行政主体和行政相对方的行为规则和权利义务关系，因而具有普遍的约束力。它约束的层面广、持续的时间长。如果抽象行政行为违背宪法和有关法律，必将极大地损害国家利益、集体利益或公民的合法权益，因而，必须对抽象行政行为进行合法性监督。二是对行政机关的具体行政行为而言，这是行政主体针对特定对象、直接影响其权利义务的行为。如果具体行政行为不符合宪法和有关法律，势必直接侵害行政相对方的合法权益。所以，监督主体也应该对具体行为进行合法性监督。这是维护行政相对方具体利益的客观需要。三是对非政府公共组织的管理行为而言，其接近于行政机关的具体行政行为，如果其行为不符合法律、法规及自治规章，也会影响到管理对象的权利义务，因而，监督主体也应该对管理行为进行合法性监督。

第二，对行政行为的合理性监督。对行政行为的合理性监督是指监督主体对公共管理行为是否符合党和国家的现行政策、是否符合人民群众的根本利益、是否符合客观规律和科学要求、能否产生最佳经济效益和社会效益所实施的监督。也就是说，凡是符合党和国家的现行政策、符合人民群众的根本利益、符合客观规律和科学要求、能产生最佳经济效益和社会效益的公共管理行为就是合理的行为；反之，则是不合理的行政行为。对公共管理行为合理性监督的主要目的在于通过对公共管理行为的事前审查、事中督促和事后检查，找出不合理的因素，查明不合理因素产生的原因，提出消除不合理因素的措施，并追究公共管理主体的责任，促进管理行为的合理化。

第三，对公共组织工作人员行为的监督。对公共组织工作人员行为的监督是指监督主体对公共组织工作人员遵守法律、纪律以及其他行政道德规范情况所实施的监督。它不仅要对公共组织工作人员遵守法律、纪律情况进行监督，而且要对公共组织工作人员遵守其他公共管理道德规范情况进行监督，它不仅要对公共组织工作人员履行职务时的行为进行合规范性监督，而且要对公共组织工作人员非履行职务时的行为进行合规范性监督。

8.4.2　公共管理法制监督的分类、作用与原则

1. 公共管理法制监督的分类

第一，以监督主体为标准，可以将公共管理法制监督分为国家监督、政党监督和社会监督三大类。国家监督的主体是国家机关，具体而言是指立法机关、检察机关、审判机关和行政机关在内的各类国家机关对公共组织及其工作人员的监督；政党监督即执政的共产党和各民主党派的监督；社会监督是指各类社会组织、新闻舆论和人民群众对公共组织及其工作人员的监督。作为国家监督的主体，立法机关和行政机关可以采取主动的行为，追究违法违纪的公共管理主体的责任，并给予相应的处罚或处分；司法机关虽然不能采取主动的监督行为，但依据一定的法定程序，也可以追究违法违纪的公共管理主体的责任，并给予相应的处罚。作为政党监督的主体，各政党可以按照本党纪律对公共管理组织中有违法乱纪行为的本党成员给予必要的纪律处分；作为社会监督的主体，任何时候都可以对公共管理主体及其工作人员进行监督，但是这种监督，必须经过法定的国家机关才能产生预期的效果。

第二，以监督的时间先后为标准，可分为事前监督、事中监督和事后监督。事前监督指监督机关为防患于未然，在公共组织实施管理行为之前依法实施的监督。事中监督指监督主体在公共组织实施管理行为的过程中对有关机关及其行为进行检查，以便发现问题，及时纠正。事后监督指监督主体在公共组织管理行为实施终结之后，对有关机关及行为进行调查、审核以便对出现的问题及时进行处理和补救。

第三，以各监督主体同公共管理组织的关系为标准，可分为内部监督和外部监督。前者指公共组织对公共组织的监督，包括上下级管理机关之间和没有隶属关系的管理机关之间的监督。后者指除公共管理组织之外的各种力量对其进行的监督。

第四，依监督的任务为标准，公共管理法制监督可分为专门监督与一般监督。专门监督是指以公共管理监督为主要职责的专职行政机关进行的监督，如我国的审计机关、监察机关所进行的监督即属于此类。一般监督也称业务监督，是指不以公共管理监督为主要职责的行政主体进行的监督，如上级人民政府对下级人民政府及其职能部门进行的监督即属于此类监督。

第五，依实施监督的方式为标准，行政监督可分为主动监督和被动监督。主动监督是指不需以外部的申诉、控告、检举为前提，由公共管理主体主动实施的监督行为，一般公共管理主体依职权所实施的监督行为都属于此类。被动

监督是指公共管理主体在公民、法人或其他组织的申诉、控告、检举前提下进行的监督行为。例如，群众举报某公务员有违纪行为，上级机关为此进行的调查、了解行为属于此类监督。

2. 公共管理法制监督的作用

我国目前面临着公共管理走向法制化、民主化和现代化的宏伟任务。公共管理监督在国家政治和法制监督中占有举足轻重的地位，并发挥着巨大的作用。首先，加强公共管理监控工作，对于公共组织及其工作人员依法合理进行公共事务管理，认真贯彻执行国家法律法规和党的路线、方针、政策，维护国家利益和社会公共利益，加强我国的民主法制建设等，都将起到积极的促进作用；其次，公共管理监督是保证正常公共管理秩序的重要手段和环节。正常的公共管理秩序不仅需要对公共管理相对方守法情况监督，而且也需要对公共管理主体守法的情况进行监督。因此，以公共管理主体及其工作人员为对象的公共管理法制监督就成为保证良好公共管理秩序的主要组成部分。具体说来，公共管理法制监督具有以下作用。

第一，加强对公共管理行为的监控对于贯彻实施国家法律法规和党的路线、方针、政策，以及推进社会主义现代化建设起着巨大的保障作用。公共组织及其工作人员是国家法律法规和党的路线方针政策的主要执行者，是社会主义现代化建设的组织者和管理者，公共管理监控的主要任务就是要通过查处违法、违纪行为和纠正不合理现象，促使公共组织及其工作人员依法合理开展公共管理活动，保证社会主义现代化建设事业的顺利进行。

第二，预防和及时发现公共管理主体及其工作人员的违法行为。与其他管理行为相比，公共管理法制监督的实施方式具有多元化的特征，既可以通过大规模的综合执法监督检查的方式进行，也可以通过小范围的询问、了解的方式进行；既可以采取必要的强制措施，也可以通过多种多样的非强制手段来实施。这种灵活多样的监督方式，可以对公共管理主体及其工作人员都形成强大的威慑力，以便让他们了解违法的昂贵成本以及违法的后果。即使有违法行为，通过监督也可以及时发现、及时处理，从而减少损失，维护正常的公共管理秩序。

第三，加强对公共管理行为的监控有利于保护国家、集体和公民个人的合法权益。公共组织及其工作人员在管理社会公共事务时，掌握着一定的权力，如果对其失去监控或监控不力，就有可能出现权力被滥用或使用不当的情况，从而损害国家、集体和公民个人的合法权益。加强对公共管理行为的监控，制约公共权力的滥用，追究违法违纪行为的政治责任和法律责任，对其所造成的损害及时进行纠正和补偿，可以使国家、集体和公民个人的合法权益得到切实有效的保护。

第四，加强对公共管理行为的监控是惩治权力腐败，克服官僚主义，推进廉政建设和维护社会政治稳定的重要保障。当前，公共组织的工作人员中以权谋私、贪污受贿、任人唯亲、挥霍浪费、办事拖拉、效率低下、脱离实际、欺压群众等消极腐败现象的存在，原因是多方面的。但最主要的原因是法制不健全，缺乏强有力的监控制约机制。消极腐败现象的存在和蔓延，严重地损害了党和政府在人民群众中的形象和威信，危害社会政治稳定。只有加强公共管理监控，才能及时发现和惩治消极腐败现象，推进廉政勤政建设，维护社会政治稳定，为改革开放和社会主义现代化建设事业创造一个良好的社会环境。加强对公共管理行为的监控对于实现公共管理的法制化具有极大的促进作用。公共管理法制化，指公共组织及其工作人员在公共决策、公共实施等公共管理活动的各个方面和各个环节，都要切实做到有法可依、有法必依、执法必严、违法必究。加强对公共管理行为的监控，既可以及时制止违法违纪行为和公共决策中的失误，又可以弥补公共管理过程中出现的偏差，不断完善有关法规。同时，加强对公共管理行为的监控，还可以增强公共组织和公共管理执行人员的法制观念，提高公民的法律意识，使其积极参与公共管理监控，促进公共管理的民主化和法制化。

3. 公共管理法制监督的原则

公共管理法制监督的原则是监督公共管理活动时所应遵循的基本准则，它对监督主体所进行的活动起着规范作用。一般地说，公共管理的法制监督的原则主要有以下几方面。

第一，经常性原则。实践证明，权力有腐败的趋势，绝对的权力导致绝对的腐败。公共管理权力的侵略性、扩张性特点使得被授予权力的公共管理主体及其工作人员时时面临着逾越正义和道德界限的诱惑，时时面临着滥用权力的诱惑。因此，要对公共管理主体及其工作人员进行经常性监督，以形成对公共管理权力滥用的对抗和震慑。从监督行政的时间顺序来说，就是既要对公共管理主体及其工作人员进行事前、事中和事后的监督，也要有定期和不定期的检查监督。

第二，广泛性原则。这项原则的基本要求是：第一，公共管理的法制监督的主体要广泛，即不仅要有国家机关的监督，也要有政党组织的监督，还要有社会团体、公民个人以及新闻舆论的监督；第二，监督的对象要广泛，即不仅要监督各类公共组织，还要监督各类公共组织的首长，不仅要监督公共组织的领导，还要监督一般工作人员；第三，监督的内容要广泛，即不仅要对公共管理行为的合法性进行监督，也要对公共管理行为的合理性进行监督，还要对公务组织工作人员的行为进行合规范性的监督。

第三，公开性原则。公共管理的法制监督的实质是国家机关、政党和其他社会力量对公共管理主体及其公务人员进行的监督。所以，公共管理主体推行政务公开是开展有效监督的前提条件。马克思曾经深刻地指出，官僚主义主要的工作方式就是神秘化，不愿将自己的权力公开，并将这种公开视为是出卖自己的利益。如果政务不公开，监督主体不知情，那么，公共管理的法制监督也就无从说起。公共管理法制监督的公开性原则还要求监督主体的监督行政活动本身也应尽量公开进行，遵循公开性原则，创造一个有利于政务公开的良好机制。这样，公共管理法制监督的威力就会更大。

第四，客观性原则。从客观实际出发和实事求是，是辩证唯物主义想问题、办事情的最基本原则。因此，监督主体在公共管理的法制监督过程中，应从客观实际出发，切实了解公共管理主体及其公务人员行为的真实情况，按照公共管理法制监督的客观规律，对公共管理主体及其公务人员的行为作出合乎情理的监察和督促。如果监督主体背离客观性原则，就会使监督行政从根本上偏离正确的方向，因而也就达不到监督行政的目的。

第五，法治性原则。这项原则的基本要求是公共管理法制监督的主体资格、客体范围、基本内容以及程序机制等均应在法律上作出明确的界定，实行依法监督。只有这样，才能保证监督行政的权威性、科学性和高效性。否则，就会出现虚监、弱监的现象。这样，既起不到应有的监督作用，会影响公共管理主体及其公务人员正常的管理活动，甚至影响国家的稳定和社会的发展。

第六，协调性原则。公共管理法制监督的协调性原则是指监督的各种主体（包括国家机关、政党组织和其他社会主体）在监督行政活动中既要分工负责又要密切配合、协同共监，从而提高公共管理法制监督的整体效能。如果监督主体不遵循协调性原则，就会出现重复监督和监督流失同时并存的现象，从而降低公共管理法制监督的整体效能。

第七，时效性原则。这项原则要求公共管理法制监督的主体必须根据已经获得的信息及时开展调查研究，查明可能导致或已经导致违法失职行为的各种动因，并迅速采取切实有效的措施，以避免或纠正公共管理主体违法、悖理的管理行为或公务人员不合规范的行为。公共管理法制监督遵循时效性原则，是现代公共管理的客观需要。

8.4.3　加强和完善公共管理法制监督制度

国家监督、政党监督和社会监督构成了我国现行的公共管理法制监督体系。这一体系的运行，对于保证公共管理主体行为合理、合法和公共管理主体工作人员行为合乎规范具有十分重要的意义。但公共管理法制监督的实践中仍然存在着失监、虚监、弱监和重监等不良现象。为此，必须加强和改善对公共管理的法制监督，充分发挥公共管理法制监督的整体效能，以期建立廉洁、勤政、高效、务实的公共管理组织，使其更好地为人民服务。

1. 公共管理法制监督实践中存在的问题

首先，监督结构缺乏整合性。我国现行的公共管理法制监督体制是一个多中心体制，缺乏一个主监督机构，各种形式的监督之间既没有形成有序的关联结构，又缺乏合理的分工。因此，往往导致有的问题多方插手，形成多重监督，而有的问题却又无人过问，出现监督的盲点或死角。所以，监督缺乏整合性影响了监督行政的整体效能的充分发挥。

其次，监督客体缺乏均衡性。从应然的角度看，公共管理法制监督的对象应该是全面的，即不仅要监督各类公共组织，还要监督各类公共组织的首长，不仅要监督公共组织的领导，还要监督一般工作人员；但从我国公共管理监督的实践看，往往是监督非政府公共组织多，监督行政机关少，监督非政府公共组织工作人员多、监督政府公务员少，监督一般公务员多，监督高级公务员少。因而呈现出监督对象不全面和缺乏均衡性的弊端。

第三，监督指向缺乏逆向性。按照权力制衡理论，监督指向必须与权力指向呈逆向平衡配置，即权力作用对象必须具有对权力运用主体的监督权。任何一个健全的民主社会，都将自上而下的下行监督、平行监督和自下而上的上行监督、多方监督有机结合起来，以全面监控行政权力，否则，就会因为失去监控而增长"祸害"可能。但从我国公共管理法制监督的实践看，自上而下的下行监督比较易于实施，而且实施起来也比较有效；而自下而上的上行监督则难以实施，因而产生虚监、弱监或失监现象。

第四，监督规范缺乏系统性和可操作性。在公共管理法制监督的实践中，各监督主体往往因为缺乏相应的监督规范，或者即使具备相应的监督规范，却又因缺乏具体的实施细则，而难以顺利地开展监督行政活动。

2. 进一步完善现行的公共管理法制监督机制

良好的公共管理法制监督机制是监督公共管理的整体效能得以充分发挥的必要条件。在长期的公共管理法制监督实践中，我国逐步确立了"党委统一领导、党政齐抓共管、纪委组织协调、部门各负其职、依靠群众的支持和参与"的公共管理法制监督机制。监督的实践要求必须从以下几方面对这一机制作进一步完善，以充分发挥公共管理法制监督的整体效能。

第一，要切实加强中国共产党对公共管理法制监督的领导。中国共产党是我国执政党，是社会主义事业的领导核心。加强中国共产党对公共管理法制监督工作的领导既是宪法赋予它的政治权利，也是它的政治义务。中国共产党要加强对公共管理法制监督工作的政治领导、思想领导和组织领导，为监督效能的充分发挥提供可靠的政治保证、思想保证和组织保证。任何否定中国共产党对公共管理法制监督进行领导的做法在理论上都是错误的，而且在实践上都是有害的。

第二，要改革国家监督机构体系，成立主监督机关。要清除监督离散、缺乏整合性弊端，就必须改革国家监督机构体系，在全国设立一个自成系统的主监督机关。从国外的实践看，当代许多国家都仿效瑞典的议会监察专员制度，并结合本国实际，设立议会监督专员。我国全国人民代表大会是具有议会性质的代议机构。因而，我国也应在全国人民代表大会设立专门的监督委员会，并使之成为全国的主监督机关。全国人大监督委员会应具有以下几方面的职权：有权直接介入各类公共组织的管理活动；有权对公共管理组织及其工作人员提出质询和询问；有权审查一切必要的材料；有权组织、指挥其他一切监督主体的监督活动。在全国人大监督委员会之下，分层设立派出机构，与国家机构的纵向层次相适应，同一层次只需派出一个监督机构。

第三，要进一步强化社会监督机制。首先，要认真贯彻执行《中共中央关于坚持和完善中国共产党领导的多党合作和政治协商制度的意见》，进一步发挥人民政协及民主党派的监督作用。其次，要采取措施切实落实公民对各类公共管理组织及其工作人员的批评建议权以及申诉权、控告权、检举权。当前，尤其要建立保护举报人的规章制度。再次，要充分发挥社会舆论在公共管理法制监督中的独特作用。

第四，进一步强化公共管理法制监督机构的自我约束机制。一要加强监督队伍建设，努力提高监督人员的政治素质和业务素质；二要建立严格的奖惩机制，凡监督机关及其工作人员有重大立功表现的要重奖，而对那些玩忽职守的监督机关及其工作人员要严惩；三要建立定期轮岗制度，以保证有关监督主体顺利开展监督行政活动。

第五，积极加强公共管理法制监督方面的法制建设。要充分发挥公共管理法制监督的效能，就必须积极加强这一方面的法制建设，为监督主体开展公共管理法制监督活动提供有力的法律保障。目前，要加紧制定"监督法"，对公共管理法制监督的主体资格、客体范围、基本原则、程序机制等作出明确、具体的法制规约，实现公共管理监督的法制化。

☞本章小结

公共管理法制是关于公共管理权的取得、行使以及对公共管理权进行监控和对其后果予以补救的法律规范和原则的总和。公共管理法制所调整的对象是因公权力的行使而形成或引发的各种社会关系。公共管理法制对于维护公共权力运行的秩序，维护社会秩序和公共利益，保障私益与公益的实现，以及推进和保障社会改革都起到重要的作用。根据公共管理主体的不同，我国公共管理立法可以分为行政立法、行政规范性文件的制定和非政府公共组织规则的制定三大类。有公共管理职能的政府行政组织，其进行管理的依据包括各类法律、行政法规、地方性法规、自治条例、单行条例、行政规章、法律解释、国际条约和协定；各类非政府公共组织还要遵循本组织所制定的自治章程。公共管理法制监督对于保障公共组织依法管理公共事务，保障各种法律、法规的实施和公共管理职能的实现，确保公共管理行为的合法性、合理性和有效性，提高工作质量和工作效率有着重要意义。

☞关键术语

公共管理法制	公共管理立法体制
公共管理立法主体	公共管理法律依据
非政府公共组织自治章程	公共管理法制监督

☞思考题

1. 公共管理法制的涵义与特征是什么？
2. 试述公共管理法制的作用与基本原则。
3. 公共管理立法的意义是什么？
4. 公共管理立法的主要原则有哪些？
5. 非政府公共组织自治章程的制定原则有哪些？
6. 试述公共管理法制监督的内容和作用。

7. 如何完善我国的公共管理法制监督体系？

☞案例

政府禁售令：经得起法律推敲吗？

2003 年，电动自行车在全国一些大城市普遍遭到一系列"封杀"：不给挂牌、不让上路和禁止销售。8 月 18 日，福建省福州市鼓楼区法院开庭审理了一起状告福州市工商局违法禁销电动自行车案，再次引起人们的关注，电动自行车真就走不动吗？

2003 年 6 月 1 日，福州市政府召开新闻发布会发布《关于加强电动自行车管理的通告》（以下简称《通告》），《通告》要求，在 6 月 1 日前，持有经营范围中含电动车项目或类似项目的营业执照，从事电动车销售的单位和个人，必须自本通告颁布之日起 30 日内向工商行政管理部门办理经营范围变更登记，工商行政管理部门将取消电动车销售项目或注明在经营范围中不含电动车项目。逾期未办理的，原营业执照中的电动车经营项目一律无效或不予认定。在上述期间内，从事电动车销售的单位和个人应当自行清理电动车，但不得继续销售。

在对电动车下达禁售令后，福州市遂进行联合执法。自 6 月 1 日起，福州市公安、工商、税务、城管等联合执法，强令变更营业执照经营范围，拆毁、涂改商店门头，扣留电动车，严禁销售。福州市政府之所以出台禁售规定，也有自己的考虑。福州市道路多为混合型交通，路网密度低，结构不合理，加之主、次干道和支路的比例不当，交通十分拥挤，按照该市目前城市道路及自行车的交通安全状况，电动车一旦融入自行车流，其交通安全更加令人担忧。正是基于这种交通状况的考虑，福州市政府出台了这一禁售令。

自发布禁售令以后，相关商家、厂家和消费者纷纷质疑福州市政府禁售电动自行车的合法性。首先挑战这一禁令的是福州海利达贸易有限公司（以下简称海利达公司）和浙江省金华市绿源电动车有限公司（以下简称绿源公司），他们以福州市工商行政管理局依据《通告》作出的有关禁止销售电动自行车的行政处罚违法为由，向法院提起了行政诉讼。

据起诉状称，2003 年 6 月 1 日，被告福州市工商局下属执法部门对合法从事电动自行车销售的海利达公司发出《责令改正通知书》，令其"立即停止销售电动自行车"。之后，被告还组织人员强行拆除海利达公司各销售店的灯箱和招牌，商店被迫关门停业，造成巨大经济损失。两原告认为，被告福州市工商局的行政行为没有法律依据。被告作出上述行为的惟一依据是市政府发布的一纸《通告》，而该《通告》本身就不合法，不能成为其作出该处罚的法律依据。首先，《通告》禁止销售电动自行车没有法律依据；其次，《通告》规定对销售电动自行车的行为可以进行处罚，违反《行政处罚法》关于行政处罚设定权的规定；第三，福州市政府责令工商部门执行《通告》超越其职权范围。对此，被告解释称，依据有关政府组织法规定，县级以上地方人民政府有权发布行政决定和命令，在未经法定程序撤销前，这些决定和命令都是合法有效的。因此，被告依据《通告》规定对原告违法销售电动自行车的行为作出处罚是合法的。

（资料来源：郑勋，张仁平，曾献文：《政府禁售令：经得起法律推敲吗？》，http：//www.people.com.cn/GB/shehui/1063/2064673.html，2003 年 9 月 1 日。）

请思考：

1. 福州市政府对电动车下达禁售令有法律依据吗？

2. 福州市工商局禁止销售电动自行车的行政行为是不是超越了其职权范围？

第9章
应急管理

人类进入 21 世纪以来，世界范围内出现了一系列的突发公共事件，如美国的"9·11"恐怖事件、中国的"非典"危机以及印度洋的地震海啸等，它们对既有的例行性政府管理模式提出了新的挑战，要求各国政府增强其快速反应能力。于是，应急管理就被提到议事日程上来了。在我国，重大、特大事故灾难时有发生；公共卫生事件开始严重影响整个社会的稳定发展，全球新发的30 余种传染病已有半数是在我国发现的；影响国家安全和社会稳定的群体性突发事件依然层出不穷……如何应对这些突发公共事件？如何增强我国政府的应急管理能力？就成为近年来我国政府关注的一项重要课题。

9.1 应急管理及其必要

2003 年，一场由"非典型肺炎"（SARS）所引发的突发公共事件使我国政府的应急管理体系经受了严峻的考验。随后，我国政府加大了对应急管理体制的建设力度，到 2006 年底，《国家突发公共事件总体应急预案》和各省的公共事件应急预案等一系列的应急管理制度相继出台。应急管理的目的在于：在突发公共事件没有发生之时，能够有效地预防事件的发生；而一旦突发公共事件发生，又能够沉着应对，并尽快使社会秩序恢复正常。应急管理与日常进行的例行性管理在管理范围、管理特点等方面有着显著的差别，研究这一管理形式对于完善整个公共管理模式有着重要意义。

9.1.1 突发公共事件的界定

应急管理是对突发公共事件的管理，所以，要确定应急管理的范围，必须研究突发公共事件。

1. 突发公共事件的概念

突发公共事件通常又被称为紧急事件（侧重于强调处置事件的紧迫性、时间性）、危机事件（侧重于强调事件的规模和影响程度），一般是指突然发生并危及公众生命财产安全、社会秩序和公共安全，需要立即采取措施加以应对的重大事件①。而要正确把握突发性公共事件或是公共危机的含义，又可以从"危机"的本意着手。"危机"（crisis）原本是一个医学用语，其意主要是指人濒临死亡、生死难料的一种局面。后来逐渐被引用到其他领域之中，主要是指一种不可预知、难以掌控和无法面对的困难局面。根据《辞海》的解释，"危机"主要有两种含义：一是指潜伏的祸机；二是指生死成败的紧要关头。《袖珍牛津词典》也对"危机"作了类似的解释：一是指非常困难的时期；二是指决定性的瞬间。

综合起来看，危机主要是指这样的一种状态：由于矛盾的激化，导致社会或组织偏离正常的发展轨道，如果能够抓住机会进行有效的治理，它有可能向好的方面发展；否则它就有可能向坏的方面发展，导致机体或组织的瓦解。我国 2006 年 1 月颁布的《国家突发公共事件总体应急预案》中，对突发性公共事件的界定是："突然发生，造成或者可能造成重大人员伤亡、财产损失、生态环境破坏和严重社会危害，危及公共安全的紧急事件。"②

《国家突发公共事件总体应急预案》还将各类突发公共事件按照其性质、严重程度、可控性和影响范围等因素，分为特别重大（Ⅰ级）、重大（Ⅱ级）、较大（Ⅲ级）、重大（Ⅱ级）、较大（Ⅲ级）和一般（Ⅳ级）四级。

2. 突发公共事件的分类

对各种突发公共事件实施有效的应急管理是政府的一项重要职能，也是政府的责任所在。突发公共事件的成因具有多样性。我们可以依据不同的标准对突发公共事件进行分类。

按照突发公共事件所发生的领域，我们可以将突发公共事件具体划分为以下几种类型：

政治性突发公共事件。其一般涉及政体、国体以及政府合法性面临严重挑战、威胁和瓦解，国家主权受到威胁和伤害，主要包括战争、革命、政变、武装冲突、腐败、大规模的政治变革、政府重要政策的变迁、大规模恐怖主义活

---

① 中国行政管理学会课题组：《建设完整规范的政府应急管理框架》，《中国行政管理》，2004 年第 4 期。

② 《国家突发事件总体应急预案》，http：//www. gov. cn/yjgl/2005-08/31/content-27872. htm，2007 年 6 月 23 日访问。

动、民族分裂主义活动以及其他政治骚乱等。

宏观经济突发公共事件。这主要涉及宏观经济变量的波动，诸如通货膨胀、汇率变动、股票震荡和失业率居高不下等。

社会性突发公共事件。它主要源于人们所持的不同信仰、价值和态度之间的冲突，以及各种反社会心理等，主要包括社会不安、社会骚乱、罢工、游行示威、小规模的恐怖主义行动、对相关价值观念的认同危机。

生产性突发公共事件。它是最常见也是发生频率最高的一类危机，主要源于技术因素、防护性因素、质量因素、管理因素以及各种各样的偶然性因素，主要包括工作场所安全、导致人身严重伤害的职业病、产品安全、生产设施与生产过程安全等。

自然性突发公共事件。也就是人们常说的天灾，它是指那些给人们的生命和财产造成严重损失的自然状况的突变，包括雨量的变化（干旱、水涝、山洪暴发、泥石流等）、地震、台风或海啸、流行性传染病以及其他自然灾害等。[1]

《国家突发公共事件总体应急预案》按照引发突发公共事件的原因将其分为以下四类：

自然灾害类。主要包括水旱灾害、气象灾害、地震灾害、地质灾害、海洋灾害、生物灾害和森林草原火灾等。我国是世界上自然灾害最为严重的国家之一，70%以上人口，80%以上工农业和城市，受到各种灾害严重威胁，2/3百万人口以上大城市位于地震高危区，在台风、洪水、滑波、泥石流等灾害中丧生的人数每年都有上万人。

事故灾难类。主要包括工矿商贸等企业的各类安全事故，交通运输事故，公共设施和设备事故，环境污染和生态破坏事件等。近十多年来，我国安全生产事故居高不下，重特大事故屡屡发生。最近几年全国平均每天发生7.2起一次死亡3~9人的重大事故，每周发生2.5起一次死亡10人以上特大事故，每月发生1.2起死亡30人以上特别重大事故，平均每年安全生产事故引发的经济损失约2 500亿元。[2]

---

① 陶学荣，朱旺力：《当代中国政府危机管理的困境与构建》，《江西社会科学》，2005年第1期。

② 《聚焦公共安全：事故频发与GDP人均无直接联系》，http：//news. jschina. com. cn/gb/jschina/news/zt2005/node17603/node17617/userobjectlail111956. html，2007年6月23日访问。

公共卫生事件类。主要包括传染病疫情，群体性不明原因疾病，食品安全和职业危害，动物疫情，以及其他严重影响公众健康和生命安全的事件。最近几年来，有些已经得到有效控制的传染性疾病又有所抬头，一些新发的传染性疾病开始出现和蔓延，污染中毒事件、食品中毒事件、各种灾害带来的疫情风险和生物侵害事件有所增加，防不胜防，给人民群众的健康和生命安全造成严重威胁。

社会安全事件类。主要包括恐怖袭击事件，经济安全事件和涉外突发事件等。当前我国正处于经济转轨、社会转型的特殊历史时期。根据国际经验，人均 GDP 从 1 000 美元到 3 000 美元这一时期，往往是社会经济结构发生剧烈变化、利益重新分配、新旧观念相互碰撞的矛盾"多发期"。近年来，我国犯罪形势向动态化、组织化、职业化和智能化的趋势发展，全国公安机关所立刑事案件年均上升幅度为 24.7%，刑事案件的总量每年均达 300 万起以上，各类刑事案件死亡年均近 7 万人，直接经济损失 400 亿元；经济犯罪涉案金额平均每年都在 800 亿元以上，违法犯罪形式趋向多样化、复杂化，而且走向国际化；高新技术的发展，生物技术特别是基因技术的广泛使用，核工业的发展，往往给犯罪分子和跨国犯罪、恐怖分子提供了最现代的作案手段，公共安全的威胁不再局限于任何一个国家的国境之内①。

《国家突发公共事件总体应急预案》对突发公共事件的分类，是当前我国政府实行应急管理的依据。

3. 突发公共事件的特性

在现代社会中，突发公共事件的发生已经成为一种常见的社会现象。通过以上对突发公共事件类型的划分，我们可以初步把握突发公共事件所具有的一般特性：

公共性。与个体和组织的突发事件相比，由于突发公共事件的影响范围更为广泛，所造成的损害相对较大，给社会系统的基本价值观念和行为准则的威胁更为深远，因而突发公共事件的应对不是某一个政府或是某一个公共部门的职责，而应该是以政府为中心的多个公共部门乃至整个社会的协同作用。在现代社会中，我们主张"多中心治理"观念，强调公共事务的治理应该是由政府和其他治理主体共同治理的过程。2003 年，我国政府在应对"非典型肺炎"所引发的突发公共事件时所采用的就是一个以政府为主导、多个治理主体"共同治理"的实例。

① 浦树柔：《公共安全：一年丧生 20 万》，《瞭望》，2004 年 2 月 26 日。

第 9 章 应急管理

233

突发性。或称不可预测性。从理论上讲，突发公共事件的爆发也是由一系列的细微事件逐渐发展而来的，因而其爆发也应该存在着征兆和预警的可能。但在实际生活中，由于突发公共事件爆发前的量变过程不为人们所注意，因而其在爆发时间和地点上就存在着较大的不可预知性，其爆发的原因和后果也都难以预测，因而突发公共事件的爆发从整体上具有突发性。学者巴顿即认为："那些能够预防的'危机'都只能称为问题，只有那些无法预知的、被忽视的、具有颠覆性的意外事故，才算得上真正的危机。"① 在突发公共事件爆发之时，特别是一些人为因素造成的突发公共事件，由于我们很难在短期内准确把握其发生的真正原因，也很难迅速找到其爆发根源，因而使得突发公共事件的解决颇为棘手。

不确定性。从突发公共事件所具有的"决定性瞬间"含义出发，我们可以发现突发公共事件具有较大的不确定性。突发公共事件爆发之后，一切都是瞬息万变的，事件发展的每一步都是"决定性"的紧要关头。如果缺乏有效的解决途径，就可能使事态更加恶化，使突发公共事件向更加不确定的方向发展。在突发公共事件爆发的初始阶段，由于很难通过既有的常规性管理法则和管理经验来解决，特别是由于缺少必要的决策信息，在处理方式上存在着较大的不确定性，因而经常会出现采取错误处理方案的情况。这种由于突发公共事件初期管理不善而造成的连带效应，就是突发公共事件的"连锁反应"。"当一个危机引起另一个危机时，就叫做连带效应。因为这些危机就像一粒石子投进池水中引起阵阵涟漪那样，对外部会产生一系列的负面影响。初始危机就像投入水中的石头，所引起的冲击破坏可能包含了石子撞击池底、在水面及周边溅出水花和涟漪荡荡而引起的波动。"② 突发公共事件"连锁反应"的一个经典案例就是1989年澳大利亚的奥克兰火灾，由于在火灾的初期，当局者只考虑到如何灭火的问题，但是随之而来的人员伤亡、家庭破碎、商业恢复和社区重建等问题又引发了更为严重的社会性问题。特别是随着全球化进程的加速，突发公共事件发展的这种不确定性更加明显，区域性的突发公共事件往往带来世界范围内的波动。

破坏性。与突发公共事件的"突发性"和"不确定性"相一致，突发公共事件往往也具有强大的破坏性。学者巴顿认为突发公共事件就是"一个会引起潜在负面影响的具有不确定性的大事件，这种事件及其后果可能对组织及

---

① ［美］劳伦斯·巴顿：《组织危机管理》，清华大学出版社2002年版，第3页。

② ［美］罗伯特·希斯：《危机管理》，中信出版社2000年版，第13～14页。

其员工、产品、服务、资产和声誉造成巨大的损害"①。据全球灾害统计（Global Disaster Statistic）所提供的数据，1996～2000年，各种灾害危机所造成的直接经济损失高达2 350亿美元，并且使425 000人死亡。在过去10年中，仅自然灾害所引起的各种危机，每年所影响的人数达2.11亿。在发展中国家，因各种灾难和危机死亡的人数占死亡人口的95%。在过去30年中，世界上近乎一半以上的灾难和危机发生在亚洲。结果亚洲是世界上各种灾害多发的地区，占世界灾难受影响人口的80%，占死亡人数的40%，占经济损失的46%。当然，公共危机所带来的破坏性可能是多个方面的，可以是有形的物质损失，也可以是无形的损失，因其波及局部地区甚至是世界范围内的政府、经济、文化等领域，更有甚者可能会造成公众对现有政府的强烈不满，导致政府的更迭。

9.1.2 应急管理的特点

鉴于突发公共事件给人民生命、财产和安全所带来的巨大损失，以及给整个人类发展所带来的阻碍和不稳定，因此，应急管理已经成为当今世界普遍关注的议题之一。应急管理是公共管理的一个重要组成部分，要理解其特点，首先必须正确把握应急管理的含义。所谓政府应急管理，就是指政府为了应对突发事件而进行的一系列有计划有组织的管理过程，主要任务是如何有效地预防和处置各种突发事件，最大限度地减少突发事件的负面影响。由于应对突发事件需要政府采取与常态管理不同的紧急措施和程序，超出了常态管理的范畴，所以政府应急管理又是一种特殊的政府管理形态，即非常态管理。②

由于应急管理的对象就是突发公共事件，因此突发公共事件所具有的公共性、突发性、不确定性和破坏性等特性也必然会影响到应急管理的特性。与日常性的例行管理相比，应急管理除了要遵循一般性的管理法则之外，还需要结合突发公共事件的具体特点进行权变管理。突发公共事件所具有的这些特性反映在管理上就使应急管理具有以下特点：

1. 具有不确定性

应急管理的不确定性主要表现在以下几个方面。首先是管理对象的不确定性。通常情况下，人们所进行管理活动都有着确定的管埋对象。如企业管理的

---

① ［美］罗伯特·希斯：《危机管理》，中信出版社2000年版，第18页。

② 中国行政管理学会课题组：《建设完整规范的政府应急管理框架》，《中国行政管理》，2004年第4期。

对象是企业的生产经营活动，这又可以进一步划分为经营、计划、生产、技术等具体活动。而应急管理则不相同，由于突发公共事件发生的次数极少，或者从来就没有发生过，人们很难事先就将它们列为应急管理的对象，只有等到事件爆发之后，才将其列为应急管理的对象。因此，很难事先对它们进行监测、预控和制定处理计划。作为管理对象，它们具有不确定性。其次是突发公共事件预测的不确定性。由于应急管理在管理对象上的不确定性，导致应急管理部门很难准确预测突发公共事件发生的时间、地点、强度、规模。即使有预测，也因突发公共事件发生的次数极少，预测人员难以积累足够的经验，致使预测的结果比较粗略，可靠性比较差。再次是突发公共事件预控的不确定性。突发公共事件预控主要是指在突发公共事件监测的基础上，在事件发生的前兆阶段对引起突发公共事件的因素采取措施，避免事件的爆发。对于不确定现象引起的突发公共事件，由于事先不一定将其列为管理对象，对其预测结果就比较粗略，可靠性较差，因而，要对其进行有效的预控就相当困难。最后是突发公共事件处理计划的不确定性。由于应急管理在管理对象、预测和预控等方面的不确定性，致使应急处理计划一方面不可能将所可能发生的突发公共事件都包括在内，另一方面也不可能列出所有的解决方案，存着较大不确定性①。

2. 具有应急性

这主要是由于突发公共事件具有突然爆发和处于紧急状态的特性，使得应急管理必须应急处理，而且处理时间极其有限。应急管理的管理对象都是突发性事件，无论是地震、洪水、山体滑坡、台风海啸等自然灾害，还是恐怖活动、食物中毒、歌舞厅失火、大面积停电等人为灾难，尽管其发生原因各不相同，危害程度也不相同，但都是在人们准备不足或毫无准备的情况下突然发生的，面对难以确定而又存在严重危害性的天灾人祸，应急管理部门就必须在极短的时间内做出关键性决策和进行紧急回应。时间就是应急管理的生命。以化学事故为例，发生化学事故之后，即便有一个非常科学的应急方案，也还需要对当时当地的风向、风级进行测定，然后根据风向、风级确定可能影响的范围，并按此范围进行人员疏散。同时，还要对泄漏或者爆炸地点进行外置。这些工作都需要在最短的时间内完成，否则就会造成更大的突发公共事件。2005年，我国政府及时、有效地处理了松花江水污染问题，就充分反映出了应急管理的应急性。

---

① 王苏：《危机管理——企业如何对付意外灾难》，中国展望出版社1988年版，第31～34页。

3. 具有预防性

这是指通过监测应急管理对象，采取预防措施，达到防止突发公共事件爆发或者最大程度减少危害的管理目标。它主要是由突发公共事件的危险性和破坏性所决定的。突发公共事件一旦爆发，就会给社会带来极大的危害。突发公共事件爆发后的管理工作，通常情况下只能最大限度地减少损失，而不能从根本上挽回突发公共事件所带来的重大危害。1987 年，我国大兴安岭火灾发生之后，虽然我国政府通过投入了数万人力，最终控制并扑灭了大火，但是却不能改变损失惨重的局面。因此，应急管理所管理的不仅仅是爆发后的突发公共事件，而且也应该包括爆发前的突发公共事件。在应急管理的众多职能之中，应该将突发公共事件监测和预控等预防性的职能作为应急管理的主要内容和工作重点。

4. 具有系统性

系统性主要是指应急管理涉及多个部门，是一个全方位管理的过程。突发公共事件是人类社会不可避免的非正常现象，任何一个领域都有可能发生突发公共事件，正如世界著名管理学者劳伦斯·巴顿所说的那样："世界上没有一个不受灾害威胁的安全港。"而突发公共事件又是一个综合性的多面体：从应急管理发生阶段来看，有前兆阶段、爆发阶段、持续阶段，一项突发公共事件常常会引发另一项甚至多项突发公共事件，这就决定了应急管理具有综合性的特点；从应急管理所需资源来看，其涉及面广泛，需要调配整合的人、财、物、信息资源多种多样，对突发公共事件的预防和处置，必须动员、组织全社会的力量积极而有序地参与方能奏效；从应急管理实施的过程看，它包括建立机构、培训人员、建章立制、危机监测、预警预防、应急处置、控制修复、善后协调、评估改进等众多环节。其中的每一个环节都是"牵一发而动全身"的关键部位，这就决定了应急管理更注意协调性与综合性。

9.1.3　应急管理的意义

自 20 世纪 90 年代以来，战争危机、金融危机、宗教危机、社会危机等类型的突发公共事件频繁爆发。突发公共事件不仅给一个国家的社会稳定和经济发展带来了极大的威胁，而且对一国政府的管理体制和管理能力提出了更大的挑战。当前，由于整个人类社会生存条件的不断恶化，自然性危机和社会性危机频繁发生，加之我国正处于社会的转型时期，各种社会矛盾逐渐显现出来，如何提高我国各级政府应对突发公共事件的应急管理能力就成为一项迫在眉睫的重任。

1. 提高政府预防突发公共事件的能力

当代危机冲突理论认为，没有一个系统是百分之百完善的，它们总会存在一定程度上的不足，诸如社会安全事件等危机的出现是不可避免的，它们会随时存在，随时爆发。因此，预防职能是应急管理的第一条防线，采用的是积极防御的战略，它主要包括突发公共事件监测和预控职能。根据预警信息，能够对可能发生的危机进行预防，做好各种准备，当突发公共事件真正发生时，就能降低危机发生的突然性和意外性。将应急管理理念融入政府管理过程当中，通过制定有效的应急管理战略和完善的应急管理体制，就可以提高政府防止危机发生、发展和恶化，降低不良影响的防御能力。通过完善政府的应急管理体制，可以避免或减轻突发公共事件给社会所带来的巨大经济损失和政治危机，有效地维护和提升政府的公信力和影响力。当代应急管理的实践证明，随着突发公共事件爆发不可预知性和破坏性，危机预防和准备已经成为应急管理的重中之重，越来越多的国家开始重视突发公共事件的监测和预控工作。2004年2月5日，北京市密云县密云公园中发生了严重的游人踩踏事故，造成37人死亡、15人受伤的悲剧，而导致这一悲剧发生的重要原因之一就是缺乏对危机预防与危机准备的足够重视。

2. 有利于提高政府处理突发公共事件的能力

与应急管理的预防职能不同，应急管理的处理职能是第二道防线，采用的是固守防御战略，所不同的是在应急管理中，实施处理职能时意味着突发公共事件已经爆发，社会或公众已经受到一定的损害。它主要包括应急处理计划、应急决策和事件处理三种子职能，其中应急决策是处理职能的核心，事件处理是处理职能的直接体现者，应急处理计划是为突发公共事件处理制定的行动方案（见图9-1）。突发公共事件对任何一个国家和政府来说都是不可避免的，只有正视这一问题，努力提高自身处理突发公共事件的能力，才有可能最大限度地降低突发公共事件所带来的危害。美国"9·11"恐怖事件发生后，由于美国政府有一整套有效的应急管理机制以及较强的危机处理能力、控制能力，危机事件能在较短的时间得到平息，社会秩序也得以恢复，也提高了美国政府在社会公众乃至于在国际上的形象和影响力。同样是面临突发公共事件，在1984年12月印度中央邦首府博帕尔市的农药厂发生甲基异氰酸酯（MIC）储罐泄漏事故中，由于政府及相关机构在处理突发公共事件上的能力低下，导致了灾难性的后果，这次突发公共事件共造成了2 500余人丧生，20余万人中毒的严重损失。①

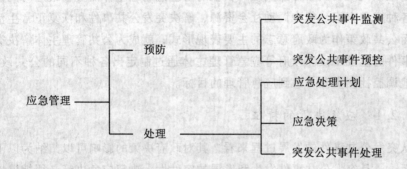

图 9-1　应急管理的主要职能

（资料来源：苏伟伦：《危机管理》，中国纺织出版社 2000 年版，第 19 页。）

3. 有利于提高现有的政府管理水平

正如我们在前文中所论述的那样，突发公共事件具有双重性，它既是一种祸机，又是一种决定生死成败的紧要关头。正如学者史蒂文·芬克所说的那样："中国人早在几百年前就领会了这一思想。在汉语中，组成危机的两个字分别表示危险和机会。"② 因此，在突发公共事件爆发后，我们可以利用这一机会来改善现有的政府管理体系，提高政府管理的整体水平。通过突发公共事件所暴露出来的现有行政管理体制的各种不足，让政府自身和社会公众更为清楚地认识到它们的危害性，增强了整个社会根治这些弊病的决心。2003 年，我国政府在治理"非典型肺炎"（SARS）所引起的公共危机之时，就很好地利用了这一"机会"。"非典"让政府和社会公众更为充分地认识到传统的信息披露制度、卫生防疫制度、政府应急管理制度等方面的严重不足，直接导致这些方面的大幅度改革，提高了我国政府的管理水平。

9.2　应急管理的决策制度

在整个应急管理过程的始终，政府等公共管理主体承担着不可推卸的治理

---

① 《1984 年 12 月印度博帕尔毒气泄漏事件》，http://www.chinaenvironment.com/view/viewNews aspx？k = 19841203150651234。

② 苏伟伦：《危机管理》，中国纺织出版社 2000 年版，第 19 页。

责任。它们所拥有的公共权力和社会资源为突发公共事件的解决提供了有利条件。当某项突发公共事件爆发之时，政府等应急管理主体需要在最短时间内制定出各种应急方案、集中调动社会资源，解决突发公共事件和恢复正常生活秩序。而公共政策作为政府意志的主要表现形式，就成为公共管理主体解决突发公共事件的重要手段。政府等应急管理主体通过制定出各种不同的公共政策，有效地调控社会资源，达到应急管理的目标。

9.2.1 应急决策的特征

从突发公共事件的发展过程来看，其对政府决策的影响可以归纳为以下几个方面：一是突发公共事件发生和发展的突然性，决定应急决策必须把握恰当时机，当机立断；二是突发公共事件治理的应急性，决定应急管理的决策资源非常有限；三是突发公共事件发展的不可控性，决定应急管理的决策后果具有不可预知性，存在着"政策赌博"的可能。严格说来，应急决策不同于日常的例行性的管理决策，它是一种非程序化决策。其决策特点大概可以归纳为以下几个方面：

1. 应急决策权力的集中性

鉴于突发公共事件所具有的破坏性，应急决策的首要任务就是控制危机事态的蔓延，将突发公共事件控制在一定的范围之内，最大可能地保护社会公民的生命安全和财产安全。这就要求应急决策必须是在快速、高效的情况下做出的，否则就会延误危机救治的最佳时机。与正常的政策制定过程相比，应急决策比较注重决策的时效性和执行的一致性，因而在决策体制方面也与平常的政策制定环节存在着较大的区别。危机状态的突发性、破坏性和不可预知性，使得应急决策者根本不可能有充分的时间和条件来遵循政策制定的惯有程序，比如发扬民主、广泛征求意见、举行听证会等。由于应急决策在时效等方面的特殊要求，就要求将应急管理的决策权力相对集中在最高决策者手中，以便决策者能够随机进行决策。比如在1998年长江防洪过程中，就"荆江分洪"问题存在着"分与不分"的争议，时值国家防汛总指挥的温家宝副总理，根据实际情况进行应急决策，决定"不分洪"。

2. 应急决策方式的权变性

突发公共事件的突发性和不可预知性对应急决策者提出更高的标准，要求应急决策具有权变性。这种不可预知性主要表现为以下几个方面：状态的不确定；影响的不确定；管理对象的不确定；处理方案的不确定。突发公共事件在这些方面所存在的不确定因素，给应急决策增加了难度。因为突发公共事件的发展具有不可预知性，致使决策者无法掌握必要的决策信息，没有办法对事物的发展状态进行精确估量。这就要求应急决策者必须根据事态发展的特殊情况，进行权变式决策。通常情况下，决策者在进行权变决策之时，一般要考虑到以下几个约束条件：

决策时间。与常规决策不同，应急决策不可能在政策制定的诸多环节上花费大量时间，突发公共事件爆发的突发性要求决策必须在"第一"时间内制定出治理危机的有效政策。由于突发公共事件发展的不可预知性，决策者不可能收集到"完全"的决策信息。这就要求决策者在进行应急决策时，只能够根据自身的洞察能力和反应能力，在有限的时间内进行权变式决策。

决策信息。与决策时间紧迫性相联系的是应急决策信息的有限性。由于决策者不可能等到完全弄清突发公共事件的来龙去脉之后再进行决策，因而应急决策总是在决策信息非常有限的条件下进行的。在常规决策过程中，决策者总是试图追求决策信息的"最大化"，但实际上这是不可能的。因为无论是从时间上，还是精力上，我们都不可能做到决策信息的"最大化"，只能够是"有限理性决策"。这种决策的"有限理性"在应急决策中表现得更为明显。在应急决策过程中经常会存在信息局限性：一是信息的不完全，决策者不可能掌握到所有与决策有关的信息；二是信息的时滞性，决策者往往只是根据危机发展的前一个阶段的信息来决策；三是信息的失真性，由于决策信息在传递过程中经常会受到"噪音"的影响，因而决策者所得到的决策信息往往与实际情况存在着很大的出入，决策者又没有时间去考证。通常情况下，决策复杂性与决策信息之间的关系可以通过图 9-2 来说明。

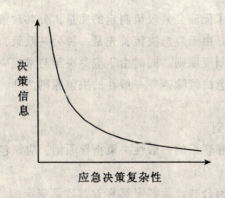

图 9-2　决策信息与应急决策复杂性的关系

决策者。突发公共事件的爆发，首先会使应急决策团体的心智效能、检验真实的能力及道德判断力普遍受到破坏，致使决策集团"茫然不知所措"，出现集体性的"决策无能"。其次是应急决策过程中的专业技术人员缺乏。由于一大部分突发公共事件是由某个特殊领域里的单个危机造成的，如地震、洪水、疾病等，这就需要决策者对相关领域的专业知识有所了解，否则就会制定出无效甚至是违背常理的政策。可以说，2003年的"非典"危机最初就是由于决策者不了解这一流行性疾病的真正危害，致使"决策无能"和决策延误。

3. 应急决策程序的简略性

与常规决策不同，应急决策不可能严格遵循公共政策制定的程序要求。通常情况下，我们强调公共政策的制定要遵循政策制定的程序要求，比如政策制定的问题识别、方案规划和方案择优等环节。因为决策的程序化是保障决策科学化的重要手段。而在应急决策属于非程序化的决策，由于突发公共事件状态的特殊性，就要求应急决策的程序在不损害决策的合理性的前提下适当精简。简略的决策程序能够为治理突发公共事件赢得宝贵时间。

4. 应急决策效果的不可预料性

正如上文所讲到的那样，应急决策属于非程序化的决策，而非程序化的决策往往又是一种模糊决策和非预期决策。那么在决策方案执行过程中会不会存在政策走样？决策对整个社会所带来的负面影响如何？对于这些问题，由于应急决策的紧迫性，决策者没有充分考虑的余地，在一定程度上存在着"政策赌博"的可能，因此应急决策的结果都是很难预料的。

9.2.2　应急决策的原则

通常情况下，为了保证公共政策制定的质量，公共政策在制定过程中需要遵守一定的决策原则。由于应急决策首先是一种公共政策，这就决定了其必须遵守普遍的公共政策制度原则。同时由于应急决策与常规决策之间所存在的差异性，也就决定了应急决策除遵守一般性的决策原则之外，还需要遵守一些特殊性的原则。

1. 一般性指导原则

与突发公共事件相联系的一般性决策指导原则，应该包括以下几个方面的内容：

时效性原则。任何公共政策制定都有着其政策制定的"周期"，也就是说公共政策需要在特定的时期内发挥作用，过早或过晚的政策制定均很难发挥公共政策的治理作用。对突发公共事件来说更是如此，由于突发公共事件具有突发性、不可控性和破坏性，为了有效地防范危机的恶化，最大限度地减少损失，在应急决策过程中必须做到快速、高效，以免错失决策良机。诸如洪水、地震、突发性人文事件等均需要在"第一"时间内进行决策，才能够起到治理效果。

科学性原则。公共政策制定的前提是对政策问题有着比较深入的了解，任何对政策问题领域缺乏了解的行为都会产生"第三类问题"，即正确的方法解决了错误的问题。在应急管理过程中，如果发生对某类突发公共事件性质认定错误的问题，必然导致应急决策的失败，甚至适得其反。

合法性原则。公共政策的制定必须是在既有的法律制度和社会的认同感下展开的，任何背离既有法律精神或是社会伦理道德的做法都将丧失政策制定的合法性，而一旦公共政策丧失掉合法性，其政策效力将会大打折扣。在应急管理过程中，虽然应急决策具有权变性、集中性和简略性等特征，但是它必须是在社会的合法性认同的基础之上展开的，那些企图通过"非法"政策来治理危机的做法，都将会引起更大的社会危机。

透明性原则。公共政策的制定过程是一个公民参与的过程，通过将政策对象纳入到公共政策制定过程之中，有利于下一步的政策执行工作。在应急决策过程中，更为强调决策主体与普通民众之间的"信息共享"，通过与公众保持较好的沟通和接触，可以减轻突发公共事件给社会所造成的恐慌，增加公共政策的可信度和影响力。相反，任何企图隐瞒或歪曲突发公共事件信息的做法都有可能进一步恶化危机，造成更为严重的社会影响。2003年2月上旬，广州市的"非典"发病情况已经进入高峰期，却看不到任何官方的信息披露，在社会和公众茫然不觉的情况下，"非典"开始了从广东向全国的蔓延，直接导致"非典"从一个部门危机向全社会危机的恶化。

2. 特殊性原则

在遵守一般意义上的政策制定原则之后，应急决策还要遵循其特殊性的制定原则。公共政策学者德罗尔在分析逆境中的政策制定之时，曾经提出"社会改造原则"、"临界质量原则"、"承担风险、避免万一原则"等应急决策原则。这对于我们提高应急决策的质量有着重要的指导意义，这些"原则密切相关，合在一起便构成了我建议越来越多的国家所应当采取的一种应付逆境的政策姿态"①。结合这些原则，我们认为在应急决策过程中，应该遵循以下几

---

① ［以］叶海卡·德罗尔：《逆境中的政策制定》，上海远东出版社1996年版，第104页。

个特殊性的原则：

以人为本和减少危害原则。应急管理必须切实履行政府的社会管理和公共服务职能，把保障公众健康和生命财产安全作为首要任务，最大程度地减少突发公共事件及其造成的人员伤亡和危害。由于突发公共事件所具有不可预知性、不可抗拒性和破坏性，一般公众在突发公共事件面前表现出极大的脆弱性，这就要求政府等应急决策主体能够将公众利益作为一切决策和措施的最终出发点和依归。在应急决策过程中，任何偏离人民群众利益的决策都有可能造成公共利益的更大受损。2001 年 7 月，南丹锡矿透水事故发生后，南丹县原县委书记万瑞忠等人首先想到的不是面临死亡威胁的 81 名工人兄弟，而是自己的官职以及权力给他们带来的巨大私利，置受困矿工的生死于不顾，自导自演了一起骇人听闻的隐瞒事故真相事件。因此，在应急决策过程中，就应该以人民群众的根本利益为出发点，来构筑整个应急决策体系。

权威性和强制性原则。在突发公共事件爆发之后，由于情况极其复杂多变，决策团体在认识上经常会存在分歧，在突发公共事件的应对方案上，很难取得广泛的一致意见，特别是僵化的行政体制和组织结构又往往成为快速应对突发公共事件的障碍和阻力。同时，由于突发公共事件的突发性，一般社会公众很难真正认识其危害，进而对应急决策主体的行动缺乏主动性的配合。在这种情况下，就必须授予应急决策者发号施令的高度权威。当然，应急决策权威性的实现，是建立在自身决策正确、合乎法律规范和公众支持的基础之上。此外，应急决策权威性的实现还需要以决策强制性为保障。在突发公共事件过程中，决策时机稍纵即逝，在某些情况下，为了人民群众的公共利益，采取适度和合理的决策强制是必要的。在"非典"危机中，有关管理部门就决定对那些患有突发传染病或者疑似突发传染病而拒绝接受检疫者，实行强制隔离或者治疗。

有选择的激进主义原则。在公共政策制定过程中，不可避免地存在着两种对立倾向：激进主义和渐进主义。前者试图通过大幅度、彻底性的公共政策改进来实现全面的社会改造效果；而后者则认为公共政策是在既有公共政策下做"边际"修改而成的。有选择的激进主义原则就是在应急决策过程中，通过有限地彻底改变若干个社会现实问题，以应对因突发公共事件所带来的社会危机。这种有选择的激进主义决策原则，其表现形式既有一般的直接干预的重大变革，也有特殊的极端形式，如某种强烈干预的突击政策，或宣布紧急状态，或实行武力干预等。在应急管理过程中，如果仍然依照常规的渐进式政策制定模式来进行决策的话，必然无法改变社会惰性对政策效果的影响，使应急管理取不到预期效果。因此，在应急决策过程中，通常倾向于使用"有选择的激进主义"原则。通过采用有选择的激进主义原则，应急管理主体可以就突发公共事件相关问题进行"激进式"政策创新，改变这些领域里的"政策无能"状况。在 2003 年"非典"危机过程中，我国政府在一定程度上采用的就是有选择的激进主义原则，在政府信息公开、卫生防疫机制、应急管理体制等领域进行了全面的政策创新。

产出价值优先原则。公共政策制定过程中经常受到各种不同的政策价值观念的支配：一种是产出价值，即政策对现实的影响和效果的价值、目标和要求，其主要包括法律和秩序、稳定的经济增长、社会保障及其各种不同情况的合理说明等；一种是形式价值，即政策制定和执行时的公众参与和公正性，其主要包括政策制定模式、人员配备、参与制、代表制和透明度等。产出价值优先原则是指应急决策应该把政策对社会产生的实际影响放在首要位置之上。由于突发公共事件具有不可预知性和破坏性，如果应急决策的效果不能够迅速地起到作用，必然会造成突发公共事件的蔓延和恶化。因此，在应急决策过程中，决策产出情况是选择决策方案的一个重要指标。当然，应急决策的政策效果有短期效果与长期效果之分。在处理突发公共事件过程中，特别是一些社会性突发公共事件，如果过于重视短期产出，忽视政策的长期产出，就有可能无法消除危机产生的根源；但是如果过于重视政策的长期产出，漠视突发公共事件的眼前利益矛盾，必然导致危机的无法平息，甚至使危机恶化。这就要求应急决策者能够在公共政策总体规划下，分清主次先后，轻重缓急，使远期与近期成效达到兼而有之。

9.2.3 应急决策的困境

虽然应急决策者对突发公共事件所带来的破坏性广为关注，但是现阶段的应急决策体系仍然存在诸多困境，致使整体的应急管理水平不高。而公共政策质量的高低受到很多因素的影响，一项好的公共政策往往是多种因素共同作用的结果。对于应急决策来说，满足应急管理需求的公共政策也必然是建立在决策系统、信息系统、指挥系统等决策子系统协同作用的基础之上，决策系统运行的不畅就构成了应急决策的困境。

具体到应急管理中，有很多因素都可能影响到应急决策的质量，最为重要的有以下几种：一是应急决策核心的决策力度，由于应急决策在很大程度上是一个集权式和权变式的决策，因此决策核心的力度直接影响到应急决策的质量，通常情况下，决策核心除了要求最高决策者的决断能力之外，还要求决策领导者的知识结构、身体状况和决策经验等；二是应急决策信息的多寡，由于突发公共事件所具有的不可预知性，因此应急决策的质量在很大程度上取决于决策者对突发公共事件所掌握到的决策信息，在应急决策过程中，专业性的情报收集部门发挥着至关重要的作用，有的时候甚至可以借用"外脑"的作用；三是应急决策体制的完善，由于应急决策所具有应急性，决定了在应急管理过程中必须决策责任明晰化，任何互相推诿扯皮的情况，必将会丧失决策时机，造成突发公共事件的升级，因此，在应急决策过程中必须做到权责明确、各司其职；四是应急决策资源的多寡，由于突发公共事件所带来的巨大破坏性，因此治理突发公共事件需要投入大量的物质资源，这些决策资源的具备与否直接影响到应急决策的层次、力度和效力，没有决策资源支持的应急决策根本没有办法实施①。

一项好的应急决策必然是以上多种决策因素共同作用的效果，这些决策条件的缺失，就必然会出现应急决策的"困境"。通常情况下，应急决策的"困境"主要有以下几个方面：

1. 应急决策人员的决策能力低下

任何公共政策的制定都离不开制定者，制定者素质的高低成为制约政策质量好坏的关键因素。对于应急决策来说更是如此，由于应急决策没有充足的决策时间和丰富的政策资源，特别是应急决策没有经验可循，因而应急决策对决策者的能力提出了更高的要求。从当前情况来看，应急决策者的能力还表现出很大的不足：一是高素质决策者的缺乏，大多数应急决策者还习惯于例行的常规性决策，而对应急决策还缺乏经验和了解；二是应急决策专业人才的缺乏，由于突发公共事件往往是从某一个领域扩散开来，因此各个领域的专门人才对于提高决策质量有着重要作用，而在当前整个应急决策系统运行不畅的情况下，专门人员参与应急决策的作用还得不到显现；三是应急决策人员的"应急"意识普遍缺乏，当前，在应急决策过程中，普遍存在着危机意识淡漠、应急管理意识不到位等问题，还没有树立起足够的应急管理意识，而意识上的淡漠必然会导致对突发公共事件的紧急性和威胁性认识不到位，对突发公共事件发生的可能性和破坏性还存在侥幸心理，一旦突发公共事件爆发和恶化，就会带来应急决策上的不足。

2. 应急决策的系统性较差

一个国家或地区的公共政策总和就构成了其政策系统，政策系统中的这些

---

① 刘文光：《试论政府危机管理》，《四川行政学院学报》，2004 年第 2 期。

政策并不是简单地叠加在一起，而是一个有机的整体。它们涉及到公共管理的方方面面，看似彼此独立，却又相辅相成。应急决策作为公共政策的一种，也必然要求其内部的各项子政策有着较强的系统性。当前，应急决策的系统性还有待提高，这主要表现在各个政策层级之间的应急决策还存在很多的不协调。当一件突发公共事件爆发之后，各个政策层级往往只是从自身权责来考虑，而缺乏应对突发公共事件的整体决策思路。有些时候，某些应急决策单位为了躲避责任，甚至按照"上有政策、下有对策"的思路来决策。如在部分地区的"矿难"中，由于决策层级之间的博弈而导致的政策系统性较差，导致预防、救援和善后工作的拖延。

3. 应急决策的透明度不够

在现代社会中，公共信息具有广泛的社会性，它与每一个社会公民的利益直接相关。对于应急管理来说，决策信息的透明度既有利于提升决策的质量，还有利于增加社会成员对突发公共事件的认知，使其积极配合有关政策的推行和主动应对突发公共事件。当前，我国应急决策的一个重大不足就是：应急决策信息的透明度不够。在突发公共事件爆发阶段，某些主管机构严格控制危机信息的传播，信息主要还是通过官方内部的信息渠道传递，信息获取的多寡通常也与决策层级的高低相一致。应急管理系统之外的信息传递也主要是依靠间接方式进行的，如媒体对危机信息的传播主要是依赖于官方的解释，民间对危机信息的传播则主要是通过"小道消息"的形式展开。这样的一种信息传递模式非常不利于社会公众与决策者之间的互动，有时甚至可能会造成政策意图被曲解。在2003年的"非典"危机中，广州各媒体就连续接到三个紧急通知，要求严格遵守新闻纪律，不得擅自对"非典型性肺炎"进行报道，广州市政府和广东省卫生厅也是在疫情出现3个月之后才召开新闻发布会，而此时的"非典"发病情况已经进入高峰时期。

4. 应急决策工具的落后

现代社会是科学技术得到迅猛发展的社会，科学技术的支撑作用已经扩展到社会的角角落落。加强对科学技术的吸收和利用，对于提高应急决策质量有着不可忽视的作用。当前，由于经验决策方式在应急决策过程中仍然占据主要地位，应急决策的工具创新方面还存在着很多不足：一是对各种先进技术的投入不足，诸如灾害评估、卫星遥感应用、网络通讯等高科技在应急决策中的作用还没有彰显；二是各种决策方法还有待进一步创新，当前，虽然信息技术、人工智能技术、运筹学、规划论、对策论、数学模型等决策技术与方法已经在学界得到普遍应用，但是还没有将它们运用到应急决策之中，应急决策方法还有待作突破性的发展。

政策困境的存在严重地制约了应急决策质量的提高。当政策制定需求随着政策困境的不断发展而变得越发重要也越发难以实现就是"悲剧性抉择",而"悲剧性抉择不仅是一个在不同的具体目标和价值中作出选择的问题,而且还是一个在不同风险分配和不同的时间取舍上作出决策的问题。所有这些在精神智力上令人吃惊,在道德伦理上令人害怕,在心理上强加于人,在权力政治上也是最为忌讳的"①。

9.2.4 应急决策的优化

"逆境所提出的挑战已经超出了现有政策制定过程系统的能力。尽管现有的及可预见的未来的困境带来灾难性后果的可能性不是很高,但造成的损失从现在的价值上去判断将可能会极其严重。因此,政策制定的改进乃是目前的一项主要而必需的工作。"② 在应急管理中,政策创新又必须从政策制定者的决策能力、政策质量和整个应急决策体系等几个方面来着手。

1. 提高应急管理者的决策能力

应急管理者的应急决策能力的提高,为有效治理突发公共事件奠定了坚实的基础。由于突发公共事件的发生具有突然性、不确定性等特点,这就给应急决策者提出了更高的要求。应急管理者政策制定能力的低下往往导致危机的恶化。为了应对这些挑战,就必须提高应急管理者的政策制定能力,它包括决策理念、决策者的素质和决策能力等方面的变革:

一是树立正确的应急决策观念。在现代社会中,源于各方面的不确定性和风险日益增多,突发公共事件可能会在更多的领域内出现,出现的频率更大,波及面更广,危害性更强,应急管理已经成为现代公共管理不可回避的重要组成部分。这就要求政府及其他应急管理主体正确地对待突发公共事件,坚持应急决策的时效性、科学性、透明性、合法性、权威性和产出价值优先等原则,以提高应急决策方法和艺术。

二是提高应急决策者的综合素质。应急决策属于非程序性的权变决策,其对决策者的素质提出了更高的要求。首先其必须排除来自各个方面的干扰,

---

① 〔以〕叶海卡·德罗尔:《逆境中的政策制定》,上海远东出版社1996年版,第193页。

② 〔以〕叶海卡·德罗尔:《逆境中的政策制定》,上海远东出版社1996年版,第242页。

"他们的决策会受到受害者、新闻媒体、幸存者及其他人的干扰,在和其他人一样经历了焦急、失落、恐惧之后,其决策难免失于冷静"①,因此,提高应急决策者的素质势在必行。综合起来看,决策者必须从以下几个方面来提高自身的素质:决策者必须善于从多个角度来分析突发公共事件,具备长远的眼见;决策者必须能够把握住决策时机,具有果断的决心和魄力;决策者必须能够经受住突发公共事件所带来的痛苦和煎熬,具有良好的心理素质。

三是增强应急决策者的权变能力。应急决策所表现出来的特征就是不确定变量增多、利害依赖性增强,政策问题的复杂化,决策者除了准备承担不确定性所带来的风险和损失外,还要提高决策能力,应急决策者需要适当的技巧、方法和技术。由于突发公共事件发展的不可预知性,因而,从某种意义上说,应急决策就是一场政策"赌博"。这就需要决策者树立技术创新的观念,讲究决策方法和决策艺术,增强自身应变的能力。②

2. 改善应急管理的决策质量

公共政策质量的提高是与其制定过程的改进密不可分的,因此,我们可以通过改进应急管理的决策过程,来改善应急管理的政策质量。通常情况下,可以根据"政策生命"(policy life)的不同时期将公共政策划分为不同的"决策过程",如拉斯韦尔就将政策过程划分为"情报、提议、规定、合法化、应用、终止、评估"等七个阶段。具体到应急管理之中,我们也可以从以下几个环节来改善应急决策的政策质量:

第一,提高应急决策的政策问题识别能力。对突发公共事件性质的识别,是应急决策的前提。只有那些被正确识别的政策问题才有可能被制定出符合应急管理需要的公共政策。具体到应急管理领域来说,首先是需要政府等突发公共事件管理主体从国家和民族生存发展战略的高度上来认识应急管理的重大意义,保持对突发公共事件的警惕性;其次是要不断提升应急决策主体发现问题、分析问题和解决问题的能力,由于突发公共事件的爆发大多是与某个特定领域相关联,要想准确地识别突发公共事件,就必须不断强化各种专业知识,提升决策者的逻辑推理与认知能力,提高决策的综合素质;最后是要善于借助"外脑"来辨别突发公共事件,毕竟应急决策者的能力和精力都是非常有限的,只有充分发挥外界专家学者的作用,才能更好地把握突发公共事件的性质。

---

① [美]劳伦斯·巴顿:《组织危机管理》,清华大学出版社 2002 年版,第 38 页。

② 张国庆:《公共政策分析》,复旦大学出版社 2004 年版,第 275~276 页。

第二，完善应急决策的方案规划。严格来说，公共政策的方案规划应该包括以下几个环节，即问题界定、目标确立、方案设计、后果预测等几个环节。在应急管理过程中，由于决策时间的紧迫性，有关部门必须在最短的时间内向最终决策者递交政策方案，帮助决策者制定出科学的公共政策。这就要求：首先，准确地界定政策问题，主要是想培育应急决策发现问题和分析问题的能力；其次，明确政策目标，目标是选择政策方案的重要标准，它会清楚地告诉决策者这一方案所能够达到的目标层次；再次，全面的政策方案设计，在应急管理中，虽然想实现政策方案设计的"最优"是不可能的，但是我们可以尝试寻求出一个令人"满意"方案设计；最后，有效的方案后果预测，政策方案设计出来之后，还需要就每一个政策方案所可能带来的收益和负面影响进行预测，以供决策者选择方案之用，只有将每一方案的收益与成本进行有效预测之后，应急决策者才能够根据当时的实际情况选择最为适宜的政策方案。

第三，加强应急决策的合法化建设。政策的合法化也是公共政策制定的一个重要环节，它主要包括法律上的合法化和政治上的合法化。其中，前者主要是依靠法律规范的途径来获得，而后者则主要是依靠政策自身质量的提高来实现，即只有真正符合政策对象的利益要求的公共政策才能具有较高的社会认可度。在应急管理过程中，要提高决策的合法化程度，就必须从以下两个方面来努力：一方面应急决策的制定必须在现有的法律框架之下展开，符合法律精神，不能法外行政；另一方面应急决策还必须符合大部分社会公众的政策需要，具有合理性，不能只满足部分群体的利益要求。

第四，增强应急决策的执行力度。再好的公共政策如果得不到有效的执行，其政策效果肯定非常低下。对于应急管理来说，由于突发公共事件所具有的突发性和破坏性，也就必然对应急决策的政策效果提出更高的要求。因而，在应急决策的政策过程之中，除了要强调政策制定的快速、高效之外，还要强调政策执行的快速、高效。"有关执行指导的必要性无需赘述。除了宣言式的象征性政策和少数自我执行型政策，一般政策制定的实际效果取决于执行。许多研究表明，在执行过程中，政策有被打折扣和歪曲变形的倾向……政策愈是具有超渐进性，愈是同普遍接受的范式相偏离，则政策得不到执行和得不到恰如其分的执行的危险就愈严重。因此，执行指导构成了逆境中政策制定必不可少的因素。"[①]

公共管理学

250

---

① ［以］叶海卡·德罗尔：《逆境中的政策制定》，上海远东出版社 1996 年版，第194 页。

3. 健全整个应急决策体系

应急决策作为一个完整的决策系统，它又包括很多个子系统，如指挥系统、信息系统、沟通系统和资源支持系统等。要完善应急决策系统，就必须加速指挥、信息等子系统的建设进程：

指挥子系统。指挥子系统是整个应急决策系统的中枢子系统，它由拥有决策权力的高层领导者所组成。指挥子系统在应急决策系统中居于核心地位，是突发公共事件决策活动的组织者，又是应急决策的最终决定者，领导着应急决策活动的全过程。因此，在整个应急管理过程中，需要进行调配各种资源、协调各方利益关系和制定多种决策等管理活动，所有的一切都需要一个专门的指挥系统。从其他国家的应急管理体系来看，都有一个专门的具有权威性的应急管理指挥机构，如美国的联邦紧急管理局。我们可以借鉴国外应急管理的经验，成立一个专门应对危机的指挥机构，一旦公共危机爆发，这个高层危机指挥机构就可以发挥领导、指挥和协调作用。

信息子系统。应急决策的一个前提就是掌握突发公共事件的大量信息，决策信息的匮乏是导致应急决策失败的一个重要因素。突发公共事件之所以称之为危机，主要是因为人们对其预防、爆发、治理和破坏等方面信息的有限性。如果能够掌握更多关于突发公共事件的信息，那么就可以减轻它们的不可预测性，降低应急管理主体治理危机的难度，甚至还可以将危机扼杀在萌芽之中。因此，建立一个完善的突发公共事件信息管理系统对于应急管理非常重要。

沟通子系统。有效的信息沟通系统，能够将有关突发公共事件的信息迅速地传递出去，既可以帮助决策者采取正确的应急决策，还可能帮助社会公众了解突发公共事件的发展进程。而应急管理的沟通系统又包括内部的信息沟通系统和外部的信息沟通系统，前者主要是指应急管理机构内部的信息沟通渠道，而后者则主要是指外在于官方应急管理机构的信息传递途径，如媒体的报道和民间的"小道消息"。有关突发公共事件的信息如果不能够得到有效的传递和沟通，就有可能导致突发公共事件的恶化。以我国 2003 年的"非典"危机为例，最初由于管理机构没有重视"非典"信息的公布，致使民间以讹传讹，造成"非典"由一个特定领域里单一危机升级成全国性的复合危机。后来，我国政府开始关注到信息公开的重要性，定期地公布疫情，让社会公众更为清楚地了解"非典"的来龙去脉，政府一下子就摆脱了被动的局面。

资源支持子系统。正如学者伊斯顿所言："公共政策是对全社会的价值作有权威的分配。"应急决策的实质也就是一种价值分配。这种价值分配是建立在对既有资源进行重新分配的基础之上，没有资源支持的应急决策就会成为一纸空文。具体到应急决策来说，主要是做好以下几种资源的支持工作：人力资源支持，应急管理作为人类应对自然危机和社会危机的主要手段，需要进行大量的人力资源投入；物质资源支持，在应急管理中也需要投入大量的救灾物资，如帐篷、粮食、医药等，没有物质资源支持的应急决策将会成为一句空话；资金支持，要建立一个国家的危机治理体系，就必须将应急管理的各项资金支出纳入到国家的财政预算之中，并制定出相关的管理法规，实行专款专用。

9.3 应急管理的体系建设

从世界上各主要国家的应急管理建设经验来看，完善的应急管理体系最终还需要在应急管理的组织机构、运行机制和法律依据等方面加大建设力度。通过应急管理体系的构建，可以形成政府内部主体之间、政府与外部主体之间相互联系和相互作用的制度性安排。当前，我国的应急管理在组织机构、运行机制和法规保障等方面还存在大量不足，因此，可以通过机制创新来完善我国的应急管理体系建设。

9.3.1 应急管理的组织机构

由于突发公共事件所具有的不可预知性和破坏性，如果仅在突发公共事件爆发之后才采取应对办法，必然无法与危机事态发展保持同步，起不到应急管理的效果。因而，应急管理体系比较完善的国家一般都设有应急管理的常设机构。这些机构在平时负责组织各种突发公共事件的研究，总结以往突发公共事件的经验和教训，并制定有关的政策和措施，组织和落实危机预防的各项工作。这就为应对突发公共事件进行了充足的组织准备。

1. 世界其他国家的机构设置情况

当前，世界上很多国家为了应对突发公共事件，均成立专门的应急管理机构：

在美国，1979 年美国州长联合会强烈要求改变突发事件的多头管理体制，当时的美国总统卡特签署命令成立联邦突发事件管理署（FEMA）。"9·11 事件"之后，为了防止恐怖主义袭击，布什总统合并了 20 多个政府机构，成立了一个新的国土安全部，联邦突发事件管理署（FEMA）也被并入该部成为"突发事件准备局（EPR）"，全权负责美国所面临到的自然灾难等所有突发公共事件。

在日本，由于日本是一个自然灾难频发的国度，加之近年来又爆发一系列的社会性突发公共事件，为了减轻突发公共事件所带来的危害，日本政府自20世纪90年代以来，建立消防、警察、医师会、医疗机构协会、电话、铁道、电力、煤气、供水等市政服务公司以及有关政府机构相互配合的应急管理体制。

在俄罗斯，由于其国土广阔，国情复杂，其逐渐建立了一个以总统为核心，以联邦安全会议为决策中枢，政府各部门分工协作、相互协调的应急管理体系。作为突发公共事件处理机制中枢指挥系统，其安全会议中设立了12个常设跨部门委员会，它们在不同的突发公共事件中发挥不同的作用①。

在加拿大，1988年成立加拿大应急准备局，现在已经升级为加拿大公共安全和应急准备部（PSEPC），它的使命是"为确保加拿大的安全和防护而应对各种国家危机、自然灾难以及安全紧急事件"，"集中化的指导与协调，分散化的执行与反应"。加拿大的每个省和地区都有相应的紧急措施组织（EMO），这一机构用来应对本辖区任何大规模的紧急事件，并按照需要为市镇或社区的应急队伍提供协助和支持。

在澳大利亚，1993年成立澳大利亚应急管理中心（EMA），它的使命是"减少灾害和突发公共事件对澳大利亚及其区域内的影响"，应急管理中心是国防部的直属机构，直接对联邦政府的国防部长负责，并在联邦政府层面负责对灾难应急的协调②。

通过建立健全的应急管理组织机构，有助于政府及其他应急管理主体在突发公共事件爆发之后能够迅速、及时和高效地建立综合性的突发公共事件应对网络，提高政府和各类组织在突发公共事件状态下的非常规决策和紧急救助工作的效率和质量。2004年12月，印度尼西亚苏门答腊岛附近海域发生40年来最强烈的地震并引发海啸，地震震级达到了甲氏8.19级，地震及其引发的海啸波及的国家包括印度尼西亚、斯里兰卡、印度、泰国、马尔代夫、孟加拉国、缅甸和马来西亚等国。这场灾难的总死亡人数可能超过50万，受灾人数达数百万，造成的经济损失更是难以计算。而导致这次突发公共事件从自然性危机向社会性危机转化的一个重要原因就是缺乏一个专门的应急管理机构。各受灾国几乎都没有建立应急管理的常设机构，造成他们对地震、海啸毫无认识

---

① 蒋珩：《21世纪突发事件应急管理面临的挑战》，《经济师》，2007年第1期。

② 姚国章：《典型国家突发公共事件应急管理体系及其借鉴》，《南京审计学院学报》，2006年第5期。

和研究，也就没有采取任何准备和防范工作。

2. 我国应急管理机构的建立

近几年来，我国相继爆发过多起突发性公共事件，如"非典"、各地的煤矿安全事件以及哈尔滨松花江流域水污染事件等。由于我国政府和社会在应对突发公共事件方面还没有形成一个有效的组织机构网络，特别是没有成立应对突发公共事件的专门管理机构，各突发公共事件管理机构的主体责任不明，致使我国政府在应对突发公共事件时浪费了宝贵的处置时间，甚至是延误了治理时机。因此，建立有效的应急管理组织机构体系是一个必然趋势。

2006年1月8日，国务院发布了《国家突发公共事件总体应急预案》，明确了在党中央的领导下，国务院是突发公共事件应急管理工作的最高行政机构，在国务院总理领导下，由国务院常务会议和国家相关突发公共事件应急指挥机构负责突发公共事件的应急管理。建立"统一指挥、分级负责、协调有序、运转高效"的应急联动体系。总体预案是全国应急预案体系的总纲，是指导预防和处置各类突发公共安全事件的规范性文件。2006年2月21日，国家安全生产应急救援指挥中心在北京成立。根据中央机构编制委员会的文件规定，国家安全生产应急救援指挥中心受国务院安全生产委员会办公室领导，国家安全生产监督管理总局管理，履行全国安全生产应急救援综合监督管理的行政职能，按照国家安全生产突发事件应急预案的规定，协调、指挥安全生产事故灾难应急救援工作。国务院总体应急预案的发布和国家安全生产应急指挥中心的成立标志着我国已经将公共安全突发事件的管理纳入正轨。

3. 我国应急管理的组织体系

根据《国家突发公共事件总体应急预案》的规定，我国应急管理的组织体系由领导机构、办事机构、工作机构、地方机构、专家组组成。

领导机构，国务院是突发公共事件应急管理工作的最高行政领导机构。在国务院总理领导下，由国务院常务会议和国家相关突发公共事件应急指挥机构（以下简称相关应急指挥机构）负责突发公共事件的应急管理工作；必要时，派出国务院工作组指导有关工作。

办事机构，国务院办公厅设国务院应急管理办公室，履行值守应急、信息汇总和综合协调职责，发挥运转枢纽作用。

工作机构，国务院有关部门依据有关法律、行政法规和各自的职责，负责相关类别突发公共事件的应急管理工作。具体负责相关类别的突发公共事件专项和部门应急预案的起草与实施，贯彻落实国务院有关决定事项。

地方机构，地方各级人民政府是本行政区域突发公共事件应急管理工作的行政领导机构，负责本行政区域各类突发公共事件的应对工作。

专家组，国务院和各应急管理机构建立各类专业人才库，可以根据实际需要聘请有关专家组成专家组，为应急管理提供决策建议，必要时参加突发公共事件的应急处置工作。

9.3.2　应急管理的运行机制

可以说，任何一起突发公共事件的发生和发展都能够分为以下四个阶段：潜伏期，突发公共事件的量变阶段，也是解决问题的最佳时期；爆发期，突发公共事件突然爆发，并迅速扩展；持续期，突发公共事件情势得到初步控制；解决期，全方位根治突发公共事件所带来的灾害。[①] 由于突发公共事件所具有的阶段性，就决定我们在应急管理的实际过程中，不能够采用传统的"撒胡椒面"式的管理方式，而应该是针对突发公共事件的发展阶段，采取不同的应对机制。

1. 突发公共事件的预测与预警机制

任何突发公共事件的形成都是一个长期积累和酝酿的过程，那么，突发公共事件是如何酝酿和通过什么方式酝酿将成为这一阶段应急管理的研究重点。此时的突发公共事件还没有完全形成，若能够抓住有利时机，还可以将突发公共事件化为无形；否则就会丧失良机，致使突发公共事件的恶化，促进突发公共事件的爆发。对于有些突发公共事件来说，虽然预警阶段还不能够完全控制和消除危机诱因，却能够为后来的应急管理工作提供必要的信息，达到提高应急处理的效率、减轻突发公共事件的冲击力和缓解突发公共事件的功效。

因此，各地区、各部门要针对各种可能发生的突发公共事件，完善预测预警机制，建立预测预警系统，开展风险分析，做到早发现、早报告、早处置。在突发公共事件的预警阶段需要做好如下工作：树立危机意识，在正常时期，通过培养社会的危机意识，做好应对突发公共事件的心理准备和物质准备；不断加强突发公共事件预警和监控系统的建设，预警信息应该包括突发公共事件的类别、预警级别、起始时间、可能影响范围、警示事项、应采取的措施和发布机关等；制定应急管理预案，将各种有可能造成突发公共事件的诱因列举出来，分析其可能带来的危害，并制定相应的应急预案；做好预警信息发布工作，预警信息的发布、调整和解除可通过广播、电视、报刊、通信、信息网络、警报器、宣传车或组织人员逐户通知等方式进行，对老、幼、病、残、孕

---

① 黄训美：《简析政府危机管理》，《光明日报》，2004 年 8 月 16 日。

等特殊人群以及学校等特殊场所和警报盲区应当采取有针对性的公告方式。

2. 突发公共事件的控制机制

当诱因的积累达到一定的限度，突发公共事件就会在不可预知的时间和地点突然爆发。虽然有些突发公共事件从爆发时起就给社会带来较大的损害，但是多数突发公共事件的发展是逐步扩大的，其初期给公众和社会所带来的危害和冲击也非常有限。通常情况下，突发公共事件的爆发都是由特定事件造成的，其影响范围也只限于特定的群体和领域，其危害程度也相对较小。这一阶段是应急管理的关键阶段，如果处理不力，就会导致特定事件向整个社会危机的扩展。2003 年，我国由"非典型肺炎"（SARS）所引发的突发公共事件，最初也是由特定事件引发，由于前期没有得到较好的处理，才导致这一疾病向全国蔓延，造成全国性公共危机。

因此，在突发公共事件的控制阶段，要做好两个方面的工作：一方面是调动突发公共事件的信息监控系统，确认危机，并对危机的性质、范围、规模和危害进行判断，制订应对预案；另一方面是控制突发公共事件，主要是通过信息公开，强化公众对事态良性发展的信心，达到稳定社会秩序、保证日常活动正常开展的目的，特别重大或者重大突发公共事件发生后，各地区、各部门要立即报告，同时通报有关地区和部门，应急处置过程中，要及时续报有关情况。

3. 突发公共事件的救治机制

当一项突发公共事件经过潜伏期和爆发期之后，就进入了突发公共事件发展的第三个阶段——持续期。当突发公共事件进入持续期之后，由于事态失控、信息有限和决策时间较紧张，其对整个社会的破坏力将持续增强，突发公共事件的"狰狞面目"已经暴露无遗。此时的突发公共事件如果得不到有效救治，必然会产生"连带效应"，致使突发公共事件向多领域、更大范围内蔓延，由单一危机转变成复合危机。

因此，此时的应急管理一方面要迅速启动应急管理机制，通过政府等治理主体强制干预，对于先期处置未能有效控制事态的特别重大突发公共事件，要及时启动相关预案，成立应急指挥机构统一指挥或指导有关地区、部门开展处置工作；另一方面要调动全社会的资源进行危机救治，突发公共事件的治理不是某一个机构和某一个群体的职责，需要政府、企业和社会等多个治理主体之间的协作进行。

4. 突发公共事件的重建机制

应急管理的第四个运行机制是突发公共事件的解决机制。从突发公共事件的发展周期来看，经过救治期的全面展开，解决期的突发公共事件已经成为"强弩之末"。除了少数突发公共事件会全面恶化，造成局势不可收拾之外，大多数突发公共事件会随着危机诱因的消除而缓解。但是如果想要彻底医治由突发公共事件所带来的"社会创伤"，还需要进行大量的工作。

因此，此时的应急管理着重于恢复和重建工作。一是要尽可能地弥补损失，尽快地恢复社会的正常生活秩序，如对突发公共事件中的伤亡人员、应急处置工作人员，以及紧急调集、征用有关单位及个人的物资，要按照规定给予抚恤、补助或补偿等；二是要总结此次应急管理中的得失，增强政府等应急管理主体的学习能力，为整个应急管理体系的发展积累有益的经验；三是要做好信息发布工作，有关部门通过授权发布、散发新闻稿、组织报道、接受记者采访、举行新闻发布会等信息发布形式向社会公开突发公共事件的相关信息，信息发布应当及时、准确、客观、全面，突发公共事件发生的第一时间要向社会发布简要信息，随后发布初步核实情况、政府应对措施和公众防范措施等，并根据事件处置情况做好后续发布工作。

9.3.3 应急管理的法律依据

由于应急管理所具有的不确定性、预防性和应急性，因而，如何将应急管理纳入到法制轨道之中，就成为完善和规范应急管理的必经之途。从世界范围内的应急管理经验来看，"依法应急"是这些国家的普遍做法，很多国家为了完善本国的应急管理体系，均求助于法律途径，使应急管理严格按照法律和规章制度来进行。日本早在 1947 年就出台了《灾害救助法》，在几十年的应急管理实践中，起到了非常好的效果；俄罗斯制定出了《紧急状态法》等应急管理法律，在应急管理方面具有非常完善的法律体系；美国已经建立了以《国家安全法》、《全国紧急状态法》和《反恐怖主义法》为核心的应急管理法律体系；澳大利亚在应急管理方面，则建立了完善的法规保障体系，确保发生突发公共事件时各级部门各尽其责，尽快进行应急救援。

1. 应急管理的法制现状

从我国现有的法律法规体系来看，虽然我们已经具备了一定的相应规范，它们为应急管理的规范化和科学化提供了一定的法律保障，如 2006 年我国政府正式发布了《国家突发公共事件总体应急预案》，作为全国应急预案的总纲，就突发公共事件的预警、信息发布和责任追究等问题进行了全面的规定，但是从统一法制、科学规范角度而言，我国现有的应急管理法律体系仍然存在着大量问题。这些问题主要表现在以下几个方面①：

第一，缺乏全国统一性的应急管理法律规范。我国现有的应急管理法律制度比较分散，如《传染病防治法》、《防洪法》、《消防法》等，基本上是针对不同类型的突发公共事件分别立法。这种立法模式的明显不足就是：缺乏纲举目张的效果，降低了管理机关的危机处理能力；由于缺乏上位基本法的权威控制，难免出现各法律规范之间的冲突；各部门都针对自己负责的事项立法，"各扫门前雪"，缺乏危机处理中相关部门的沟通与协作；受地方保护主义影响，一些地方立法"以邻为壑"，大大削弱了危机处理的协作和合力。一旦其他新型的突发公共事件爆发，就很难找到与之对应的法律规范，因而也就不能建立起一个统一应对突发公共事件的指挥机制，致使应急管理的功能得不到有效发挥。

第二，大多应急管理处理立法缺乏可操作性。我国现有的一些法律或法规内容上规定得较为原则和抽象，缺乏具体的实施细则和相应的配套方法，特别是在应急管理的程序法律规范方面。多数突发公共事件应对处理立法在授予各类突发公共事件管理机构应急管理权力的同时，却忽视了对该权力的控制和对紧急权力造成的损伤后果的法律救济，忽视了机构之间的相互协调与监督，忽视了发挥下级机关和非官方的其他组织的积极性、自觉性和创造性。

第三，相当领域的应急管理法律规范不健全。目前我国应急管理方面的单行法律规范主要集中在事故类突发公共事件和灾害类突发公共事件方面，但其他领域则鲜有涉及。比如国防动员法、恐怖性应急管理法等国家安全类应急管理法就是空白；对骚乱性应急管理，虽有《戒严法》，但从各国实践看，戒严仅是针对严重危及国家的统一、安全或者社会公共安全的动乱、暴乱或严重骚乱，不采取非常措施不足以维护社会秩序、保护人民的生命财产安全的紧急状态时，国家采取的一种应对手段，但出现的大量一般性骚乱危机时，则缺乏相应的法律规范。

第四，已有的应急管理法律规范执法力度不够。主要表现为有法不依、执法不严、行政不作为、玩忽职守等。一些地方发生疫情不及时上报；发生矿难时千方百计隐瞒或漏报少报死亡人数；发生环境污染事件后不及时将信息准确告知公众等现象不时出现。此外，法律规定的危机期间公众的基本人权保障往往难以落实，公众的权利救济通常难以实现。

---

① 宋超：《公共危机管理的法律规制》，《中国行政管理》，2006 年第 9 期。

2. 完善应急管理法律体系

因此，通过制定完备的应急管理法律体系，有利于明确社会主体在应急管理中的权限、职责和任务，并提供具有操作性的突发公共事件治理指南和手册，从而为应急管理提供了有效的制度保障。基于上述诸多不足之处，我们可以从以下几个方面来完善我国的应急管理法律体系①：

第一，制定全国性的应急管理基本法。应急管理基本法在应急管理法律体系中如同一个国家法律体系中的宪法，是应急管理方面的"根本大法"，是制定各种应急管理法律的指南和依据。为了增强法律的权威，应急管理基本法应由全国人民代表大会立法。具体制定过程，可以参考其他国家的《紧急状态法》等。这种全国性的应急管理大法主要是规定应急管理的基本法律原则和法律精神，而不对具体的突发公共事件如何调整作出规定。

第二，完善现有的应急管理法律。尽管目前我国已有《戒严法》、《游行示威法》、《治安管理处罚条例》、《防震减灾法》、《防洪法》、《消防法》、《矿山安全法》《道路交通安全法》、《传染病防治法》、《食品卫生法》、《突发性公共卫生事件应急条例》等法律法规，但这些法律法规除《突发性公共卫生事件应急条例》等少数法律法规制定或修改于"非典"这样的公共危机之后外，大多数是在以前制定的。由于当时缺乏大范围突发公共事件的实践经验，也缺乏足够的应急管理意识，与新制定的应急管理基本法难免存在不协调的地方，因此有必要对各种涉及应急管理的法律进行一次检查、清理和研究，并适时加以修改，使之与应急管理基本法相协调，与应急管理的实践需要相适应。

第三，建立系统的应急管理法律体系。完善的应急管理法律体系，应该是根据危机发生的不同种类，逐步建立起应急管理的法律体系。根据应急管理实践的需要，以应急管理基本法为依据，按照先急后缓、先易后难、成熟一个制定一个的原则，逐步制定各种应急管理的法律，使之与基本法、其他涉及应急管理的法律一起构成完善的应急管理法律体系。这些法律将涉及自然灾害、公共卫生、安全事故、经济危机、重大突发性治安事件、恐怖活动等各个方面。就当前公共管理的实际情况来看，如自然灾害、生产安全、食品安全、暴力事件、群体性冲突事件、大规模劳资纠纷事件、公共场所安全、金融事件、电子信息系统安全、恐怖事件等方面应当加快应急管理立法进程。

---

① 田大余：《论公共危机管理法律体系的建构》，《学术探索》，2004 年第 9 期。

☞本章小结

　　鉴于突发公共事件所具有的公共性、不可预知性和破坏性，要想有效治理突发公共事件，就必须加大应急管理体制的建设力度。本章首先从应急管理的必要性着手，详细地分析了应急管理的对象——突发公共事件的内涵与特性，在此基础上，展开对应急管理的含义与特性的论述，并且还论述了应急管理在现代公共管理中的必要性；其次，从应急管理的基本内涵出发，我们对应急决策的特性、原则、困境和改进对策进行系统的论述；最后，为了改进我国的应急管理体系，我们先后从建立专门的应急管理机构、改善应急管理的运行机制和完善应急管理的法律保障等几个方面着手，全面地论述了应急管理体制建设问题。通过对本章学习，有利于我们把握应急管理的基本知识和改善现行的应急管理体系。

☞关键术语

突发公共事件　　　应急管理　　　应急决策

应急管理机构　　　应急管理运行机制

应急管理法律体系

☞思考题

1. 什么是突发公共事件？它有哪些种类和特性？
2. 什么是应急管理？与正常的例行性管理相比，应急管理有什么特性？
3. 应急决策有什么特性和原则？
4. 应急决策的困境有哪些？如何改进它们？
5. 如何建立起完善的应急管理体系？

☞案例

松花江水危机

　　2005 年 11 月 13 日，吉林省吉林市的中国石油吉林石化公司双苯厂发生连续爆炸。这一事故造成了 8 人丧生，70 人受伤，同时导致了 100 吨苯类污染物倾泻入松花江中，造成长达 135 公里的污染带。给下游哈尔滨等城市带来严重的"水危机"。

事故产生的主要污染物为苯、苯胺和硝基苯等有机物。事故区域排出的污水主要通过吉化公司东 10 号线进入松花江，超标的污染物主要是硝基苯和苯，属于重大环境污染事件。国务院对爆炸事故引起的松花江污染事件极为重视。温家宝总理指示环保等部门和地方政府采取有效措施保障饮用水安全，加强监测，提供准确信息。曾培炎副总理也批示要求环保部门加强水质监测，确保用水单位、居民用水安全。

在爆炸事故发生后，国家环保总局立即启动应急预案，迅速实施应急指挥与协调，协助吉林、黑龙江两省政府落实应急措施，派专家赶赴黑龙江现场协助地方政府开展污染防控工作，会同当地水利、化工等专家迅速对环境污染影响范围及程度进行评估，为当地政府防控决策提出建议。

吉林省政府立即召开紧急会议，启动应急预案，部署防控工作，并于 11 月 18 日向黑龙江省进行了通报。有关部门及时封堵了事故污染物排放口，加大丰满水电站下泄流量，加快污染稀释速度。吉林省政府通知直接从松花江取水的企事业单位和居民停止生活取水，并对工业用水采取预防措施。环保部门通过增加监测点位和监测频率，加强了对松花江水质的监测。黑龙江省政府接到吉林省的通报后，立即启动了应急预案，成立了以省长为组长的应急处置领导小组，对松花江沿岸市县，特别是哈尔滨市的应急工作进行统一部署。环保部门增加了松花江水质的监测点位和监测频次，也可以说，现在是一个小时监测一次。黑龙江省还从省长基金中拨出 1 000 万元专款用于事故应急。目前，国家环保总局、水利部、建设部均已派出专家现场协助当地政府共同应对此次环境突发事件，力争将污染损失降到最低。

根据环保部门监测结果，目前松花江吉林段水质已经于 22 日 18 时全面达到国家地表水标准。在黑龙江段，哈尔滨市取水口上游 16 公里的苏家屯断面，在 24 日凌晨 3 时硝基苯开始超标。24 日中午 12 时，最新监测数据显示，硝基苯超标 10.7 倍，苯未超标。这个污水团长度约 80 公里，在目前江水流速下，完全通过哈尔滨市需要 40 小时左右。污水团的下泄过程始终处于两省环保部门的严密监控之下。截至 27 日 14 时，松花江哈尔滨段四方台水源地断面苯未检出；硝基苯浓度为 0.0034 毫克/升，达到国家标准。18 时，哈尔滨市开始恢复供水。

（资料来源:《松花江发生重大水污染》专题报道，新华网，http://www.

xinhuanet. com/society/zt051124/。)

请思考：

1. 松花江水污染事件发生后，国家环保总局所采取的应急措施是什么？
2. 在处理松花江水污染事件中启动了几级应急预案，工作流程是怎样的。
3. 如何评价我国制定的《国家突发公共事件总体应急预案》？

第 10 章
公共财政管理

公共财政学既是经济学的一个分支，又是公共管理学的一个分支，它是构成公共管理学的一个重要理论基础。而在实践上，公共财政作为国家政权运行的一个重要方面其收支活动体现了党的方针政策，反映着政府的政策意图，涉及全体社会成员的切身利益。如果一个国家财政能力强，政府可以为公民提供良好的公共服务，可以通过实行必要的收入再分配来缩小贫富差异，也可以通过控制失业和通货膨胀等方面来稳定宏观经济。从这个意义上说，公共财政能力决定着政府公共管理的能力。现阶段我国政府的职能要转向"宏观调控、市场监督、社会管理、公共服务"。这就要求政府不干预微观经济活动，把主要精力放在维护经济秩序，维护社会公平，提供公共产品和公共服务上来。而实现这样的目标主要的是靠财政体制的引导。只有按照科学发展观和构建和谐社会的要求，积极完善公共财政体制，使财政更好地为促进经济、社会事业的全面发展提供服务和保障，加大社会保障支持力度，使财政支出取向更多地为教育、科技、文化、卫生等与人民群众切身利益息息相关的事业倾斜，公共管理的职能转变才能实现。因此，建立与完善公共财政体制是当前公共部门尤其是政府改革的一项重要内容。本章将介绍公共财政管理的若干基本理论与实践问题。

10.1 公共财政管理概述

10.1.1 公共财政及其管理的概念

市场经济要求的是公共财政，只有公共财政才能适应于、服务于并有利于市场经济的存在和发展，这是数百年来市场经济在西方的发展历程所鲜明昭示的。我国要建立社会主义市场经济，很自然也要建立与之相适应的公共财政。

1. 公共财政的产生与概念

"财政"一词是由英语"public finance"意译而来的，该词通常用来描述政府的分配活动。如果用直译方法，"pubic finance"又可译为"公共财政"。从这个角度讲，财政与公共财政没有实质的区别，只是翻译方法的不同。甚至有学者认为将"pubilc finance"译成"公共财政学"或"公共财政学"是画蛇添足。但是考虑到英语里的"finance"有"财务"、"财政"、"金融"、"资金"等多种意思，为了将以政府为主体的"财政"与"finance"的其他词义区分开，根据财政为公众共同利益服务的本质特征，使用"public finance"更为准确。

在英文中，关于"财政"的用词，除了最常见的 Public Finance 之外，还有 Government Finance，而与中文"国家财政"意思最接近的应该是 Government Finance，而非 Public Finance。因为 Public 的基本含义，是"公共的"和"公众的"，而"政府的"只是其派生含义。英文财政学之所以使用了 Public 一词，正是因为它能将"政府活动"与"公共活动"的两重含义都囊括在内，这也正是 Public 相对于仅有政府含义的 Government 在概括和定义"财政"时的优点所在。

现代意义上的公共财政，始于17世纪末的英国，至今已有几百年的历史。西方财政学具有完整体系的标志是亚当·斯密《国富论》的发表，当时斯密对财政现象的表述，是使用 Public 即"公共"一词来加以界定。西方公共财政产生于资本主义市场经济的实践。在市场领域，私人部门从事的是非盈利性活动。而政府本身不是盈利性资产所有者，不能不超脱于盈利性市场活动之外，仅以自己非盈利性活动为所有企业和家庭的市场盈利性活动提供服务，即从市场经济角度看的"公共"服务。这是将财政称为"公共"财政的根本原因所在。

而中国公共财政的产生是计划经济向社会主义市场经济转变的必然结果。在计划经济体制下，财政只是政治权力行使者、生产资料所有者和生产经营组织者三位一体的政府所进行的分配活动，此时企业仅是政府的行政附属物，整个社会生产表现为政府自身的活动，而不存在与政府部门相对立的独立的企业和家庭组成的非政府部门。此时财政只不过是政府自我服务而不是为非政府部门提供"公共"服务的一种手段。在我国逐步向社会主义市场经济转变过程中，才使得非市场性的政府和财政活动逐步与市场性的企业和个人活动区分开来，这是我国财政将要并且也必须转向公共财政的经济基础和根本条件。自1998年底全国财政工作会议第一次提出了建设公共财政的要求以来，党的十五届五中全会明确将建立公共财政初步框架作为"十五"时期财政改革的重要目标，党的十六届三中全会又进一步提出了健全公共财政体制的改革目标。

在考察西方与中国财政理论发展过程及其内容后，就会发现"公共财政"与传统意义上的"财政"（或国家财政）有着明显区别：（1）公共财政具有明显的公共性。公共财政分配的目的是满足公共需求，而公共需求决定于公众的偏好和意愿；而国家财政的预算强调政治权力的作用，并不具有必然的公共性。在封建社会的君主制下，财政收支具有很强的私人收支性质，此时的财政是直接为封建君主私人服务的，财政为社会服务只不过是由为私人服务所派生的，因而它不是"公共"财政而只是"家计"财政。（2）公共财政的收入是基于公共权力，即主要通过以公共权力为基础的税收征集收入；国家财政的收入既可通过以所有权为基础的资产收益取得收入，也可依据公共权力和收费取得收入。例如：专制君主的财政收入主要是凭借个人财产获得的经营收入和特权收入，这些是不受议会制肘的。（3）公共财政支出是提供公共商品；而国家财政的支出则可能提供私人商品。

公共财政是建立在市场经济基础之上，并与市场经济体制的要求相适应的一种财政类型。它是指在市场经济条件下，由政府提供公共产品或服务的分配活动或分配关系的政府收支模式或财政运行机制模式，以弥补市场失效，满足社会公共需要为目的。

2. 公共财政管理的概念与目标

综合中外学者的观点，我们认为，所谓公共财政管理，是指公共组织为保证公共管理职能的有效履行，采用财务管理的一系列分析方法、技术和管理工具，对公共管理活动过程中所发生的公共财政收支情况所进行的分配、决策、管理和监督等一系列技术性行为的总和。

理解公共财政管理，应注意以下基本内涵：（1）公共财政管理的主体是公共部门；（2）公共财政发生在公共管理活动之中，包括财政收、支情况的分配、决策、管理和监督；（3）公共财政管理是一项技术性的活动，且公共财政管理技术是多元的，各学科、各领域发展起来的管理、分析技术都有可能在公共财政管理中得到应用；（4）公共财政管理的目的是保证公共管理职能的有效履行。

3. 公共财政管理的意义

公共财政管理的总体目标是效率、公平和稳定。

第一，通过公共财政管理，向公众提供一视同仁的服务，满足社会公共的需求，实现政府支配资源的有效配置和市场效率损失最小化的有机结合，进而保证国民经济的持续均衡发展。

第二，通过公共财政管理，有效地对国民收入、社会财富和社会福利进行再分配，从而缩小人们在个人收入、财富积累上的分化和差距，为社会最贫困阶层提供基本的生活保障，实现社会的基本公平。

第三，通过公共财政管理，有效地保持社会总供求的基本平衡，实现充分就业、物价稳定及国际收支平衡，维持经济景气，避免经济波动。

10.1.2　公共财政管理体制

公共财政体制是与市场经济发展相适应的一种财政体制和运行机制，是经济市场化和国际化的必然要求，是国际通行做法，是新时期推动财政管理不断走向规范化、科学化，实现依法理财的必然要求。目前，我国各级政府都在围绕建立公共财政基本框架这个中心，积极稳妥地推进公共财政体制的改革工作。

1. 我国财政体制的发展演变

财政体制决定于社会经济体制。财政体制从历史演变过程看，大体可分为三种类型：与自然经济相适应的财政模式是典型的家计财政，其明显特点是公私不分，管理不规范、不透明，随意性大，收支缺乏有效监督；与计划经济体制相适应的财政模式是生产建设型财政，其突出特点是政企不分，大包大揽，统收统支；与市场经济体制相适应的财政模式是公共财政，就是以满足社会公共需要为主旨而进行的政府收支活动或财政运行机制模式。

自新中国成立以来，我国财政管理体制经历过多次变动，总的趋势是根据"统一领导，分级管理"的原则，由高度集中的管理体制逐步过渡到实行各种形式的在中央统一领导下的分级管理的体制。但分级管理的形式有许多种，集中和分散的程度有所不同。如：1958 年进行了第一次分权试验，1971～1973年推行的"财政收支包干"的体制，1980～1984 年绝大多数省开始实行"划分收支、分级包干"的财政体制改革，1994 年的分税制改革，2002 年企业所得税和个人所得税收入共享改革等。

现行的财政管理体制对于增强政府尤其是中央政府在市场经济中的宏观调控能力，起到了积极的作用。分税制通过大量的中央对地方的税收返还，强化了中央在上下级财政分配中的主导地位，通过对收入增量的调整，形成了有利于中央财政收入适度增长的运行机制，增强了中央财政的经济实力，使中央财政建立和完善转移支付制度，实施有效的横向和纵向经济调节成为可能，但毋庸讳言，现行财政管理体制还不是彻底的分税制，还存在着一些需要改进的地方。

2. 公共财政管理体制的构成

公共财政管理体制是指中央政府制定的，用于处理中央与地方政府、地方各级政府之间划分财政收支范围和财政管理权责与权限的一项根本制度，它是各级政府、部门以及预算内企事业单位财务分配活动的行为准则，是国民经济管理体制的重要组成部分。

我国公共管理财政体制的构成内容，有广义和狭义之分。广义的主要包括国家预算管理体制、国家税收管理体制，国有企业财务管理体制、行政事业单位财务管理体制、财政投融资管理体制和国有资产管理体制。狭义的财政体制是指国家预算管理体制。决定财政管理体制构成的根本原因是社会生产力发展水平和社会制度的性质。笔者认为公共管理财政体制广义的构成内容更加适合我国当前的理论与现实的需要。

公共财政管理体制不仅包括中央与地方事权及财政管理权的划分，预算组织原则和形式以及财政分配关系的基本制度，还包括财政收入管理、财政支出管理和财政预算管理的运行机制。前者主要是明确划分各级政府之间的财政责任、财政权力和相应财政利益的财政分配关系，后者则主要是财政运行过程中的财政收入和财政分配过程和环节。

1994 年的财税体制改革搭起了中国市场经济体制下的财政运行机制框架，而构建中国公共财政管理体制将是对 1994 年财税改革的进一步完善。公共财政管理体制的建立不是简单地对现有财政管理体制的修补，也不是一般性的政府职能调整，而是建立一个与经济和社会转型相适应的现代化政府财政管理模式。

当前公共财政管理体制构建主要包括按各级政府承担的职能，合理划分各自的事权和支出范围；合理划分政府间的财权；设计科学合理的转移支付制度；完善中央地方两套税收征收管理体系；明确地方财政的经济建设职能与公共职能的关系；加快经济体制和行政体制改革的步伐。

10.1.3 公共财政管理的意义

公共财政管理在公共管理中处于十分重要的地位。在欧美各国，财政管理部门是政府机构中最引人注目的部门，往往处于核心的地位。财政管理部门的首长，被认为是最有实权的官员之一。在各大高校中，公共财政管理（public finance administration）几乎都被列为 MPA 项目的核心课程。公共财政管理的地位和作用的重要性是显而易见的。

有效的公共财政管理可以提高政府公共管理能力。因为公共财政管理是对公共资源的直接管理，这就必然决定了它在政府管理中的核心地位。现代政府的经济职能之一，就是解决市场失灵的问题和促进社会公平，而这只有通过对社会资源的重新配置和社会财富的再分配才能实现。因此，公共财政管理的方式、水平如何，将直接关系到政府职能实现程度的高低。具体表现在：

1. 有效的公共财政管理有利于政府职能的转变

公共财政管理的目标以保证公共需要为核心，这就需要我们以适应社会主义市场经济体制为依据，重新界定并转变政府职能，科学界定社会共同需要和公共产品级次。在社会主义市场经济条件下，公共财政管理要退出微观经济的经营管理领域，弱化其市场性的生产建设和经营职能，强化其在社会资源配置、收入分配调节和宏观经济调控等方面的职能。

2. 有效的公共财政管理可以规范政府的财政收入。公共财政管理要求在保证履行政府职能和满足社会共同需要为基础，确定公共财政收入的规模、形式和结构，建立健全以各项税收收入为主，以必要的政府规费为辅的财政收入管理体制，相机灵活地运用政府融资手段，建立规范透明的国家财政收入体系框架。

3. 有效的公共财政管理可以引导财政支出。按照公共财政的要求，严格界定公共财政支出范围，规范公共财政支出的方向和规模，加大支出结构调整力度。具体而言，继续深化部门预算、国库集中支付制度、政府采购制度等支出管理制度改革和"收支两条线"管理等改革。同时，应结合政府财政收入的管理，取消预算外政府收支将预算外政府收支纳入预算内管理，形成一个覆盖政府所有收支、不存在任何游离于预算之外的政府收支项目的完整、统一的公共预算，改革预算外资金管理体制，使财政管理更加规范，提高财政资金使用效益，这样才能真正完善公共服务、保证公共财政目标的实现。

4. 有效的公共财政管理有利于建立预算监督体系。公共财政管理体系，不仅要求对公共财政收入和支出进行管理，还必须有完善的财政法律、法规和财政规章制度，同时要建立健全财政监督、审计监督、税务监督、社会监督等监督体系。通过加强对财政的事前、事中和事后监督，促进公共财政体制的建立，人民群众能够获得政府使用和管理公共资源的效率和效果方面的真实信息，维护公共利益免受侵害等。

10.2 公共预算管理

10.2.1 公共预算管理的内涵

公共预算管理源于立法机关的要求。在近代英、法等国，代表新兴资产阶级利益的议会（立法机关）经过与君主政体的长期斗争，最终取得了控制课税权和批准税收提案的权力，作为对国王财政权进行限制的工具。自此以后，立法机关对财政事务的注意力便转向支出控制上，进而要求政府每年提交预算报告，并经议会审批后方可实施。

公共预算管理是经法定程序产生的政府年度收支计划，反映执政党对社会经济发展的目标和抱负，同时也是限制政府收支的手段。在国家的制度安排中，政府是"国家意志"的执行者。在现代国家，"国家意志"实际上就是公众的意志，这是由国家的制度安排决定的。现代国家的经济职能是效率、公平和经济稳定，并且在政府预算中反映出来。在国家的制度安排中，政府对政府预算的形成有重要的作用：政府是预算草案的编制者；预算形成以后又是执行者。政府预算是由公共部门预算汇编而成的，因此政府预算与公共部门预算（简称公共预算）的特征和内涵是等价的。理解公共预算管理的内涵可以从公共预算管理的特征角度入手：

1. 法定性

公共预算的产生过程必须严格按法定程序，而且公共预算的收支范围和方向均有相应的法规为依据。

公共预算的法定性原则要求在预算管理的各个环节都必须遵循法定程序，经立法机关批准，受立法机关约束。经法定程序审批后的公共预算，即成为具有法律效率的文件，预算部门必须无条件执行，不得随意更改。如遇特殊情况需要调整原定预算，同样必须遵循法定程序，不得在法律范围以外调整或变更预算。

从纳税人的角度讲，预算必须经过立法机关审议通过的法律程序具有重要意义，它的理论基础是：纳税人已经授权政府按其意愿使用其提供的资源，政府不能随意变更。因此，合法性原则可以看作是"政府必须对纳税人负责"的理念在公共部门行政的延伸。

2. 精细性

公共预算的安排是详细的，有精确说明的，而且有相应报表。例如在美国的部门预算中，财政部将每个部门的预算详细列出，如在部门分类中列有"立法机关"（一级分类），其下再列有"参议院"、"众议院"、"国会图书馆"等（二级分类）之后，再进一步细分。如在参议院下再分为"对遗孀与子女的支付"，"对副总统和参议员的车马费补助"、"对临时听证会的补充"、"对门卫的支出"等，这些属于第三级（明细）分类。此外，公布的预算资料还列有对立法机关批准预算的附注，如在众议院临时听证会支付项目后，就列有某年某月的第几届国会通过的若干号法案批准拨款多少、当时支付多少、现在支付多少的说明与附注。

3. 完整性

政府收支都应在公共预算中得到反映。传统预算的编制范围仅限于预算内收支，改革后的部门预算编制范围则涵盖了预算部门的全部收支，既包括一般预算收支，又包括基金预算收支。在一般预算收支中，既包括预算内资金收支，又包括预算外资金收支和其他收支。这种范围上的区别，决定了预算的完整程度。对于实现预算管理的所有关键目标而言，预算的完整性是一个基本前提。

4. 时效性

政府预算应该按财政年度编制，不得有间断时效性原则要求政府每年都向立法机关呈递预算，并在年度终了时作出决算。设立财政年度的理由主要是明确立法责任。立法机关是按年度来审核政府预算的，而政府的财政收支只有经由立法机关审核并获批准后，才具有法律效率。大致可分为以下三种主要跨年度制预算年度：（1）从当年 4 月 1 日起至次年 3 月 31 日止，英国、加拿大和日本等国采用这一财政年度；（2）从当年 7 月 1 日起至次年 6 月 30 日止，瑞典、澳大利亚等国采用这一财政年度；（3）从当年 10 月 1 日起至次年 9 月 30 日止，这种财政年度以美国为代表。

5. 透明性

公共预算必须向全社会公开，其内容具有透明性，能为全体公众所了解公共预算本质上是反映公共需求和公共供给的计划。政府实际是代表公众来履行这一职责的。公共预算的透明性不仅是政府清正廉明的要求，而且便于公众监督和有利于预算效率的提高。当然，一些涉及国家防务安全等方面的收支需要有保密期的规定。透明性要求预算易于为公众及其代表所理解和审查其内容。

10.2.2 公共预算管理的组织形式

公共预算管理，是通过分配财政资源的方式实现人类各种不同目的的公共行政活动。由于财政资源有限性和人类欲望无限性之间存在矛盾，所以，公共预算必须找到一种组织形式，能够调和众多竞争性群体和目标之间的关系，以实现资源的有效分配。公共预算的组织形式就是指对公共预算项目进行的划分、编列、分块。

随着经济社会的发展，政府活动的范围和规模不断扩张，政府财政收支结构也趋复杂，为了有效调控经济运行，公共预算的种类也日趋多样性，现在最常见的公共预算组织形式主要有：

1. 单式预算与复式预算

单式预算是指把全部财政收支不分经济性质，列入一个统一的预算表格内，以单一的预算结构来反映政府预算收支全貌的一种预算组织形式。单式预算的优点是汇总平衡，预算编制、执行等具体的操作比较简单。其缺点是没有把全部预算收支按经济性质分列和分别汇集平衡，不便于经济分析和有选择地进行宏观调控。

复式预算是指将全部财政收支按其经济性质的差异，编制两个或两个以上的预算收支对照表的一种预算组织形式。最早实行复式预算制度的是丹麦，1927 年，丹麦编制了世界上第一个复式预算。复式预算的优点是：便于考核预算资金的来源和用途；有利于分析预算收支对社会供求的影响；有助于使预算成为促进经济发展的强有力杠杆。

1991 年，我国在编制单式预算的同时进行了复式预算的试编。1992 年，按照《中华人民共和国预算管理条例》的规定，在中央和省级两级开始实行复式预算。其基本做法是采取二元结构的预算组织形式，将预算收支按经济性质分别编制经常性预算和建设性预算。1994 年的《中华人民共和国预算法》，明确规定了我国实行复式预算制度，使复式预算制度以法律形式确定下来。

2. 增量预算和零基预算

增量预算又称基数预算，是财政收支计划指标在以前财政年度的基础上，按新的财政年度的经济发展情况加以调整后确定的。因此它与以前财政年度财政收支的执行情况密切相关，从收支走势看是逐年上升的。

零基预算（Zero-Base Budget）是指根据国民经济和社会事业发展的实际情况为依据，以"零"为基础，不考虑以前的财政收支状况，对预算收支进行科学测算和分析评估来确立预算收支的一种预算编制形式。它不受现行财政收支执行情况的约束，使政府可以根据需要确定优先安排的项目，有利于提高预算支出的经济效率，减轻国家为满足不断增加的财政支出而增税和扩大债务带来的压力。

3. 中央预算和地方预算

中央预算是由中央各部门的预算及地方向中央的上解收入、中央对地方的返还或补助组成。地方预算是由地方各级政府预算组成，包括本级各部门的预算及下级政府向上级政府上解的收入、上级政府对下级政府的返还或补助。根据我国预算法的规定：我国地方预算设置四级地方政府预算。

4. 规划计划预算和绩效预算

规划计划预算（Planning-Programming-Budgeting System，简称 PPBS）是美国 20 世纪 60 年代发展起来的主要预算方法。最初这种预算方法是用于解决军事难题。由于 PPBS 在美国国防部的成功应用，1965 年，约翰逊总统将规划计划这一预算制度推广到几乎所有的联邦非军事部门和机构，后来成立了完全属于总统的行政管理与预算局来进行预算管理。

规划计划预算的要点包括五个方面：确定预算项目目标；从众多目标中选择最紧迫的目标；运用成本收益分析设计实现各目标的备选方案；说明实施这些方案的以后各年度成本；对这些方案的实施效果作长期评价衡量。规划计划预算模式不再以按支出科目，而是按方案进行预算，把支出的成效综合起来考虑，更有利于提高预算效率。但是这种预算组织形式没有考虑任何政治因素，所以理论上的效率与公平易被现实的政治力量所抵消。

绩效预算是 1949 年胡佛在给美国国会提交的报告中所提出的。所谓绩效预算指的是基于政府的职能、业务与计划所编制的预算。绩效预算最重要的是工作以及任务的完成与为其付出的成本。这种结果取向的预算制度在美国新公共管理运动浪潮中得到了广泛的认同，今天也在世界各国得到了重用。

绩效预算可分为五个步骤：（1）公布绩效报告；（2）编制绩效目标；（3）绩效报告的审核与确认；（4）绩效分配；（5）编制预算。绩效预算的实质在于对公共支出的控制与评估。其他的预算更多地在于对拨款、花钱的控制，而绩效预算则将工作结果与工作的支出联系起来，实质上对公共开支活动起了监督的作用。但绩效预算也有难点。绩效要求完全高效地考评。由于政府存在着很多无形的活动，政府绩效是不能完全考评的。

5. 功能预算与部门预算

传统的功能预算是按照收入的类别、支出的功能汇总预算。这种不分组织单位和开支对象，不按照政府职能对开支加以分类的预算形式，虽然便于了解政府的职能，但是随着公共管理的复杂性、多变性的增加，这种预算形式无法反映部门的收支状况。

部门预算是由政府各部门编制，经财政部门审核后报立法机关审议通过的、反映部门所有收入和支出的预算。它以部门为单位，一个部门编制一本预算。各部门预算由本部门各单位预算和本部门机关经费预算组成。部门预算全面完整地反映政府活动的范围和方向，增强预算的透明度和调控能力。

10.2.3 公共预算管理的过程

公共预算管理的过程是指在一个预算周期内公共预算历经的流程。一般可以分为四个环节：预算的编制、预算的审批、预算的执行和政府决算。

1. 公共预算的编制

公共预算编制是指预算主体对公共部门在未来一段时间内收支情况进行预测与计划的活动。一般由政府行政机关负责。政府预算的编制工作可以分为两步：一是预算草案的编制；二是预算草案的核定。

各国主持具体编制工作的机构可以分两类：一类是由财政部门主持预算收入和支出的编制工作，由财政部门负责指导政府各部门编制支出预算草案并审核和协调这些预算草案，如中国、日本等；另一类是由政府特设的预算机关主持预算编制工作，而财政部门只负责预算收入的编制，如法国。

各国预算提案权的行使机构也有所不同：如美国，总统有预算咨请审议权，由总统核定预算草案；在瑞士，委员会有预算提案权；而日本的内阁、中国的国务院、俄罗斯的部长会议等行政机构也有预算提案权。

我国实现的是两上两下的程序。首先，各部门将预算编制建议数上报财政部或有财政分配权的部门，财政部与有财政分配权的部门审核建议数后下达各部门的控制数；然后，各部门按控制数编制预算草案报送财政部；最后，财政部根据全国人大批准的中央预算草案批复部门预算。

2. 公共预算的审批

公共预算的审批机构是国家立法机构。在实行民主共和制的国家中，审批公共预算的是议会。我国实行人民代表大会制，审批公共预算的是各级人民代表大会。

在我国，财政部汇编中央和地方预算草案，并附文字说明上报国务院；经国务院审查核准后，提请全国人民代表大会审查批准。根据 1995 年颁布实施的中华人民共和国预算法规定，全国人民代表大会审查中央和地方预算草案，批准中央预算；县级以上地方各级人民代表大会审查本级总预算草案，批准本级预算。这说明全国人民代表大会只批准中央预算，不批准地方预算；县级以上地方各级人民代表大会只批准本级政府预算，不批准汇总下一级总预算。

3. 公共预算的执行

预算执行是将预算编制落实的过程。我国的预算法明确规定，各级预算由本级政府组织执行，具体工作由本级政府财政部门负责，包括组织预算收入、预算监督和预算调整等内容。

各级预算由本级政府组织执行，各级政府是预算执行的组织领导机关，各级财政部门负责具体的预算的组织实施。各级主管部门及所属各预算单位与政府专门设立的预算管理机构（税务机关、海关机构，参与执行预算支出的各大银行等）也要参与组织预算收入。

为了保证收入入库、支付拨付以及预算调整按照法律和有关规定的程序进行，需要有关部门指导和监督国家各所属预算单位具体执行收支预算。对预算执行的监督主要包括财政监督审计监督。

预算调整是在预算执行过程中，为弥补原定预算收支指标与预算在执行中收支的实际需要量之间的差距，而对预算收支，或者使原批准的预算中增加的举借债务数额部分进行的调整，预算调整是预算执行中一项必不可少的内容。

预算执行过程是将国家的计划真正实施的过程。预算从源头对各项计划的实施提供保证。现实中，预算执行往往要求多部门的共同作用，确保预算的执行与编制预算的最终目标达成一致。

4. 政府决算

决算是对预算结果的总结与评价，它的目的是反映并反思一年的政府活动，考核政府的绩效，为下一年预算作准备。决算是公共预算管理过程中一个必不可少的阶段，是整个预算程序的总结和终结。

决算草案编制单位是各级政府、各部门、各单位，具体事项由财政部门部署；决算草案的审批与预算草案的审批程序相同；各级政府决算批准后，财政部门要向本级各部门批复决算；编制决算报告，由预算执行机构编制反映预算年度内预算收支执行情况的决算报告，经审计机构审核，国家立法机构批准后即告正式决算成立。正式决算的成立标志着该预算年度的预算管理过程的结束。

10.3　公共收入管理

10.3.1　税收管理

税收是国家为了实现其职能，以政治权力为基础，按预定标准向经济组织和居民无偿课征而取得的一种财政收入。国家征税的目的是补偿其在提供公共商品过程中必要的人力、物力耗费，同时利用税收对国民经济活动的广泛影响引导资源配置和调节收入分配。具有强制性、无偿性、固定性的特点。

1. 税收管理要素

纳税人是税法规定的直接负有纳税义务的单位和个人，包括自然人和法人两类。根据宪法和法律的规定，凡发生税法规定的行为和事件，取得应税收入的企业、单位和居民个人，都必须依照税法规定履行纳税义务，否则，要受法律追究。

征税对象是征税所指向的客体，表明对什么东西征税。征税对象可以是商品、货物、所得、财产，也可以是资源、行为、凭证等。每一种税都有特定的征税对象。也就是说，课税对象是一种税区别于另一种税的主要标志。

计税依据是计算应纳税额的根据，亦称为狭义的"税基"。计税依据和税率是决定应纳税额或税收负担的两个因素，即应纳税额＝计税依据×税率。

税率，即应征税额与征税对象或计税依据的比例，是计算税款的尺度。税率高低同政府征税的数量、纳税人的负担水平成正比，因此，它是税收制度的中心环节。税率既可以用百分比表示，也可以采取绝对额形式。大体可以分为三类：

比例税率。即不论征税对象的数量大小，均采用同一百分比的税率。其主要特点是，对同类征税对象实行等比负担，有利于鼓励规模经营和平等竞争，而且，比例税率计算简便。

累进税率。指随着征税对象的数额增大，税收的征收比例也随之提高的税率。它的主要特点是按纳税能力确定税收负担，是政府调节收入、财富分配，实现纵向均衡和社会公平的重要手段。

定额税率是指按征税对象的实物单位直接规定应征税额，而不采用百分比形式的数率，它适用于从量计征的税种。

2. 税收种类

按课税对象的性质，一般可把税收分为商品税、所得税、财产税、资源税和行为税五类。商品税是以商品（包括劳务）的交易额或交易量为课税对象的税类，如增值税、消费税、营业税、关税等；所得税是以纳税人的所得额为课税对象的税类；财产税是以纳税人拥有或支配的财产数量或价值为课税对象的税类，如房产税、车船税、遗产税、赠与税等；资源税是以纳税人占有或开发利用的自然资源为课税对象的税类，如资源税、土地使用税等；行为税是以特定的经济或社会行为为课税对象的税类，如屠宰税、印花税等。

按税负能否转嫁为标准分类，可以把税收分为直接税和间接税。直接税是税收负担不能转嫁或难以转嫁的税种，如所得税、财产税；间接税是税负能够转嫁或易于转嫁的税种，如商品税。

以税收与价格的关系可以把税收分为价内税和价外税。凡税金构成商品价格组成部分的，称为价内税，凡税金作为商品价格之外的附加，称为价外税。如中国的消费税和营业税属于价内税，增值税属于价外税。

按课税标准的不同，税收可分为从价税和从量税。从价税以课税对象的价值为计税标准，从价计税是普遍采用的方式。从量税以课税对象的实物量为计税标准，如重量、面积、容积、辆数、个数等，如中国城镇土地使用税、耕地占用税、车船使用税等。

按税种的隶属关系和征管权限，可将税收分为中央税、地方税和共享税。

3. 税收负担

税收负担简称"税负"，使纳税人履行纳税义务所承受的经济负担。税收负担是仅就政府征税和纳税人缴税所形成的征纳关系而言的，并不考虑税款使用给纳税人带来的福利受益。确定合理的税负水平是一国税收制度设计所要解决的中心问题。从宏观上判断一国税负水平是否合理，主要有经济发展和政府职能两个标准。

经济发展标准。税收负担影响纳税人的收入水平，进而影响经济主体生产、劳动的积极性以及投资和消费水平，因此，一般来说，税收负担水平过高是不利于经济增长或发展的。对此，从斯密、萨伊到现代供给学派（Modern Supply-Side Economics）理论，都对轻税政策与促进经济发展的关系作了较为深入的分析。美国供给学派代表人物阿瑟·拉弗（Arthur Betz Laffer）所提出的"拉弗曲线"（Laffer Curve）说明税率过高导致税收收入下降，是源于税收负担过重抑制了经济活动，损害了税基。当然，轻税并不意味着税负越低越好，因为由税收收入支持的公共支出，尤其是基础设施建设、教育、社会管理等，有的直接构成经济增长的要素，有的为经济正常发展创造外部条件，对促进经济发展的作用是巨大的。若一国税负水平过低，必然降低政府的投资和管理能力，从而妨碍经济长期、稳定增长。

政府职能标准。筹集财政资金、满足政府需要，是税收的基本功能。政府的职能范围不同，对税收的需要量也不一样，因此，一国总体税负水平的高低，还要视政府职能范围的大小而定。

从各国的实践看，随着社会经济的发展，政府职能范围会有所扩大，公共支出需要也不断增加，而税收作为筹集财政资金的主要手段，相应呈现了一种日益增长的趋势。尤其对于发展中国家，由于政府面临着经济建设、社会管理、宏观调控等艰巨任务，税负水平随经济增长而逐步提高是必然的。但在经济发展达到一定高度后，税负水平也会出现相对稳定的状态。

综合以上两种标准，从理论上看，在进行税制设计确定合理税负时，就实现一定的税收收入目标而言，应选择较低水平的税率，以免影响经济的活力。

10.3.2 公债管理

公债，即公共债务，是政府为解决正常财政收入的不足，或实施特定的经济调控政策，以信用形式筹集资金而形成的债务。公债是政府以债务人身份取得的一种债务收入。

公债包括国债和地方债。国债是由中央政府发行的，其所筹资金由中央政府支配使用并负责偿还。地方债由地方政府发行，所筹资金由地方政府支配并负责偿还。我国地方政府无权以自身名义发行债务，故人们常将公债与国债等同起来。

公债作为特定的财政收入，与其他财政收入相比，具有一些特点。一是有偿性。公债收入的取得是以按期向债权人偿还本金并按预定利率计付利息为前提的；二是自愿性。人们是否认购公债、认购何种公债以及认购多少公债，一般由购买主体根据各自情况自主决定。

1. 公债的效应

保罗·A. 萨缪尔森（Paul A. Samuelson）认为：公债不是一个值得忧虑的问题，而是一件有益的事，会增加净收入；公债不是妨碍经济增长的因素，而是使经济稳定发展的因素；公债不会增加人民负担。因此，大量发行公债有利于经济繁荣和充分就业。

从财政角度看，公债是财政收入的补充形式，是弥补赤字、解决财政困难的有效手段。当国家财政一时支出大于收入、遇有临时急需时，发行公债比较简捷，可济急需。从长远看，公债还是筹集建设资金的较好形式。一些投资大、建设周期长、见效慢的项目，如能源、交通等重点建设，往往需要政府积极介入。

从经济的角度看，公债是政府调控经济的重要政策工具。它调节了积累与消费，促进两者比例关系合理化。公债采用信用的方式，只是获得了一定时期内资金的使用权、没有改变资金的所有权，适当发行公债，可以使二者的比例关系趋于正常。同时公债是一种金融资产、一种有价证券，公债市场可以成为间接调节金融市场的政策工具。

2. 公债的发行

公债的发行是指公债的售出或被个人和企业认购的过程,它是公债运行的起点和基础环节。公债发行方式是指政府以何种方法将公债售出,不同的公债发行方式有不同的特点和操作要求,并影响公债的发行范围、发行周期及发行成本。公债的发行方式多种多样,从世界各国的情况看,公债的发行方式主要有:行政分配方式、直接出售方式、委托出售方式、承购包销方式及公募招标方式等。

公债发行方式的选择,应根据所发行公债的种类、数量、发行对象及公债发行时的社会经济环境等因素,以合理动员社会财力、及时取得公债资金、降低公债成本为目标加以确定。实际上,不同的公债发行方式可以在同一时期内同时使用,如对定向发行的公债采用直接出售方式,对面向个人投资者的公债采用委托出售方式,对最终承受对象不确定的公债采用承购包销或公募招标方式,等等。

3. 公债市场

公债市场即公债交易场所。公债券是政府发行的表明政府与公债认购者之间债权债务关系的有价证券,它构成公债市场交易的对象。由于公债交易为有价证券交易,因而公债市场是证券市场的组成部分。公债市场的发展情况,一方面受证券市场的发达和完善程度的制约,另一方面也影响证券市场的规模和运行。

公债市场按其交易的层次或阶段可分为两个部分:公债发行市场指公债发行的场所,又称公债一级市场或初级市场,是公债交易的起始环节;公债流通市场是对政府已发行出去的公债券进行交易的场所,又称公债二级市场,是公债交易的第二阶段。

公债市场一般具有两方面的功能。一是实现公债的发行和偿还。政府可以采取委托销售、承购包销、公募招标等方式在公债市场交易中完成公债的发行任务,同时也可以通过买入流通中的公债的方式清偿债务。二是调节社会资金运行。在公债市场中,各投资或经销主体对公债的买卖行为,体现资金的配置过程,它使资金需要者和公债需要者获得满足,从而优化资金分配的结构。若中央银行参与公债流通市场的交易活动,则直接影响社会资金的总流量,对调节社会资金运行和商品供求关系产生重要作用。

10.3.3　政府收费管理

公共收费是政府在提供公共服务、公用设施或实施行政管理的过程中,向受益或管理对象所收取的费用。公共收费是国家财政收入的重要形式之一，同时也是国家干预市场活动，实施国民经济管理的重要手段。相对于税收而言，公共收费在财政收入中只能处于从属地位，通常在组织地方财政收入中起较大的作用。公共收费具有直接有偿性、非普遍性和非规范性等特征。这些特征将公共收费与其他财政收入形式区别开来，而且这些特征也决定了公共收费只能是一种处于补充地位的财政收入形式。

1. 公共收费的适用范围

混合产品的存在是公共收费存在的经济学依据。只有以下三种情况，才适合对使用者收费。一是对某项公共服务或设施的消费所设置的排他性装置在技术上可行、经济上合理。受益范围不确定、受益差异不明显的混合产品的生产费用，主要用税收补偿。而受益范围较为确定、受益差异也比较明显的混合产品的生产费用，主要用收费补偿。二是当特定公共项目的供给规模不变，增加消费者会导致边际收益下降，从而在消费上产生竞争性时，需要通过收费适当限制消费，否则会出现过度拥挤而造成效率下降。三是当特定公共供给项目只由少数社会成员受益时，对使用者收费是必要的，如果不是用收费而是用税收来补偿这些公共项目供给成本，则出现用一般纳税人的钱为少数人服务的现象，这既不公平，也是没有效率的。

2. 公共收费的种类

公共收费主要有使用者收费和规费。

使用者收费是公共部门对特定服务或特许权收取的价格，用于支付提供这些服务的全部或部分成本。即政府部门就其向社会提供的产品或者是特殊服务而收取的费用，如水费、电费、煤气费、公立大学学费、公立医院收费、停车费、公园门票等。这些收费可以大致分为直接费、公用事业特种费以及特许费三大类。

规费是公共部门在执行社会管理职能过程中，为国民提供某种特别行为或服务时所获得的特别报偿。规费的收取是随着公共部门的特别行为或服务而发生的，它的取得是基于政府的行为或服务给予特定个人以特别的利益，或者是免除一种禁止，或保证一种既存的权利身份，以及辅助其权利的行使等。规费通常包括行政规费和司法规费两类。行政规费是附随于政府部门各种行政活动的收费，具体包括护照费、户籍规费、商标登记费、商品检验费、度量衡鉴定费及执照费等。司法规费包括司法方面的审判费、执行费、民事诉讼费、刑事诉讼费、出生登记费、财产转让登记费、遗产管理登记费、继承登记费和结婚登记费等。

3. 公共收费的作用

提高公共资源的配置效率，在保证政府收费相对自愿性的前提下，若某项收费项目的收入增加，意味着人们对该项公共服务的需求上升，所以政府收费方式有助于揭示居民的真实公共需求，改进公共资源配置效率。

提高公共商品供给效率，在免费提供混合商品的情况下，往往导致过度消费和浪费，如道路和桥梁越来越拥挤，行驶速度就会缓慢，使用者的（时间）成本就会增加。当政府所提供的公共产品或劳务面临拥挤问题，对这些公共品或劳务按一定比例收取使用费，将有助于避免或减轻拥挤。

筹集财政收入，社会对公共产品的需求越来越大，各级政府承受着极大的财政压力。政府收费根据直接受益原则向国民收取，是一种社会和受益人都能接受的筹集财政收入方式。通过设置必要的收费项目在一定程度上可以改善财政状况，缓和财政资金供求矛盾。

我国公共收费的基本状况是公共收费规模大、收费部门和项目多、收费管理乱。这给我国的社会经济生活带来了许多不良的影响。公共收费不仅造成公共分配秩序混乱，严重侵蚀税基，削弱了公共部门的宏观调控能力，同时也加重了国民的经济负担。过多、过滥的公共收费还造成了公共部门职能错位、行政效率低下。

我国的税费改革应注意：一方面，在检查清理各种收费项目的基础上，通过取消、规范、转制、改税等方式，使税费各归其位，形成以税收收入为主，收费为辅，税费并存相互协调的财政收入运行机制；另一方面，积极推进税费改革的配套措施，努力消除不规范税费关系的形成机制，这是规范税费关系的根本。

10.4 公共支出管理

10.4.1 购买性支出管理

公共支出管理是政府为了实现其职能的需要而进行的一种财政资金分配活动，从性质上说，它既是政府成本管理，也是实现政府职能的主要手段。目前在财政支出的供给上，政府将社会再生产的各个领域和事务统统列入自己的管理范畴，财政支出大包大揽，不仅包括公共安全、公共机构、公共服务等项支出，而且还有不少应由市场和社会配置资源的一般竞争性领域、企业的经营性发展项目、应用性研究项目以及可以利用社会资金发展的事业，仍然大量地使用财政资金，大大超过了公共财政支出的规定范围。我国当前财政支出管理中的矛盾十分突出。在加强和改进社会主义市场经济体制的今天，正确规范和完善公共财政支出管理具有很强的现实意义。只有这样，才能不断地提高财政支出效益，从而缓解各级财政困难，并逐步建立公共财政支出体系。

按照公共支出有无直接对资源和要素形成需求的标准，可以将公共支出分为购买性支出和转移性支出。所谓购买性支出，是政府直接进入市场购买商品或服务的活动，包括购买进行日常政务活动所需的或用于国家投资所需的商品和服务的支出。购买性支出直接引起市场供需对比状态的变化，直接影响经济周期的运行状况，因而是政府财政政策的相机抉择运作的基本手段之一，是公共财政履行稳定职能的直接表现。

1. 购买性支出的分类

购买性支出可分为社会消费性支出和政府投资性支出两部分。社会消费性支出包括国防、行政、科学、文化、教育、卫生等部门的事业经费支出。政府投资性支出包括社会基础设施投资支出。

社会消费性支出是为了满足社会共同需要，是非生产的消费性支出，是国家执行政治职能和社会职能的保证。（1）行政管理与国防支出。行政管理支出是指财政用于国家各级权力机关、行政管理机关及外事机构行使其职能所需要的经费支出。国防支出是指财政用于国防建设、国防科研事业、军队正规化建设等方面的费用支出。行政管理和国防所提供的服务是典型的公共产品，具有非排他性和非竞争性。可以为一个国家范围内的全体社会成员共同享用，而且这种效用不能为任何人所分割。所以行政管理和国防服务支出是政府财政支出的基本组成部分。（2）科教文卫支出。是指财政用于文化、教育、科学、卫生等事业单位的经费支出。从文教科卫支出的用途上看，仅指财政用于文化、教育、科学、卫生等部门的经常性支出，即用于支付这些单位工作人员的工资和公用经费，不包括财政向这些部门拨付的基本建设支出、科技三项费用等投资性支出。文化、教育、科学和卫生事业的发展在现代经济发展中发挥着越来越大的决定作用，已成为现代经济发展的重要推动力和保障。在文教科学卫生支出管理中，财政部门担负着重要职责：保证这些部门的经费及时按期拨付；在提供经费时，努力提高资金的使用效果。

政府投资性支出是政府为了实现预期的社会效益和宏观经济效益，将部分财政资金转化为公共部门的资产以满足社会公共需要的经济行为。政府投资支出是社会总投资不可或缺的一个有机组成部分，可以克服市场在资源配置中的"失灵"。政府投资性支出，将对社会福利分布状态产生直接影响，因而是公共财政履行公平职能的一个重要内容。（1）基础产业投资支出。狭义的基础产业，是指经济社会活动的基础设施和基础工业。基础设施主要包括交通运输、机场、港口、桥梁、通信、水利、城市供排水、供气、供电等设施；基础工业主要是指能源工业和基本原材料（包括建筑材料、钢材、石油化工材料等）工业。广义的基础产业，除了上述基础设施和基础工业外，还包括一些提供无形产品或服务的部门，如科学、文化、教育、卫生等部门，这些部门提供服务所需的固定资产，通常归于广义的基础设施之列。（2）农业投资支出。农业的固定资产投资，如大型水库和各种排灌工程等大型项目，投资巨大，投资期限长，且投资产生的效益不易分割；农业科研和农技推广与应用，需要耗费大笔资金，且农业科研和农技推广具有"外部经济"特征；农业容易遭受自然灾害的较高风险性。根据以上分析，可以看出政府投资农业的必要性。列入国家预算支出的支农资金，主要包括：农林、水利、气象等方面的基本建设投资支出；农林企业挖潜改造资金支出；农林部门科技三项费用（新产品试制费、中间试验费和重要科学研究补助费）；农林、水利、气象等部门的事业费支出；支援农业生产支出。

2. 政府采购管理

政府采购就是指国家各级政府为从事日常的政务活动或为了满足公共服务的目的，利用国家财政性资金和政府借款购买货物、工程和服务的行为。政府采购不仅是指具体的采购过程，而且是采购政策、采购程序、采购过程及采购管理的总称，是一种对公共采购管理的制度。

政府采购制度最早形成于 18 世纪末和 19 世纪初的西方自由市场经济国家。1782 年，英国政府首先设立文具公用局，作为特别负责政府部门所需办公用品采购的专门机构，后来发展为物资供应部。美国的政府采购最早可追溯到独立战争，当时政府采购的主要领域是为军事部门采购战争所需要的物资。随着世界经济的发展和国际竞争的增强，从 20 世纪 70 年代开始，关贸总协定（GATT）在多边协议的框架下，开始了对政府采购的谈判。于 1979 年签订了第一个《政府采购协议》，极大地推动了各国政府采购市场的立法，同时也为开发各国政府采购打下了坚实的基础。

我国政府 1996 年开始政府采购试点工作。1998 年，国务院进行机构改革，在国务院核定财政部的"三定方案"赋予了财政部负责拟定和执行政府采购政策的职能，从而确立了我国政府采购的主管部门。1999 年，财政部颁布了《政府采购管理暂行办法》，这是我国第一部关于政府采购管理的全国性的部门规范性文件。2002 年 6 月，《政府采购法》颁布。2003 年《政府采购法》正式实施。2006年，我国就加入WTO《政府采购协议》谈判与美国开展了技术性磋商，与欧盟进行了对话，我国还正式承诺将在2007年底启动加入WTO《政府采购协议》谈判。

纵观各国的政府采购，不外乎三种管理模式。这三种管理模式的划分是基于采购主体的不同：一是集中式采购或称集权式采购模式，即财政部门统筹采购；二是分散式采购或称分权式采购模式，即各级单位或部门按需自行采购；三是混合式采购或称适度集权式采购模式，即财政部门统筹采购和各级单位或部门自行采购相结合的采购管理模式。无论采用哪一种采购管理模式，在实施采购行为时都必须选择规范的方式。考虑到我国的政府采购管理现状，政府采购采用混合式采购管理模式较为合理。我国政府采购的混合式管理模式，在具体操作上即为各级财政集中采购同各级行政事业单位分散采购相结合。集中采购的采购主体是各级财政部门，分散采购的采购主体则为各级行政事业单位。集中采购的对象主要是纳入政府采购目录的重要的、通用性的物品，如基础设施项目、汽车、锅炉、办公设备、打印纸等；分散采购的对象主要是未纳入政府采购目录的个性化的、零碎的物品，如价格较低的特殊规格型号的设备仪器、批量较小的物资、造价较低的建筑工程及材料等。

我国政府采购十年改革取得明显成效：政府采购规模和范围不断扩大，全国政府采购规模由1998年的31亿元到2006年的3 500亿元。[①] 政府采购范围由原来的主要局限在货物，而且是准货物，逐步扩大到了工程和服务；政府采购管理体制逐步理顺特别是监管和操作的分离，解决了既是"运动员"又是"裁判员"的问题。从监管来看，呈现出多元化的特点。除了政府采购监督管理部门，还有立法机构、审计机关等，逐步走向了规范化和多元化。从操作层面来看，各级政府采购中心都明确了自身的功能定位。政府采购市场的开放步伐进一步加快。目前，我国越来越多采购项目实行对外开放政策，如我国水利建设、奥运场馆建设等，均邀请了国外优秀供应商进行公平竞争。政府采购制度定位的认识逐渐到位。对于政府采购制度的功能，由过去的以资金节约率来评价政府采购制度效果好坏的理念，转向了政府采购制度政策目标多元化，如保护中小企业、绿色采购、抑制腐败等。政府采购制度在公共支出管理方面的定位逐步地得到了社会各界的认可。

[①] 白留杰：《探索 改革 前进——我国政府采购十年改革回顾》，《中国政府采购》，2007年第3期。

10.4.2 转移性支出管理

所谓转移性支出，是政府进行非市场性再分配，将钱款单方面转移给受领者的支出活动，它不直接体现为政府对社会资源和要素的需求和消耗。转移性支出形成的货币流，并不直接对市场提出购买要求，即不直接形成购买产品或劳务的活动。政府通过转移性支出，增加了支出受惠者的货币收入，在私人和企业间进行了收入再分配，从而成为政府实施社会公平政策的重要手段。特别是其中的济贫支出和社会保险支出等，能够自动地随着宏观经济运行状态而逆向变动，从而成为宏观经济运行的自动稳定器，是政府最重要的宏观经济政策运作手段之一。转移性支出主要由社会保障支出和财政补贴支出等组成。

1. 社会保障支出

社会保障，是国家依一定的法律和规定，在劳动者和社会成员因年老、伤残、疾病而丧失劳动能力或就业机会，或因自然灾害和意外事故等原因而面临生活困难时，为保障社会成员的基本生活权利而提供的物质帮助和社会服务。

我国财政对社会保障的投入逐年增加。从 1998 年到 2005 年，财政社会保障经费年支出由 598 亿元增长到 3 600 亿元左右，年均增长 29.4%；占财政总支出的比重也从 5.5% 增长到 11%。① 由于城镇化进程加快，大量农村剩余劳动力涌向城镇，加之产业结构调整以及企业改革步伐加快，城镇劳动力供大于求的状况将持续存在，下岗、失业人员会保持相当规模。同时快速的老龄化，使城镇养老、医疗负担大幅提高。因此，我国政府决定将积极调整政府财政支出结构，严格控制和压缩一般性开支，增加就业和社会保障投入，特别是加大地方政府对社会保障的财政投入，逐步把社会保障支出占财政支出的比例提高到 15%~20%。②

我国已经形成了比较完整的社会保障体系框架。主要构成是：（1）社会保险。它是社会保障制度的核心。我国社会保险包括养老保险（含企业职工养老保险、机关事业单位养老保险、农村养老保险）、失业保险、医疗保险（含企业劳保医疗、机关事业单位公费医疗、农村合作医疗）、工伤保险和生育保险等。（2）社会福利。它主要包括特殊群体福利，如残疾人福利、妇女

① 白天亮：《我国财政去年用于社会保障支出 3600 亿元》，新华网，http: //news. xinhuanet. com/fortune/2006-01/14/Content_ 4050589. htm。

② 赵晓辉，全晓书，耿锐斌：《郑斯林：中国将提高社会保障财政支出比例》，新浪网，http: //finance. sina. com. cn/g/20040917。

儿童福利等；企业单位提供的职工福利，如职工食堂、托儿所等；政府和社会共同开办的社会福利事业，如医院、儿童福利院、老人福利院等，以及社区服务。（3）社会救助。它包括自然灾害救助和贫困救济。自然灾害救助是国家对因自然灾害遭受损失或发生其他不幸事故而暂时生活困难的公民提供的资金和物质帮助。贫困救济是国家和社会对无劳动能力、无生活来源、无赡养人的孤寡人员以及收入在贫困线以下的公民提供的资金和物质帮助，主要包括两部分，一是城镇贫困救济，即对城镇贫困户的救济；二是农村贫困救济，即对农村"五保户"实行保吃、保住、保穿、保用、保葬的"五保"制度。（4）社会优抚和安置。它主要包括牺牲病故抚恤、定期定量生活补助、残废抚恤、残废人员免费医疗、烈军属疾病医疗减免待遇和军队移交安置的离退休人员费用等。

社会保障的管理是由中央和各级地方政府共同负责。一般而言，中央政府和地方政府在社会保障上分工应以项目来进行划分，属于社会影响较大的社会福利和社会救济方面，如特大自然灾害的社会救济，应由中央政府负责，地方政府起补充作用；对于有地区性的一些社会福利及社会救济项目，可由地方政府负责，中央政府提供政策指导并进行监督。同时在中央政府各职能部门之间也存在一定的分工。劳动和社会保障部主要负责管理养老保险、失业保险、城镇职工医疗保险、工伤保险、生育保险等项目；民政部主要负责社会救济、社会福利、优抚安置；卫生部主要负责农村合作医疗制度；财政部主要负责制定社会保障的财政政策和财务、会计制度，实行社保资金收支的财政监督，为社保计划提供补助资金。

今后要完善社会保障体系，必须努力实现制度创新，重点是逐步做实养老保险个人账户。中国虽早已确定了社会统筹与个人账户结合的模式，但为了保证当期养老金支付，统筹基金和个人账户基金一直混账运行，统筹部分透支了个人账户资金，并未形成实际的基金积累。为了应对老龄化高峰的挑战，保证养老保险资金的长期平衡，我国将在总结东北地区试点的基础上，在全国逐步做实个人账户，真正实现现收现付向部分积累的模式转换。做实个人账户后，社会统筹基金与个人账户基金分别管理，社会统筹基金不再占用个人账户基金；新增的当期支付缺口，由中央财政、地方财政和基金增收部分共同弥补；对积累的个人账户资金，要探索保值增值的途径，对按市场方式投资运营，政府将制订规则，加强监管。

2. 财政补贴

财政补贴已经是西方经济的一种普遍现象，它作为一种特殊的财政支出手段为世界各国政府普遍重视，成为各国政府管理与调节社会经济的重要工具。财政补贴是国家为了某种特定的需要，向企业或个人提供的补助和津贴。从性质上看，它是国家将从纳税人手中取得的一部分收入无偿转移给企业或居民支配使用，是国家财政进行收入再分配的一种形式。政府通过财政补贴可以调节供求关系，稳定市场价格，促进特定产业的发展，维护企业和消费者的自身利益，从而影响全社会资源配置结构及社会经济的整体发展。

　　财政补贴具有以下三个特征：（1）具有很强的政策性。财政补贴是国家实现一定的政策目标的手段，财政补贴的对象、补贴的数额、补贴的期限等都是按照一定时期的国家政策需要制定的，因而，财政补贴具有很强的政策性。不仅包括经济政策，而且包括政治和社会政策。（2）具有一定的灵活性。国家一般都是根据形势的变化和政策需要，及时地修正和调整财政补贴，所以，在世界各国财政补贴往往是国家实现短期经济的重要财政手段。（3）具有明显的时效性。财政补贴措施一般都是依据一定时期的国家政策需要制定的，是为实现国家的政策目标服务的，因此，当国家的某些政策发生变化时，财政补贴措施也应做相应调整。

　　财政补贴的内容的分类：从补贴同社会经济运行过程的关系来看，可分为生产环节补贴、流通环节补贴和消费环节补贴；从政府是否明确地安排支出来分，可分为明补与暗补；从补贴资金的接受主体来分，可分为企业补贴和居民补贴；从补贴对经济活动的影响来看，可分为对生产的补贴和对消费的补贴；从补贴是否与具体的购买活动相联系来分，可分为实物补贴与现金补贴；按财政补贴的政策目的，可分为价格补贴、企业亏损补贴、出口补贴、财政贴息、税收支出等。

　　财政补贴作为政府调节经济重要财政手段之一，运用得好，可以弥补市场的缺陷，促进经济的发展，但运用得不当，反而会妨碍经济的发展。我国自20世纪80年代以来，补贴过多，给财政造成很重的负担，也对国民经济的发展造成一定的阻碍。我国正在积极探索财政补贴改革的技术路线。如合理确定财政补贴项目，控制财政补贴的总规模，减少财政补贴项目；规范财政补贴制度，取消经营性亏损补贴；制定灵活的财政补贴政策，避免财政补贴政策僵化，阻碍社会经济的发展；加强财政补贴的管理防止挪用补贴款，提高财政补贴的效率。

　　转移性支出中除了社会保障支出和财政补贴这两大部分外，还有其他一些支出项目，主要有外援支出、债务支出和其他支出。虽然它们所占的比例并不大，但也有其特殊的作用。外援支出，是指政府财政用于各种援助其他国家或国际组织的项目上的支出。在当代国际社会中，国与国之间的政治经济联系日益密切，对外交流日益增加，外援支出已成为一国转移性支出中的一项重要内容；债务支出，是指政府财政用于偿还国内公债和国外借款的还本付息支出。债务利息支出属于转移性支出范畴。

10.4.3 公共支出效益管理

公共支出效益是指政府为满足社会公共需要而进行的资源配置活动与所取得的社会实际效益之间的比较关系，即财政资金的投入与产出的对比度。而公共支出效益管理是指政府集中有限的社会资源，运用一定的方法，提高财政资金配置效率，促进社会福利增长的活动。

1. 公共支出效益管理的内涵

公共支出效益管理分为两个层次：广义的公共支出效益管理是指公共支出的配置效益管理，是对财政资金在各领域的分配比例及产生的经济效果的宏观分析和判断。通过研究一个时期的财政收入总量在整个社会领域中的分配比例是否符合整个社会经济发展的客观需要，进而根据公共支出效益管理的目标和社会发展需要，决定是否要调整财政支出类型、公共支出构成要素之间的分配比例等。如分析教育科技文化支出、外事外交支出、社会保障支出、农业支出等分配比例是否合理，满足各项事业发展对财政投入需求程度如何，对整个社会经济发展作用多大等。

狭义的公共支出效益管理是指公共支出的耗用效益管理，是对公共支出实际使用所产生的经济效果的具体分析判断。管理的对象是财政资金的使用单位。通过分析判断财政支出在各个领域、各个行业所产生或带来的经济效益，研究财政资源在耗用阶段为完成特定事务所耗用的财政资金与取得效益的比较。从产出角度看，是在一定程度上满足社会的需要；从投入角度看，是在完成了满足社会需要的事务量的前提下，所耗用的资金是多少。我们通常讲，公共支出效益管理是指公共支出的耗用效益管理。

2. 公共支出效益评价的方法

成本—效益分析法，就是针对政府实现职能所需公共支出目标提出若干实现支出目标的方案，详列各种方案的全部预期成本和全部预期效益，通过比较分析，选择出最优的公共支出方案。成本—效益分析法主要适用于效益是经济的、有形的、可以用货币衡量的支出项目，如公共支出中的公共工程项目。在对公共支出工程项目进行成本—效益分析时，计算出直接成本和直接效益比较容易，难点在于直接成本与效益之外的其他成本与效益的测算，如中间的成本和收益、内部的成本与收益等。在运用成本—效益分析方法时，不能简单地把每个年度内发生的成本与效益相加、汇总，还必须考虑货币的时间价值，应把工程项目从开工到竣工全部工期的若干年里发生的成本与效益通过利息折算成现值，然后才能汇总加以比较，在此基础上，再计算支出项目不同方案的成本效益比较，选优汰劣。

最低费用选择法，也称最低成本法，适用于那些成本易于计算而效益不易计量的支出项目，只计算各备选项目的有形成本，并以成本最低为择优的标准。如适用于政府公共开支中的国防、政治、文化、卫生等项目，其成本是易于计算的，但效益却不易衡量，而且通过此类支出所提供的商品或劳务，不可能以任何形式进入市场交换。最低费用法是以取得一定社会效益所需费用的大小为标准来评价公共支出效益的高低。

财务分析法，是通过对单位财务运行状况进行比较分析，来反映单位的支出执行情况，并对其支出效果进行评价。运用财务分析既可以对单位内部财务状况进行分析，也可对一个地区，乃至全国的财务状况进行分析。该方法目前被我国多个部门采用，评价的准确度较高、较全面，但在指标选择、标准值确定及权数计算方面较复杂，操作难度相对较大。

公众评判法，对于无法直接用指标计量其效益的支出项目，可以选择有关专家进行评估，并对社会公众进行问卷调查，以评判其效益，适合于对公共管理部门和财政投资兴建的公共设施进行评价，具有民主性、公开性的特点。

10.5 政府审计

10.5.1 政府审计的概念和作用

我国 1982 年宪法规定，国务院设立审计署，在国务院总理领导下，主管全国的审计工作。国家审计机关与同级政府就存在着审计与被审计、监督与被监督的关系，多年来政府审计客观评价了政府业绩，并能防止腐败，实现对政府权力的有效制衡，最大限度地保护人民利益。2006 年 2 月 28 日第十届全国人大常委会第二十次会议审议通过了关于修改《审计法》的决定。决定中对原《审计法》条文作了 34 项修订，同时规定："本决定自 2006 年 6 月 1 日起施行。"下面主要介绍政府审计的作用、内容和方法。

政府审计是政府机关依法独立检查被审计单位的会计凭证、会计账簿、会计报表以及其他财政收支、财务收支有关的资料和资产，监督财政收支、财务收支真实性、合法性、效益性的专业性活动。政府审计的目的是通过审计财政、财务收支真实、合法和效益，最终达到维护国家财政经济秩序、促进廉政建设、保障国民经济的健康发展的目的。依据《宪法》和《审计法》规定，必须接受审计的部门和单位包括：国务院各部门、地方人民政府及其各部门；国有的金融机构；国有企业和国有资产占控股地位或者占主导地位的企业；国家事业组织；其他应当接受审计的部门和单位，以及上述部门和单位的有关人员。审计的内容是这些部门和单位的财政收支和财务收支。

审计作用的大小，总是与国家审计监督制度地位的高低有关。我国审计监督制度处于较高的地位，它决定了我国审计是一种专职的、具有独立性的经济监督行为，在社会经济生活中处于监督控制的地位。我国的政府审计实现了审计监督与政府经济监管职能的高度结合，其在维护财经秩序，促进廉政建设，保障国民经济健康发展等方面发挥了积极的作用。

1. 促进经济管理水平和经济效益的提高

通过财政财务审计和经济效益审计，可以发现影响被审计单位财务成果和经济效益的各种因素，并针对问题的所在提出切实可行的改善措施，这样就有利于被审计单位改善物质技术条件和人员管理素质，进一步挖掘潜力，提高经济效益。

2. 促进社会经济秩序的健康运行

审计部门作为对一切国有资产的监督部门，通过微观审计和宏观调查，都可以发现社会主义经济生活中一些违法乱纪和破坏正常经济秩序的现象和行为，审计机关和人员不仅有向有关领导和宏观管理部门反映信息的义务，而且有提出处理意见和改进措施的权力，这就有利于维护正常的经济秩序，保证国民经济健康地发展。温家宝总理在 2004 年初指出，审计是国家加强宏观调控的一种重要手段。

3. 监督行政权力规范使用

规范行政权力，是建设法治政府的本质要求，是加强反腐倡廉的有效途径，是贯彻落实科学发展观、建设和谐社会的需要。各级政府是否规范使用行政权力，并不是由各级政府自己说了算，而必须由政府审计机关通过审计公正地对其履行公共受托经济责任作出评价，进而确定或解除其所负的受托经济责任。政府审计能够揭示由于对权力运作的制约和监督不力而导致脱离实际、决策失误、大搞"政绩工程"、损失浪费严重等问题，为科学决策、依法行政提供依据。只有通过对政府工作中的经济性、效率性和效果性进行经常性审计监督，增加政府活动的透明度，才能使公共资源的使用更有效率，减少滋生腐败的土壤。

4. 打击各种经济犯罪活动

各种审计特别是财政财务审计，可以发现和查明贪污盗窃、行贿、受贿、偷税、漏税、骗税、走私、造假账、化预算内为预算外、化大公为小公和化公为私，以及损失浪费等经济犯罪行为，并配合党的纪律检查工作、行政纪律监察工作，法院、检察机关的司法侦查工作，以及各种临时检查工作，进行查证与鉴定，以充分发挥审计的特有作用。

10.5.2 政府审计的一般原则

1. 依法审计原则

依法审计是审计监督的一项基本原则，要求审计机关和审计人员应当依照法律规定行使审计监督权，开展各项审计活动。审计机关的职权只能由法定的审计机关行使。任何其他国家机关、社会团体、组织和个人都无权行使这项权力。否则就不符合法定的主体资格要求，就是越权，就是违法，并应承担相应的法律责任。审计机关必须依照法律规定的职责、权限和程序开展审计监督活动。审计结果必须有事实依据和法律依据。在事实清楚的基础上，审计机关作出审计评价，应当以相应法律规定或标准作为依据。审计机关对违法行为进行处理、处罚，必须有明确的法律依据，并且要定性准确、处理、处罚正确、适当。对审计争议事项必须通过法定的方式和途径解决。对审计争议事项，法律规定了三种解决途径和方式：一是向上一级审计机关或本级人民政府申请复议，通过行政复议解决审计争议；二是向人民法院起诉，通过行政诉讼解决争议；三是向有关机关提出申诉，通过办理申诉事项解决审计争议。在解决审计争议过程中，审计机关必须维护被审计单位和有关人员的申请复议、起诉和申诉权利以及其他合法权益。

2. 独立审计原则

审计机关独立行使审计监督权，主要指审计机关在组织、人员、经费和工作上的独立性，以保证审计监督的客观性、公正性、权威性和有效性。独立审计原则主要包括：组织上的独立性，指审计机构单独设置，与被审计单位没有组织上的隶属关系；人员上的独立性，指审计人员与被审计单位应当不存在经济利害关系，不参与被审计单位的经营管理活动；工作上的独立性，指审计机关及其审计人员依法独立开展审计工作，作出审计判断、提出审计报告、出具审计意见书和作出审计决定，其他行政机关、社会团体和个人不得干涉；经费上的独立性，指审计机关履行职责所必需的经费，按照审计法的规定单独列入财政预算，以保证有足够的经费独立开展工作；对审计人员的保护，审计人员作为国家公务员，除享受国家公务员条例规定的权利，受到对公务员执行职务的应有保障外，《审计法》对审计人员执行职务的保护作出了专门规定，即审计人员依法执行职务，受法律保护，不得打击报复审计人员，并对拒绝、阻碍依法执行职务和报复陷害审计人员的违法行为，规定了相应的法律责任。此外，审计人员对待被审计单位及被审计事项，应不为自己的好恶所左右，做到客观公正，以保证审计工作的独立性。

3. 客观公正原则

客观公正，就是审计机关在行使审计监督权时必须公平、正当、实事求是，它是审计人员职业道德的重要内容。客观公正原则主要体现在以下三个方面：一是审计机关和审计人员在执行审计公务时，应对被审计单位保持客观的态度，特别是审计人员收集证明材料，应当客观公正，实事求是，防止主观臆断，保证证明材料的客观性。审计报告和审计决定以及审计意见书都应坚持公正和客观的态度。二是审计人员对其在执行公务中知悉的国家秘密和被审计单位的商业秘密，负有保密的义务。三是审计人员在办理审计事项时，与被审计单位或者审计事项有利害关系的，应当主动回避。实行审计回避制度，目的是为了防止审计人员利用职权徇私舞弊，也可避免嫌疑，确保审计执法的公正性。

4. 廉洁奉公原则

廉洁奉公原则是指审计人员正确行使审计监督职权，不徇私情，廉洁公正地执行公务，克己奉公，艰苦奋斗，努力为人民服务等方面的要求和行为准则。廉洁公正原则是审计人员职业道德的核心内容。它主要包括两个方面的内容：一是在行为方面，必须严格遵守审计工作纪律，不得利用审计权力为自己或者他人谋取私利；二是必须严格遵守审计工作程序，审计人员不得参加可能影响公正执法的活动。

5. 效益性原则

效益性原则要求政府审计不只停留在对财政收支的真实性和合法性审计上，而且要更加关注财政收支的效益。政府效益不仅仅是经济效益，而应以社会的、政治的和经济的综合效益为标准，即以社会效益为主、经济效益为辅。效益性原则是在新形势下提高审计能力、强化审计监督的一个必然选择。这就要求政府审计必须改进审计方法，制定科学审计标准、进行审计体制的改革。

10.5.3 政府审计的权限和方法

1. 审计权限

要求报送资料权，即有权要求被审计单位按照审计机关的规定提供预算或者财务收支计划、预算执行情况、决算、财务会计报告，运用电子计算机储存、处理的财政收支、财务收支电子数据和必要的电子计算机技术文档，在金融机构开立账户的情况，社会审计机构出具的审计报告，以及其他与财政收支或者财务收支有关的资料；

检查权，即有权检查被审计单位的会计凭证、会计账簿、财务会计报告和运用电子计算机管理财政收支、财务收支电子数据的系统，以及其他与财政收支、财务收支有关的资料和资产。

调查取证权，即有权就审计事项的有关问题向有关单位和个人进行调查，并取得有关证明材料；经县级以上人民政府审计机关负责人批准，有权查询被审计单位在金融机构的账户；有证据证明被审计单位以个人名义存储公款的，经县级以上人民政府审计机关主要负责人批准，有权查询被审计单位以个人名义在金融机构的存款。

行政强制措施权，即对被审计单位正在进行的违反国家规定的财政财务收支行为，有权予以制止或通知暂停拨付款项、责令暂停使用款项；对被审计单位转移、隐匿、篡改、毁弃会计凭证、会计账簿、财务会计报告以及其他与财政收支或者财务收支有关的资料，或者转移、隐匿所持有的违反国家规定取得的资产的行为，经县级以上人民政府审计机关负责人批准，有权封存有关资料和违反国家规定取得的资产。

提请协助权，即有权提请公安、监察、财政、税务、海关、工商行政管理等机关予以协助。

移送权，即需要给予有关责任人员行政处分或者纪律处分的，有权移送纪检监察机关；需要追究有关责任人员刑事责任的，有权移送司法机关；有权建议有关主管部门纠正被审计单位执行的违法规定；有权向有关立法机关、政府及有关部门提出修改完善有关法律法规、政策措施和加强与改进宏观调控的建议。

处理处罚权，即对被审计单位违反国家规定的财政财务收支行为，有权依法予以处理处罚。

通报或公布审计结果权，即审计机关可以向政府有关部门通报或者向社会公布审计结果。

2. 政府审计方法

信息收集方法。信息收集就是审计取证。政府审计沿用了一部分传统财务审计的方法，比如审阅法、核对法、观察法、盘点法、抽样法等，但在进行绩效审计过程中采用了一些新的方法。

实地观察法。对整个被审计单位的工作布局情况加以观察，了解经营管理的全过程，看其工作功能的发挥，并获得对组织的整体印象；对存货、设备状况进行实地观察，注意发现是否有多余积压、废弃等浪费现象；对于项目、工作现场进行实地观察，可以了解项目的运作过程。

面谈法。向有关人员分别提问并获得回答，采用口头询问同时做文字记录的方式。被询问者可以是被审计单位的高级主管、一般管理人员、当事人，也可以是有关外部人员包括某方面的专家等。

调查问卷法。当涉及的人员或单位很多、以致无法进行必要询问时，可以采用调查问卷的方式。关键的环节是设计一整套科学合理的表格，要求所有内容采用问答方式，这些问题应该非常明确，切忌模棱两可或带有某种诱导性。对于受益面比较广的资金支出，特别是具体到某一类公众个体的资金，比较适合这种方法，比如扶贫资金、三峡移民资金等。

3. 信息分析评价方法

比较分析法。比较就是将实际情况与一定的参照物或基准进行对比，基准可以是计划、预算、标准、设计、历史、同行业等。

因素分析法。对事实进行分析找出成因。比如某单位的办公费用明显超支，那么，是因为人员增加还是工作量增加？是因为浪费还是预算不合理？

统计抽样法。统计抽样法适用于总体比较庞大的审计事项，同样也需要计算机应用软件的辅助。统计抽样法有系统抽样、分层抽样、货币单位抽样、随机抽样等。随机抽样有时会被误以为随意抽样，其实后者并不是统计抽样方法。在传统财务审计实务中比较经常使用的就是随意抽样，要么是主观选取数额较大的，要么是任意选取。而随机抽样是有严格规律的，可以使用随机数表，但最好是借助于计算机产生随机数。

量本利分析法。这是一项决策技术，原理是根据产量、成本与利润三者之间的关系，通过分析比较以选择最佳投资方案。这种方法适合于以赢利为目的的企业，对其实际投资决策进行分析评价。

净现值法。这也是一项决策技术，与前者不同的是它融入了货币时间价值的概念。其基本原理是将不同时期的收益与支出全部转换为同一个时点上的货币价值，两者进行比较得出结论。

4. 积极推行开放式审计方法

我国传统的政府审计方法，基本上就是审计组在被审单位会计资料、财务人员、相关领导人和当事人这样一个较封闭的范围内收集和反馈审计信息，大多采用的是"查查会计资料、问问财务人员和相关当事人"的套路，审计方法单调，收集和反馈审计信息的对象范围狭小。尤其在当前会计信息失真较严重、弄虚作假盛行的情况下，更难以搜集到真实、全面的信息。

因此，为进一步提高审计质量，树立审计权威，应积极推行开放式审计方法。审计组进点前，可先通过联系相关的信访、检察、纪律、监察、财政、税务、物价等执法、监督部门以及有关事务所，对被审计单位的有关问题先进行多角度地调查摸底。审计组进点后，不仅要查会计资料，询问有关财务人员和当事人，还要广泛寻求被审计单位广大职工的配合和支持。在送发审计通知书的同时，要将审计内容和审计举报电话张榜公布，并通过召开职工座谈会或个别走访等形式听取他们的意见和反映，收集相关情况和线索。同时，在审计过程中也应紧密联系相关执法、监督等部门，了解有关情况。审计终结后，要将审计结果及处理依据在被审计单位的一定范围内进行公示。对职工关注、影响较大的问题还可以通过媒体公开，以扩大审计影响，增强审计的警示和威慑作用。审计结果的公开也反过来对审计质量提出更严格的要求，有利于改进审计工作。对于审计中查出的大案、要案，要勇于硬碰硬，从严进行处罚。审计的权威不在于反映和揭露多少问题，关键在处理处罚的力度。

☞本章小结

公共财政是在市场经济条件下，由政府提供公共产品或服务的分配活动或分配关系的政府收支模式或财政运行机制模式。"公共财政"不同于传统意义上的"财政"。有效的公共财政管理可以提高政府公共管理能力。公共财政管理包括公共预算管理、公共收入管理、公共支出管理和政府审计。

公共预算是公共财政管理的运行机制，它不仅是财政的收支计划，更重要的是它体现着政府宏观调控政策，反映政府资源配置的方向，同时，也保证公共财政向符合公共利益的方向发展。公共收入是指政府为履行公共职能，满足公共支出需要，凭借公共权力，通过国家财政筹措的所有资金的总和。公共收入管理不仅是政府自身的行为，其影响是广泛的。公共收入的规模、构成、方式，对利益分配关系、经济主体的行为选择、商品的供需结构等都有重要的制约作用。公共支出管理是政府为了实现其职能的需要而进行的一种财政资金分配活动，从性质上说，它既是政府成本管理，也是实现政府职能的主要手段。政府审计是政府机关依法独立检查被审计单位的会计凭证、会计账簿、会计报表以及其他财政收支、财务收支有关的资料和资产，监督财政收支、财务收支真实性、合法性、效益性的专业性活动。政府审计是政府机关依法独立检查被审计单位的会计凭证、会计账簿、会计报表以及其他财政收支、财务收支有关的资料和资产，监督财政收支、财务收支真实性、合法性、效益性的专业性活动。我国的政府审计实现了审计监督与政府经济监管职能的高度结合，其在维护财经秩序，促进廉政建设，保障国民经济健康发展等方面发挥了积极的作用。

☞关键术语

公共财政	公共财政支出	转移性支出
政府采购	公共预算	零基预算
公债市场	公共收费	政府审计

☞思考题

1. 公共财政的职能包括哪些？
2. 公共财政收入的主要形式有哪些？它们有哪些特点？
3. 税收区别于其他收入形式的基本特征是什么？
4. 税收分类的一般方法有哪些？
5. 简述公债的功能。
6. 财政支出有哪些分类的标准和方法？
7. 公共财政预算叫以分成哪些类型？
8. 试论述政府审计的权限和方法。

☞案例

河北省农资综合直补比上年翻一番

2007 年，为调动粮食主产区农民种粮积极性，促进粮食生产和农民增收，国家今年进一步加大对农民的农资综合直补力。其中以河北为例，共拨付农资综合直补 18.6 亿元，比 2006 年翻了一番。

为确保农资综合直补资金及时、足额发放到种粮农民手中，省财政厅近日出台《2007 年河北省农资综合直补实施办法》，农资综合直补的范围原则上为全省适宜种植粮食的区域（包括农场），已实行退耕还林的区域不予补贴，补贴对象为补贴范围内的农户。

农户补贴资金额以县（市、区）为单位统一单位面积补贴标准，补贴标准按亩计算。农户农资综合直补资金额，根据农户补贴面积和县（市、区）农资综合直补单位面积补贴标准计算。农户补贴面积，根据农村税费改革时核定的农业税计税土地面积扣除其中的按规定转为非耕地的土地面积、退耕还林土地面积，再加上新增耕地的实际种植面积确定。

《办法》要求，向农户兑付补贴资金前，要发放补贴通知。通知中明确补贴资金的金额、标准等。今年粮食直补资金尚未兑付到户的，可以与农资综合直补资金一并落实到农户，但要将农资综合直补资金与粮食直补资金分账核算，单独反映。向农户兑付补贴资金，原则上通过"一卡通"或"一折通"的形式直接兑付到户。暂时不具备实行"一卡通"或"一折通"条件的，要采取发放银行存单的方式，个别偏远地区还可直接发放现金。补贴资金兑付要实行阳光操作，做到公开、公平、公正。

《办法》强调，各县（市、区）要在今年 6 月底前将补贴资金直接兑付到户，不准抵扣任何款项。

（资料来源：王相启，王玉亮：《河北省农资综合直补比上年翻一番》，http：//www. agri. gov. cn/ztzl/xnc/fzlssc/t20070611_ 831652. htm。）

请思考：
1. 从税费改革的角度来分析如何解决"三农问题"？
2. 结合案例，说明我国公共财政支出结构的调整方向。

第11章
公共组织的形象管理

组织形象管理是企业管理的重要内容。塑造良好的组织形象，能够建立成功的人际关系，和谐的人事环境，最佳的社会舆论氛围，以赢得社会公众的理解、信任和支持。在新公共管理运动中组织形象管理的理念和方法被引入公共组织管理后，对提高公共组织的认知度、满意度、美誉度方面发挥了不可替代的作用，从而有效提高了公共组织的权威性，促进了公共组织的管理效能，最终促进了社会的稳定和发展。本章主要研究了公共组织形象的内涵、公共组织形象管理的意义，公共组织塑造形象的目标、手段、方法，以及公共组织形象评估的相关问题。

11.1 公共组织形象及其意义

11.1.1 公共组织形象的特征及分类

在现代社会中，"形象"已经成为包括公共组织在内的一切组织的无形资源，而且这个无形资源对于组织的发展能够起到越来越重要的、无可替代的作用。

1. 公共组织形象的含义

形象是能够引起人的思想感情活动的具体形状或姿态。形象是客观形状的反映，它通过人的感受系统发生作用①。公共组织形象就是公众对公共组织总体的、抽象的、概括的认识和评价，是公共组织的表现与特征在公众心目中的反映。换句话说，公共组织形象是指公共组织在运行中显示出来的行为特征和

---

① 廖为建：《谈谈政府形象的构成与传播》，http：//www.chinapr.com.cn，2007年3月14日。

精神面貌，它包括公共组织的内在气质和外观形象。

公共组织的内在气质，是指公共组织在运行中对现实环境诸因素发生关系或改变关系时所表现出的基本态度、价值指向以及职业道德水平，包括服务态度、待人处事的基本行为准则、服务水平等等，它是公共组织的"软件"。

公共组织的外观形象，是指公共组织在实现工作目标时所显示的能力识别标记，如公共组织的名称、标志、广告，公共组织的建筑、设施、场所状况、公共组织的人员素质，等等。它是社会组织的"硬件"。

公共组织内在气质与外观形象的有机结合，构成公共组织的形象。公共组织形象是公共组织运行和发展的最为宝贵的无形资源，是创造良好的社会关系环境、获得社会公众理解和支持的最重要的内在条件。公共组织在公众心目中的形象如何直接影响其自身的发展，甚至决定组织的兴衰存亡。因此，树立良好的组织形象是公共组织的重要任务，也是公共组织开展公共关系工作的最终目的。

2. 公共组织形象的特征

根据公共组织形象的含义，可以将公共组织形象的特征归纳为如下几个方面：

第一，主观性与客观性的统一。既然公共组织形象是公众对公共组织的一种认识和评价，必然受到公众认识和评价倾向的影响，由于公众广泛而众多，又各有不同的组织形式和教育背景，在对公共组织进行评价，也就是公共组织形象形成过程中，必然会受到公众自身价值观、思维方式、道德标准等因素的影响，从而一个公共组织形象在不同的公众心目中有不同程度的反映，存在一定的差异，如此使得公共组织形象有较强的主观性。但是，从公众对公共组织的总体认识和评价来看，公共组织形象又具有客观性。公共组织形象是公众在对公共组织各方面有了具体的感知和认识之后才逐渐形成的印象，是公共组织各方面活动和所有外在表现在公众心目中的反映；此外，根据统计学上的"大数定律"①，评价的人多了，主观偏见就会减少，从而可以得出比较客观、

---

① "大数定律"本来是一个数学概念，它的主要含义是：在随机事件的大量重复出现中，往往呈现几乎必然的规律，这个规律就是大数定律。通俗地说，这个定理就是，在试验不变的条件下，重复试验多次，随机事件的频率近似于它的概率。比如，我们向上抛一枚硬币，硬币落下后哪一面朝上本来是偶然的，但当我们上抛硬币的次数足够多后，达到上万次甚至几十万、几百万次以后，我们就会发现，硬币每一面向上的次数约占总次数的二分之一。

真实的评价。在这个意义上，我们说，公共组织形象是主观性与客观性的统一。

第二，稳定性和可变性的统一。公共组织形象是公共组织综合行为的结果。当公众对某一公共组织产生了一定的认识和看法之后，虽然公共组织形象的表征和公共组织的行为可能会发生变化，但由于公众心理定势①的作用，公众对公共组织的认识总是倾向于原有的形象，并不会因公共组织形象的表征和公共组织行为的某些变化而马上改变对其的印象和态度，从而使公共组织形象具有某种程度的稳定性。但这并不意味着公共组织形象是一成不变的。从长期看，公共组织形象又具有变动性，任何公共组织形象都会因公共组织、客观环境或公众因素作用而发生变化。这种变化可能是好形象变成坏形象，也可能是坏形象变成好形象。就公共组织本身而言，任何公共组织都是一定社会环境的产物，环境是其生存的社会基础，而公共组织的环境是不断变化的，所以公共组织必须根据环境变化不断地修正自己的方针、政策、经营理念，不断地进行自我协调、自我改造和自我更新，以适应环境的变化需要；另一方面，公共组织本身也是不断发展变化的，在不同的发展时期，其目标也会有所不同，这说明公共组织形象又具有可变性。

第三，有形性和无形性的统一。有形形象是通过人们的感觉器官能直接能感受到的公共组织实体的形象，比如品牌形象、产品形象、环境形象等。有形形象具有很强的识别性和感受性，是给公众留下深刻印象的物质化因素。无形形象是通过人们的记忆、思维而抽象升华成的公共组织深层的形象，一般包括公共组织的信誉、组织的理念等。公共组织的无形形象起着核心和灵魂作用，且具有很强的稳定性，它能给公共组织带来巨大的价值。所以公共组织在形象塑造过程中，不仅要注重给公众留下感官的有形形象，尤其要注重给公众的内心和潜意识留下无形的烙印。

第四，同质性和异质性的统一。同一类型或层次的公众对同一公共组织的评价往往具有相同的或相近的"同质"标准，而由于公共组织面临的公众十

---

① 心理定势即心理上的"定向趋势"，是公众对于某一对象的共同心理与行为倾向。是由公众一定的心理活动所形成的准备状态，对以后的感知、记忆、思维、情感等心理活动及行为活动起着正向或反向的推动作用。公共关系是一种双边活动，在主客体互动的过程中，公众之间因某一对象的看法、体验和意向，因彼此间相互影响、感染，最后自发地日趋集中，构成某种相近似的看法和类似的行为，对公众的后继心理产生一定的影响，使人不自觉地沿着一定的方向去感知事物、思考问题、寻找解决问题的方法，犹如物理学上讲的"惯性运动"，影响着公关的效果。

分广泛、复杂，这种差异使得不同的公众对待同一公共组织以至其同一政策和行为的印象会大相径庭。所以，公共组织形象是同质性和异质性的统一。

3. 公共组织形象的分类

公共组织形象的分类方法很多，根据不同的分类标准，公共组织形象可以划分为有形形象和无形形象、局部形象和整体形象、实际形象和期望形象、真实形象和虚假形象四类。

有形形象和无形形象。通过人们的感觉器官直接能够感到的公共组织实体的形象就是有形形象。它一般由三个方面组成：品牌形象、人物形象和环境形象。有形形象构成的诸方面，都具有可以感知的物质性。因此，可识别性和感受性是组织有形形象的两大特点。品牌形象是公共组织提供的产品或服务的名称、商标、包装、外表形态、内在质量、服务质量以及广告设计等；人物形象包括公共组织管理人员的形象和普通员工的形象等；环境形象包括公共组织的内外空间设计、装饰、色彩、环境绿化等。通过人们的记忆、思维抽象升华而成的公共组织的深层的形象，就是公共组织的无形形象。一般包括公共组织的信誉、威望和精神风貌等。信誉是公共组织无形形象的核心内容，它体现在一个公共组织的经营管理或对外服务等整个过程之中，公共组织信誉的好坏能直接左右公众对该组织所采取的行动。当然，公共组织的信誉是靠公共组织自身长期积累、不断培养而形成的，并非是一朝一夕换来的。公共组织的精神风貌一般表现为公共组织的风格、风气以及内部员工精神面貌。员工的干劲、凝聚力、创造力等都是组织风貌的表现，虽然它们本身并无明显的直观性，但却能够有力地影响公共组织在公众心目中的形象。

局部形象和整体形象。局部形象是针对公共组织形象的某一个方面所留给公众的印象，或者是公共组织根据不同阶层、不同国度等的公众对象而树立起来的不同的形象。如公共组织良好的服务态度或优雅的服务环境等，都属此类。公共组织的局部形象是公共组织改善自我形象的突破口，充分利用局部形象，可以为构建公共组织的整体形象打下基础。整体形象是公共组织总体呈现在公众面前的、全面的形象，它是由局部形象构成的。良好的整体形象是公共组织的一种无形资产，它与组织的资金、技术和人才并列，是当代管理的核心内容之一。

实际形象和期望形象。实际形象即公共组织真实展现出来的为社会大众普遍认同的组织形象。公共组织的实际形象是通过公共关系调查，了解广大公众对公共组织的普遍看法，再经过科学的计算和分析评估而确定的形象。公共组织的实际形象有良好形象与不良形象之分，对于公共组织而言，一方面要努力巩固和进一步扩大良好形象，另一方面又要努力避免或消除不良形象，这两方面同等重要。期望形象也称理想形象。包括公共组织自身的期望形象和公众所期望的形象。公共组织期望在公众心目中所树立的形象是公共组织自身的期望形象，它是公共组织形象塑造的目标，也是公共组织发展的内在动力，对自我期望形象的要求越高，自觉做出努力的可能性就越大。公众所期望的形象是公众对公共组织形象的一种期望，反映了公众对公共组织的要求和希望。一般而言，公共组织自身的期望形象在本质上应该与公众所期望的形象是一致的，但在公共组织的实际运行中两者可能会有不一致的时候，这时重要的在于辨明其合理性。对于公众合理的形象要求，公共组织应对自身做出调整并尽量满足；对于不合理的要求，公共组织可以采取说服等方式，获得公众的理解和认同。

真实形象和虚假形象。真实形象是公众主观上形成的符合公共组织客观实际的形象。真实形象是检验公共组织形象的尺度，是公共组织塑造良好形象的前提。真实形象也有良好和不良之分，公共组织应该在弄清不良形象产生的原因的基础上，改善不良形象，使公共组织形象趋向完善。公共组织的虚假形象（或称失真形象）是公众心目中的印象与公共组织真实形象之间存在误差或被歪曲的形象。造成组织形象失真的因素很多，有传播中的操作因素；有组织本身性质的因素；也有公众认知水平的因素等。在形象传播过程中，要完全避免虚假形象的失真是不可能的，因此，努力使公共组织形象的失真度降低到最小程度是形象传播的重要任务，力争给公众留下一个真实的形象，公共组织要重视社会公众对组织评价的反馈意见，防止失真形象的产生。因为虚假形象一旦在公众心目中形成，将给公共组织的工作带来很大的困难。

11.1.2　公共组织形象的构成要素

公共组织形象的构成要素主要包括目标要素、组织要素、政策要素、效率要素和环境要素。

1. 目标要素

目标是公共组织宗旨的直接体现，也是公共组织形象的具体化。它规定了公共组织开展公共关系活动的基本方向，并使具体的公关活动在方向上和作用上保持一致。公共组织形象可以分为许多具体的目标来加以实施，这些具体的、低层次的目标的实现，是公共组织达成总体的、高层次的形象目标的基础。

2. 组织要素

公共组织是由不同职务等级或不同职位的个人组成的，公共组织公共关系活动的开展离不开所有成员的努力。公共组织的领导者或者是具有较高职务等级或占据着较高职位的领导者既是公共组织内部公众关注的焦点，也是外部公众关注的焦点，因此首先要严于律己，应该成为自觉维护公共组织形象的楷模。同时，公共组织的其他工作人员既是公共组织方针、政策的直接的贯彻执行者，又广泛地接触大量的社会公众，也是公共组织形象的塑造者，因而必须以全员公关意识来规范自己的言行。

3. 政策要素

政策是公共组织为实现公共组织的目标而规定的行动准则，包括法令、法规、纪律、制度等。良好的政策是实现既定目标的有效保证，一方面它能直接引导公众不断调整自己的行为以适应公共组织既定的目标；另一方面它又可以规范公共组织成员的行为，使自己的行为不得逾越政策限定的范围。

4. 效率要素

效率是一个经济学的概念，意指投入与产出的比例。公共组织的效率是一定时间内公共组织工作的数量和质量的总和，效率的高低是公众对公共组织进行评价的重要依据。所以，它也是公共组织形象的一个重要组成部分。影响公共组织效率的因素很多，包括公共组织的人员素质、体制机能以及工作作风等。

5. 环境要素

公共组织的地理位置、社区环境，以及公共组织自身的招牌、装修等都是影响公共组织形象重要的环境因素。这些环境因素对组织形象起着烘托、装饰的作用，同时也是公众评价公共组织形象的重要指标。

11.1.3 公共组织形象管理的意义

关于组织的形象管理，曾经流行这样一种说法：20 世纪 70 年代的市场竞争是商品质量的竞争，80 年代是营销与服务的竞争，到了 90 年代则是形象之争，这对于公共组织也不例外。公共组织形象管理的意义，具体而言，主要体现在如下几个方面：

1. 形象决定公共组织的威信

威信是公共组织的一种无形财产，一个公共组织如果没有威信，就很难开展各种活动，也就很难对公共事务进行有效的管理；而有威信的公共组织无论是活动的开展还是政策的执行，都能够得到广大公众的积极响应和参与。公共组织只有树立良好的形象并自觉加以维护，才能获得较高的社会声誉和威望，也才能得到公众的信任和支持。

2. 良好的形象有利于公共组织效能的发挥

公共组织政策的实施必须得到公众的认可和支持，良好的形象可以使公共组织的政令畅通，出台的各种方案能得到社会公众的广泛理解和拥护，在公共组织遇到困难时能够得到公众的支持，进而产生强大的向心力和感召力。对于公共组织内部，良好的形象有利于发挥员工的积极性和创造性，形成强有力的凝聚力和吸引力。在现代社会中，人们工作并不单单是为了谋生，工作本身已成为更加全面的需要形式。人们要求在工作中得到尊重，相互关系和谐，能够有自我价值得以实现的机会。观察现实生活，我们不难发现，经营不善、名声低劣的机构，往往人才流失的情况最严重。而一旦组织形象良好，员工就会感到自豪和骄傲，努力地共同为公共管理目标而忘我工作。也就是说，组织形象成为内聚力高低的重要影响因素。

3. 良好的形象有利于社会稳定

公共组织如果能有自觉的形象意识和相应的行为，即使在工作中出现了一些失误，也能够得到公众的谅解。但如果没有这种意识，而是只注重运用行政手段甚至更强硬的措施来进行管理，短时间内可能会达成目标，但公共组织在广大公众心目中的地位必然会下降，甚至会引起广大公众的强烈反对，如此就会增加社会不稳定的因素。

11.2　公共组织形象塑造

11.2.1　公共组织形象塑造的目标

公共组织形象塑造的目标是指组织开展公共关系活动所要达到的目的。公共组织形象塑造的目标通常被直接解释为"知名度"（认知度）、"美誉度"和"和谐度"。即组织被公众知晓的广度与评价；组织在目标公众的心目中树立的良好形象；组织与目标公众取得的和谐程度。

公共组织形象塑造的目标是指导整个公共关系活动过程的关键。公共关系目标规定了公共关系活动的基本方向，使具体的公共关系活动在方向、作用上保持一致性，使公共部门同各类公众的关系协调一致，而且，它是一个多层次、多形式的体系。

1. 公共组织形象塑造的目标的分类

公共组织形象塑造的目标通常可分为5类：长期目标、中期目标、短期目标、一般目标、特殊目标。

长期目标。即战备目标。它确定了公共部门最终要在社会公众心目中树立何种社会形象，是公共部门活动发展的宗旨和信条，规定了组织活动的基本方向，因而对公共关系活动的成功与否具有决定性的意义。从它的内容上看，长期目标一般都相当抽象和原则，是确定具体公共关系目标的依据。

中期目标。是围绕公共关系长期目标，并结合一个特定时期公共部门内外环境的客观情况而制定的目标，是长期目标的具体化和明确化。它规定了一个较长的时期内公共部门的公共关系工作的总体任务，在实际公共关系工作中发挥着具体的指导作用。

短期目标。是围绕实现长期、中期目标而制定的具体实施目标，一般为年度目标，是公共部门公共关系年度计划的核心，也是其日常工作、定期活动、专题活动的依据。其特点是内容具体，具有明确的指向性和可操作性。

一般目标。这是公共关系工作中实际的具体操作目标，是依据各类公众或几类公众的权利要求、意图、观念或行为的同一性制定的，它是构成公共部门总体形象和公共关系总体目标的要素。一般目标的实施，就是把具体的任务落实到公共部门公共关系的每个环节上，落实到参与公关活动的每个工作人员身上。

特殊目标。是针对那些与公共部门目标、信念、发展以及利益相同或相近的公众中的特殊要求制定的目标。特殊目标具有特殊的指向性，公共部门可以通过制定和实施特殊目标，达到成功地塑造特殊形象的目的。

2. 公共组织形象塑造目标的分解与量化

公共组织形象塑造目标的分解与量化，就是对公共组织的认知度、美誉度、和谐度的分解与量化。

认知度。"认知"即认识知晓，英文为 cognition 。"认知"是 20 世纪 50 年代兴起的认知心理学流派的核心概念。该心理学流派主要是从信息方式的角度来研究认知或认知活动。世界最大的公共关系公司博雅公司，1997 年对公共关系作了全新的诠释，认为公共关系即"认知管理"，可见，"认知"在公共关系中的地位非同一般。

"认知度"是由"认知"转换而来的公共关系目标。它表述的是一个社会组织被社会公众所认识的深度和被知晓的广度两个方面。"认知度"与"知名度"相比内涵更加丰富。知名度仅指组织的名声在多大范围内被公众所知晓，而"认知度"则不仅指组织的名声被公众知晓，而且指组织的作用被公众所认识。一般来说，公众知晓组织的名称，对组织的意义还并不很大，在知晓的基础上，公众对组织的认识越多、越深，对组织的意义和作用就越大。对于公共部门更是这样。公共部门的知名度之大原本就是任何其他社会组织所不能比的，公共部门如果以知名度作为公共组织形象塑造的目标的话，就显得没有太大意义。公共部门应该让公众对其工作有更深入的了解。用"认知度"表述公共部门公共关系目标比用"知名度"表述，对公共部门的意义要重要得多。因此，公共部门开展公共关系工作目标之一就是追求拥有较高的认知度。

认知度的确定首先取决于公共部门被认知的广度。被认知广度的确定宜建立在组织被公众认知的一定区域的级别之上（如图 11-1）。

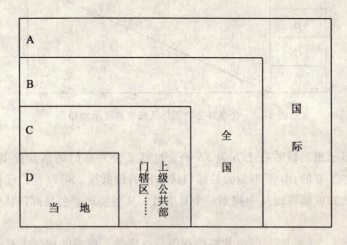

图 11-1　公共组织被公众认知区域示意图

图中从 D 到 A 呈一种层层递升、扩大的关系。在现实中任何一级公共部门在公众心目中认知度大小在区域上都可以用上图来表示。这种划分，使得认知度定量确定有了一个基本的标准。否则，认知度仅以百分比来表示，则缺乏可比性。而这些级别的确定，则建立在该组织的规模和档级、与之发生关系的公众媒介传播曾经所及的范围等量化数据的基础之上。例如浙江省温州市的认知区域的级别就比较高。它不仅在当地家喻户晓，而且在全省、全国都被广泛地了解。而其尚未得到世界范围的关注和传播。如此，在经过一定数据取证之后，就可以确定其具有"B—全国级"的认知度；广西的桂林市因常年接待国际游客，就可认定其具有 A 级的认知度广度，而广西区的首府南宁市却只能被认定为 B 级。

认知度的确定还建立在公众对公共部门信息认识知晓的深度上。公共部门的运行具有很强的专业性和特殊性，对于一般公众来说，当然不可能对任何组织的任何信息都有深入的了解。测定公众对公共部门了解的深度可以通过社会调查的方式进行，并将测定结果分为"不了解（0）、一般了解（1）、比较了解（2）、非常了解（3）"四个级别。

这样可以将公众对公共部门的认知度的所有档级表示如下（如图 11-2）：

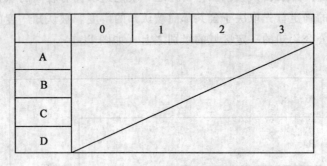

图 11-2　公众对公共部门认知度档级示意图

图中显示出斜线的右上方为 3A 级，也就是公共部门的认知度的最高级；而斜线的左下方的 0D 级则是公共部门认知度的最低级。可以说，任何一级公共部门的认知度都可以从中找到一个对应点，从而实现对公共部门认知度的量化。

美誉度。"美誉度"即公共部门获得公众赞美、称誉的程度，是公共部门形象受公众给予美丑、好坏的舆论倾向性指标。美誉度与认知度不同的是：认知度是中性的，不存在道德价值的判断；而美誉度则是有褒贬倾向性的统计指标，是对组织道德价值的判断。因此，公共部门的认知度有可能只限制在当地，但它却完全可以通过努力，拥有比其他级别认知度的公共部门更高的美誉度。

衡量组织美誉度可用坐标图表示（如图 11-3）：

在这个坐标图中，"美誉"、"满意"、"好"为肯定性舆论倾向的一极，即正极；"毁誉"、"不满意"、"不好"为否定性舆论倾向的一极，即负极。第一极以 5 个等级划分，以便打分量化。以此坐标图为基础，还可以演化为"十分赞赏"、"赞赏"、"比较赞赏"、"无所谓"、"不够赞赏"、"极不赞赏"等相似的衡量方法。但从简便、可数量化的角度上看，以正负 5 等级、加百分比的衡量方法最便于操作，最能相对准确地反映组织的美誉度。

该基本坐标图可以用于美誉度分解后的各个要素衡量之上，但最后依然要归于组织整体美誉度的基本坐标图。图中显示，组织的美誉度总在正负各 5、

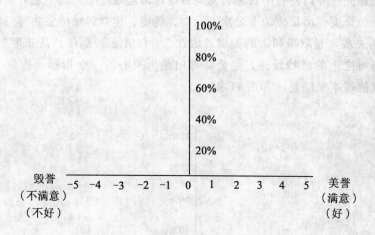

图 11-3 衡量组织美誉度坐标图

以及"0"这11个等级中的一个之上。

　　在实践中，公共部门作为一个公共产品的提供者，其直接的受众往往对它有很高的期望值，所以其美誉度的正负值很容易被加倍放大。而且公共部门的美誉度非正即负，0往往是不存在的，但在理论上0值、即无评价还是存在的。坐标纵轴的百分比在此指的是各个量化指标所占的比重。这些量化的指标内容包括：第一，政绩评价，含政策制定、公共部门投资综合收益、卫生文明建设、科教实绩、公共部门外交、社会稳定、民众生活质量、可持续发展状态等方面的评价；第二，服务评价，含服务项目、服务渠道、服务能力、服务方法、服务效率、服务态度等的评价；第三，民主建设评价，含民主制度制定与执行、沟通民众的渠道与畅通程度、公共部门工作透明度、决策的民主程序、民众监督力度等方面的评价；第四，廉政建设评价，含公务员财产公开、干部任命公开公平、公共部门投资与采购招标的公开公正、廉政制度规范的遵守情况等方面的评价。

　　和谐度。与"美誉度"一样，"和谐度"也属对于组织道德价值判断的范畴，它是美誉度在目标公众中的延伸，即组织在运行中，获得目标公众态度认可、情感亲和、行为合作的程度，是组织从目标公众出发、开展形象塑造工作获得回报的指标。

　　在客观世界，形象塑造工作无所不在，而形象塑造工作中最终要实现的就是和谐。"和谐度"的确定又与"认知度"、"美誉度"的确定有所不同，它不是在向普遍性的社会公众（含非公众与目标公众）调查统计的基础上产生的，而是建立在专门向各类目标公众调查统计的基础之上，而不是可能对组织认知度、美誉度作出反应的非公众。同时，确定、建立、维持公共部门与公众的"互利关系"是取得和谐的关键。因此，"和谐度"是在"认知度"、"美誉度"基础之上的必然延伸，是公共部门最为关心的一个指标。衡量公共部门和谐度的基本坐标是（如图11-4）：

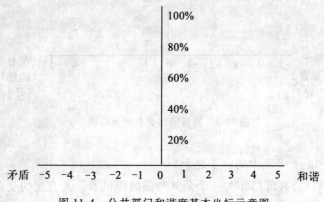

图11-4　公共部门和谐度基本坐标示意图

　　该坐标图的操作使用与"美誉度"的衡量一样。在坐标图上我们可以看到，"和谐"与"矛盾"是对应举出的，即关系不和谐就表现为"矛盾"、就是"负和谐"。百分比是各类目标公众在和谐度的确定过程中所占的比重。在现实中，一个状态稳定的公共部门，其"和谐度"不可能为负数，否则它就无法生存。但在某种危机即将来临时，公共部门组织出现"负和谐"却是可能的。图11-4中显示"负和谐"时就是在警醒公共部门赶紧采取危机公关。

　　分解公共组织形象塑造的目标的目的是为了综合考察目标，量化公共组织形象塑造的目标则是为了对目标准确定性。所以，经过如上对认知度、美誉度、和谐度的分解与量化确定，最后结果将指导对公共关系和公共部门形象的综合确定，进而为建立良好的公共部门形象提供指向。

　　3. 公共组织形象塑造目标间的关系

　　公共组织形象塑造的目标就是知名度、美誉度与和谐度的结合。其中，知名度是一个公共组织被公众知晓、了解的程度，这是评价公共组织"名气"大小的客观尺度；美誉度是一个公共组织获得公众信任、赞许的程度，即该组织被社会认可的深度；和谐度是在认知度、美誉度基础之上的必然延伸。公共组织，尤其是政府组织的知名度一般不需要刻意塑造，形象塑造的首要目标是提升政府组织的美誉度。对于一些一般的社团、民办非企业组织来说，提高组织的知名度还是很重要的。

公共组织的美誉度、知名度、和谐度并不总是能同步形成和发展的，也就是说，一个公共组织的知名度高，不一定美誉度、和谐度就高，反之亦然。美誉度是组织形象的基础，没有美誉度，知名度是毫无意义的，美誉度差的组织，知名度越高越有损于组织形象，因此公共组织形象塑造应该是在提高公共组织美誉度的基础上，提高组织的知名度。而和谐度又是美誉度的支撑。当然，知名度是公共组织形象的基础，过去那种"酒香不怕巷子深"的观点在今天已经行不通了，组织产品质量再好、服务水平再高，如果没有"自我推销"的意识，缺乏有效传播，了解的公众就会很少，组织形象也就难以得到公众的认可。因此，一个公共组织塑造良好的组织形象，就必须同时把提高知名度和美誉度、和谐度作为追求目标。

11.2.2　公共组织形象塑造的手段

影响公共部门形象的因素主要有四点：目标、组织、政策、效率，公共部门形象的塑造也应该从这四个方面着手。

1. 确定目标

为人民服务是公共部门公共关系的总目标。在这一目标的指导下，公共部门公关的目标又可分成若干个子目标。这些子目标主要体现在以下几种因素中。也就是说，以下几种影响因素的设立都是围绕着"为人民服务"这一总目标展开的。例如，制定政策的目的是为了更好地实现公共部门对社会公共事务的管理，而更进一步说，对社会公共事务的管理的主要目的便是维持一个良好的社会政治经济环境，也是为了更好地为人民服务。因此，这一问题有的在前面已经阐述，有的将在下面几点中作出较为详细的分析，在此对这一问题不作深入的探讨。

2. 完善组织

公共部门组织不同于一般的社会组织，它的规章制度一般都比较固定。因此，在公共部门形象塑造的组织要素中，公共部门领导人的形象塑造至关重要。

公共部门领导人作为整个公共部门的代表和核心，也是公众和舆论始终关注的焦点。公共部门领导人对公共部门的决策和行为起着核心作用，他既是部门的带头人，又是组织的表率。领导人的言谈举止代表的不仅仅是其个人，而是整个公共部门，从一定意义上讲，公共部门领导人是公共部门形象输出的重要载体之一。因此，领导人必须加强素质修养，提高个人形象。当前，提高公共部门领导人的素质修养，必须做到政治坚定、以民为本、丰富知识、重德修身几个方面。

政治坚定就是在任何时候都要保持清醒的头脑，眼界开阔，熟悉国情，了解世界，审时度势。在错综复杂的国内外形势下，善于运用马克思主义、邓小平理论去观察、分析、认识和解决当前的新问题，这是领导者必须具备的首要条件。作为一位领导人，要自觉处理好改革、发展与稳定的关系；处理好眼前利益、局部利益与长远利益、全局利益的关系；处理好物质文明建设与精神文明建设的关系；处理好改革开放与惩治腐败的关系。

以民为本就是我们做工作，办事情，一切要以发行人意愿和利益为出发点和落脚点。这是领导人能否立身的重要条件。领导人要以民为本，是因为他本身来源于人民，植根于人民，权力的基础又是人民。古训有"闻之于政也，民无不为本也。国以为本，群以为本，吏以为本。故国以民为安危，群以民为威侮，吏以民为贵贱。此之谓民无不为本也"，"用国者，得百姓之力者富，得百姓之死者强，得百姓之誉者荣，三者俱得而天下归之，三者亡得而天下去之"，这是说，一切领导人都应为适应人民群众的实际需要而工作。领导人要真正反对奢靡，深入群众，听民声、察民情、知民意，了解群众的思想动态、生活状况以及意见和要求，真正下决心解决群众的实际困难，为群众办实事好事，并以自己的品格、素质和能力去影响、团结和带领人民群众艰苦奋斗，勤恳创业。

丰富知识就是要不断学习专业知识、新科技知识和管理知识。这是领导人担负起领导职能的实际本领。丰富的知识主要来源于学习和实践。当今世界，科学技术日新月异，信息和经济全球化，一个领导人要在知识和科技突飞猛进的时代不被淘汰，就必须熟悉和掌握本职工作所需要的专业知识，必须从繁忙的事务性工作中挤出时间来学习，"学然后知不足"。如果不通过新的学习和实践提高自己，就会落后于时代。

重德修身就是注重自身的道德建设。这是新时期领导人公仆形象的重要体现。古人云："当官之法唯有三事：曰清、曰慎、曰勤。知此三者，则知所以持身矣。""政者，正也。君为正，则百姓从政矣。君之所为，百姓之所从也，君所不为，百姓何从？"领导人是教育人的人，是带头人，凡要求别人做的，自己必须首先做到，凡是禁止别人做的，自己坚决不做。其身正，不令则行。只有率先垂范，就能在人民群众中树立威信。古人尚知先"修身、齐家"才能"治国、平天下"的道理，作为今天的领导人应该发扬中华民族的传统美德，从大处着手，管理自己的行为，自觉抵制拜金主义、享受主义的影响，做到廉洁从政，积极奉献。

普通公务员也要注意自己在塑造公共部门形象中的影响。在公共部门行政活动中，要注重自己的仪表，包括自己的服饰、外形等。这些都要与自己所处的环境以及所从事的工作相适应。同时，还要发现自我，保持特色。一个人的外貌特征是不可选择的，但这正是善于发现自己的长处，始终保持自己特色的必要。另外，要重视个人素质，做到言谈得体，亲切有力，而且要注意寻找与公众的共同点以及共同感兴趣的话题。最后还要加强个人品德修养。要保持谦虚、大公无私、责任感等优良传统，进而容易与公众形成合力，实现公关目标。

3. 优化政策

政策是公共部门输出的公共产品之一。公共政策是否合理有效是公共部门公共关系的重要因素。目前我国公共部门的政策水平普遍较低，这在很大程度上限制了公共部门良好形象的树立。因此，优化政策是塑造良好公共部门形象的有效保障。具体要从以下几个方面做起：

第一，明确政策制定者自身的定位。随着人类的社会化、组织化和信息化程度不断提高，政策主体也在逐步壮大。过去政策只是公共部门某个或某几个负责人的事情，很少有外界的参与。现在则是由公共部门决策层、各类智囊团机构和专家系统，以至各种组织共同组成政策主体，社会对政策制定的参与程度大大提高了。公共部门决策层为政策的支持系统，虽然在政策制定过程中居主导地位，拥有对各种政策方案的最终裁定权，但是公共部门决策层在整个政策系统中的地位已经由"惟一"变成了"部分"。要适应这种变化，充分发挥对政策的主导作用，政策制定者必须重新明确自身的定位。

对于大量日常的政策，公共部门决策层凭借既有的经验和准确的判断，可以独立完成。而对于那些必须借助外力的重大政策来说，精明的公共部门可以将自身换位为"客户"，通过"利用"或"购买"方式获得所需的各种方案，择优选用。所谓"利用"，就是尽可能有效地利用下属政策研究机构，由他们围绕政策目标进行调查研究，提出政策方案；所谓"购买"，就是拿出一些钱来，委托社会上的专家、咨询系统进行专题研究，提供政策方案，从而优化政策水平。

第二，逐步实行政策的制定与推行适度分离。政策的制定与执行作为行政管理的两个基本环节，既紧密相连，又相对独立。前者研究问题、确立目标、选定方案，后者则着重于把经过确定的政策付诸实施。显然，两者的功能是不一样的,因此在运作方式和管理方法上也应该有所区别。在公共部门内部,可以尝试一部分人专门研究和制定政策,另一部分人专门从事政策的执行,直接为公众服务。政策制定相对集中,实行相对分散,使两个方面的效率都得以提高。

实行政策的制定与执行的适度分离,在理论上是可行的。它符合推进行政管理内部专业化分工的发展方向。生产力的发展和社会的进步,要求必须大力提高政策的专业化水平。各种智囊团机构和专家群体正在成为政策的主体,就是这种专业化趋势的突出表现。与此同时,社会各方面的规范程度也在逐步增强,许多执行性的工作变得程序化、制度化,因而也就可以脱离对制定者的依附,变得更加专业化。社会分工的细化是社会进步的标志之一,这种细化在行政管理领域同样会体现出来。当然这种分离只能是"适度"的,而不是彻底的。毕竟对政策执行结果负最终责任的只能是公共部门。这样做的目的便是提高政策质量和政策的专业化水平。

第三,注重现代手段与传统方法的有机结合。随着信息时代的到来,信息的采集更加方便。足不出户各种信息就会源源而至。在一些人看来,实地的调查似乎不需要了,起码是不重要了。这实在是一种误解。政策的对象是客观实际,政策的依据也是客观实际,政策的制定过程更是人们的主观愿望与客观实际相结合的过程,政策的目的是通过对公共部门的有效实施推动客观实际朝着人们期望的方向发展或转化。社会调查之所以重要,就在于它是了解客观实际的一种基本手段。正因为如此,社会调查在政策制定过程中的基础地位不会因为信息时代的到来而改变。

许多以往需要深入实地做调查才能获得的认识,今天通过信息网络就可以获得。但是,经过处理的信息毕竟是间接的。要对事物做出正确的判断,有时仍然需要深入到事物发生发展的第一线去。由辅助机构提出的政策方案都是社会调查之后的产物。政策制定者是否有过实地调查的经历,直接关系到对政策方案的可行性,这是任何人无法替代的。正如毛泽东同志说过的"没有调查就没有发言权"。这句话在今天最完整的涵义便是:从对事物的实际考察中了解第一手材料,经过专家参与的充分研究,最终提炼出正确的认识和科学的政策。

第四,尽快实现政策制定程序的法制化。政策制定过程的科学化是政策科学化的有效保障。这里所说的过程,包括政策制定权力的分配,制定程序的完备,论证的民主化,制定方法的现代化,以及多方案优选。经过多年的探索,我们已经在这些方面取得了相当大的进展。现在的当务之急是要把已经取得的改革成果，用法律和制度的形式确立下来，这是治本之策。

法制化的好处是显而易见的。从促进政策制定者的观念转变，实现决策层的重新定位，到规范政策制定过程，完善政策制定的方式方法，再到提高政策的透明度，健全对政策的监督，都是重要的动力和保障。政策制定作为一种思维活动，必然带有一定的主观色彩。这种主观色彩过重，就会导致主观主义、经验主义。因此，我们必须以法律和制度的形式把制定政策的程序确立下来，政策优化的目标才能最终实现。

4. 提高效率

提高行政效率，重塑公共部门与公民的良好关系具有重大现实意义。行政效率是公共行政的核心概念，它是指行政组织和行政人员在处理社会公共事务、实现行政职能和行政目标的活动中所得到的最终结果与所消耗的人力、财力、物力、时间、信息、空间的比值关系，即公共部门的投入与产出的比率。

目前我国的行政效率较低，这应从经济、政治和价格等诸因素来审视普遍存在的行政低效率的原因。第一，公共物品的生产具有非竞争性。公共部门垄断公共产品的生产，加之无产权约束，使其在缺乏外部竞争压力的同时，也失去了改善行政管理、提高行政效率的内在动力。第二，公共部门缺乏降低成本的内在动力，从而普遍存在预算规模最大化的倾向。由于行政成本与收入的分离，以及行政效率的难以量化，容易引发成本增加和资源浪费。第三，行政效率与公共部门自身利益的矛盾。公共部门领导的任期制及地区性易导致公共部门管理效率具有难以克服的矛盾，即近期效率和发展效率、局部效率与整体效率的矛盾，产生只关心任期内事情、地方保护主义等弊端。第四，难以遏制的腐败行为严重损害公共部门效率。公职人员的行政权力具有对有价值的公共稀缺资源进行权威性分配的功能，易诱发腐败；腐败官员将延缓政策执行、拖延办事时间作为敲诈勒索的基本手段和资本，也造成了低效率。

目前情况下，公共部门在精简机构和人员的同时切实实现"三个转变"，是提高行政效率的关键。针对影响我国公共部门行政效率的诸多因素和环节，提高行政效率的对策也很多。可概括为：第一，开展有效的思想教育和建立健全行政激励机制，培养行政主体——行政人员包括行政领导者的管理意识、服务意识和效率意识。明确权力属于人民，行政人员是权力的使用者，必须具备良好的责任感、职业道德、行政知识和能力。第二，健全法律法规和科学合理的日常工作制度，使公共行政活动具有基本的规范和程序，约束并减少行政人员行为的主观性和随意性，责任明确，避免拖拉和扯皮。第三，加强行政效率监督，使公共部门具有提高行政效率的外在动力。行政效率的监督主体主要由三部分构成：公民、上级公共部门、专家。公民对行政效率的监督的前提条件，一是政务公开、增加透明度；二是需要相应的制度和法律保障。第四，建立和推选有效的行政约束机制。如政务公开、公示制、社会服务承诺制、绩效工资制、绩效评估制、结果预制等。第五，逐步将市场力量引入行政改革，推选公共服务社会化。公共部门可将某些环境保护、公共设施维护、消防和救护、决策咨询等公共服务以合同的形式承包给公共部门以外的单位和个体。打破公共部门垄断，鼓励和吸引公共部门以外资本投入公共部门包揽的一些事业中，如教育、社会保险、医疗等。提倡公共服务社区化，让公民自我服务、自我管理，以此抑制公共部门规模和职能的扩张。优化公共部门财力资源配置，减轻财政压力。打破公共部门服务的垄断性，形成公共服务供给的竞争机制。第六，注重运用高新技术，实现办公现代化，提高行政效率。

11.2.3 公共组织形象塑造的法制管理

公共组织的特点决定了公共组织在形象塑造上必须实施法制管理，也就是说，公共组织形象的塑造必须以国家颁布的各项相关法律、法规为准绳，做到有法必依，执法必严，违法必究。

1. 公共组织的目标要法制化管理

公共组织的组织精神、价值观、组织目标等的规范化和法制化。公共组织的组织精神、价值观、组织目标是公共组织在长期发展中逐渐形成的基本精神和具有独特个性的价值体系，是公共组织宝贵的精神财产和不断发展的原动力。一般以经营宗旨、经营方针、精神标语或者口号等表现出来，它具有导向性，可以影响和引导公共组织的行为方向；它具有渗透性，一旦某种理念被组织成员所共识，组织既能有效地运转；它还具有强化性，可以对组织成员产生激励作用，促使他们努力完成工作任务。

公共组织的组织精神、价值观、组织目标等方面管理的规范化和法制化，就是要以法律法规的形式对公共组织的组织精神等理念层面上的内容加以规定。如《美国宪法》在序言中就明确指出了美国政府的组织精神、价值观和组织目标："我们美利坚合众国的人民，为了组织一个更完善的联邦，树立正义，保障国内的安宁，建立共同的国防，增进全民福利和确保我们自己及我们后代能安享自由带来的幸福，乃为美利坚合众国制定和确立这一部宪法。"我国修订的《宪法》在序言中则明确指出："中国各族人民将继续在中国共产党领导下，在马克思列宁主义、毛泽东思想、邓小平理论和'三个代表'重要思想指引下，坚持人民民主专政，坚持社会主义道路，坚持改革开放，不断完善社会主义的各项制度，发展社会主义市场经济，发展社会主义民主，健全社会主义法制，自力更生，艰苦奋斗，逐步实现工业、农业、国防和科学技术的现代化，推动物质文明、政治文明和精神文明协调发展，把我国建设成为富强、民主、文明的社会主义国家。"

2. 公共组织的行为要法制化管理

公共组织行为的法制管理是指以法律法规的形式对公共组织在其组织精神、价值观和组织目标指导下形成的全体员工的行为方式和工作方式加以规定。公共组织员工的行为方式和工作方式是公共组织的组织精神、价值观和组织目标等精神层面内容的具体化和实践，没有行为，这些只能是空想，只能是"纸上谈兵"，同样没有行为的法制管理，公共组织的组织目标等精神层面的内容也不可能实现至少是不能很好地实现。

公共组织行为的法制管理主要包括对外传播的法制管理和对内渗透的法制管理。对外传播就是公共组织利用报纸、广播、电视、互联网等载体，通过公众调查、广告宣传和信息传播等形式与社会公众进行沟通的行为，并借此达到塑造公共组织良好形象的活动。对内渗透主要包括：（1）公共组织的经营管理活动，包括管理过程、管理制度、管理方法、管理责任、管理机构等；（2）公共组织内部的员工信息沟通，如员工大会、公告牌、员工手册、意见箱等；（3）员工教育，优秀的公共组织都十分重视对员工的教育、训练和培训，教育的主要内容是职业道德、人格作风、技术、管理能力、服务态度、公关礼仪等，目的是提高员工的素质；（4）生产福利与工作环境，轻松舒适的工作环境、完善的医疗、娱乐设施、整洁美好的内部环境和优厚的收入，不仅可激起员工的自豪感，而且能最大限度地调动员工的积极性；（5）公共组织各方面工作的研究和发展等。

对外传播和对内渗透的法制管理就是要求公共组织在对外传播和对内渗透两方面的行为和活动必须规范化和法制化。如我国将于 2008 年 5 月 1 日起施行的《政府信息公开条例》明确指出，行政机关公开政府信息，应当遵循公正、公平、便民的原则；行政机关应当及时、准确地公开政府信息。行政机关发现影响或者可能影响社会稳定、扰乱社会管理秩序的虚假或者不完整信息的，应当在其职责范围内发布准确的政府信息予以澄清。根据这一条例，各级人民政府及县级以上人民政府部门应当建立健全本行政机关的政府信息公开工作制度，并指定机构负责本行政机关政府信息公开的日常工作。我国 2006 年 1 月 1 日起开始实施的《中华人民共和国公务员法》第十八条明确规定了我国公务员的权利和义务、职务与级别、录用、考核、职务任免、职务升降、奖励、惩戒、培训、交流与回避、工资福利保险、辞职辞退、退休、申诉控告、职位聘任、法律责任等方面的内容。现将第五十三条的相关规定摘录如下：

公务员必须遵守纪律，不得有下列行为：

（一）散布有损国家声誉的言论，组织或者参加旨在反对国家的集会、游行、示威等活动；（二）组织或者参加非法组织，组织或者参加罢工；（三）玩忽职守，贻误工作；（四）拒绝执行上级依法作出的决定和命令；（五）压制批评，打击报复；（六）弄虚作假，误导、欺骗领导和公众；（七）贪污、行贿、受贿，利用职务之便为自己或者他人谋取私利；（八）违反财经纪律，浪费国家资财；（九）滥用职权，侵害公民、法人或者其他组织的合法权益；（十）泄露国家秘密或者工作秘密；（十一）在对外交往中损害国家荣誉和利益；（十二）参与或者支持色情、吸毒、赌博、迷信等活动；（十三）违反职业道德、社会公德；（十四）从事或者参与营利性活动，在企业或者其他营利性组织中兼任职务；（十五）旷工或者因公外出、请假期满无正当理由逾期不归；（十六）违反纪律的其他行为。

3. 公共组织的外显标识要法制化管理

公共组织的组织名称、产品名称、建筑等是外显标识，外显标识不仅仅是一个公共组织的外表装饰，更重要的是它能显示组织的本质，能给公众一种直观的、具体的感觉，具有强烈的形象感染力，是组织整体形象中不可缺少的组成部分。在公共组织的日常活动中，社会公众往往会凭借第一印象来对公共组织的形象加以评判，而这对于后来的信息传递几乎具有决定性作用，所以公共组织必须重视自己的外显标识设计。同时，由于公共组织公众的广泛性和高度关注性，要求公共组织在形象塑造过程中，这些外显标识一旦确定，就必须以法律的形式固定下来，不得随意更改。如我国的宪法对国旗、国徽、国歌等都进行了明确而严格的界定。

11.3　公共组织形象评估

11.3.1　公共组织形象评估内容

公共组织形象评估就是对公共组织形象塑造的目标实现程度的评估，也就是对公共组织形象的检验。公共组织形象评估的最根本的标准应该是生产力标准和人民根本利益标准，而具体标准应该是对公共组织形象塑造的目标的分解，具体包括如下几方面的内容：

1. 公共组织形象塑造的目标评估

公共组织公关的一般目标，简而言之就是改善公共组织的形象，是公共组织通过传播信息、联络感情、改变态度、引起行为而最终改善公共组织的形象。公共组织形象塑造的目标的评估就是看这个目标是否明确，围绕这个目标的各种实施目标是否具体，公共组织形象塑造的目标是否得以实现，或者是多大程度上得到了实现。由于公共组织的形象是一个十分复杂的多纬度、多层次的动态概念，因此公共组织开展的评估活动也必然包含多层次的具体的工作内容。从理论上说，公共组织的目标评估工作内容就是对公共组织运行所需要涉及的关系状态，包括公共组织与内外公众的关系状态，及其变化进行专门的信息处理，包括信息的收集、整理、分类、统计、分析、反馈等，并在此基础上研究公共组织形象及其变化趋势，并做出相应的调整。

2. 公共组织合理性评估

公共组织机构设置是否合理有效，组织内的成员是否按照组织的要求来实施公共关系工作，特别是公共组织领导人的相关情况的评估。

3. 公共组织政策评估

评估公共组织形象，就是要分析公共组织制定的政策的可行性及其实现情况等。通过评估，发现哪些政策是符合实际的，哪些是脱离实际的；哪些是必要的，哪些是不必要的；哪些是有利于广大公众利益的，哪些是违背广大公众利益的。

4. 公共组织效率评估

就是对公共组织运行的效率进行评估，整个组织是否高效运转，是否能适应社会政治、经济、科技发展的水平和广大公众的需求。

11.3.2 公共组织形象评估的方法

公共组织形象评估的方法有多种，主要的方法包括：

1. 个人观察反馈法

公共组织的领导或上级领导亲自参加公共关系活动，实地考察公共关系进行情况并估量其效果，这种方法简单实用，比较直观。但因领导个人偏好、领导个人的素质以及环境等方面因素的制约和影响，可能会导致评估结果具有很强的主观性等问题。

2. 目标管理法

所谓目标管理法，就是将公共关系目标进行具体分解，并将这些分解的目标用量化的形式加以明确，在公共关系活动开展过后，将实施结果同各项目标相比较，衡量和评价出公共关系的成果。

3. 舆论调查法

这种方法主要是通过对公共关系的客体——社会公众对公共组织形象的观点和看法进行调查的方法。这种调查方法可以在公共关系活动结束后进行一次性的调查，也可以在活动前后各进行一次调查，以便对公共关系活动开展前后的效果进行比较。

4. 内外部监察法

内部监察法就是由公共组织内部的有关人员，如评价部门或上级领导对公共关系工作进行评价；外部监察法是聘请公共组织外部的专家，包括公共关系专家、媒体资深记者等，对公共组织开展的公共关系活动进行调查和评价。一般而言，相比内部监察法，外部监察法的评价结果比较客观，具有较大的参考价值。

11.3.3 公共组织形象推广

公共组织形象塑造起来后还必须采取一定的方式让更多的公众了解和熟知公共组织的形象，这就是公共组织的形象推广。公共组织形象的推广，需要经过精心和周密的策划，制定尽可能详尽的推广计划，通过内外宣传，使公共组织良好的形象尽快地得到更多的社会公众的认同。

1. 公共组织形象的对内宣传。

公共组织形象的对内宣传主要是向员工宣传本组织的工作目标和改革方向，这是公共组织形象推广的第一步。正如西泰尔（Fraser P. Seitel）指出的，"内部沟通优先于外部沟通。对于一个组织来说，最糟糕的事情莫过于员工只有通过媒体的'10点钟新闻'等节目，才能知道批评自己公司的相关信息。精明的组织总是把有关本公司的所有信息首先告知自己的雇员，也就是非常强调内部沟通的优先性"。[①] 公共组织的内部员工既是组织形象的塑造者，也是组织形象的传播者，他们的一言一行直接影响着组织的形象。所以，公共组织形象的塑造首先应该从内部员工做起，在宣传推广上首先应该面向的是公共组织所有的员工（包括领导者），使他们成为公共组织形象向外推广的主力军。

对内宣传的两个最关键的信息是本组织的工作目标和改革方向。向员工详细介绍本组织的目标（包括长期和近期目标），是为了让员工明确自己工作的

① ［美］Fraser P. Seitel：《公共关系实务》，梁浤洁等译，机械工业出版社 2004 年版，第 301 页。

努力方向，让员工了解组织想要树立的形象。对内宣传时，要重点向员工介绍组织未来运行的方式和必须达到的目标，如此既可以给员工指明前进的方向，又可以在员工士气低落时鼓励员工，激发他们的工作热情。特别是在目前机构改革的关键时刻，如就我国政府改革而言，温家宝总理在 2004 年提出了建设"服务型政府"的理念，服务型政府的基本特征之一就是协调精干。其中精干，就是要求政府职能界定科学清晰，机构设置合理精干、分工明确、职权责统一。服务型政府应当是马克思所设想的"廉价政府"，即机构规模小、行政官员少、运行成本低，内部宣传就显得更加重要。对内宣传可以向员工介绍公共组织现存的危机，这种宣传会具有较强的震撼力。向员工宣传如何实现未来目标的方法，则会具有很强的指导性。

一般而言，公共组织的对内宣传主要有如下几种方式：

自上而下的宣传。也就是首先对高层领导进行培训与教育，使他们了解公共组织形象的重要性及其构成要件，然后通过公共组织内的等级结构，向下通知、指派和解释。

自下而上的反馈。也就是说公共组织的领导要经常倾听员工的心声，了解信息的反馈。公共组织在形象宣传中，仅靠行政手段的强制性传达是远远不够的，还必须运用各种技巧和方法，对员工进行教育和培训，充分发挥全体员工的主观能动性。这种自下而上的反馈方式，可以加强上下级公共组织员工之间的沟通与协调，使领导者了解员工的心态和愿望，以便更好地做出决策。否则，员工对本组织怀有较大的怨气一定会对公共组织形象的塑造产生负面影响。

横向沟通方式。横向沟通主要通过公共组织内部召开的各种会议来进行。比如组织内部的各部门之间的工作协调会，形象研讨会等。同时也可以在员工之间开展小团体活动，让员工相互讨论本组织形象的问题，相互了解彼此的处境与工作计划以及设想等。通过横向沟通，可以进一步缓解员工的工作压力，使他们了解自己在本组织形象塑造中应该做的事情，以及如何使自己的观念、行为与他人和本组织的规范协调一致。

2. 公共组织形象的对外推广

公共组织形象的对外推广，就是公共组织通过广告等传播手段向外部公众宣传本组织形象的过程。公共组织面对外部公众的广泛性以及公众的非同质性，要求公共组织在对外进行形象推广时，必须针对不同的公众，选择与之相适应的传播手段与媒体。常见的手段有人际传播、大众传播和网络传播。

人际传播是指发生于个人与个人（或群体）之间互通信息、交流思想、沟通感情的社会行为。它是构成并维持社会的前提，是人际关系得以实现的基础，也是最常见、最普遍渗透于人类生活一切方面的基本传播方式，表现形式分为面对面传播和非面对面传播。它主要有如下几方面的特征：一是私人性，易于情感沟通。由于人际传播一般仅限于两个个体之间的信息互动因此具有明显的个人性、私人性，最便于表达对交往对象的关注，与对方进行情感沟通。因此，在所有的传播方式中，人际交往的情感色彩最浓，最容易达到晓之以理、动之以情的效果，获得公众的好感。二是交流手段丰富，信息交流充分。人际传播多是以面对面传播为主，在交流中，传播双方除了使用口语外，还可以大量地使用表情、体态语进行交流，使双方信息交流充分，不易造成误解。三是反馈直接、迅速。人际传播是传播双方的双向互动过程，在这一过程中双方同时充当传者和受者的双重角色，使各自都能不断地根据对方的反馈调整传播内容，从而有效地控制交流的深度、广度和速度。

大众传播是指大众传播机构通过报纸、杂志、书籍、电视、广播等大众传播媒介，将大量经过复制的信息传送给广大的受众的过程和活动。大众传播是公共组织公关活动中最主要的传播方式，大众传媒是公关传播中运用最多的媒介。其主要特点是：一是传播主体的高度组织化、专业化。大众传播的传播者一般都是拥有现代化大众传播媒介的专业化的组织机构，它集中了大量经过专业训练的职业人员，对采集的信息进行选择、过滤和加工，按传播者的意图和受众的需要予以传播。二是传播手段的现代化、技术化。现代大众传播运用了当今世界大量先进的技术成果，特别是电子技术、通讯技术、印刷技术的飞速发展及其在传播领域的广泛采用，是大众传播能够高速度、大范围地复制和传播信息，促进公关活动的顺利进行。三是传播对象的广泛性。大众传播面对的公众是十分广泛和分散的，通过无线电波、同步通讯卫星，大众传播的受众可以跨越地域，超越民族和国家，分布全球，数量是难以计数的。

网络传播。是一种以多媒体为终端、以光纤为通道，把所有的个人和组织都连接在一起的，并能与"个人化"受众进行互动沟通的现代先进的信息交流方式。其主要特点有：一是不受时间、空间限制。由于数字化技术的运用，使传播者告别了传统的媒介形式的传递工作，信息的储存、传递、处理变得简易、快捷。网络可以给公关活动提供巨大的变化机会。如公共组织可以在网上通过网络论坛、BBS（电子公告板）、E-mail 及其他方法发布公共组织的新闻，如此，全世界就有 200 多个国家和地区的网上公众有可能接收到该信息。因特网可以 24 小时发布信息，公众可以全天候进行点击，比报纸、杂志、电视等媒介工具更方便、更具有时效性。二是互动性更强。网络与传统传播媒介相比的优势之一就在于信息交流互动性大大加强，公共组织可以及时地获得公众的反馈。而传统的传播是单项的信息输送，对公众是一种"灌输"，要了解公众的反映，必须进行专门的调查，耗时长，付出的人力、财力多。网络成本低廉，可以迅速地确定受众的数量、时间、分布地域，许多网站采用电子问卷等形式给公共组织提供访问者的反馈意见，为组织确定公关对象和制定公关策略提供依据。更值得一提的是，网上公关还可以借助 E-mail 创建企业与顾客"一对一"的关系优势，根据细微的差别进行公众细分，为公众提供个性化的服务。人们还可以在网站提供的数据库里选择对自己最有帮助的资料，可以利用 BBS 进行互动，不仅可以进入各个讨论区获取各种相关信息，还可以将自己要发布的信息或参加讨论的观点张贴在公告板上，与其他用户进行讨论，构筑"双向对称性"的公共关系模式，强化组织与公众的互动和交流。在网络传播上，传播主体与客体的界限变得非常模糊，参与传播活动的每个人不受种族、性别、职业、地位、年龄甚至容貌的限制，真正成为平等的信息交流的伙伴。在传统媒体的传播理念中，传者和受者是严格区分的，但网络传播的最大特点是信息传播的双向（乃至多向）互动性。网络传播中的传播者和受传者不仅完全处于平等的地位，而且可以角色互换，受传者可以成为信息的传播者，传播者也可以成为信息的接受者。三是超大信息容量和窄播。因特网将全世界的计算机和计算机网络连接起来，从而形成了一个巨大无比的数据库。网上的信息可以说无所不包，与传统媒体有限的信息量相比，网络媒体的信息含量优势是显而易见的。现代人在忍受自己并不十分需要的信息的"狂轰乱炸"的同时，又苦于很难找到自己所需要的特殊信息，网络媒体为用户解决了这个问题。用户可以从网络媒体"拉出"（pull）自己所需要的信息，并通过链接获得更多相关信息，媒体也可以通过"推送"（push）技术，将用户需要的信息直接送到用户的计算机上。这种针对公众细分理论而提出的有针对性的传播方式"窄播"，是传统媒体无法提供的。四是多媒体传播，信息更丰富。印刷媒体通过文字和图片传播信息，广播通过声音传递信息，电视机则通过画面和声音的有机结合而成为最受欢迎的传统媒体。这些传播方式各有各的长处和短处。计算机信息技术的发展，提供了综合性处理文字、图形、声音和图像的新技术——多媒体技术。多媒体技术能够同时采集、处理、存储和传递两个以上不同类型的信息，把自然形式存在的各种媒体数字化，并利用计算机对这些数字化的信息进行处理，以最容易被公众接受，从而也是利用率最高的形式。

可见，上述的三种传播手段各有优点，公共组织在对外进行形象推广时，在充分考虑组织的实际情况和受众特点等因素的基础上，有针对性地选择和运用这三种主要的传播手段，来开展公共组织形象的推广工作。

☞本章小结

公共组织形象就是公众对公共组织总体的、抽象的、概括的认识和评价，是公共组织的表现与特征在公众心目中的反映。公共组织形象塑造的目标就是美誉度、知名度与和谐度的结合。

公共组织形象塑造的法制管理主要包括公共组织的组织精神、价值观、组织目标等的规范化和法制化，公共组织行为的法制管理和公共组织的组织名称、产品名称、建筑等一些外显标识的法制管理。

公共组织形象评估的最根本的标准应该是生产力标准和人民根本利益标准，而具体标准应该是对公共组织形象塑造的目标的分解，主要包括公共组织形象塑造的目标评估、组织合理性评估、政策评估和效率评估。公共组织形象评估的方法主要有个人观察反馈法、目标管理法、舆论调查法和内外部监察法。

公共组织形象的推广，需要经过精心和周密的策划，制定尽可能详尽的推广计划，通过内外宣传，使公共组织良好的形象尽快地得到更多的社会公众的认同。主要包括公共组织形象的对内宣传和对外推广。

☞关键术语

形象管理　　　　公共组织形象的构成要素　　　认知度
美誉度　　　　　和谐度　　　　　　　　　　　组织形象推广

☞思考题

1. 公共组织为什么要进行形象管理？
2. 什么是公共组织的形象塑造？
3. 公共组织形象塑造有哪些基本手段？
4. 你认为我国政府在形象塑造和管理方面应该主要做哪些方面的工作？

☞**案例**

深圳某公路局3000万元修门　按六星标准装修

2007年5月14日，一个标题为《耗资千万元豪华大门为何拆拆建建?》的帖子在深圳新闻网出现。随后，该帖在多家门户网站出现，引起强烈反响，仅仅8天时间，点击率超过6000次。

记者从该办公楼大门走进院子，见到一座椭圆形的喷泉，水池中养有金鱼，整个院子内部绿化极为美观。办公大楼内部繁华处处，巨大的电子屏从每天早上8时便开始播放，直至晚上6时，大楼内部从1层至22层是一些公司租用，23层至28层则为公路局的办公地点。在对周围群众的采访中得知，多数人表示只知道公路局于去年8月份左右开始改建大门，据介绍，办公大门前的大理石为中空设计，内部装有灯具，每天5时30分灯光便开启，直至夜晚10时30分。记者在采访时获悉，一知情人去年就了解到，公路局门前的大理石花费200多万元，整个大门处花费近500万元。随后，记者前往宝安区建设局调查相关情况，包括项目招标和工程验收等情况。该局办公室林主任表示，公众可以登录建设局网站，查找有关区公路局办公大楼相关情况。他拒绝就此事加以评论。而记者在建设局的网站上，并未见到公路局办公大楼建设以及装修的招投标信息。记者就此事是否涉及超标装修等问题采访宝安区监察局，局办公室一名余姓工作人员称将尽快就此事答复记者，但是记者随后再次联系监察局办公室，对方电话已经无人接听。

案例提示：在1999年国家计委下发了《党政机关办公用房建设标准》，2007年4月，中共中央办公厅、国务院办公厅印发《关于进一步严格控制党政机关办公楼等楼堂馆所建设问题的通知》。通知指出，要坚决控制党政机关办公楼工程造价标准。党政机关办公楼单位综合造价（不含土地有关费用及市政配套建设费），省（部）级不得超过4000元/平方米，市（地）级不得超过3000元/平方米，县（处）级及以下单位不得超过2500元/平方米。在不超出上述限额的前提下，各地可根据本地实际情况制定党政机关办公楼单位综合造价标准。凡超出规定标准的，投资主管部门一律不得受理。

（资料来源：根据2007年5月新华网、上海热线新闻网等相关报道整理。）

请思考:

1. 政府机关修建豪华办公设施是不是塑造组织形象的有效手段?

2. 案例反映的问题带有普遍意义,说明我国政府在形象塑造和管理上存在哪些问题?

3. 你认为在政府形象塑造中,应该主要做哪些工作?

第12章
公共管理的方法与技术

处理任何事务，进行任何工作，都要有一定的步骤、顺序和方法，公共管理也概莫能外。公共管理方法与技术不同于哲学意义上的世界观和方法论，也不同于一般意义上的管理经验，它被认为是达成公共管理目标的途径，是公共管理主题作用于公共管理客体的桥梁，是公共管理思想转变为管理实践的中介。公共管理的方法与技术正确与否，直接关系到公共管理效率的提高，关系到公共管理目标按时、保质保量地完成。因此，公共管理的方法与技术在公共管理过程中处于十分重要的地位，起着非常重要的作用。

12.1 公共管理方法概述

12.1.1 公共管理方法的含义

关于公共管理方法，学术界已有各种观点。一种观点认为，所谓公共管理方法就是广义的行政方法，是指公共部门及其工作人员，为贯彻公共管理思想和执行公共管理功能，以达到行政目标的各种措施、手段与技巧的总称，是公共管理系统中的一个重要组成部分。另外一种观点则认为，公共管理方法是指国家行政机关在管理过程中采用的各种手段和方法的总和，或者说，它是一定的行政组织或行政人员为了开展行政工作而采取的有条理的、有系统的措施和方法。显然，这两种观点并没有本质上的区别，但在概念的外延上有一定的区别。前一种观点所探讨的范围较之于后者更为广泛，后者实际等同于狭义的行政方法这一概念。在当前传统公共行政逐渐转向更为宏观的公共管理的趋势下，狭义的行政方法概念已经不合时宜。

综上所述，所谓公共管理方法就是指在公共管理领域中，公共部门及其工作人员，为了开展管理工作、达成公共管理目标所采取的各种管理措施、手段、技巧等的总和。在现代公共管理中，能否采用正确的方法，已经成为衡量公共部门和个人实际管理水平高低和管理质量优劣的重要标准。

12.1.2 公共管理方法的内涵

依据上述公共管理方法的界定，公共管理方法的内涵包括以下几个方面：

1. 在实施主体方面

实施公共管理方法的主体是所有参与公共管理的各种组织和人员的总和。从主体的内涵上看，公共管理方法的主体不仅仅只局限于传统行政机关及其工作人员，而且还将大量的参与公共事务管理的组织和个人，例如私人部门、非营利组织，甚至个体都纳入到了实施主体中。公共管理方法实施主体范围的扩大，实际反映出公共管理与传统行政管理在实施主体选择上的本质不同。

2. 在目的方面

公共管理方法的目的就是为了更好地实施公共管理，实现公共管理目标，促进公共利益的形成。公共管理方法是实现公共管理思想的中间媒介。不同形态的政府及其实行的不同公共管理思想和原则，只有在获得了与之相配套的具体方法时，才能够产生实际的效用。同样，任何公共管理理论也只有在具有了一整套与之相适应的方法时，才能够在现实中得以体现。

3. 在内容方面

公共管理方法包含一系列管理措施、手段、技巧等的总和，而不是单一的行政指令方法。单一的行政指令方法是传统行政管理方法的观点，其出发点是以行政指令方法与其他政治、经济管理相区别，以强调行政管理的独立性。而现代公共管理认为，公共管理中可运用的各种方法之间不是截然对立，相反，公共管理的各种方法在具体运用中是相互融合和互补的，这可以极大地丰富公共管理方法的内容。

12.1.3 公共管理方法的特点

公共管理方法是一个相对完整的方法系统，是在传统行政方法的基础上扩充、发展而来的，同时也反映出公共管理与传统行政管理之间的不同。

1. 传统行政方法的特点

自威尔逊创立行政学以来，行政管理的实践者一直在探寻行政管理中的一般管理方法和原则，最为经典的莫过于以科学管理和官僚制为基础建立起来的传统行政理论及其实施方法体系。与公共管理相比，传统行政管理在方法上有以下几个方面的特点：

直接源于实践。传统行政方法具有一定的普适性，但更多体现出来的是一种经验总结。换言之，传统行政方法大多是行政管理人员通过具体实践活动摸索出来的，是行政管理人员实践经验的集合，缺乏科学的理论依据。

具有较强的针对性。传统行政方法强调解决现实问题，形成方法的依据直接源于当前的行政实践，因而对当前具体的行政管理活动或问题有较强的针对性。但是传统行政方法往往忽视对管理未来的预测，导致在面临突发性、崭新的管理问题时应对不足。

简单易行。就传统行政方法实施的社会环境来看，行政管理对象一般都不太复杂，因而传统行政主体可以采用简单易行的手段或方法进行管理。这也决定了传统行政方法强调定性的方法，很少运用定量分析、系统分析等现代管理手段和技术。

2. 公共管理方法的特点

公共管理的出现，意味着行政管理领域中的一种转型，也是各国政府管理现代公共事务而采取的共识性措施的总和。较之于传统行政方法而言，公共管理方法呈现出以下几方面的特点：

具有系统性。由于现代公共事务范围的日益扩大，不同的公共事务之间又呈现出彼此相关的特征，因此，公共管理主体必须在方法上从单一化向多样有机整合的方向进行调整。具体而言，公共管理方法吸收和借鉴不同学科的相关知识和理论，强调管理方法的系统性和综合性，以使得对不同领域的管理产生整体性的管理效果。

具有技术性。现代科学技术的突飞猛进，在公共管理领域中也得到了充分反映，这主要表现在公共管理方法不断地将新的科学技术应用于自身，使得公共管理方法的技术含量越来越高。特别是当前各种信息系统、信息技术的应用，使得公共管理的科学性有了长足的进步，同时也提升了公共管理的效率。

具有可量化性。现代公共管理中越来越强调使用量化技术进行分析，运用各种数学方法和模型分析、解决现实中的各种公共管理问题。量化分析方法的优势在于能够将各种现代技术应用于实际管理之中，提高公共管理的精确性和科学性，但同时量化分析方法也有无法解决的问题，即公共管理中有些问题是无法量化的。因此，强调公共管理方法的量化性并不是排斥定性分析，相反，公共管理方法追求的是定性和定量的互动与平衡。

12.1.4 公共管理方法的地位与作用

我们可以从以下三个方面认识公共管理方法的地位与作用：

1. 公共管理方法是公共管理思想变为现实状态的中间媒介

公共管理方法不同于学术研究中的方法论，它不是指研究公共管理的方法，而是旨在探寻将公共管理的各种理论思想变为现实。可以说，公共管理方法是实现公共管理理论的各种实践工具的集合，只有通过这些具体的方法和手段，各种预设的公共管理理论才能在实践中得以检验，公共管理的目标才能得以实现。

2. 公共管理方法是公共管理执行中的重要环节

从公共管理执行过程来看，公共管理包含计划、组织、指挥、协调、控制等多个环节。其中任何一个环节的实现，都离不开一定的方法指导。例如，为了实现某个公共管理目标，在拟定计划时必须运用调查研究的方法、坚持群众路线、遵循科学的决策方法等，从而保证计划切实符合客观规律的要求。又比如要实现公共管理的组织功能，就必须对公共部门中的工作人员的选任、调配、培训和考核等制度，设立一套切实可行的方法，使得人尽其才。可见，公共管理方法是公共管理执行功能的实现方式。

3. 公共管理方法是实现公共管理目标的途径

如果将公共管理的目标比作过河，那么，没有桥梁或者船只就无法达到这个目标，而桥梁或船只就是方法问题。过河与桥船的关系即公共管理目标与公共管理方法之间的关系。没有目标或者目标设置不正确，即便是具备了最先进的方法，也只能是瞎碰乱闯，没有明确的方向；但是，正确的目标如果没有与之相适应的方法，目标就无法达成。可见，公共管理目标与公共管理方法相辅相成，缺一不可。

12.2 公共管理方法的基本内容

12.2.1 公共管理的一般方法

公共管理的一般方法继承于传统行政管理方法，这表明在传统行政管理向公共管理转变的过程中，并非是对原有的行政管理方法进行简单地抛弃，而是在其基础上的继承与发展。同时，也说明了传统行政管理的各种方法在现代公共管理中仍然有其可用性。

1. 行政指令的方法

行政指令方法是行政组织依靠组织的权威，运用行政手段，包括行政命令、指示、制度、规定、条例及规章制度等措施，按照行政组织的系统和层次进行行政管理活动的方法。行政指令方法是运用得最普遍的行政方法，也是一种非常有效的行政方法。从实质上看，行政指令方法是通过行政组织中的职位和职务来进行管理的，其基本特点是依靠权力和权威，采用强制手段直接指挥下级，要求下级按照上级指示，以实现行政组织的目标。

行政指令方法的主要特征：

具有强制性。强制性体现于行政组织体系在思想上、纪律上要服从集中统一的意志，即行政主体所发出的命令、规定、条例等都是必须执行的，有时是根本不考虑价值补偿问题的无偿性服从，更有甚者是要求无条件的绝对服从。当然，这同法律方法所具有的普遍约束力那种强制不尽相同，它允许特殊情况下灵活机动。

具有权威性。行政指令实质上所依靠的是强制性权威，行政职位越高，职务越大，其权威就越强，所带来的服从度也就越广。因此提高一定职位和职务的权威性，是有效运用行政指令方法的基础和前提。

具有层次性。行政指令方法是根据行政组织的纵向结构自上而下、由大到小一层层进行管理的，行政指令都是直线传递，层层下达。虽然在当前的公共管理中，大部分理论家和实践家对官僚制的层级结构多有不满，但是在替代性组织结构出现之前，基于行政组织等级运行的行政指令方法仍然具有较高的效力。

具有具体性。行政指令的内容和发布的对象都是具体的，不仅如此，一定行政指令只对特定时间和特定对象有效，这种时效性也是具体性的表现，即因事、因时、因地、因人而异。

具有无偿性。上级行政组织对下级行政组织的人、财、物、技术等要素的调动和使用不采取等价交换的原则和方式，而是根据工作的需要。行政指令方法的运用，不考虑上下级之间利益的平衡及等价交换，只以强制性要求下级绝对服从上级的指令。甚至为执行上级的指令，牺牲下级的具体、局部利益也在所不惜，从而显示出这种方法的无偿性。这是因为，上级考虑问题往往是从全局的或整体的利益出发的，行政授权的性质本身就决定了授权者必须按统治阶级的意志行事，争取和维护统治阶级的整体利益和根本利益。因而，对上级行政指令的无条件服从，就意味着无条件放弃局部利益而维护全局利益，这就是行政指令方法的无偿性根源所在。

行政指令方法的利弊：

运用行政指令方法实施行政管理，能够使国家的政策法律和上级的意图快速地向下贯彻，有利于行政管理系统的集中统一。行政管理面广事杂，与之相适应，公共管理系统必然是多层次、多环节的。如果没有集中统一的意志、统一的指挥和统一的行动，一盘散沙，各自为政，根本不能完成国家任务，实现行政目标。而行政指令方法的运用，有效地解决了这个问题。它使行政系统内层层直接控制，各个环节都围绕公共管理目标统一思想，统一行动，保证政策法令、决策指令的迅速贯彻实施。另外，运用行政指令方法，上级可以针对下级的工作情况，及时地、灵活地发出各种指令，使公共管理中出现的新情况、新问题得到及时处理，尤其是对一些突发事件的处理，更显示出这种方法的灵活快捷的优点。

但是，行政指令方法以强制性的指令、命令支配下级的行为，下级处在被动服从的状态，长此以往，会压抑下级的积极性和主动性，造成下级对上级的过分依赖。另外，过分依赖这种方法，容易造成领导者个人专断，助长家长制、一言堂的不良作风，不利于参与式的民主管理。而行政指令是以垂直方向传达的，在指示、命令的下行传达过程中容易忽略横向的协调，形成条块之间的矛盾，反过来制约了行政系统的高度统一。

运用行政指令方法的原则：

如上所述，行政指令方法既有其优点，也有其不足。因此，运用行政指令方法应当抑弊扬利。为此，有必要遵循以下几项原则：

调查研究在先的原则。上级机关在发布指令之前，要先行对下面的情况作一番调查研究，对下级的思想动态、工作动态、下级的工作环境和工作条件的变化等都要尽量掌握，做到心中有数。然后才能根据已掌握的情况，有针对性地下命令、发指令，力图使指令更切合下级的具体实际，从而避免出现主观主义的瞎指挥。

坚持具体指导的原则。在运用行政指令方法上，上级领导不能发指示、下命令之后就了事。上级应根据指示、命令的内容和精神多给下级以具体指导，启发和鼓励下级开动脑筋，结合本地区、本单位的实际，学会把原则的坚定性与处事的灵活性结合起来，灵活地、创造性地贯彻落实上级指示，执行上级命令。

思想政治工作领先的原则。运用行政指令方法，特别要强调以思想政治工作相配合。通过有效的思想政治工作，使下级更好地了解上级的意图，了解上级所发指令和所下命令的依据或理由，更自觉、更有效地加以执行和贯彻，减少指令下行的阻力。同时，加强思想政治工作，还能使上下级关系融洽，左右关系协调，使公共管理沟通渠道纵横畅通，从而为上级指令的传达、贯彻提供良好的组织环境。

2. 经济方法

经济方法就是行政机关运用经济杠杆调节和影响管理对象，对被管理者加以引导和控制的管理方法。经济杠杆是指以价格、利润、税收、信贷、工资、奖金等经济范畴为支点，把某个单位或个人的物质利益与其劳动成果联系起来而形成的调节工具。运用经济方法可以挖掘人的潜能，激发人们的主动性和积极性。

公共管理中运用经济方法，一方面，可以通过经济杠杆调节和影响行政机关所辖的社会组织活动和行政组织自身的活动，改变组织要素的组合方式，提高组织的工作效率，促进社会经济的发展和公共管理的发展；另一方面，可以用经济杠杆影响社会公民和行政人员的思想和行为，促进其改进工作，提高效率。

一般而言，经济方法具有利益性、有偿性、平等性、间接性等四个特点：

利益性。经济方法的核心是物质利益。它以物质利益为基础，以利用人们对物质利益的要求转化为动力。强调组织和个人的物质利益与其劳动成果相联系，强调物质利益的获得多寡取决于劳动成果的大小和劳动效率的高低。经济方法的这种利益性，集中表现为商品交换中的等价交换和以质论价，工资收入上的按劳分配，奖金分配上的奖勤罚懒。

有偿性。经济方法要求人们获取经济利益要以劳动的付出为代价，而经济利益的获得又是社会或国家通过管理者对人们付出劳动所作的补偿。因此，经济方法在运用上，无论对管理者还是对被管理者来说，都是有偿的。行政管理运用经济方法的目的之一，就是兼顾国家、集体、个人三者的利益，在保证国家、集体利益的前提下，重视满足人们的正当、合法的利益，以此促进社会经济发展和公共管理的发展。

平等性。经济方法承认各社会组织之间和公民个人之间获得经济利益的权利是平等的，问题在于如何实现权利。它鼓励各社会组织之间、公民个人之间在权利平等的基础上，就如何通过有效的劳动或工作去获得更多物质利益而展开竞争。它不承认不劳而获的特权。运用经济方法，对社会财富的分配只有一个统一的尺度，就是价值尺度。经济杠杆对情况相同的社会组织和个人具有相同的调节作用。

间接性。经济方法对组织和个人行为的调节和影响，并不是采取直接干预的方法，如行政命令、下达指示等。而是通过对物质利益的调节来间接影响，靠物质利益的变化来支配组织和个人的行为。组织和个人在物质利益的驱动下，采取怎样的行动，何时行动，行政机关是无法左右的，完全由组织和个人自己决定。

经济方法的利弊：

行政机关运用经济方法实施公共管理，可以充分发挥被管理者的自主性。经济方法是依靠经济杠杆为工具，以物质利益为核心实施管理，对被管理者发出的都是经济信息，被管理者对这些信息是极其敏感的，会很快接受并据此调整自己的行为，因而运用经济方法收效甚快。同时，由于经济方法触动的是人们最敏感的神经，人们必然会做出迅速反应，按照行政机关发出的信号行动，因此，效果较为显著。一般而言，经济方法特别适用于行政机关对经济的宏观调控和管理。

但是，经济方法仅以满足人们的物质利益为前提，因而作用范围仅集中在经济管理方法或与经济有连带关系的工作方面。因此，依靠经济方法不能解决公共管理中的一切问题。同时，经济方法强调以物质利益为核心，掌握运用不当会对意识形态和政治生活产生副作用。例如，经济方法容易诱发"一切向钱看"的意识，置工作不顾而为蝇头小利向集体、国家讨价还价，只注重于个人或小团体利益而损害国家利益等。严重的还会引起经济生活混乱，助长非正常经济行为的蔓延。

运用经济方法的原则：

鉴于经济方法的利弊，运用经济方法要抑弊扬利，必须遵循以下原则。

适度原则。经济方法的运用，要严格控制在一定的范围内，掌握好适用的程度，防止滥用。严禁在意识形态领域、政治生活领域和党内生活中运用经济方法。

与法治相结合的原则。运用经济方法应与加强法治相结合，要加强经济立法和经济司法，以此规范人们的经济行为。同时，要建立和健全一整套严格的规章制度，对经济方法的适用范围、操作程序等加以控制。

与思想教育相结合的原则。运用经济方法，必须与有效的、经常性的思想政治工作相结合，教育和帮助人们处理好国家、集体、个人三者的利益关系。提倡顾全大局，乐于奉献的精神，促进行政机关勤政廉政的建设。

3. 法律方法

法律方法是指行政机关运用各种法律手段实施公共管理的方法。法律手段，即行政法律规范及其国家法律法令。公共管理运用法律方法，实质上就是通过法律法规的实施，将统治阶级的意志转化为社会公众的普遍行动，用法律法规去调整各种社会关系，调整人们的社会行为，使各种社会关系朝着有利于公共管理目标的实现而发展，使社会公众的行为对社会经济发展、社会稳定起直接作用。

公共管理是法制管理。这种法制的管理很大程度上是通过运用法律方法来实现的，但是，运用法律方法来实施公共管理，并不等于行政法制的全部。法律方法的运用，只是行政法制的基本内容之一，是行政法制建设的要求。行政法制作用的广度和强度要比法律方法大得多和深得多。行政法制要求广泛运用法律手段实施公共管理，但又不排斥运用行政指令方法、经济方法实施管理，但要运用法律制度去规范行政指令方法和经济方法。行政法制将一切管理方式、管理手段的运用都纳入法制的轨道。因此，不能用法律方法代替行政法制，也不能以法律方法的运用去代替行政法制建设。

法律方法作为公共管理的基本方法，具有权威性、强制性、规范性、稳定性等四个特点：

权威性。法律方法是以法律法规为管理手段或工具的。法律作为统治阶级意志的集中体现，已通过法定程序上升为国家意志，因而比行政指令、命令更具权威性。这种权威性是普遍的权威性，无论是国家机关、政党组织，还是社会团体、群众组织，直至公民个人，都必须服从这个权威。对于整个国家来说，法律的权威性甚至比执政党决议的权威性更广泛。

强制性。运用法律方法实施公共管理，是行政机关的行政立法行为和行政执法行为。这种行为以国家强制力为后盾，也就是说，运用法律方法实施行政管理，任何组织和个人都必须接受。如果拒不接受，不遵守法律法规，或违反法律法规，就会受到法律的严厉制裁。这比不接受行政指令方法，不执行行政指令的处罚要严厉得多。运用法律方法实施行政管理，实质就是运用法律法规的强制性力量去规范人们的行为，支配人们的行动。

规范性。法律方法是运用法律法规实施管理的方法，而法律法规是以国家意志的形式规定社会组织和公民个人在什么情况、什么条件下的作为或不作为，以此规范社会组织和公民的各种行为，使其行为符合统治阶级的利益和意志，以保证国家生活和社会生活的有序进行，促进国家各项事业的发展。因此，法律方法具有规范性的特点。

稳定性。法律方法所依据的法律，其规范的对象和内容都是相对固定的。也就是说，对同样的人、同样的事可以反复使用，对不同的人在相同的情况下也可以反复使用。而且法律规定的作为或不作为，法律的实施，都有固定的程序，不会因人的主观意志和客观情况的变化而改变。因此，运用法律方法实施行政管理，也就具有相对稳定的内容和程序。所以说，法律方法具有稳定性的特点。

法律方法的利弊：

法律方法以法律作为管理的手段，因此具有其他方法所不可能有的优点：一是能够为公共管理活动提供规范和程序，使公共管理各环节、各部门都能明确各自的职责、行动的规范和工作程序，因而保证了公共管理的集中和统一，使公共管理保持连续性和稳定性，提高了公共管理的效率；二是有利于协调各种社会关系，加强对公共管理对象的制约和控制，使被管理者按法律规范作为或不作为，自我抑制不合法的社会行为，保证社会生活的有序性和条理性，促进社会和谐地发展；三是通过法律手段的运用，能够增强公共管理主体和被管理者的法律意识，增强守法、用法的自觉性，既促使行政机关及其工作人员依法行政，又促使不同的社会组织和个人依法行事，从而促进行政法制的建设。

但是，法律方法对某些问题的处理缺乏弹性，只适合于带有共性的问题或关系的处理，无法灵活处理某些带有特殊性的具体问题。同时，法律方法以严格的规范来处理问题，使人们习惯于在允许和禁止中作简单选择，容易导致人们思想的僵化，使公共管理主体和被管理者的主动性受到抑制。另外，法律方法无法解决思想认识问题，只规范人们可以做什么，不能做什么，而一般并不能提供为什么可以做或不可以做的理由和根据。因此，法律方法职能用强制力去要求人们自我抑制不合法行为，而无法从根本上解决人们自觉守法的问题。

运用法律方法的原则：

鉴于上述法律方法的局限性，在运用法律方法实施管理的时候，必须坚持以下原则：

法制教育优先的原则。在公共管理中运用法律方法，首先必须要加强法制教育，使被管理对象知法、懂法。人们只有知法、懂法，才会守法，进而在公共管理中运用法律方法才会有效。同时，只有先进行法制教育，让被管理者知法、懂法，这样才能对其非法行为进行必要的惩罚时，让其心服口服。

法制面前人人平等原则。法律面前人人平等是法治的一个基本原则，也是在公共管理中运用法律方法的一项基本原则。既然是人人平等，就意味着在法律面前公共管理者和被管理者也是平等的。在一点上，法律方法与行政指令方法存在着非常明显的区别。在行政指令面前，下达指令者与执行者存在着事实上的不平等；而在运用法律方法时，上级和下级是平等的，下级可以依据法律法规向相关部门提起申诉。

法治与心治相结合的原则。在公共管理中运用法律方法是法制的重要内容之一。但是，在公共管理过程中，仅仅靠法治是不够的。为了使公共管理对象自觉守法，还应对公共管理对象加强思想教育，增强他们自觉为实现行政目标而努力工作的动力。

4. 行为方法

行为方法属行为科学的研究领域，行为方法中最主要的是行为激励方法。行为激励方法是通过有目的地设置一定的条件和刺激，使人们的行为动机激发起来，从而产生某种特定的行为反应。行为激励是一个有序的过程，最初起因于一定的需要，由于需要而产生动机，动机又导致行为的出现，行为的结果是达到某种目的，满足一定的需要，之后，新的需要的出现，如此循环。

行为激励的方式：

行为激励的实质在于激发人的动力，其目的在于使人产生某种行为以实现管理工作预定的目的。国外行为科学家对行为激励问题进行了大量的研究，提出了多种激励理论，大致可分为以下几类：着重研究激发动机因素的内容型激励理论，主要包括"需要层次论"、"双因素理论"、"生存、关系、成长"理论，以及"权力、社交、成就"需要论等。着重研究从动机产生到采取行动之心理过程的过程型激励理论，主要包括"期望理论"、"目标设置论"、"公平论"，以及"归因理论"等；着重于行为结果的"强化"激励理论，这一理论主要以操作性条件反射为基础。全面反映人在激励中心理过程的综合激励理论。按照这样的分类，具体的行为激励方式有以下几种：

目标激励。目标激励是根据人们物质、精神利益的正当需求，设置一定的目标作为一种诱因，作为人们对未来的期望，鼓励人们去追求、进取。这种方法中，报酬是一个关键的问题：一方面，报酬应与人们所取得的成绩保持合理的正比关系；另一方面，报酬还要考虑到人们的多种需要，既包括物质需要，也包括精神需要，还包括职位方面的需要，其中每种需要又都有层次之分。

奖惩激励。奖惩激励是通过奖励或惩罚手段来诱发人们的动机，激励人们积极性的方法。由于这种激励是超乎正常期望之外的，它对于正常目标的实现有很大的强迫和催化作用，故一般被称为强化激励。奖惩激励的特点在于它所建立的一种鼓励与抑制性的规定，其原则是奖功罚过、褒勤贬懒、扬善弃恶。其中，奖励大致包括表扬、记功、记大功、授予奖品奖金、升级、升职等；而惩罚则包括撤职、留用察看和开除，等等。

竞争激励。竞争激励是将优胜劣汰原则引进行政工作，使行政工作具有某种集体化的自觉机制。竞争激励的强化与奖励激励的强化不同，竞争激励不是自上而下地压过来，而是竞争对手之间相互的强化激励；它不是外部诱因的刺激，而是内心激奋的结果。采取竞争激励要注意控制竞争沿着正确的方向发展，保证竞争在公平基础上进行，最后对竞争结果也要做出一定的判断。

反激励。反激励是从反面进行激励的方法，它设置一种强烈的危机情景，使行为者产生一种反作用力，进而形成强大的内压，以取得"置于死地而后生"的效果。所谓破釜沉舟、背水一战既是如此，这是一种比较特殊而具有高超艺术性的方法，比之竞争激励更进一步，需要有特定的客观条件，运用时一定要因人、因事、因情而定，不可盲目行事，以免适得其反。

最后，需要指出的是，公共管理的一般方法虽然有着明确的理论分类，但是在实践中，各种方法并不是截然分开的，而往往是多种方法的综合。例如，2004 年春节期间发生在我国广东、湖北等省的"禽流感"事件，我国政府就采取了多种公共管理方法。将疫区周围三公里范围内的活禽全部捕杀，疫区五公里范围内的活禽强制免疫，就是一种行政指令方法。同时，对于疫区五公里范围内的活禽强制免疫费用，由养殖户和政府共同承担，三公里范围内的养殖户造成的损失由政府给予相应的补偿，即为经济方法。在整个防治禽流感的斗争中，均依据有关动物防疫法进行，这是法律方法。可见，在具体的公共管理活动中，各种方法是相互补充、相互配合的。

12.2.2　公共管理的具体方法

公共管理的具体方法与一般方法相比更具现代性，一般特指行政管理开始借鉴企业管理中的经验中所得到的各种共识性意见，或者说公共管理中借鉴于企业管理中的各种经验。这些具体的方法是当传统的行政管理方法在应对当前行政环境变化中凸显出的种种不适应而应运而生的，是对公共管理一般方法的有益补充。

1. 目标管理

20 世纪后半叶，管理大师德鲁克在其名著《管理的实践》中提出，目标应当作为指导和执行企业管理的手段。短短的几十年时间里，这个见解不但变成了现实，而且目标管理（Management By Objectives，简称 MBO）已经成为了一种成熟的管理方法，被世界各国的政府、企业等组织广泛采用。

当前，关于目标管理的定义很多，不同的学者、实践者对目标管理的认识也各有差异。总的看来，目标管理的含义包含以下内容：

（1）目标

所谓目标就是一定时期内期待于某个部门、需要每个人的努力才能完成的工作结果。由此可见，目标管理实际上是一种面向成果的管理。"一切为了成果"是目标管理最响亮的口号。

目标是目标管理的基础，它构成了整个管理活动的方向和评价标准。一般而言，目标至少包含两层含义：一是工作内容；二是达到的程度。因而，人们在实施目标管理的时候，往往需要对目标做出详细的描述与预测。通常描述目标需要围绕下述两个维度：

第一，是层级目标。在一个以层级结构为典型特征的组织里，目标自然而然地分成不同的层级。居于上一层级的目标是下一层级目标的综合与抽象，下一层级目标则被看作是上一层级目标的细化与具体化。这样，通过自上而下的层次分解，或是自下而上的层层综合，整个组织就形成了一个由不同层级、不同内容的目标所构成的目标体系。借助这个类似于等级组织结构的目标体系，各个工作人员、各个部门就被整合成一个和谐、有力的整体，整个组织的活动可以被引导到积极、有效的轨道上来。

第二，是具体目标。目标的作用在于为组织中的各级管理人员和工作人员提供适当的标准、方向和指导。因而，空泛的、含糊不清的目标在目标管理中没有任何意义，目标必须是具体化的。也就是说，制定的目标必须明白无误地告诉组织中的每一个人必须完成什么，完成多少，谁来完成和什么时间完成。只有如此，目标管理才能达到预期的效果。

（2）目标管理

所谓目标管理乃是一种程序或过程，它使组织中的上级和下级一起协商，根据使命确定一定时期内组织的总目标，由此决定上、下级的责任和分目标，并把这些目标经营、评估和奖励每个单位和个人贡献的标准。值得注意的是，目标管理的关键在于管理，而不是目标。虽然确定精确的目标非常重要，但是在目标管理中，目标仅仅只是一种手段，一种达到有效管理的手段。那些过分强调目标的人，将精力放在要求各级管理人员编写自己的工作目标上，其结果只不过是一张目标的清单，没有任何实际的管理效用。因此，掌握目标管理的含义，可以从以下几个方面入手：

第一，目标管理是参与管理的一种形式。目标的实现者同时也是目标的制定者，即由上级与下级在一起共同确定目标。首先确定出总目标，然后对总目标进行分解，逐级展开，通过上下协商，制定出企业各部门、各车间直至每个员工的目标；用总目标指导分目标，用分目标保证总目标，形成一个"目标—手段"链。

第二，目标管理强调"自我控制"。大力倡导目标管理的德鲁克认为，员工是愿意负责的，是愿意在工作中发挥自己的聪明才智和创造性的。如果我们控制的对象是一个社会组织中的"人"，则我们应"控制"的必须是行为的动机，而不应当是行为本身，也就是说必须以对动机的控制达到对行为的控制。

目标管理的主旨在于,用"自我控制的管理"代替"压制性的管理",它使管理人员能够控制他们自己的成绩。这种自我控制可以成为更强烈的动力,推动他们尽自己最大的力量把工作做好,而不仅仅是"过得去"就行了。

第三,目标管理促使权力下放。集权和分权的矛盾是组织的基本矛盾之一,唯恐失去控制是阻碍大胆授权的主要原因之一。推行目标管理有助于协调这一对矛盾,促使权力下放,有助于在保持有效控制的前提下,把局面搞得更有生气一些。

第四,目标管理注重成果第一的方针。采用传统的管理方法,评价员工的表现,往往容易根据印象、本人的思想和对某些问题的态度等定性因素来评价。实行目标管理后,由于有了一套完善的目标考核体系,从而能够按员工的实际贡献大小如实地评价一个人。目标管理还力求组织目标与个人目标更密切地结合在一起,以增强员工在工作中的满足感。这对于调动员工的积极性,增强组织的凝聚力起到了很好的作用。

(3) 目标管理的特征

目标管理在指导思想上是以 Y 理论为基础的,即认为在目标明确的条件下,人们能够对自己负责,具体方法上是泰勒科学管理的进一步发展,它与传统管理方式相比有鲜明的特点,可概括为:

重视人的因素。目标管理是一种参与的、民主的、自我控制的管理制度,也是一种把个人需求与组织目标结合起来的管理制度,在这一制度下,上级与下级的关系是平等、尊重、依赖、支持,下级在承诺目标和被授权之后是自觉、自主和自治的。

建立目标锁链与目标体系。目标管理通过专门设计的过程,将组织的整体目标逐级分解,转换为各单位、各员工的分目标。从组织目标到经营单位目标,再到部门目标,最后到个人目标。在目标分解过程中,权、责、利三者已经明确,而且相互对称。这些目标方向一致,环环相扣,相互配合,形成协调统一的目标体系。只有每个人员完成了自己的分目标,整个企业的总目标才有完成的希望。

重视成果。目标管理以制定目标为起点,以目标完成情况的考核为终结。工作成果是评定目标完成程度的标准,也是人事考核和奖评的依据,成为评价管理工作绩效的惟一标准。至于完成目标的具体过程,途径和方法,上级并不过多干预。所以,在目标管理制度下,监督的成分很少,而控制目标实现的能力却很强。

(4) 目标管理的一般过程

由于各个组织活动的性质不同，目标管理的步骤可以不完全一样，但一般来说，可以分为以下四步：

第一，建立一套完整的目标体系。实行目标管理，首先要建立一套完整的目标体系。这项工作总是从企业的最高主管部门开始的，然后由上而下地逐级确定目标。上下级的目标之间通常是一种"目的—手段"的关系。某一级的目标，需要用一定的手段来实现，这些手段就成为下一级的次目标，按级顺推下去，直到作业层的作业目标，从而构成一种锁链式的目标体系。

第二，制定目标。制定目标的工作如同所有其他计划工作一样，非常需要事先拟定和宣传前提条件。这是一些指导方针，如果指导方针不明确，就不可能希望下级主管人员会制定出合理的目标来。此外，制定目标应当采取协商的方式，应当鼓励下级主管人员根据基本方针拟定自己的目标，然后由上级批准。

第三，组织实施。目标既定，主管人员就应放手把权力交给下级成员，而自己去抓重点的综合性管理。完成目标主要靠执行者的自我控制。如果在明确了目标之后，作为上级主管人员还像从前那样事必躬亲，便违背了目标管理的主旨，不能获得目标管理的效果。当然，这并不是说，上级在确定目标后就可以撒手不管了。上级的管理应主要表现在指导、协助、提出问题、提供情报以及创造良好的工作环境方面。

第四，检查和评价。对各级目标的完成情况，要事先规定出期限，定期进行检查，检查的方法可灵活地采用自检、互检和责成专门的部门进行检查。检查的依据就是事先确定的目标。对于最终结果，应当根据目标进行评价，并根据评价结果进行奖罚。经过评价，使得目标管理进入下一轮循环过程。

（5）目标管理的局限性

尽管目标管理方法有很多优点，但它也有若干弱点和缺点。有的缺点是方法本身存在的，另外一些缺点则是在运用中引起的。

第一，对目标管理的原理和方法宣讲得不够。目标管理看起来简单，但要把它有效地付诸实施，则尚需各级主管人员对它有详尽的了解和认识。这就需要对目标管理的整个体系做耐心的解释工作，说明目标管理是什么；它怎样发挥作用；为什么要这样做；它在评价管理工作成效时起什么作用；参与目标管理的人能得到什么好处等。

第二，没有把指导方针向拟定目标的各级主管人员讲清。目标管理和其他各种计划工作一样，如果那些拟订目标的各级主管人员得不到必要的指导方针，不了解计划工作的前提条件和企业的基本战略和政策，那么他们就无法制订出正确的目标，也就无法发挥目标管理的作用。

第三，目标难以确定。一方面可考核的目标是难以确定的；另一方面使同一级主管人员的目标都具有正常的"紧张"和"费力"程度更是困难的，而这两个问题正是使目标管理取得成效的关键。

第四，局限于短期目标。几乎在所有实行目标管理的组织中，所确定的目标一般都是短期的，很少超过一年，常常是一季度或更短些。强调短期目标的弊病是显而易见的，因此，为防止短期目标所导致的短期行为，上级主管人员必须从长期目标的角度提出总目标和制定目标的指导方针。

第五，缺乏灵活性。目标管理要取得成效，就必须保持其明确性和肯定性，如果目标经常改变，就难以说明它是经过深思熟虑和周密计划的结果，这样的目标是没有意义的。但是，计划是面向未来的，而未来存在许多不确定因素，这又使得必须根据已经变化了的计划工作前提对目标进行修订。然而修订一个目标体系与制定一个目标体系所花费的精力相差无几，结果可能迫使主管人员不得不中途停止目标管理的过程。

了解目标管理的局限性，对于有效地实施目标管理是很重要的。目标管理在我国的管理发展中还是一种新的趋势，各类组织的主管人员还需不断探索，使之不断完善。

2. 网络计划方法

网络计划方法作为现代管理的统筹技术和方法，是 20 世纪 50 年代后期发展起来的。1957 年，美国杜邦公司研究成功并首次运用网络图解来制定一个化工厂的施工项目计划，通过调整和优化各道工序的相互关系及其所需工期，使建设周期缩短了两个月。当时，这个管理方法被称为"关键线路法"，随后的管理活动对其深入研究和扩展，逐渐演变成现在的网络计划方法，广泛地应用于工业、农业、国防和科研等计划管理中。

网络计划方法在我国曾被称为"统筹法"。在 20 世纪 60 年代，在钱学森和华罗庚等人的倡导下，我国工矿企业和科研单位中开始使用华罗庚发明的"统筹法"。实际上"统筹法"就是网络计划方法，只不过提法有所不同。

网络计划方法对省工、省费、省时地完成生产、科研、工程建设等任务，具有非常重要的作用。因而，它已经成为部门领导必须掌握的现代管理方法之一。

（1）网络计划方法的含义及其优势

网络计划方法也称为网络规划技术、计划协调技术，是指在计划管理中，以网络图为基础，通过分析、计算，制定出最优网络计划，并实施管理的统筹技术和方法。

就网络计划方法的定义而言，包含着以下几层含义：第一，它是以网络图的形式反映计划任务中各项工作活动的先后顺序和相互关系；第二，它通过一定方法的计算，找出关键的工序和关键的线路；第三，依据关键线路，进一步统筹规划，调整和优化网络计划，即寻求以最短的工期、最省资源和成本完成任务的最优计划方案；第四，以最优方案对整个任务进行组织、管理、协调与控制，以保障优化计划方案的实施。

从实践的角度来看，网络计划方法具有以下优势：

第一，它可以形象地把整个管理过程用一张网络图的形式表示出来，直观地反映工序和工序之间的先后顺序、制约依赖关系。

第二，经过计算可以找出自始至终影响完成期限的关键活动，即关键工序。当某一工序活动提前或推迟完成时，能够预见到它对工程任务完成工期的影响程度，通过利用非关键工序的时差，可以更好地调动人力、物力，即"向关键工序要时间，向非关键工序要资源"。

第三，在执行过程中，可以根据外界条件的变化及各个工序活动实际完成情况加以调整，保证及时对计划进行有效的控制与监督，使整个工程任务按期或提前完成。

第四，它可以与成本、资源一并加以统筹安排，并和其他现代管理方法结合在一起，共同为提高工程效益服务。

第五，网络计划方法具有模型特征，因此，为使用计算机提供了先决条件，从画图、计算、静态优化到动态调整都可以由计算机模拟完成，这样就可以大大提高网络计划的准确性、及时性。

（2）网络图的绘制

网络计划方法的前提是合理地绘制网络图，即用一系列箭线和圆圈来表明一项任务或工程的所有工作的先后顺序和相互关系的网络图解模型。

绘制网络图首先应该区分任务和工序。在网络图中，任务是用圆圈表示，是指行政任务中的独立工作单元，并且该单元不能进一步分解，需要一定的人力、财力、物力，经过一段时间才能完成；工序则是由实箭线，表示工序活动过程结束，箭头表示工序活动完成，并且要求箭头的数字编号要大于箭尾的数字编号，以表明工序的先后顺序。此外，在网络图中，还可能出现虚箭线，也称为零箭线，它表示工序时间为零的一种活动，它既不消耗任何资源，也不消耗时间，只是说明工序之间的逻辑关系，指明工序活动的前进方向（见图12-1）。

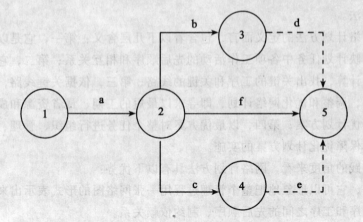

图 12-1　简单的网络规划图

其中，b、c、f 三道工序可以同时进行，并且工序结束的终点都是任务 5。但是 d、e 两道虚箭线表示两道工序，并不耗费时间，只是表明任务 3、4 和任务 5 之间的先后关系。在这个结构图中可以看到，虽然工序 b、c、f 三道工序开始的时间相同，但是结束的时间并不一样。

一般而言，网络图中的基本相互关系有如下几种：

① 工序 A、H 都是工程的第一道工序（见图 12-2）；

② 工序 B 的开始取决于 A 的结束（见图 12-3）；

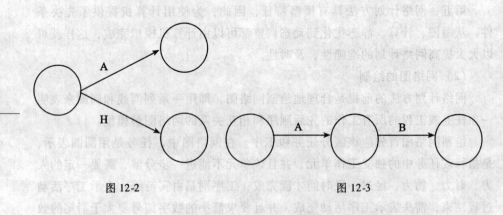

图 12-2　　　　　　　　　　　　　　　图 12-3

③ 工序 C、E 的开始依赖于 B 的结束（见图 12-4）；

④ 工序 F 在 E 结束后开始，工序 I 必须待工序 E、H 结束后才能开始（见图 12-5）；

⑤ 工序 J 要等 G、I 都结束后才可开始（见图 12-6）；

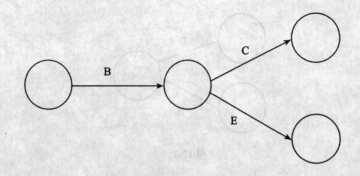

图 12-4

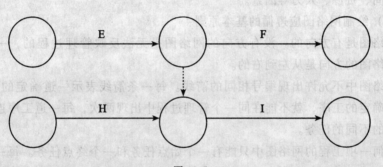

图 12-5

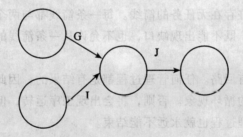

图 12-6

⑥ 工序 D、K 均是同一个工程的最后一道工序（见图 12-7）。

从上述的基本网络图可以看出，找出工序间的逻辑关系是建立网络图的基本条件，只有在确定逻辑关系后才能处理管理组织关系。由于逻辑关系是确定的，在逻辑关系确定之后，网络计划的质量如何，相当程度上取决于组织关系

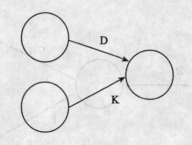

图 12-7

处理得如何，也就是主观判断水平如何；而进行主观决断时，主要应考虑效果、时间、资源、人力等因素。

（3）绘制网络图应遵循的基本原则：

网络图是有方向的。没有方向的网络图是无法反映管理过程的，一般而言，网络图的方向是从左到右的。

网络图中不允许出现编号相同的箭线。每一条箭线表示一道确定的工序，既然是确定的工序，就不能在同一个管理过程中出现两次，每一道工序连接两个确定的不同的任务。

任何一项工程的网络图中只能有一个始点任务和一个终点任务。每一个具体的工程中，不能出现两个以上的开始任务或者结束任务，网络图只能描述单一任务的情况。

网络图中不允许存在无任务的箭线。每一条箭线都与两个任务相连，即箭线的首尾都有任务，既不能出现缺口，也不允许从一条箭线的中间引出另一条箭线。

网络图中不能有回路。任何管理过程都是有结果的，因此，在网络图中不允许出现箭线连接的循环现象。否则，将会出现工序运转，但始终无法到达终点的逻辑错误，管理过程也就永远不能结束。

（4）网络计划方法的应用步骤

网络计划方法的应用是一个过程，包括确定目标、任务分解、确定各工序作业时间及其相互关系、列出全部工序明细表、绘制网络草图、计算网络时间、确定关键线路、网络计划的调整与优化、选择和绘制最优方案网络图，以及网络计划的组织实施和控制等步骤。其具体步骤如下：

第一，将所要完成的任务分解为各道工序并确定完成各道工序所需要的时间，然后按照供需之间的联系和前后顺序列成工序表。

第二，用箭线、圆圈以及其他辅助符号来表示工序名称、所需时间以及各工序之间的先后顺序和相互关系，构成网络草图。

第三，通过计算时间参数，确定网络图中的关键路线和关键工序。

第四，根据任务的不同要求，在网络图上对计划进行调整，使之达到时间优化；或资源优化；或成本优化。

第五，选择最优方案付诸实施，并在实施过程中严格按照网络图进行控制和监督。换言之，就是在转好关键路线的基础上，合理调配人力、物力、财力，协调生产进度，保证按期或提前完成预期任务。

（5）网络计划的调整与优化

所谓网络计划的调整与优化，是指在原定的网络计划基础上，进一步统筹安排，以求得工期短、进度快、费用低、资源省的最佳计划方案。一般而言，有以下几种常用做法：

时间的调整与优化，是以寻找任务完成的最短工期为目的的网络计划调整与优化。可以考虑的方法有：第一，增加资源投入，压缩关键工序的完成时间。由于关键线路直接决定任务完成的时间，因此，可以通过向关键工序增加人、财、物投入的方法，缩短完成任务的时间；第二，优先保证关键工序的人、财、物资源。在人、财、物等资源既定的条件下，可以将有限的资源从非关键性工序中调整到关键工序中去，缩短整个任务的完成时间。

资源的调整与优化，是指在人力、设备、材料等资源有限的条件下，通过调整非关键工序的时差资源，以促进工期内资源的均匀负荷和高效使用。

成本调整与优化，是指以寻求完成任务工期最短且所费成本最小为目的的网络计划。此时，不仅要考虑工期和资源的情况，还要考虑成本，讲究经济效益。简言之，就是要寻求工期与成本的最佳结合，使之尽可能短，总成本尽可能小。

3. 民意测验方法

民意测验作为调查研究的一个重要工具，早在美国南北战争时期就开始使用了，其初期的形式是新闻媒体为了追求趣味性在总统选举之前，举办模拟选举。近年来，公共管理中愈来愈追求以人为本、及时反映民意，民意测验的逐渐作为重要的公共管理方法受到管理者的重视。

所谓民意测验，是指了解公众舆论趋向的一种社会调查。就其内容而言，属舆论调查；就其方法而言，属抽样调查。民意测验所研究的是公众普遍关心的政治或社会、经济问题。通过抽样调查的方式，征询调查对象的意见、观点或想法，并以此进行分析和推论，然后向公众公布调查结果，以期说明和解释问题的趋势或倾向，引起社会公众或被调查者的关注和重视，藉此造成舆论并形成影响。

民意测验的含义并无特别之处，但是民意测验之所以能够在当前的公共管理领域中得到广泛引用，是因为民意测验拥有其他公共管理方法并不具备的优势或特征。具体而言，民意测验的特征在于：所提的问题少，内容集中，速度快，能直接获取大众化的民意反映。特别是现代通讯工具和大众传播工具的发展，广播、电视、电话、报纸、杂志的普及，以及电子计算机的广泛应用，为民意测验的开展提供了大量的便利条件。由于进行民意测验的调查机构通常采取中立的立场，使受访者弃置疑义，乐于合作，并使社会公众增进了对民意测验结果的相信程度。民意调查结果往往起到引导社会舆论的作用；同时，成为公众了解社会的最好窗口。对于政策制订者而言，民意测验结果可提供很有价值的信息。所以民意测验已成为一种受各国政府重视，为大众欢迎的社会调查方式。

（1）民意测验的实施

设计民意测验表。完整的问卷设计，包括引言、注释、问题、回答方式及结束语的设计。其中民意调查的问卷设计还要考虑它的一些特点，如所提问题必须是广大群众最关心、最熟悉的问题，问题不宜太多，且多以情感类、态度类问题为主。总结以往民意测验的经验和教训，以下一些问题值得注意：

充分考虑被调查者的实际能力和条件。此处的能力是指被调查者的阅读能力、理解和表达能力、文化知识水平等。凡是不太容易理解或者不太可能回答的问题不应作为调查表中的内容。

语言简单易懂，标准规范。民意测验的问题一般是广大群众最关心、最熟悉的问题，只有这样才有可能形成"民意"，才需要进行调查。所用的语言一定简单易懂，标准规范。也就是一个问题对每个被调查者而言，应该代表的是同一件事，也只能有惟一的解释或回答。

问题的内容应具体、单一。首先，所提的问题应具体，不能含糊；其次，要避免多重问题，也就是问题必须单一，一问一答。如果问题中包含太多的询问内容，不但会使被调查者混淆不清，而且还会给统计工作带来诸多困难。

提问不能带有诱导性和倾向性。在提问时，调查者的态度要中立，不能流露出自己的倾向或暗示。如果提问中所使用的字、词或语气暗示出调查者自己的观点，就会影响被调查者的答案。被调查者应该能够在提问中做出不同的选择，这样才能正确反映民意调查的结果。

对于风俗和民族习惯中忌讳的问题、个人私隐问题、有碍声誉的问题等，调查时一般应该予以避免。因为对于这类问题，有些被调查者可能会有一种本能的自我防卫心理，其结果要么不予回答，要么不予真实回答，有的还会引起被调查者的反感。

问题的排列应恰当。如果问题排列不当，会影响被调查者的顺利回答，甚至产生自填式问卷，影响民意调查的回收率。一般而言，对同类问题要集中排列，这样便于被调查者答完一类问题再回答另一类问题，使被调查者在应答过程中的思路不致经常中断或来回跳动。同时，问题的排列还应该先易后难、由浅入深，以减少被调查者在遇到较繁杂的难题时而产生退缩或中止作答的念头。

（2）问卷设计应遵循的原则

所列答案应包括所有可能的回答。只有将全部答案列出，才能使每一个应答者都有答案可选，不至于因为所列答案中没有合适的可选而放弃回答，有时为了减少答案个数，也可以用"其他"来概括无法列举的答案。

不同答案之间不能相互包含。一个问题所列出的不同答案必须互补相容，互不重叠，否则应答者可能做出有重复内容的双重选择，影响调查结果。

答案应当与问题一致，避免答非所问。

每一项答案都应有明显的填答标记，答案与答案之间必须留出足够的空格，如此才能保证被调查者在作答时清楚看到所有的答案。

答案中，一般都设计有"无所谓"、"不知道"、"一般"之类的模糊性选项，以便使持有类似态度的被调查者或者完全不了解情况的人能真实地表达自己的看法与感受。

总之，民意测验的选题要恰当，提问不应太多，应该包括观点、看法、意见、建议、态度、情感等各种主观认识和感受为主的内容，回答方式简明，选取的被调查者具有代表性，讲求时效性。

（3）民意测验应用的注意事项

第一，民意测验的范围。民意测验范围的确定是民主建设的基础，确定得好，就能准确地反映民意。一般而言，民意测验范围的确定应体现以下原则：一是要体现被调查者的代表性与广泛性，即所有的被调查者应当来自各个方面、各个层次，应能够代表群众的大多数；二是要体现推荐意图的准确性与真实性，即被调查者能够准确、真实地表达自己的意图；三是要体现民意测验的公正性与严肃性，特别是在人事任免中的公示阶段的民意调查，为了使得人事任免正常进行，必须在任免单位以外开展民意调查，保证其公正性；除此之外，还要求被调查者不得随意作答，保证民意调查的严肃性。

第二，民意的基数。民意基数是指事先预定的、能够反映大多数群众意见的最低比率。民意基数的大小体现群众的信赖程度，因此，它是确定考察对象的重要标准，凡是能够获得较多民意支持的考察对象，可以成为正式执行或任用的重要参考。举例来说，在干部任用过程中，凡是能够获得更多群众支持的，即民意调查结果较好的干部人选，表明该人选具有良好的群众基础，可以在以后的工作中减少干群矛盾。

第三，民意测验结果的应用。民意测验的结果是考察人事任免或者政策实施的重要参考，但是一旦民意调查启动之后，必然会产生一个最后的结果。结果的公开与不公开，取决于部门或组织的态度，同时还会对个人和部门产生不同的影响。因此，在应用民意测验结果时，必须慎重。举例来说，如果不公开民意测验的结果，那么民意测验的公正性和严肃性可能会遭到被调查者的怀疑；如果公开民意测验的结果，那么民意测验结果接近的被考察对象，就可能出现争执的局面。可见，民意测验结果的应用实际上是一个非常难以处理的问题，尤其在测验结果并不明确的情况下，公开或不公开民意测验结果都可能会造成不同的负面效应，影响部门或组织的管理效能。

除了上述具体论述的三种公共管理方法之外，在现在公共管理领域中还有许多直接借鉴于企业管理中的方法，例如全面质量管理、标杆管理、系统管理、线性规划等具体方法，在此不一一列举。

12.3　电子政务与公共管理现代化

电子政务是近些年在各国公共管理领域中产生的新兴事物，对于电子政务到底是公共管理的技术还是方法，尚没有一个确定的结论。但是可以肯定的是，电子政务必然会引发公共管理领域中的一些变革；同时电子政务所代表的信息技术在公共管理中的应用，会对前文论述的各种公共管理方法给予具体的技术支持。例如，计算机的广泛使用，可以帮助民意测验获得及时、准确的统计结果。本节将对电子政务的内容加以简单介绍，探讨电子政务对公共管理技术的影响。

12.3.1　电子政务的含义与特点

1. 电子政务的含义

电子政务即 Electronic Governor（E-Governor）或 Electronic Government Affairs（E-Government Affairs）。它的中文译法也比较多，例如：电子政府、网络

政府、政府信息化管理等。所谓电子政务，就是政府机构应用现代信息和通信技术，将管理和服务通过网络技术进行集成，在互联网上实现政府组织结构和工作流程的优化重组，超越时间和空间及部门之间的分隔限制，向社会提供优质和全方位的、规范而透明的、符合国际水准的管理和服务。

从电子政务的含义可以看出，电子政务是一个系统工程，应该符合三个基本条件：

第一，电子政务是必须借助于电子信息化硬件系统、数字网络技术和相关软件技术的综合服务系统。硬件部分：包括内部局域网、外部互联网、信息通信系统和专用线路等；软件部分：大型数据库管理系统、信息传输平台、权限管理平台、文件形成和审批上传系统、新闻发布系统、服务管理系统、政策法规发布系统、用户服务和管理系统、人事及档案管理系统、福利及住房公积金管理系统等数十个系统。

第二，电子政务是处理与政府有关的公共事务，内部事务的综合系统。除包括政府机关内部的行政事务以外，还包括立法、司法部门以及其他一些公共组织的管理事务，如检务、审务和社区事务等。

第三，电子政务是新型的、先进的、革命性的政务管理系统。电子政务并不是简单地将传统的政府管理事务原封不动地搬到互联网上，而是要对其进行组织结构的重组和业务流程的再造。因此，电子政府在管理方面与传统政府管理之间有显著的区别。

2. 电子政务的特点

（1）电子政务的核心内容是政务，即政府的两个职能——管理和服务，电子政务是提高公共管理效率的重要手段。

（2）电子政务是对政府组织结构和流程的优化、重组，而不是简单的政务流程电子化。

（3）电子政务提供了跨越空间、时间和部门限制的沟通与协作渠道，可以提高政府的管理水平和服务水平。

（4）电子政务必须规范、透明，符合国际标准，它要求政府必须转变职能，符合 WTO 规范。比如政府网站必须支持多种语言文字，为国际交流和扩大政府的服务范围打下坚实的基础。

12.3.2　电子政务的产生背景

电子政务的产生有历史的、社会的原因，也有科学技术发展的原因，具体看有以下几个背景：

1. 全球化的影响

第二次世界大战结束以后，经济全球化快速推进，尤其是 20 世纪最后 20 年，各国纷纷运用现代科技手段争取全球竞争优势。经济全球化的迅速发展，加剧了世界发展的不平衡，扩大了全球性的贫富差距。同时，国内问题国际化，使国家间关系多边化，国际问题复杂化，国家主权问题突出。另一方面，经济全球化程度的加深，还使国际风险控制更为困难。在这种背景下，通过引入现代化手段，形成具有全球竞争优势的政府治理结构，进而形成科学的宏观经济管理体制和运行调控体系，从而提高本国政府在全球化浪潮中管理经济的能力，这已成为各国政府面临的紧迫任务，这也促生了电子政务。

2. 互联网的发展

20 世纪后半期，信息化浪潮席卷全球，各国信息基础设施建设、信息技术发展迅速，为电子政务的发展奠定了技术基础。互联网自 20 世纪 60 年代诞生以来，大概经过了四个非常重要的阶段：第一个阶段，美国的国防部建造阿帕网（ARPANET），他们当时的想法是：如果美国和苏联发生核战争而导致国防部的线路和指挥系统在某一点上受到核冲击，也能保证整个通讯系统正常工作。因此在最初的设计理念中，互联网是一个没有中心的，而且能够保证多条线路畅通的一个技术网络；第二个阶段，20 世纪 70 年代，国防部将 TCP/IP 协议向民众转让。这个协议最主要的特点就是能够把内部网络结构不同的各个网通过不同的标准链接起来，既保证内部相对的差异性，又保证整个网络运行的统一性；第三个阶段，20 世纪 80 年代，美国当时的网络运营出现了资金不足的情况，原来由政府出资维持的主干网络由于技术落后、缺乏长期资金的支持相继关闭，从而开启了网络运营的商业化时代。一时间在美国出现多家网络运营商，各自建设自己的网络，形成了一个所谓盲目扩张的时代；第四个阶段，20 世纪 90 年代，互联网技术开始逐渐进入政府公共管理领域，这是因为公共管理某些特征与互联网是重合的，政府的平台和政府的服务在某种意义上要回到互联网的本质特征上来：第一，多中心，而不是一个中心；第二，开放式，资源共享；第三，既允许差异又允许统一。

至 20 世纪末全球因特网用户大概有 3 亿多，跨越 240 个国家和地区。知识与信息更加及时的传输，不但加速了经济的运转，也加速了政治的变革。在世界进入信息时代时，各国的经济飞速发展，同时也竞争激烈，政府作为引导和管理整个社会运转和发展方向的中枢，实施自身的信息化和业务管理与服务的电子化，已经成为保持自身地位和参与全球竞争的惟一选择。

3. 电子商务的驱动

从时间上来看，电子商务的产生先于电子政务，原因很简单，当互联网等各种信息技术由军用转为民用的时候，就被各个企业关注并成为了重要的商机。不同的企业在完善自己的管理以及对顾客提供服务时，受经济效益的影响，开始使用互联网等信息技术以提高自身的管理效率，获取更大的经济利润。可见，电子商务的出现为企业的经营管理提供了一种崭新的形式，使得顾客和企业在这场商业电子革命中都获益匪浅。与此同时，电子商务的出现，也对政府提出了新的要求。由于越来越多的企业习惯于使用互联网和信息系统来运作，那么政府在对企业进行管理的时候就不得不考虑到企业中的这些变化，适时地设立税收、海关、金融等信息系统，以形成与企业电子商务的对接。可以这么说，电子商务的发展与成熟，间接促进了政府建设电子政务的进程。

4. 西方国家兴起的政府改革运动的推动

20 世纪 70 年代末 80 年代初，出现以精简、高效、透明、务实为主要内容的全球政府改革浪潮。当时以英美为代表的西方国家主要面临四种压力：社会压力，即民众对政府普遍产生的不信任感。财政压力、内部压力，即政府自身管理方面存在的问题形成的压力，还有就是经济全球化带来的压力。缓解这些压力的共同办法就是改革——包括采用最先进的电子和网络技术，进行内部管理体制改革和运行机制改革。从英国开始的政府改革运动很快在各发达国家形成潮流。在这场后来被称为"新公共管理运动"的改革浪潮中，电子政务应运而生。

5. IT 企业的驱动

IT 公司有销售自己产品、设备、软件的强烈动机，这种正常的市场行为动机间接地促进了电子政务的产生与发展。从当前的 IT 市场上来看，供给与需求之间的关系是：供给决定需求，即有怎样的 IT 产品就有可能产生怎样的需求。新的 IT 产品的出现，会促进公共部门中的信息设备更新。此外，IT 行业中还有一个明显的产业属性，即锁定，买了一个信息产品就需要购买配套的产品，产品之间是相互锁定的。在这样的情况下，信息技术的不断发展，IT 企业的利润不断增加，同时也使得电子政务的技术水平不断提高。

6. 领导人的政治动机

世界各国电子政务的建设反映出了这样一个事实，即各国领导人都具有强烈的政治意志或政治动机。究其原因，各国领导人的政治动机取决于政府实际运行状况，在公共管理体制确实需要做出必要调整的时候，领导人就会强烈的改革动机，在改革动机的驱使下，领导人可以对改革措施进行灵活地选择。因此，当信息技术在社会已经产生广泛影响而政府管理效率又不高的情况下，政府的领导人适时将信息技术引入政府部门，建设电子政务也就不足为奇了。换言之，电子政务的产生并非是信息技术发展的直接结果，其主导因素还是在于公共管理系统的主体选择。

12.3.3 电子政务的内容

当前，国内外学术界一般认为电子政务的内容有以下四个方面：

1. 政府间电子政务（Government-Government，即 G2G）

G2G 是上下级政府、不同地方政府、不同政府部门之间的电子政务。政府间电子政务主要包括以下内容：

电子法规政策系统，对所有政府部门和工作人员提供相关的现行有效的各项法律、法规、规章、行政命令和政策规范，使所有政府机关和工作人员真正做到有法可依，有法必依。

电子公文系统，在保证信息安全的前提下在政府上下级、各部门之间传送有关的政府公文，如报告、请示、批复、公告、通知、通报等，使政务信息十分快捷地在政府间和政府内流转，提高政府公文处理速度。

电子司法档案系统，在政府司法机关之间共享司法信息，如公安机关的刑事犯罪记录，审判机关的审判案例，检察机关检察案例等，通过共享信息改善司法工作效率和提高司法人员综合能力。

电子财政管理系统，向各级国家权力机关、审计部门和相关机构提供分级、分部门的历年政府财政预算及其执行情况，包括从明细到汇总的财政收入、开支、拨付款数据以及相关的文字说明和图表，便于有关领导和部门及时掌握和监控财政状况。

电子办公系统，通过电子网络完成职务机关工作人员大多数一般性重复工作，节约时间和费用，提高工作效率，如工作人员通过网络申请出差、请假、文件复制、使用办公设施和设备、下载政府机关经常使用的各种表格、报销出差费用等。

电子培训系统，对政府工作人员提供各种综合性和专业性的网络教育课程，特别是适应信息时代对政府的要求，加强对员工与信息技术有关的专业培训，员工可以通过网络随时随地注册参加培训课程、接受培训、参加考试等。

业绩评价系统，按照设定的任务目标、工作标准和完成情况对政府各部门业绩进行科学地测量和评估，等等。

2. 政府对企业电子政务（Government-Business，即 G2B）

G2B 是指政府通过电子网络系统进行电子采购与招标，精简管理业务流程，提高办事效率，快捷迅速地为企业提供各种信息服务，减轻企业负担，促进企业发展。G2B 主要包括以下内容：

电子采购与招标，通过网络公布政府采购与招标信息，为企业特别是中小企业参与政府采购提供必要的帮助，向他们提供政府采购的有关政策和程序，使政府采购成为阳光作业，减少徇私舞弊和暗箱操作，降低企业的交易成本，节约政府采购支出。

电子税务，使企业通过政府税务网络系统，在家里或企业办公室就能完成税务登记、税务申报、税款划拨、查询税收公报、了解税收政策等业务，既方便了企业，也减少了政府的开支。

电子证照办理，让企业通过因特网申请办理各种证件和执照，缩短办证周期，减轻企业负担。如企业营业执照的申请、受理、审核、发放、年检、登记项目变更、核销，统计证、土地和房产证、建筑许可证、环境评估报告等证件、执照和审批事项的办理。

信息咨询服务，政府将拥有的各种数据库信息对企业开放，方便企业利用，如政府向企业开放法律法规规章政策数据库、政府经济白皮书、国际贸易统计资料等信息。

中小企业电子服务，政府利用宏观管理优势，为提高中小企业国际竞争力和知名度提供各种帮助，包括为中小企业提供统一政府网站入口，利用集合优势帮助中小企业同电子商务供应商争取有利的能够负担的电子商务应用解决方案，等等。

3. 政府对公民电子政务（Government-Citizen，即 G2C）

G2C 是电子政务的重要内容，是通过电子网络系统为公民提供各种服务，主要包括：

教育培训服务，如通过建立全国性的教育平台，资助所有的学校和图书馆接入互联网和政府教育平台；政府出资购买教育资源然后对学校和学生提供；重点加强对信息技术能力的教育和培训，以适应信息时代的挑战。

就业服务，通过电话、互联网或其他媒体向公民提供工作机会和就业培训，促进就业，如开设网上人才市场或劳动市场，提供与就业有关的工作职位缺口数据库和求职数据库信息，在就业管理劳动部门所在地或其他公共场所建立网站入口，为没有计算机的公民提供接入互联网寻找工作职位的机会，为求职者提供网上就业培训、就业形势分析，指导就业方向。

电子医疗服务，通过政府网站提供医疗保险政策信息、医药信息、执业医生信息，为公民提供全面的医疗服务，公民可通过网络查询自己的医疗保险个人账户余额和当地公共医疗账户的情况；查询国家新审批的药品的成分、功效、试验数据、使用方法及其他详细数据，提高自我保健的能力；查询当地医院的级别和执业医生的资格情况，选择合适的医生和医院。

社会保险网络服务，通过电子网络建立覆盖地区甚至国家的社会保险网络，使公民通过网络及时全面地了解自己的养老、失业、工伤、医疗等社会保险账户的明细情况，有利于加深社会保障体系的建立和普及；通过网络公布最低收入家庭补助，增加透明度；还可以通过网络直接办理有关的社会保险理赔手续。

公民信息服务，为公民提供方便、费用低廉的接入政府法律法规规章数据库的能力；通过网络提供被选举人背景资料，促进公民对被选举人的了解；通过在线评论和意见反馈了解公民对政府工作的意见，改进政府工作。

交通管理服务，通过建立电子交通网站提供对交通工具和司机的管理与服务。

电子证件服务，允许居民通过网络办理结婚证、离婚证、出生证、死亡证明等有关证书。

公民电子税务，允许公民个人通过电子报税系统申报个人所得税、财产税等个人税务。

4. 政府与政府公务员电子政务（Government-Employee，G2E）

G2E 是政府与政府公务员（即政府雇员）之间的电子政务，是政府机构通过网络技术实现内部电子化管理的重要形式，也是 G2G、G2B 和 G2C 电子政务模式的基础。G2E 主要是利用局域网（Intranet）建立起有效的行政办公和员工管理体系，为提高政府工作效率和公务员管理水平服务。主要包括：

公务员日常管理，利用电子化手段实现政府公务员的日常管理对降低管理成本，提高管理效率具有重要意义。如利用网络进行日常考勤、出差审批、差旅费异地报销等，这样既可以为公务员带来很多便利，又可以节省领导的时间和精力，还可以有效降低行政成本。

电子人事管理，政府公务员的人事管理是政府机构自身管理的重要内容。应用网络技术实现电子化人事管理已成为一种新的形式和趋势，并已在不少企业和政府机构实践。电子化人事管理包括电子化的招聘、电子化的培训、电子化的学习、电子化的沟通和电子化的考评等内容。电子化人事管理的发展将使传统的、以纸面档案管理为中心的人事管理方式产生一场新的革命，对提高政府人事管理的水平和效率、降低管理成本起到极为重要的作用。

12.3.4 电子政务发展对公共管理现代化的影响

电子政务的兴起是公共管理技术手段的现代化成果，但它的影响却绝不仅仅在技术手段层面，电子政务对公共管理的影响会在政府理念、组织制度和政府运行方式多个层面。

1. 重构政府理念

第一，有助于政府确立服务理念。传统的政府管理体制是严格的科层制，下级对上级负责，层级节制，客观上不利于建立政府的服务理念。电子政务可以打破原有的层级组织结构，形成扁平化的组织结构，直至建立直接与公众互动的信息交换渠道，这样就可以促进政府确立服务理念，从而有利于建立服务型政府。

第二，有助于政府观念创新。传统政府管理体制是对工作过程严格管理的体制，照章办事和形式正规是其基本特征。在这样的工作方式和管理体制下，政府工作人员不会有、也不允许有任何的创新意识。电子政务本身就是政府创新的产物，电子政务的运用和发展客观上需要不断开发和更新政府的工作程序和方式，当然首先就要求政府工作人员具有创新观念，同时，电子政务的运用也会促进人们观念的创新。

第三，有助于政府增进民主意识。传统的政府管理是集权式管理，不仅按区域、级别、行业划分，各部门自成一体，相互之间信息共享困难，信息传递不畅通，而且对政府工作人员增进民主意识也不利。电子政务实现集散管理，这种集散管理是在广泛合作基础上的分散管理，与在广泛民主形式下的集中管理的有机结合，这种管理体制客观上要求政府工作各部门的合作协调，也要求政府与民众的高度互动，所以一方面会增加政府工作的透明度，有利于政府接受监督，另一方面，它是以保证社会成员享有共同的知情权为前提的，所以也有利于公众民主参与决策，进而可以促进国家的民主化进程。

2. 再造政务流程

第一，促进政府整体流程优化的系统性。传统政府组织机构按职能划分部门，组织结构一般是等级的层级结构，这样的组织结构便于控制和计划，但部门之间沟通不畅。电子政务的工作流程设计，做到了政务流程的优化与再造。它不再以一个专业职能部门为中心进行，注重整体流程优化的系统性。即一个流程是一系列相关职能部门配合完成的，目的是为公众创造有益的服务。而对流程运行不利的障碍，比如部门分割、重叠的流程、多余的部门等都会得到整合。

第二，简化中间管理层，扩大授权、追求成果。重塑政务流程是在管理重心下移，扩大授权的基础上实现的。电子政务为发挥每个人在政务流程中的作用提供了技术条件，同时也就要求最大限度地发挥每个人的工作潜能和工作责任心，还会加大事后的监督力度，由具体办事的公务员承担相应的管理责任。

第三，整合政务信息资源。从信息资源的占有角度来看，政府掌握了绝大多数社会信息资源，处于信息掌握的强势地位，并且层级越高掌握的信息资源也就越多。政府掌握的各种信息资源如果不能共享，将无法发挥出信息资源的潜在效力。在当今的信息化社会中，信息的流动决定了社会生产力和公共管理的效率，一旦信息资源处于封闭状态，将使得控制信息的组织或部门无法适应信息化社会的要求。电子政务的实行可以将政府掌握的信息资源充分共享，降低信息的收集、传播成本，充分发挥其巨大的社会效益和经济效益，为社会发展服务。例如建立统一法人单位信息库，将所有法人单位的信息在网上公布，企业在进行正常的交易时，通过网络查询，可以方便地了解交易对方的真实信息，继而有效避免各种商业欺诈活动，维护企业自身的权益。

第四，实行柔性管理。传统的政府工作流程是刻板的直线顺序，即规定的前一个步骤没有完成前，后一个步骤是绝对不能开始的。而实际上对不同的事情，不是每一个步骤都是必要的。在电子政务的工作环境下，政府工作流程是由柔性的，即是可以根据公众的不同需要执行不同的工作流程。这样处理工作，不仅保证了规范化，同时也减少了不必要的工作流程，从而大大提高了工作处理的速度，既方便了公众，也提高了办事效率。

3. 改变组织结构和管理体制

第一，促进政府组织结构网络化。电子政务区别于传统的金字塔型的政府组织结构，充分运用网络技术，打破传统的政府组织界限，在网络上建立了一种新型的信息传播模式，从而形成了一种完全开放的矩阵式组织结构。在这个结构里，信息可以通过网络快速传递，形成纵横交错、四通八达的全方位、多层次、多形式、多途径的，跨越时空的传递渠道，管理的上下层之间在获得信息的范围数量、时差上的区别在不断缩小。而且在网上只有主动的参与者，没有了过去意义上的"受众"，中央政府的政令可以畅通无阻地直接抵达权力的最底层，反之，基层的反馈也迅速地向上传递，同级部门也没有了物理的边界和大门或围墙。总之，网络化在提高工作效率的同时，也扩大了行政的参与和民主。

第二，促进政府纵向结构扁平化。传统管理组织形态下，政府一般是三级结构：决策层、管理层、操作层，形状则是下大上小的金字塔型，我国政府组织结构更是有五级之多。在这个层级化的管理结构中，每一个层级上的工作人员都只对它的顶头上司负责。显然这样的管理模式在很大程度上依赖于中间管理层传递信息，结果使中间管理层变得越来越臃肿，它们不仅减缓了信息的传递速度，而且容易造成信息的严重失真。在全球化和信息化的今天，面对变化多端的市场形势，政府的回应显得十分力不从心。电子政务的出现便利了执行层、甚至是操作层与决策层的直接沟通，跨越了整个中间层，使政府结构可以实现扁平化。

第三，促进政府结构横向整合。传统政府组织机构按照政府职能设置，但是随着政府管理服务范围的拓展，专业管理部门不断扩大或增设，导致机构膨胀臃肿，政府机构整体机能退化，工作效率降低。这种职能分割的组织结构造成政府各部门的工作重心在个别的作业效益提升上，而当职能部门的利益与政府整体利益发生冲突时，就常常出现职能部门的利益与个体的短期利益凌驾于整体利益之上，产生本位主义的情况。电子政务发展，特别是政府流程再造使原本壁垒分明的部门组织，被横向整合的新的组织形态所取代。电子政务通过电子化的手段建立起跨部门、跨层级的直接通道，形成无缝隙的集成智能化综合系统，即能够实现不同业务系统、不同类型数据有效转换和交流的统一的交换共享平台。这样就使得部门间的壁垒无法存在，也使得部门本位主义无法存在。

4. 改变政府工作方式

第一，建立以客户为中心的管理模式。现在多数国家的电子政务发展都是应用导向的，我国也不例外。网络环境下的政府工作模式需要以用户为中心，按照用户的需求改善政府的管理与服务方式。政府门户网站的建立就是这种发展趋势的结果。即公民通过门户网站可以进入到政府的所有部门，或者可以进入任何一个由政府向用户提供的服务项目。这种政府通过门户网站形成的与用户的互动，极大地方便了用户，缩短了政府与公众的距离，不仅大大提高了政府办事效率，还大大减少了腐败的发生几率。这种"一站式"的服务管理模式，已经成为世界各国政府的共识。

第二，改进政府的领导和决策方式。在电子政务条件下，政府的管理方式由控制型向自主参与型转变。电子政务的工作方式释放了政府工作人员的自主意识，他们在灵活的工作机制中增强了自我价值的实现愿望，积极参与到本部门的管理中来，他们就像网络中的一个节点，依据自己的工作体验，发表对工作的见解或采取行动。电子政务的工作方式也要求领导实现从注重"物"到注重"人"的工作重心转变。传统的领导方式是重"物"的方式，领导要求下属都成为标准的"行政人"，而电子政务是建立在知识和技术的基础上的，所以它要求领导要注重"人"的智能开发，所以就必须实行"以人为本"的领导方式。电子政务的工作方式还促使决策方式由经验型向科学决策型转变。在信息获取能力不足的条件下，人们的决策行为只能是有限理性的，经验的成分会更多。而网络、计算机的运用大大改善了信息的获取能力和分析能力，决策科学化有了物质条件。信息技术还使决策工具的方法的运用变得简单易行，这也大大促进了决策的有效性和效率。

第三，转变政府工作人员的工作方法。电子政务的运用使政府工作人员从体力操作型向知识智能型转变，从职能分工型向综合多能型转变，从被动工作型向主动工作型转变，从以划分职责为主，向团队合作为主转变。这些转变同时也就要求政府工作人员的工作方式发生变化：从例行程序到适应复杂性和不断创新；从按程序作业向虚拟办公和同步行动转变；从不信任和服从向对话式合作转变。

5. 提高政府工作效率

第一，提高政府行政效率。电子政务的网上办公系统，规范了工作流传、简化了管理流程、节省了办事人和经办人的时间、精力，减少了部门之间、人员之间推诿、扯皮现象的发生。加上"限时办结"、"超时默许"等程序的设置，更是促使政府工作人员不敢怠慢。

第二，提高了政府信息利用效率。电子政务的运用使信息收集、加工和传递存储的速度和容量增加、基本数据库的建立和共享，都为政府管理提供了便利，使政府面对纷繁复杂的知识和信息，能够快速灵活地做出反应，有效驾驭信息，提高信息的利用率。

第三，降低了政府行政成本。行政成本是政府行使职能过程中投入的人力、物力、财力的总和。电子政务实现了"无纸化办公"、网上文件传输、网上视频会议、精简机构、远程教育等工作形式，大大减少了办公物质消耗，在降低办公成本的同时，还大大提高了工作的满意度。

6. 转变工作作风

第一，有利于政府密切联系群众。电子政务开辟了政府与群众联系的新渠道，群众可以通过网络表达意见，与政府领导直接对话，政府领导也容易听到群众呼声，了解民意，采纳合理的建议，拉近了政府与群众的距离，有助于密切干群关系。

第二，有利于民主参政。在市场经济条件下，群众的民主意识明显增强，他们要求了解政府工作过程，要求参与政府决策。政府网站的开设、政府信箱的设置，使民众方便表达意愿，评价政府工作，参与政府决策。

第三，有利于强化对政府工作的监督。当前，许多国家强调通过电子政务建立"透明"政府，实现政府管理和服务的四个"透明"，即流程透明、过程透明、状态透明和对象透明，这种"透明"性打破了权力的神秘性和隐秘性，加大了政府官员"暗箱操作"的难度，当然，就可以有效防止滥用权力和腐败发生。

第四，有利于消除官僚主义。电子政务建立的网上办公系统，使群众办事由面向办公室、柜台、窗口，转向计算机、网络。从根本上解决了政府"门难进、脸难看"的问题。另外，在群众办事"人机对话"过程中，又因为政府信息上网，先行告知了必要的事项，通过标准化中介工具，极大简化了办事手续，以及设计了办事工作时限，大大削弱了官僚主义产生的基础。

总之，电子政务的产生和发展，使公共管理方法产生了质的飞跃。公共管理因电子政务的发展真正进入现代化的阶段。

☞本章小结

公共管理方法是实现公共管理预期目标的实践途径，离开了公共管理方法的支持，公共管理的目标就无法转变成现实。公共管理方法是在传统行政管理方法的基础上发展而来的，既继承了传统行政管理方法中行之有效的部分内容，又从现代企业管理中汲取了有益的经验。公共管理方法所包含的内容很多，常见的方法有行政指令方法、经济方法、法律方法、行为方法、目标管理、网络计划方法、民意测验方法等内容，特别是在当前的信息化社会中，以互联网、计算机技术为代表的信息技术在公共管理中的广泛应用，为公共管理方法的创新提供坚实的技术基础。其中，最为突出的是世界各国广泛实施的电子政务建设，可以视为公共管理方法走向科学化和现代化的必然趋势。

☞关键术语

公共管理的行政指令方法　　　经济方法　　　法律方法

行为方法　　　　　　　　　　目标管理　　　网络计划方法

民意测验方法　　　　　　　　电子政务

1. 什么是公共管理方法?
2. 公共管理的一般方法有哪些?
3. 传统行政管理方法有什么特点?
4. 现代公共管理方法有什么特点?
5. 什么是目标管理?目标管理有何优势和局限?
6. 进行民意测验,设计问卷时应遵循哪些原则?
7. 电子政务产生的背景是什么?
8. 电子政务的主要内容有哪些?
9. 电子政务对公共管理有什么影响?

☞案例

湖北财政补贴、行政事业单位编制信息全面上网

湖北秭归县的农民黄大旺前几天领到了良种补贴,心里有点不放心,"会不会被村干部截留克扣?"他觉得镇财政所也不太靠得住,就趁到县城卖菜的间隙跑到县财政局,请人用那里的电脑打开当地的财政与编制政务公开网,输入自己的名字一查,网上公开的资金额和自己拿到的一样多,他这下放心了。

从去年开始,湖北省全面推行财政资金和人事编制公开,目前省财政厅、劳动和社会保障厅等部门,以及各市州相关部门共120多家开通了财政与编制政务公开网,公开相关信息共4万多条。全省从省到乡四级行政机关和事业单位136万多人的编制情况,以及惠农补贴等涉及群众切身利益的财政项目资金共118亿元全面上网,今年公开的财政项目资金将增至140亿元。

推行两年,公开网络基本完善

湖北省财政与编制政务公开领导小组办公室副主任徐新生介绍,"用人"和"分钱"的事比较敏感,过去公开的范围有限。资金使用不够透明,人事编制更是神秘,群众对此有意见。

湖北省从2005年开始推行财政与编制政务公开。当年8月,该省京山、秭归等14个县市开始试点,把种粮补贴、低保等财政资金,机关和事业单位

编制情况实名上网。网站开通短短 10 余天，访问量达 117 万人次。

去年，湖北全省开始推行财政与编制"两公开"，下半年网络基本完善。现在，任何一个人登录湖北省财政与编制政务公开网，在编制查询栏目输入一个行政机构名称，从机构首长到各个岗位的公务员实名编制记录就会显示出来，包括名字、编制类别、录用时间等项目，大多数的记录中还包括了人员的具体岗位。若换成输入人名查询，也可以获得同样详细的编制记录。

而在省网链接的各州、市财政与编制公开网站上，任何人都可以查到湖北省分配到每个居民、农户的财政补贴资金，以及财政项目资金的使用、项目地址、建设单位、起止时间等信息。

每个乡镇至少有一个查询点

公开只是第一步，重要的是方便群众知情。到去年底，全省各城区、乡镇的财政部门建立免费查询点约 3000 个，每个乡镇至少有一个，并有工作人员为群众提供帮助和咨询。当阳市有 15 家乡村网吧自愿为群众查询提供免费服务。

通过网上公开和群众监督，一批资金和编制违规问题暴露出来。初步统计，去年下半年全省累计收到群众建议、投诉 5000 多件。40 多个市县纠正违规享受各类补贴 2.8 万人次，涉及资金 1000 多万元。全省 50 多个县市共清理出近 4000 多名"吃空饷"人员。随着问题的纠正和处理，今年以来此类举报逐步减少。

公开"倒逼"部门改善行政效能

"两公开"改善了一些部门的行政效能和服务质量。此前，一些自然灾害救助资金等财政项目资金存在跨年度使用现象，"及时雨"往往变成"马后炮"。网上公开后，规定项目资金 15 日左右必须上网，资金分配和拨付时间大大缩短。网上公开也降低了管理成本。据省财政厅有关部门负责人介绍，过去每年至少组织两次检查，监督惠农补贴落实情况，差旅等都要花钱。现在资金信息全部上网，各家各户都可以查询，少一分钱群众都不答应。

更可喜的是，两公开促使一些部门增强了服务意识，改善了干部作风。咸宁市一名机关干部说：把"分钱"和"用人"的事置于群众监督之下，实行阳光操作，想搞不正之风也难。这也形成"倒逼"态势，对暴露的问题必须按时答复和解决，慢了不行，拖着更不行。

湖北省的财政与编制政务公开网还开通了网上建议、投诉、答复等功能，实现及时互动。该省目前对 6 个县市的调查表明，与"两公开"内容有关的上访比过去明显减少。汉川市新堰镇一度上访者较多，还因此发生过恶性事件。实行"两公开"后，一些群众从动辄上访转向网上查询求助。

"'两公开'将逐步与全省电子政务建设相融合，形成长效机制。"湖北省公开办有关负责人说，还将依法扩大公开的范围，丰富、细化公开内容。

（资料来源：张志峰：《湖北财政补贴、行政事业单位编制信息全面上网》，http：//www. gov. cn/zfjs/dzzw. htm，2007 年 7 月 4 日。）

请思考：
1. 湖北省政府是怎样利用电子政务改革公共管理方法的？
2. 湖北省的财政与编制政务公开从哪些方面促进了政府改革？

第 **13** 章
公共管理改革

公共管理改革是经济社会发展的必然要求，不过在不同的社会历史阶段，公共管理改革的具体动因不同，具体的理论依据不同，西方的新公共管理运动就是在 20 世纪最后 20 年里兴起的一场大规模的公共管理改革运动。几乎是在同时，中国也在进行一场革命式的改革，改革由经济领域发起，却不可避免地要求公共管理领域的同步改革，就我国的公共管理改革而言，实际主要包括政府行政体制改革和事业单位改革，这两个领域的改革与中国经济改革的进程紧密相连，或者说就是为了适应经济改革的要求才进行的，所以中国的行政体制改革和事业单位改革总是表现出对经济改革的从属和适应，而且是在中央的统一部署和领导下稳步推进的。

13.1　公共管理改革概述

13.1.1　公共管理改革的一般动因

公共管理改革是公共管理领域的改革，是特定社会为维护社会的根本制度而进行的社会自我调整和自我完善的重要方式，它不改变社会性质，只改变社会对公共事务管理的理念、机构、机制、方式和方法。公共管理改革作为社会自我完善的主要方式，不是某个社会专有的，是一般的、普遍存在的现象，所以它也就有独立于社会特性的一般动因。

1. 公共管理改革是为了适应社会发展的需要

公共管理中形成的社会关系，属于生产关系，由于生产力和生产关系矛盾运动规律的客观存在，所以从根本上说，公共管理的改革是社会生产力发展的需要。

人类社会发展的一般规律告诉我们，人类社会是在生产力和生产关系的矛盾运动中发展的。在生产力和生产关系这对矛盾中,生产力是生产方式中最活跃、最革命的因素,生产关系则是相对稳定或保守的因素。在新的生产关系建立以后的一段时间里,它与生产力状况相适应,有助于推动生产力的发展。但随着生产力的发展,原来的生产关系会逐渐变得不太能适应生产力的发展状况,甚至会束缚生产力的发展。在这样的时候,生产力的进一步发展就要求用新的生产关系取代旧的生产关系,或者改革生产关系,使之与发展了的生产力状况相适应。公共管理的一整套机制属于生产关系的组成部分,所以社会生产力的发展也会使原本适应的公共管理体制和机制变得不够适应,甚至很不适应,到了这个时候公共管理的改革就会发生。

由于生产力和生产关系的矛盾运动是贯穿于人类社会发展始终的,我们这里所研究的公共管理体制和机制也是与国家的产生同时产生的,所以公共管理的改革实际上也是有国家以来就有的社会现象。即不论国家的阶级性如何,不论国家的政体形式如何,在社会生产力发展到一定程度,造成了公共管理体制和机制与社会生产力不相适应的状况时,公共管理的改革都会发生。

2. 公共管理改革是为了适应经济基础变革的需要

公共管理的职能是由国家的职能决定的,公共管理的机构和机制是社会政治体制的组成部分,所以当社会经济体制进行改革时,公共管理也必须改革。

经济基础和上层建筑的矛盾运动是社会的又一基本矛盾,这个矛盾运动构成了社会发展的又一个基本规律,即上层建筑总要适应经济基础的状况。经济基础决定上层建筑的产生、性质和发展变化,建立在一定生产力水平基础上的生产关系,总需要有与之相适应的政治、法律、管理制度来保护它,需要一定的意识形态为自己宣传和辩护。所以如果经济基础变化了,全部庞大的上层建筑也需要进行相应的变革,否则,会阻碍经济基础的发展。经济基础和上层建筑之间的内在的本质的联系,就构成了上层建筑适合经济基础状况的规律,这个规律也是不以人的意志为转移的客观规律。公共管理组织的主体是政府组织,所以公共管理组织是上层建筑的主要组成部分。而我们所谓经济基础,不仅指生产力发展水平,还包括经济体制和机制。也就是说,在相同的生产力水平条件下,经济体制或机制的变革,也会要求上层建筑进行相应的调整,从而也就会包括要求公共管理的体制和机制的调整。

同样由于经济基础和上层建筑的矛盾运动是伴随人类社会发展的基本规律,所以,公共管理为了适应经济基础变革的需要而改革的情况,也会出现在任何性质的国家,出现在任何历史发展阶段。

3. 公共管理改革是为了适应社会科学技术发展的需要

公共管理的方式方法由社会的生产力水平决定，具体地说，是由社会科学技术发展水平决定的，所以，当社会科学技术发展水平有了重大突破性发展时，也会引起公共管理的改革，这样的改革开始可能仅仅是管理技术方法层面的，但最终可能会引起体制机制的重大变革。

邓小平曾经有一个著名论断："科学技术是第一生产力①。"这个论断深刻地指出了科学技术在生产力中的地位。科学技术渗透到生产力诸要素之中，与诸要素结合而成生产力。一方面，生产力水平的提高、劳动生产率的增长越来越依靠科学技术的进步；另一方面科学技术的创造发明及其运用还会开拓出新的生产领域。在公共管理领域也是这样，比如在中国，古代受到科学技术不发达的限制，管理中的信息传递只是依靠点燃烽火或是快马加鞭；近现代科技发达了，有了电报、电话，就大大提高了管理的效率和质量；近些年计算机和网络的使用和普及，把公共管理带入了电子政务的时代，电子政务条件下的公共管理水平和质量绝非电报、电话时代可比，更重要的是，这种技术手段的变革，已经引起了公共管理理念的变革，它已经和正在促进公共管理体制和机制的改革。

社会科学技术发展推动的公共管理改革，归根结底属于生产力发展引起的公共管理改革，但它又不是一般意义上的生产力发展，所以有必要单独提出。

13.1.2 公共管理改革的一般内容

所谓"改革"就是对事物的改造和革新②。它不是对事务整体的、根本性的改变，而只是对事物部分的改变或调整。公共管理改革也是如此。它是在不根本改变社会性质、社会形态、社会阶级关系的前提下进行的局部的一定层面上的改变，它所涉及的内容一般包括：

第一，政府的职能转变。政府的职能是由国家职能决定的，其基本职能是不变的，但基本职能所涵盖的范围却是一个历史的范畴，即在不同的历史时期，在社会经济发展的不同条件下，政府的职能范围是不同的，政府职能的行使方式也是不同的。所谓政府职能的转变主要是指政府职能的重心转变，政府职能的价值取向转变，以及政府职能的行使方式的转变。

第二，公共管理的组织机构改革。这是最普遍的改革形式，即为提高管理

① 邓小平：《邓小平文选》（第三卷），人民出版社 1993 年版，第 274 页。
② 王浦劬：《政治学基础》，北京大学出版社 1995 年版，第 398 页。

的效率，对公共管理的组织机构进行调整。包括精简机构，分设和新设机构，归并和调整一些机构的职能等。

第三，公共管理体制和机制改革。公共管理的体制和机制关系各个公共管理组织之间等级排列及工作流程。

第四，人事制度改革。

第五，行政法制改革。

第六，中央与地方关系改革。

第七，公共事务管理体制机制改革。

体制和机制又是整个国家机器的组成部分，如果国家的性质或机制改变，也必然会要求公共管理的体制和机制进行相应的变革。

公共管理活动作为人类社会的一种基本行为，由来已久。但随着人类政治、经济、社会环境的不断发展，其活动范围、内涵及方式等经历了一个不断演进的过程。然而，公共管理改革绝非偶然，它是各种因素共同推动的必然结果，我们可以通过对公共管理改革的社会历史动因、时代背景与实践推动力的具体分析得出这一结论。

从社会历史角度来讲，公共管理改革是社会发展的需要与必然结果。20世纪30年代以前，在资本主义自由竞争时期，实业界为了摆脱封建制度及"重商主义"对市场经济的束缚，普遍接受了亚当·斯密《国富论》中自由放任的观点，高举放任主义的大旗，要求政府不要干预经济生活。西方政府也普遍崇尚亚当·斯密"政府最好，管事最少"的主张，实行自由放任的政策，基本上不对经济部门进行干预，而是扮演"守夜人"的角色。可以说，早期西方国家的政府公共管理职能非常有限。但是，物极必反，1929～1933年，资本主义世界发生了有史以来最为严重的经济危机，事实证明：没有约束的自由竞争必然导致社会正义的破坏和危机的产生。在危机面前，所谓万能的市场经济呈现出生产下降、金融体系崩溃、资源闲置、经济混乱的现象。人们被迫承认市场调节的严重缺陷和政府干预经济的必要性，最终导致西方各国政府对经济和社会大规模、全面性干预的开始，凯恩斯主义开始成为西方各国政府的主导思想。凯恩斯主义认为，导致资本主义周期性危机的根源是投资需求与消费需求的不足，而仅仅依靠市场的自发调节是无法扩大这些需求的，因而危机每隔一段时间就可能出现。因此，要解决"市场失灵"的问题，政府就必须主动地、全面地干预经济活动。第二次世界大战结束之后，各主要资本主义国家纷纷效仿美国的做法，开始了对经济生活的全面干预，结果导致"行政国家"的兴起，即政府的行政权力的扩大，职能扩张，行政活动范围扩展，行政权力大量直接介入和管理国家与社会事务。但是，事与愿违，"行政国家"的兴起并没有解决"市场失灵"问题，而且20世纪70年代开始，西方各国又出现了高赤字和高失业率并存的现象，即所谓"滞胀"现象。这样，人们又对政府的干预行为产生了怀疑，认为政府对经济和社会的全面干预不仅造成了经济停滞、通货膨胀并存的局面，而且还导致了行政成本的剧增和效率的低下，使得官僚主义问题更加严重。面对这些事实，人们发现政府也失灵了。如何解决这一问题呢？除了进行改革，似乎没有别的出路。

从时代背景与现实困境来看，当前，在整个世界范围内，科学技术特别是现代通信技术的发展，使人类社会即将步入一个新的发展阶段，对社会生活的各个方面都产生了巨大的影响。政府的管理当然也不例外，正如工业文明创造了科层官僚制一样，新的时代必然呼唤新的政府管理模式。自20世纪70年代末兴起的政府改革以及20世纪末兴起的世界范围的政府再造运动就是对新时代变革的主动回应。新时代的挑战包括国际化与全球化的挑战，新科技革命带来的问题，政府规模、职能的扩大与政府无能问题，官僚腐败导致的信任危机，日益沉重的经济与财政压力等，这些都促进了公共管理的改革。

从行政实践角度讲，20世纪七八十年代，为了回应现代社会发展的要求，全新形式的行政改革终于开始了。全球性的行政改革运动一般以1979年英国首相撒切尔夫人上台为标志。撒切尔夫人执政以后，进行了一场旨在反对浪费、低效率、低效益的改革运动。英国政府成立了一个效率工作组，对政府的有关项目计划和工作进行效率审计；实行大规模的民营化，将多家主要国营企业卖给私人；对地方政府的预算开支实行总量控制；要求所有的地方建筑和公路建设项目在公共部门与私营部门中进行公开竞标。此后，英国政府开始把提供公共服务的职能从政府各部门分离出来，由专门的半自治性"执行局"来承担。这场改革被人们称为"宁静的革命"。

以此为标志，英美等西方发达国家相继投身于改革浪潮，进入20世纪90年代，一些新兴工业化国家和发展中国家也开始着手进行改革。

总的来说，从20世纪80年代开始的这场全球性公共管理改革运动，虽然各国的改革措施五花八门，但也存在不少共同点：削减政府职能、精简机构、放松管制、政府业务合同出租、打破政府垄断和实现公共服务社区化等。这些措施的实施不仅取得了良好的实际效果，而且还反映了现在和未来政府改革的一个趋势，即公共管理的社会化。它意味着政府的非管理化，这是政府管理发展的一个新趋势，预示着管理模式的变革，是政府职能定位的根本性转变。

13.1.3 公共管理改革的理论依据

传统的政府管理以官僚制理论和政治行政两分法理论为基础，注重政府组织内部机构、过程、程序，以及行政原则的研究，并以行政效率为最高追求目标。新公共管理则注重从政治学之外的学科领域去寻找思想和方法，尤其是从经济理论和私营部门管理理论、社会学理论中吸取"营养"。成为公共管理改革理论依据的主要有：公共选择理论、委托代理理论、生产成本理论、平衡计分卡理论和社会治理理论。

1. 公共选择理论

公共选择理论（Public Choice Theory）由美国经济学家，诺贝尔经济学奖获得者詹姆斯·布坎南（James M. Buchanan）创立的。布坎南从理性经济人的前提假设出发，指出了政府失灵问题存在的现实，同时分析了政府失灵的根源，并在此基础上提出了矫正政府失灵的政策主张。

20世纪30年代，遍及资本主义世界的经济危机打破了传统经济学的"市场万能"的幻想，在客观上促使了凯恩斯主义的兴起。凯恩斯主义主张实行政府的干预以矫正市场失灵，提高经济运行效率。但是战后随着政府干预的加强，政府干预的局限性和缺陷也日益显露出来，至20世纪70年代，政府财政赤字与日俱增，政府的社会福利计划相继失败，经济停滞膨胀。同时政府出现政府政策的低效率；政府工作机构的低效率；政府的寻租；政府的机构膨胀。布坎南将这些现象称为"政府失灵"。在布坎南看来政府失灵的原因主要是：政治决策的低效率是因为政治决策本身具有复杂性，及现实存在的诸多障碍或制约因素；政府机构低效率主要原因是，政府缺乏竞争压力；政府没有降低成本的激励机制；还有就是监督信息的不完备；而政府寻租则是政府权力介入市场交易活动后产生的；政府的扩张是政府作为收入和财富的再分配者，作为特殊的利益集团而存在导致的。

对政府失灵的补救主张是，第一，进行市场化改革。即把市场的竞争机制引入政治，以提高政府的运行效率。政府市场化改革的思路主要包括：明确界定公共物品的产权，以此消除在这些公共物品使用上的"搭便车"和掠夺性消费现象；在公共部门之间引入竞争机制，重构政府官员的激励机制，按照市场原则组织公共物品的生产；重新设计公共物品的偏好显示机制，使投票人尽可能真实地显示其偏好。第二，进行宪法制度改革。即建立一套经济和政治活动的宪法规则，以约束政府权力，改善政治。布坎南提出："要改变一种游戏，或者竞赛的结果，改变参加竞赛的人并不重要，重要的是改变竞赛规则。"可见，公共选择理论特别注重强化政府法治及监督制度建设。

公共选择理论给政府改革提供了很好的理论支持和政策建议。对于新公共管理运动摒弃"政府万能"的观念，正确认识政府干预经济的作用，在政府管理中充分引入竞争机制，进行市场化取向的政府管理改革，起了直接的促进作用。

2. 委托代理理论

委托代理本来是一个法律概念，而且作为一种社会现象，是普遍存在于我们的生活之中的。但这个概念被运用到经济学领域后，就产生了委托代理理论（Principal-Agent Theory）。

微观经济学中的委托代理主要是指企业内部建立的委托、代理关系。企业的所有者是委托人，企业的雇员包括经理和工人都是代理人。"所谓委托人——代理人问题是由于委托人不能确知代理人的行为而产生的问题，它是指经理或工人可能追求他们自己的目标，而以牺牲所有者的利益为代价"[1]。委托代理问题的产生与两个因素有关：一是委托人与代理人目标的不一致性；二是委托人和代理人之间信息的不对称性。

根据新制度经济学的研究，委托代理问题最有可能在大型组织中发生，如现代企业和政府就是委托代理问题经常发生的地方[2]。因为在这些地方，往往缺少约束和竞争，使代理人的机会主义行为因为不易受惩罚而有机可乘。就政府而言，基本上存在两类委托代理关系：一类是选民与其选举出来的政治代理人之间的委托代理关系，另一类是政府机构内部的代理关系，即政治家和政府官员之间的委托代理关系。当"两权分离"、"信息不对称"、"激励不相容"三者俱全时，风险规避性的政治代理人就很可能采取非合作性的博弈行为。所以，解决非对称信息下的代理人激励问题，是委托代理问题的实质。

新制度经济学论证，降低代理成本的方法主要有两种：一是建立和健全内部监督机制，即通过合理厘定代理契约，明确代理人的权利、义务和责任，使代理人履行合约、执行代理使命并使代理效果最大化，从而整合代理人与委托人的目标。这样也有利于合理分摊委托人与代理人承担风险的责任，使代理人的报酬与其行为结果直接挂钩，起到激励代理人的作用。二是建立健全外部监督机制，即建立代理人市场竞争机制，使委托代理关系由市场决定，由市场监

---

① 朱善利：《微观经济学》，北京大学出版社1994年版，第396页。

② 王振海：《公共职位论纲——政府职能的属性与配置机制》，河南人民出版社2002年版，第91页。

督、保证，由市场评价，并根据市场评价进行奖惩。

在政府管理中引入"顾客"和"竞争"的概念，运用市场机制提高政府工作效益，也提高公众的满意度。事实证明这样的效果是显著的。

3. 生产成本理论

生产成本理论（Production Cost Theory）是经济学家们基于"理性经济人"假设提出的。经济学家证明，假设每个经济主体都是"理性经济人"，都会寻求自身利益的最大化。而只要经济主体寻求在既定约束条件下的利益最大化行为，他就必然会选择节约成本[1]。

经济学中的节约主要表现为两种节约：一种是生产成本的节约，另一种是交易成本的节约。生产成本是指生产活动的成本，生产活动是人对自然的活动；交易成本是指交易活动的成本，交易活动是人与人之间的活动。生产成本的节约属于边际上的节约，这种节约实际上只是"小头"，因为生产成本最小化是给定组织制度约束下的成本最小化。交易成本的节约属于结构上的节约，这种节约才是"大头"，因为追求交易成本最小化决定了选择最有效的组织制度安排[2]。可见，既要强调生产成本的节约，更要强调交易成本的节约。生产成本最小化不能替代交易成本最小化，交易成本最小化也不能替代生产成本最小化，两步都要走，并且两步都走好才能真正实现成本最小化。

对于政府提高效率而言，特别应该注意交易成本的最小化，因为交易成本最小化的组织一般来说会自动选择生产成本最小化，而反过来却未必是这样。以往政府追求效率的途径，实际上强调的是生产成本的最小化，而不是交易成本的最小化，这是没有认识两者的关系，甚至是没有认识交易成本最小化的意义。所以，生产成本理论使公共管理者认识到，政府改革应该把减少"交易成本"放到首位。即政府应减少对经济运行的行政干预，减少不必要的针对企业的"预算软约束"，完善产权和环保等方面的法律制度，确保经济主体对自己的行为负责等，这样社会的交易成本才可能真正降低，政府也可以因此"瘦身"、"减负"。

4. 平衡计分卡理论

"平衡计分卡"（Balanced Scorecard）是当今世界公认的最有力的管理工具。它开始是作为绩效考核工具出现的，后来逐步发展成为组织战略管理的工具。

---

[1] Hal R. Varian. *Microeconomic Analysis*. Third Edition. New York London, 1992.

[2] David M. Kreps. *A Course in Microeconomic Theory*. Princeton University Press, 1990.

平衡计分卡有两个重要的工具：战略图和平衡计分卡。战略图用来描述企业的战略，平衡计分卡用来将企业的战略转化成具体的经营行为。战略图分成四个战略角度：财务、客户、内部业务流程、学习与创新。每一个角度由若干战略要素组成。平衡计分卡通过找出实现战略要素的衡量指标，为衡量指标设定目标值，为实现战略要素制定行动方案，把企业的战略演化成具体的经营行为，保证企业战略的实现。

平衡计分卡导向战略管理的特点主要是，第一，是可操作的战略规划流程。第二，战略性人力资源管理系统。平衡计分卡与人力资源管理全面结合，它从岗位描述到员工绩效管理和培训发展，使人力资源管理真正与企业战略密切结合，为企业战略服务。也就是说，制定平衡计分卡并不是要考核员工，而是要通过很好的沟通，来不断地改善各级组织的绩效，提高员工的绩效水平。

新公共管理运动把平衡计分卡作为一个变革的工具加以借鉴。一方面，平衡计分卡战略图在设计的过程中是围绕着变革来设计的，从原来单纯的财务角度来考核企业的业绩，转变成从四个角度全面考核企业的业绩。另一方面，平衡计分卡中层层分解的指标，不是简单的目标层层分解，而是组织战略的层层落实。对此专家们以钟表为例做了比喻和说明。他们说企业好比钟表，员工好比钟表的秒针，部门为分针，企业是时针。秒针推动分针，分针推动时针，三者共同构成我们看到的结果——时间，三者之间是层层推动的关系。所以上下级指标不是简单的分解关系，而是驱动关系。也就是说，各级的衡量指标主要是为了驱动同级战略要素的达成，从而驱动上级衡量指标和战略要素的达成。

20世纪90年代初，平衡计分卡一被美国哈佛大学的卡普兰（Robert. S. Kaplan）教授和复兴全球战略集团总裁诺（Norton）顿发明，立即在企业管理中显示了它独特的效力。它的原理被政府管理借鉴，根本改变了政府管理的考评方式。在传统的政府管理考评中，对行政程序的遵守从来是被放在首位的，考评的内容也从来不会与政府的工作目标相联系。而且，考评是单向度的，方法是单一的，基本是定性的结论。而平衡计分卡却为政府管理提供了一个全新的考评体系框架，这个评价体系与政府的职能、业务流程、组织结构、岗位职责等紧密联系在一起。它还能将组织、部门、个人三个层面的目标有机地结合，所以可以成为提高政府绩效的有效管理工具。

5. 社会治理理论

社会治理（Social Governance）区别于传统的社会管理。治理是当事人"把自己组织起来，进行自主治理，从而能够在所有人都面对搭便车、规避责任或其他机会主义行为诱惑的情况下，取得持久的共同收益"①。社会治理与社会管理其最主要的不同，就在于管理的主体从政府扩大为社会非政府的组织，而管理的方法和手段也最大程度地利用了市场机制。

社会治理理论兴起于20世纪80年代末期，当时在西方国家和一些国际性组织如世界银行、国际货币基金组织以及经合组织等迫于经济形势，开始反思政府与市场、政府与社会、政府与公民这三对基本关系，并在政府、社会与市场三者角色的定位，以及如何通过相关制度和机制实现三者之间的协调与合作等诸多重大问题上取得了研究上和实践中的成效，社会治理理论由此产生。现在社会治理已经成为公共管理的一个重要价值理念和实践追求。

社会治理理论的内容有：第一，社会治理的主体由单中心向多中心转变。社会治理的主体既包括在社会管理中一直承担重要甚至主导角色的政府，也包括这些年逐渐凸显出来的作为政府重要补充力量的社会非营利组织、市场化组织、公民社会等。第二，社会治理的手段由平面化向网络化转变。社会治理的手段是复合的，既有政府通过行政或者借助市场手段提供公共产品和公共服务，也有市场化组织通过市场化手段提供公共产品和公共服务，还有非营利组织通过市场化手段或者社会动员的方式提供公共产品和公共服务。第三，社会治理的目的由工具化向价值化转变。社会治理的目的不仅仅是为了提高人类社会的效率，更重要的是要在效率实现的基础上体现社会公正，以人的全面实现为最终旨趣。

从实际效果看，社会治理模式的变迁是对传统社会管理方式的一次重大变革。即由行政集权式向民主式、参与型转变。与传统社会管理理念和方式相比，新的社会治理模式中，政府不再是惟一的管理主体，社会非营利组织、市场化的组织、公民社会等同样可以成为进行社会管理、提供公共服务的管理主体，管理也就转变为治理。各种社会治理主体在协作的基础上彼此相互拾遗补阙，形成互相补充、共同治理的格局。另外，工具理性的拓展则有助于从整体上提升社会总效率。

总之，新公共管理认为，那些已经或正在为私营部门所成功地运用着的管理方法，如绩效管理、目标管理、组织发展、人力资源开发等非为私营部门所独有，它们完全可以运用到公共部门的管理中。通过引入市场机制来改造公共部门是切实可行的。

---

① R. Rhobes. *The New Govemance*: *Goveming Without Government*. Political Studies, 8, 1996, 653.

13.1.4 公共管理改革的一般趋势

当代西方行政改革的基本趋势，即"新公共管理"或"管理主义"改革取向及实践模式的出现。那么，什么是"新公共管理"或"管理主义"？它包括哪些基本模式呢？

作为一种正在成长并且日益取代旧的公共行政模式的公共部门管理的新模式，"新公共管理"有不同的名称，如"公共管理主义"（或"管理主义"）、"企业化政府"、"后官僚体制模式"、"以市场导向的公共行政"等。对于它的内涵，人们作出了各种不同的界定。例如，波立特在《管理主义和公共服务：益格鲁和美国的经验》一书中认为，"新公共管理主义"主要由20世纪初发展起来的古典泰勒主义的管理原则所构成，即它强调商业管理的理论、方法、技术及模式在公共部门管理中的应用；胡德将"新公共管理"看作是一种以强调明确的责任制、产出导向和绩效评估，以准独立的行政单位为主的分权结构（分散化），采用私人部门管理、技术、工具，引入市场机制以改善竞争为特征的公共部门管理新途径。

在当代西方政府改革运动中，至少有过四种不同于传统的公共行政模式的新公共管理模式，它们都包含着重要的差别和明确的特征，代表了建立新公共管理理想类型的几种初步的尝试①。这四种模式及其特征分别是：

1. 效率驱动模式

效率驱动模式（The Efficiency Drive）是当代西方政府改革运动中最早出现的模式，往往被称为撒切尔主义的政治经济学。它在20世纪80年代初、中期居于支配地位，但目前受到了挑战。这种模式代表了将私人部门管理（工商管理）的方法和技术引入公共部门管理的尝试，强调公共部门与私人部门一样要以提高效率为核心。效率驱动模式的基本内容及特征有：强烈关注财政控制、成本核算、经济和效率问题，关心信息系统的完善；建立更强有力的管理中心，采用层级管理和"命令与控制"的运作方式，要求有明确的目标和绩效管理，权力向资深管理者转移；强调对顾客负责，以市场为基础和以顾客为导向，让非公共部门参与公共产品的提供；解除劳动力市场的规制，采用绩效工作制以及短期聘用合同制；雇员自我调节权力的减少，权力向管理者的转移，吸收部分雇员参与管理过程，采用更透明的管理形式；增加更具有企业管理色彩而较少官僚色彩的授权，但更强调责任制；采用公司治理的新形式，权

---

① 赵成根：《新公共管理改革》，北京大学出版社2007年版，第11~15页。

力向组织战略顶层转移等。

2. 小型化与分权模式

小型化与分权模式（Downsizing and Decentralization）在 20 世纪 80 年代虽然没有像效率模式那样处于支配地位，但其影响力正在不断增强，地位日益重要。它以垂直整合组织形式的解体和组织灵活性的日益加强作为特征，其理论要点是：从早期强调以市场为中心向更精致和更成熟的准市场的扩展，从计划到准市场的转变成为公共部门配置资源的机制；从层级管理向合同管理的转变，使较松散的合同管理形式出现；小战略核心与大操作边缘的分离，市场检验和非战略职能的合同承包；分权和小型化——公共部门领取薪金者的大量减少，向扁平型组织结构的转变，组织高层领导与低层职员的减少；公共资助与独立部门供应相对分离，购买者和提供者分离以及作为一种新组织形式的购买型组织的出现；从"命令与控制"的管理方式向诸如影响式管理、组织网络形式相互作用一类的新风格的转变；从标准化的服务向灵活多样的服务系统的转变等。

3. 追求卓越模式

追求卓越模式（In Search of Excellence）与 20 世纪 80 年代兴起的企业文化管理新潮相关——特别是受《公司文化》和《追求卓越》两本畅销书的影响，也部分反映了那种强调组织文化重要性的人际关系管理学派对公共部门管理的影响。该模式强调价值、文化、习俗和符号等在形成人们的实际行为中的重要性，它对组织及管理的变迁与革新具有强烈的兴趣。这种模式可以分为从下而上或从上而下两种途径。前者强调组织发展和组织学习（80 年代末的"学习型组织"运动是其新近的表现）；后者则强调将已经出现的东西看作可塑造的、可变化的公司文化，引导一种公司文化的发展，强调魅力的影响或示范作用。追求卓越模式的要点是：在由下而上的形式中，强调组织发展和组织学习，将组织文化看作一种组织发展的粘合剂；强调由结果判断绩效，主张分权和非中心化。在由上而下的形式中，努力促进组织文化的变迁；重视领导魅力的影响和示范作用（并在新型的公共部门中，应用魅力型的私人部门角色模式，要求更强有力的公司培训项目）；公司口号、使命、声明和团结的加强，一种明确的交往战略，一种更具战略性的人力资源管理职能等。

4. 公共服务取向模式

公共服务取向模式（Public Servic Orientation）是目前最不成熟的模式，但仍展现出无穷的潜力。它代表了一种将私人部门管理观念和公共部门管理观念的新融合，强调公共部门的公共服务使命，但又采用私人部门的"良好的实践"中的质量管理思想。它赋予新型的公共部门既与以往旧的公共组织决裂,又保留明确的认同感和目标使命以合法性。这种模式的基本内容及特征是:主要关心提高服务质量,强调产出价值,但必须以实现公共服务使命为基础;在管理过程中反映使用者(而不是一般的顾客)的愿望、要求和利益,以使用者的声音而非顾客的退出作为反馈回路,强调公民权理念;怀疑市场机制在公共服务中的作用,主张将权力由指派者转移到民选的地方委员会;强调对日常服务提供的全社会学习过程(如鼓励社区发展、进行社会需要评估);要求一系列连续不断的公共服务的使命与价值,强调公民参与和公共责任制等。

13.2　西方新公共管理运动

从 20 世纪 70 年代开始,曾经主导西方公共行政领域近一个世纪之久,并被誉为是行之有效、甚至是最佳的传统或称主流的公共行政,遭受到新的外部环境的越来越严峻的挑战,其近乎刻板、僵化的科层体制愈来愈不能适应迅速变化的信息和知识密集型社会和经济生活,其赖以建立的两大理论基础——威尔逊和古德诺的政治—行政二分法和韦伯科层管理论均无法回答和解决政府所面对的日益严重的问题和困难:政府财政危机,社会福利政策难以为继,政府机构日趋庞大臃肿,效率低下,公众对政府能力失去信心,"政府失败"论开始占主导地位。

正是在这样的历史背景下,一种新的公共行政理论、管理模式——"新公共管理"在 20 世纪 80 年代的英美两国应运而生,并迅速扩展到西方各国。与以往传统的公共行政框架内进行的变革不同,新公共管理不是对现存行政管理体制和方式进行某种程度的局部调整,或仅仅是为了降低行政管理的成本,减少行政费用开支,它是对传统的公共行政模式的一种全面清算和否定。

尽管新公共管理在不同国家的表现形式及具体做法是有差异的,变革力度也是有所不同的,但基本上都或多或少包含三个层面的内容:

第一个层次的内容与 20 世纪 50 ～ 60 年代的新公共行政总体上是相关的,即对原有制度、机制、做法的重新审视和评估,总结经验,发现问题,并关注解决关键的情景性问题。

第二个层次侧重于从技术层面来解释和解决既有公共管理的时代问题,试图通过吸收经济学、管理学、行政学等学科的新知识和新成果,在决策、规划、执行、监督、考核评估等方面引入新的技术方法和手段,进而提高公共部门适应新时代变化的能力及其绩效表现。

第三个层次则是前两个层次内容的逻辑结果，是在重新审视政府与市场、政府与社会的关系的基础上进行的公共部门结构与制度的再设计，从而一方面增强公共部门的内部效率和管理的科学化水平，另一方面改善公共部门对社会的回应性，弥合与社会的距离。

13.2.1　新公共管理运动兴起的背景

传统公共行政模式较之以前的管理是一个重大的进步。因此，自其产生以来，它逐步成为世界上绝大多数国家公共行政的基本模式。但随着时间的推移和社会的发展，公共管理领域的理论和实践已经发生了根本性的改变，这一切都为"新公共管理运动"在20世纪末的兴起提供了深刻的理论依据和现实依据。

1. 传统公共行政模式日益凸现的内在理论缺陷

传统公共行政理论产生于19世纪末20世纪初，它建立在两个理论基础之上：一个是由伍德罗·威尔逊提出并由古德诺系统化的"政治—行政二分法"理论；另一个是马克斯·韦伯提出的"官僚制"理论。建构在这两大理论基础上的传统公共行政理论认为，政治与行政是可以分开的，在"二分"的情况下，公共行政的主要任务是如何有效地执行既定政策或达成既定目标。有关政治、政策的问题，属于政治学范畴，政治不要干扰行政，行政是科学的问题、可以也应该保持价值中立，而以追求经济和效率为目标。公务员应保持政治中立，他们的任务仅仅是忠实和有效地执行被政治官员制定的政策。据此，便可以建立一套科学的、最佳的行政管理原则。公务员系统依据这些组织原则运作，剔除任何个人感情因素，"像驴一样受赏罚的支配"，行政管理便可以达到高度的"理性化"，政府管理也就可以以最小的投入获得最大的效果。然而，自传统公共行政理论形成后不久，其赖以立足的两大理论基础就遭到了包括政治学行为主义和人际关系学派的激烈批判。行政学者罗伯特·达尔和沃尔多都曾指出，威尔逊提出的"政治与行政二分"实际上是做不到的，传统行政模式的不切实际之处就在于，政治与行政必然是相互关联的，一个不含任何价值判断的公共行政只是一个神话而已。行政学者彼得斯也指出：行政管理与政策并非呈现出互不相关的离散现象，而是相互关联的。无论是通过主观方式还是通过客观方式，行政体系的属性都会影响到政治体系的政策产出。时至今日，学者们基本上达成了共识，认为在实际操作中政治和行政是很难分开的；而韦伯的"官僚制"理论，由于官僚制的理性形式、不透明性、组织僵化以及等级制的特点，使得它不可避免地会与民主制发生冲突。新的理论从根本上动摇了传统公共行政赖以立足的理论基础。

2. 传统公共行政模式在实践中正在遭受日益广泛的抨击

自 20 世纪 80 年代初期以来，就出现了对公共部门的规模和能力进行的抨击。人们普遍认为，政府"规模"过于庞大，浪费了过多的紧缺资源。目前，削减政府经费几乎成为一种普遍现象，如在西班牙、意大利、德国、瑞典等国家进行的行政体制改革。其次，关于政府的"范围"也引发了争议。有人认为，政府本身介入的活动过多，其中许多活动可以有其他可选择的备用方法。作为这种观点的反应，许多先前由政府从事的活动开始转向私营部门。此外，政府的"方法"也受到抨击。人们越来越认为，官僚制的方法必定会造成工作效率低下。如果必须由政府从事某种活动，也需要寻求官僚制之外的其他的组织方法。对公共部门的规模、范围和方法进行抨击所产生的明显结果就是削减政府和改革其管理方法。

3. 经济理论的变革对传统公共行政模式提出了严峻的挑战

第二次世界大战后，西方各国政府普遍采用了凯恩斯主义的主张，对社会生活实行全面干预。当政府这只"看得见的手"干预市场并获得巨大成功时，与"市场失灵"相伴随的"政府失灵"也表现得同样明显。一方面，政府对社会、市场所承担的管理任务越来越多，成为"万能政府"；另一方面，政府内部官僚机构膨胀，效率低下，财政支出日益扩大，政府管理受到前所未有的挑战。正是在这样的背景下，强调自由主义和市场取向的公共选择理论异军突起。公共选择理论的学者们采用"方法论上的个人主义"来研究政府官僚系统的行为。他们认为，人类社会由两个市场组成，一个是经济市场，一个是政治市场。在这两个市场上活动的是同一个人，都是自利和理性的人。也就是说，政府公职人员与普通市民一样，都以自己利益的最大化为目的。因此自利的官僚往往不顾社会公益，专注于追求个人的权力、名望和利益，最终造成政府效率不彰。基于这一认识，公共选择理论认为，失败的是政府而不是市场，要解决公共管理的危机，应减少政府的职能，尽量交由更有效率的市场来调控货品和服务的供应，以达到最有效率的资源配置。他们还认为，传统公共行政强调的统一规制和监控，极大地抑制了公职机构和文官的创造力，已陷入形式化和僵化；代表国家意志的政府管理和服务，忽视公共保障和服务的多样性，对市场信号和消费者需求的反应不灵敏，已经不再适应当今世界的需要，是"工业社会的政府组织模式"、"19 世纪的行政技术"。由此，他们认为市场可以取代政治或行政成为管治社会的主导机制，只有将"经济效率"奉为最高标准，通过市场这只"看不见的手"的作用，才能使众多自利的个体走到一起，增加社会福祉。总之，公共选择理论为新公共管理运动的兴起提供了理论上的依据。

4. 知识经济的兴起及经济全球化的加速

知识经济以及由此引发的经济全球化的加速，使政府面临更加严峻的"效能"和"合法性"竞争。

20世纪90年代以来，知识经济的兴起加速了全球经济一体化的进程，并将全球经济一体化水平不断推向更高的新台阶。全球经济一体化程度的日益提高，使全球性的"政府效能"横向竞争的时代成为现实。政府绩效与政府合法性的单一纵向参考的时代已经结束，不同社会下的公众像选择职业与工作单位那样选择政府的时代已悄然来临。政府治理能力和水平的竞争，犹如不同企业之间的竞争一样，已经并将于21世纪伊始在更大程度和更大规模上，在不同政府之间迅速展开。任何一个国家政府的命运都将由其在全球政治和经济舞台上的竞争能力和其处理具有全球性特征的问题的能力所决定；各国政府都必须清醒地认识到，只有在国际互振系统中不遗余力地寻求到保护和促进本国在全球竞争中利益的方略和战术，并有效地促进本国福利的实际提高，才能获得本国人民的认同和支持；政府效能与合法性已不再能从本国历史的纵向比较中获得令人信服的认同，历史原因已不再成为人们认可的社会福利不及他国的托辞。全球性"政府效能"和"政府合法性"竞争的结果，必然使那些对社会的要求与愿望反应迟钝或不愿作出反应的政府面临权威危机、信任危机和合法性危机。全球经济一体化，特别是知识经济的兴起，对政府效能提出了更高的要求。为迎接这一挑战，对政府治理体系和治理方式进行结构性调整与重塑，无疑将成为各国政府明智的选择。

总之，随着时代的变迁和理论的发展，传统的公共行政模式已经在理论和实践的质疑声中陷入了"四面楚歌"的境地。越来越多的人认识到，传统的行政模式已无法反映出现代公共服务所需承担的广泛的、管理的以及政策制定的角色，它更多地体现为一种消极的控制形式，不是致力于为提高效率提供有效的激励，而是着力于怎样避免犯错误。正是在这样的理论和现实背景下，以经济学和私营管理理论为基础的"新公共管理运动"引人注目地登上了公共管理的历史舞台，并引发了公共管理领域一场新的革命。

13.2.2　新公共管理运动的特点

新公共管理是一个可以在多层面理解的概念。它既指一种试图取代传统公共行政学的管理理论，又指一种新的公共行政模式，还指在当代西方公共行政领域持续进行的改革运动。其名称在西方各国也不尽相同，如在英国叫"管理主义"，在美国则称为"企业家的政府"或"新公共管理"，在其他一些国家又称为"市场导向型公共行政"等。但新公共管理作为一种新的政府管理理论，具有以下特征：

1. 改变了传统公共模式下的政府与社会之间的关系

新公共管理重新对政府职能及其与社会的关系进行定位：即政府不再是高高在上、"自我服务"的官僚机构，政府公务人员应该是负责任的"企业经理和管理人员"，社会公众则是提供政府税收的"纳税人"和享受政府服务作为回报的"顾客"或"客户"，政府服务应以顾客为导向，增强对社会公众需要的响应力。近年来，英、德、荷兰等国政府采取简化服务手续、制订并公布服务标准、在某一级行政领域和某些部门或行业开办"一站商店"服务等，就是在这种新的政府—社会关系模式下所施行的一些具体措施。

2. 实现了由公共行政的内部取向到外部取向的转变

新公共管理由重视机构、过程和程序转向重视项目、结果和绩效，使得公共管理的战略管理、绩效评估、公共责任制等成为公共管理学的核心主题。与传统公共行政只计投入，不计产出不同，它更加重视政府活动的产出和结果，即重视提供公共服务的效率和质量，由此而重视赋予"一线经理和管理人员"（即中低级文官）以职、权、责，如在计划和预算上，重视组织的战略目标和长期计划，强调对预算的"总量"控制，给一线经理在资源配置、人员安排等方面的充分的自主权，以适应变化不定的外部环境和公众不断变化的需求。

3. 注重公平与效率的统一，公共利益与私人利益的统一

新公共管理反对传统公共行政重遵守既定法律法规，轻绩效测定和评估的做法，主张放松严格的行政规制（即主要通过法规、制度控制），而实现严明的绩效目标控制，即确定组织、个人的具体目标，并根据绩效指标对目标完成情况进行测量和评估，由此而产生了所谓的"3E"，即经济（Economy）、效率（Efficiency）和效益（Effectiveness）等三大变量。

4. 强调管理主体包括政府部门和非政府组织（非营利组织）两大类

政府是公共管理的核心主体，但不是惟一的主体。一般来说，宏观方面的管理职能或全局性的关键事项应由政府来承担，而微观方面的管理或相当一部分的公共服务可以交给非政府部门来完成。与传统公共行政排斥私营部门管理方式不同，新公共管理强调政府广泛采用私营部门成功的管理方法和手段，如成本——效益分析、全面质量管理、目标管理和竞争机制，取消公共服务供给

的垄断性，如"政府业务合同出租"、"竞争性招标"等，新公共管理认为，政府的主要职能固然是向社会提供服务，但这并不意味着所有公共服务都应由政府直接提供。政府应根据服务内容和性质的不同，采取相应的供给方式。

5. 重视人力资源管理

与传统公共行政模式下的僵硬的人事管理体制不同，新公共管理强调提高在人员录用、任期、工资及其他人事管理环节上的灵活性，如以短期合同制取代常任制，实行不以固定职位而以工作实绩为依据的绩效工资制等。

此外，与传统公共行政热衷于扩展政府干预，扩大公共部门规模不同，新公共管理主张对某些公营部门实行私有化，让更多的私营部门参与公共服务的供给，即通过扩大对私人市场的利用以替代政府公共部门。

13.2.3　新公共管理运动对我国改革的借鉴意义

20世纪的最后25年，伴随着全球化、信息化、市场化以及知识经济时代的来临，西方各国进入了公共部门管理尤其是政府管理改革的时代。尽管新公共管理受到了各种指责和批评，但在西方公共行政领域，已成为一种不可逆转的时代潮流。20世纪80年代以来西方许多国家开展的一系列的行政改革便是这一潮流的集中反映，从英国的"宪章运动"到美国的"重塑政府"运动，以及其他西方国家普遍实行的市场导向和顾客导向的行政改革措施，都是不同程度上的新公共管理运动。目前我国正处于由计划经济向市场经济的转轨时期，市场经济的发展要求转变政府职能，建立起一个灵活、高效、廉洁的政府，形成新的管理模式。分析和研究新公共管理理论，从实际出发，有选择地吸收和借鉴其先进的做法和经验，对于我国市场经济的发展和行政改革的深化，处理好政府与市场、企业和社会的关系，完善宏观调控机制，形成新的管理模式，提高政府行政效率，无论是在理论上还是在实践上都具有十分重要的现实意义。

1. 是适应全球化时代发展的需要

全球化是全世界共同面临的一种发展趋势，它是政治、经济、文化、社会等各方面因素相互联系、相互影响的过程与结果。在全球化背景下，政府公共行政正逐步向服务行政的方向发展，政府公共部门的基本运行方式、政府公共部门与市场和社会公众之间关系的基本定位正在发生变化。政府公共部门与社会公众之间的关系由治理者与被治理者之间的关系演变为公共服务的提供者与消费者、顾客之间的关系。也就是说，社会公众成为政府服务的对象，是公共服务的"消费者"和"顾客"，政府则成为公共服务的供给者，而不再是高高在上的官僚机构和脱离社会的统治力量。这样，政府公共部门不仅需要重新界定职能和实现其部分职能的市场化，而且对于那些必须由政府承担的职能和负责提供的公共服务，也必须强调社会公众至上，以效率、服务质量、公共责任和社会公众的满意程度为公共行政绩效的评价指标，以较低的成本来提供最有效的服务。正是基于这种发展趋势，成本与绩效观念、绩效管理、顾客至上、在政府公共部门和管理中引入竞争与市场机制等措施为当今世界各国普遍采用。目前我国政府公共行政在很大程度上仍处在传统阶段，全球化和改革开放使我国正逐步和世界融为一体，政府公共行政面临的挑战更加严峻。因此，我们必须切实转变观念，确立新的公共管理理念，借鉴新公共管理思想，对我国的公共行政模式进行彻底的改革。

2. 是适应社会主义市场经济体制完善和发展的需要

由计划经济向市场经济转型是目前我国公共管理所处的最主要国内环境。在高度集中的计划经济体制下，我国政府公共行政长期奉行高度集中管理的指导思想，政府包揽一切，管了许多"不该管、管不好、管不了"的事。然而，在市场经济中，企业作为市场主体具有独立的地位，它们有权自主地做出经济决策，独立性承担经济风险；在价值规律的作用下，市场对资源配置起基础的作用；政府的主要任务则是宏观调控和提高公共服务。由计划经济体制向市场经济体制的根本转变，客观上要求我们必须打破传统的行政管理体制，建立起适应社会主义市场经济要求的新的公共行政架构。这种架构，不仅体现在政府行政管理内部各种关系之间，更重要的是体现在政府与社会、政府与企业、政府与市场、政府与公民等各种外部关系之间。我们必须跳出政府自身，站在整个社会的高度，重新对政府进行全方位的审视，借鉴新公共管理思想，把握公共行政发展的客观规律，重新界定政府的角色，重新设置政府的职能，重新设计政府的运行机制。

3. 是深化行政改革的需要

新公共管理思想有助于我们更好地认识、分析解决我国当前公共行政中存在的问题。长期以来，我国政府公共行政部门一直被机构臃肿、队伍庞大、效率低下、财政危机、官员腐败等问题所困扰。针对这些问题，新中国成立以后，我国曾进行过多次以精简机构、人员为主要内容的行政改革，虽然也取得了一些阶段性成效，但却始终未逃脱"精简——膨胀——再精简——再膨胀"的怪圈。20 世纪 90 年代提出建立社会主义市场经济，对行政改革提出了新的要求，也为其注入了新的动力。但是，由于受主客观环境的制约，没有真正意义上涉及政府与社会、政府与公民、政府与国家等更为重要的关系，以及政府角色、职能、行为规范、效率与质量、绩效评估等更为重要的内容。政府行政组织内部在机构设置、行政立法、行政执行、人事行政、行政监督、财政预算等方面，仍然存在着许多和社会主义市场经济不相适应的问题，这些问题中有的已成为政府公共行政中的顽症，严重阻碍着行政改革的推进。为了解决这些问题，新公共管理提出了许多对策性措施，如精简机构、削减政府职能、放宽规制、政府业务合同出租、公共服务社区化等，这些措施在实践中的运用包含着"政府公共政策化"（制定政策和执行政策分离）和"公共管理社会化"（政府之外的其他社会组织参与公共管理）的趋势。根据新公共管理思想，政府的公共管理职能，可以被部分地甚至完全地转移给政府之外的非政府公共管理组织，政府自然可以达到消肿减负的目的。"服务行政"定位和"顾客至上"理念将导致官员特权的消失和特权意识的弱化，公共管理社会化和市场竞争的引入也将打破政府对公共权力的垄断，这不仅可以消除官僚主义，而且将从制度上根除腐败滋生的土壤。

13.3 新时期中国的行政体制改革

改革开放 25 年以来，中国的经济发生了巨大的变化，社会也正在发生巨大的变化，在此基础上，中国政府体制也发生了巨大的变化。在思想观念上，浪漫主义的参与制式的大众民主价值取向转变为现实主义的公民和社会自由价值取向；在政治权力上，"中心权力"逐步被分离弱化，形成权力相对分散的结构体系。这主要表现在如下几个方面：政府组织得以越来越精简、高效；政府职能得到了迅速的转变，开始逐渐适应市场经济的需要；政府行为日益法制化，开始依靠法律规则来施政；政府权力日益分散到经济、社会和基层政治领域，自主治理的市民社会结构正在逐步发育；政府人事选拔任命和决策逐渐公开化、民主化，人事任命的个人长官意志逐渐淡化；政府运作逐渐透明化，秘密行政逐渐转变为透明行政，公民的知情权逐渐得到了认可、重视和尊重；政府与公民的权利意识逐渐凸现，新闻媒体逐渐发挥独立报道的作用，而不再仅仅是宣传工具。

回顾 20 多年来政府的努力，我们可以发现中国政府的行政体制改革已经取得了实质性的成果，实现了组织效率，提高了职能配置效率，也改善了行政效率，在多个方面实现了政府变革。

13.3.1 新时期行政体制改革的历程

新中国成立以后至 1966 年"文革"前，我国曾经进行过三次以精简机构为主要内容的行政改革，改革的动因以政治因素为主。进入改革开放的新时期以后，为了适应党的工作重心转移、商品经济的发展，以及社会主义市场经济体制的建立，我们在 1982 年、1988 年、1993 年、1998 年、2003 年，平均每隔五年掀起一场行政体制改革的"高潮"，从精简机构、裁减人员，到政府转变职能，强化法制，现在已经取得了明显的成效。

1. 1982 年的行政体制改革

这一次改革的背景是，1978 年底党的十一届三中全会召开，确定把全党工作重点转移到社会主义现代化建设上来。确定发展生产力，改善人民物质生活水平，是全党的中心工作和首要任务，这也是新时期行政改革的基本内容。1982 年邓小平在中央政治局作了题为《精简机构是一场革命》的讲话，拉开了这一次行政体制改革的序幕。

这一次改革的中心内容是精简机构，而改革的目标是：保持党和国家的活力；克服官僚主义、提高行政效率；调动基层和工人、农民、知识分子的积极性。这一次改革的主要内容有：第一，精简政府机构。把国务院 100 个工作机构精简到 61 个；第二，精干领导班子。减少领导职数，主要是减少副职，同时按照干部"革命化、知识化、专业化、年轻化"的"四化"要求进行配备，提高了领导素质；第三，解决了事实上存在的领导干部终身制问题。正式确定了各级领导干部的任职年龄，实行干部离、退休制度；第四，明确了各部门的职责分工，减少了人员。

但是由于这次改革是在经济、政治体制改革尚未全面开展的情况下进行的，是一次不全面、不彻底的改革，是一次过渡性的改革。所以改革中不可避免地存在一些问题：机构精简后，不久又开始膨胀；人员编制精简也没有落实到位；机关工作方法和作风没有大的转变。

2. 1988 年的行政体制改革

这一次改革的背景是，1984 年中央作出《关于经济体制改革的决定》，以城市为重点的经济体制改革在全国推开。1987 年党的十三大召开，又把政治体制改革的任务提到全党面前。党中央认为，进行政治体制改革的时机已经成熟，建议国务院立即着手制定机构改革方案，利用次年国务院换届时，再次进行行政体制改革。1988 年 3 月，七届全国人大召开，李鹏代总理向大会报告国务院机构改革的方案，正式启动了新一轮行政体制改革。

国务院机构改革方案中明确提出了改革的长期目标是：根据党政分开、政企分开和精简、统一、效能的原则，逐步建立具有中国特色的、功能齐全的、结构合理的、运转协调的、灵活高效的行政管理体系。改革的具体目的是，通过转变职能，实现裁并机构，精简人员，下放权力，理顺关系，增强机构活力。这次机构改革的重点是，转变政府职能改革同经济体制改革关系极为密切的经济管理部门，特别是专业管理部门和综合管理部门内的专业机构。这次改革最大成绩是，第一次提出了以转变职能为重点的改革思路。这个改革思路抓住了我国行政管理体制上的根本问题，符合经济体制改革的方向和政企分开的要求。在机构改革方面也有一定的成效，在减少机构数量方面，国务院部委机构减少到 41 个，工作机构数继续减少到 68 个，编制减少 9 700 多个；在机构改革的方法方面，以行政法规的形式对各部门实行"三定"，即定职能、定机构、定编制，以此落实职能转变，解决部门间职能交叉重复的问题，也为以后的行政管理工作打下了比较好的基础。

但这次改革开始后不久，国家经济就转入整理整顿时期，机构改革实际停止，精简的机构也严重反弹。

3. 1993 年的行政体制改革

1992 年党的十四大明确提出建立社会主义市场经济体制的目标，社会主义市场经济体制是政府实现职能转变的重要条件，也为政府转变职能提出了新的迫切要求。十四大要求用 3 年左右的时间，进行行政管理体制改革，切实做到转变职能、理顺关系、精兵简政、提高效率。1993 年 3 月，党的十四届二中全会通过《关于党政机构改革方案》，3 月，八届人大正式提出，要按照社会主义市场经济的要求，认真进行行政管理体制和行政体制改革。新一轮改革开始了。

这一次改革明确了政府职能转变这个中心环节，确定的改革原则是：转变职能、理顺关系、精兵简政、提高效率。改革的特点是，第一，把适应社会主义市场经济发展的要求作为改革的目标；第二，提出了行政管理体制改革的概念，使机构改革的广度和深度得到了提高；第三，全国各级党政机关普遍进行了"三定"工作，使编制管理步入科学化和规范化，第四，这次改革与实行国家公务员制度紧密衔接。这次改革的成果最显著的是，对国务院专业经济部门分为三类进行改革调整：一是改为经济实体，不再承担行政管理职能；二是改为行业总会，作为国务院直属事业单位，保留行业管理职能；三是保留或新设一些行政部门。最终国务院工作部门 1993 年从 86 个减少到 59 个，非常设机构由 85 个减为 26 个，精简人员 20%，达 7 400 人。

但由于这时建设社会主义市场经济体制的工作刚刚起步，计划经济体制的影响在各个方面都还根深蒂固，所以改革提出的转变政府职能的中心环节并没有完全落实。而且机构改革结束后，不久又回到机构膨胀的老路。

4. 1998 年的行政体制改革

1997 年党的十五大重新概括提出了政治体制改革的思路，具体确定了机构改革的任务。1998 年 3 月九届人大一次会议审议通过了《国务院机构改革方案》（以下简称《方案》）。《方案》提出，这次国务院机构改革的目标是：建立办事高效、运转协调、行为规范的政府行政管理体系，完善国家公务员制度，建立高素质的专业化行政管理队伍，逐步建立适应社会主义市场经济体制的有中国特色的政府行政管理体制。改革的原则是：按照社会主义市场经济的要求，转变政府职能，实现政企分开；按照精简、统一、效能的原则，调整政府组织结构，实行精兵简政；按照权责一致的原则，调整政府部门的职责权限，明确划分部门之间的职能分工，完善行政运行机制；按照依法治国、依法行政的要求，加强行政体系的法制建设。这样，又一轮改革开始了。

这次改革的重点是国务院组成部门，改革中一是撤销了直接管理经济的专业部门，如机械、煤炭、冶金、纺织、石化等；二是合并了一些业务相近的机构，如将地矿部、国土局、海洋局、国家测绘局等合并为国土资源部；三是加强了对宏观调控和执法监督部门的管理，如新组建国家发改委、中国证监会等。在机构数量上，国务院组成部门由原来的 40 多个，减为 29 个，各部门内设司局级机构减少 20 多个省级政府机构由平均 55 个，减少到 40 个，人员精简约 50%。四是启动了审批制度改革，这项工作对于促进政府职能转变，校正政府在市场经济中的"错位、缺位、越位"行为的最有效的手段；五是深化政企分开，同时加强对企业的监督。1999 年中央通过决议，各级党政机关必须同所办经济实体和直接管理的企业彻底脱钩，1998 年 5 月，国务院颁布《国务院向国有重点大型企业派出稽查员特派员方案》，向国有重点大型企业派驻稽查员特派员工作。六是理顺政府与事业单位的关系，2000 年 6 月，中央提出事业单位人事制度与党政机关人事制度脱钩，逐步取消事业单位的行政级别，事业单位用人实行聘用制，实行国家用人向单位用人转变。

1998 年的改革，可以说是大体走出了精简与膨胀的循环怪圈，基本建立了与社会主义市场经济相适应的行政管理体制。

5. 2003 年的行政体制改革

2002 年党的十六大提出的深化行政管理体制改革的任务，2003 年党的十六届二中全会审议通过的《关于深化行政管理体制和机构改革的意见》，3 月，十届人大开始又一次国务院机构改革。这次改革的核心内容是：（1）深化国有资产管理体制改革，设立国务院国有资产监督管理委员会；（2）完善宏观调控体系，将国家发展计划委员会改组为国家发展和改革委员会；（3）健全金融监管体制，设立中国银行业监督管理委员会；（4）继续推进流通管理体制改革，组建商务部；（5）加强食品安全和安全生产监管体制建设，在国家药品监督管理局基础上组建国家食品药品监督管理局，将国家经济贸易委员会管理的国家安全生产监督管理局改为国务院直属机构；（6）将国家计划生育委员会更名为国家人口和计划生育委员会；（7）不再保留国家经济贸易委员会、对外贸易经济合作部。总之，新一届政府的改革没有在机构数量和人员规模上下功夫，但通过机构调整，为了建设适应市场经济需要的政府体制奠定了组织基础。

13.3.2 行政体制改革的经验和反思

对 1982 年以来的五次行政体制改革，我们很有必要进行认真的总结和反思。

1. 关于改革的经验主要是：

第一，坚持中国特色，不盲目照搬外国经验。我国 20 世纪 70 年代末走上改革之路时，正是世界上其他国家也在改革的时候。尤其是当时的前苏联东欧国家也在进行第四轮改革。所以改革之初，我们还认真研究和借鉴了苏东一些国家的改革经验，但是邓小平坚持走"中国特色的社会主义"道路，再不犯盲目照搬照抄其他社会主义国家经验的错误。借鉴苏东国家的改革经验也是以立足国情为前提。所以中国最终走出的是一条适合本国国情的行政改革之路。

第二，坚持社会主义自我完善的改革性质。中国在改革之初，1980 年邓小平就提出了坚持四项基本原则，提出改革的性质是社会主义的自我完善，1984 年又进一步明确，改革的目的就是为了增强社会的"活力"。中国改革的基本目标和方向的明确，也为中国的行政改革明确了目标和方向。此后 20 多年，行政改革不论经过怎样的曲折，都没有偏离社会主义的方向，在向着既定目标稳步推进中，既深化了对社会主义的本质认识，也走出了特色鲜明的行政改革之路。

第三，坚持以经济建设为中心。中国的改革始终坚持以经济建设为中心，中国的行政改革也坚持始终以经济建设为中心，不论是机构改革，还是职能转变、实行公务员制度等，实际都是适应经济体制改革的深化实行的。行政体制改革的成就，又在很大程度上促进了经济体制改革的深化。

第四，坚持"稳定是压倒一切"的原则。改革是利益的重组，总会引起社会一定的震动，邓小平提出改革是动力，发展是目的，稳定是前提的辩证观点，并在这个基础上确定了"稳定是压倒一切"的原则，将改革的力度和速度都服从于稳定。现在事实证明，维护稳定前提下的改革，实际上是最高效的改革。

第五，坚持全方位开放。改革与开放是党的基本路线的两个基本点，所以我们在坚持改革的同时，一直坚持了对外开放，而且不仅仅只是经济领域的对外开放，我们是所有领域对所有国家的全方位开放。由于我们学习和借鉴了世界各国的改革经验和教训，所以极大地丰富了我们的行政改革思路，加速了我们的行政改革。

2. 改革近 30 年我们也有许多值得反思的方面：

第一，机构改革的思路不够明确。由于每一次机构改革都是在政府换届前不到一年开始筹划的，历次机构改革之间，缺乏政策上的连续性。导致有的机构撤销了不久又恢复，或者刚设置就升格，显得思路不清。

第二，机构频繁变动降低了政府官员的素质。改革开放以来先后四次大规模精简机构、人员，结果导致政府官员队伍不稳定。况且政府机构精简时，很难留住业务能力强的官员，留下来的人员中多数不是原来的业务骨干，这就实际降低了政府官员的素质。

第三，基层政府管理体制的改变有随意性。县、乡镇等基层政府管理体制在改革中多次被调整，而这些调整前缺乏相应的理论研究和论证，结果改革没有达到预期，反倒使行政管理体制更加杂乱。反思"社改乡镇"、"市管县"、"县改市"等，都多少存在这样的问题。

第四，事业单位改革目标不明，方法单一。20 世纪 90 年代进行市场化的改革，对事业单位也不例外。由于对事业单位的特性研究不够，没有注意为事业单位分类采取不同改革方式，结果使有的领域的事业改革走了弯路。

13.3.3 当前我国行政体制改革的主要任务

形成行为规范、运转协调、公正透明、廉洁高效的行政管理体制和致力于提供充分优质的公共产品、构建优良经济社会环境和维护人民群众根本利益的责任政府、法制政府与服务政府，是当前中国行政体制改革的基本目标。为此，需要着力推进以下改革：

第一，加快转变政府职能，这是深化行政管理体制改革的核心。所谓政府职能的转变或归位，就是要使政府从宏观微观都管、大事小事都抓转移到主要抓好经济调节、市场监管、社会管理和公共服务上来，真正承担起相关责任。加快政府职能转变，关键是要理顺政府与企事业单位和市场中介组织的关系，实现政企分开、政事分开以及政府与市场中介组织分开。

第二，加快政府管理法制建设，全面推进依法行政。加快政府职能转变还必须积极推进相关的配套改革，主要包括：大力推进现代企业制度建设、分类改革事业单位、发展和规范市场中介组织、建立健全科学的政府绩效评价体系、完善公务员特别是行政领导干部的选拔任用制度以及建立有利于政府公正履行职责的财政保障制度等。

第三，进一步完善行政管理方式，这是深化政府行政管理体制改革的重要内容，是推进政府职能转变的主要手段。完善行政管理方式的重点是深化行政审批制度改革。一是要进一步缩小行政审批的范围；二是要进一步完善行政审批的方式；三是要进一步规范行政审批的程序。在深化行政审批制度改革的同时，要深化相关改革，推进相关法律制度建设，为经济手段和法律手段的充分运用构建良好的体制基础与社会环境。

第四，深化行政体制改革。深化行政体制改革要把握社会主义市场经济的本质要求，有利于提高党的执政能力和充分发挥中央和地方两个积极性，有利于降低行政成本，提高行政效率。深化改革的重点，一是进一步调整政府机构设置；二是合理规范党政机构设置；三是理顺上下级政府机构设置；四是减少行政层级。

第五，健全科学民主决策机制。要抓紧建立健全重大决策的调查研究制度、重大事项集体决策制度、重大决策事项公示听证制度、重大事项专家咨询制度、决策失误追究制度。同时，健全纠错改正机制，采取多种方式及时发现错误，通过科学的程序有效纠正错误，努力把决策失误造成的损失减少到最低限度。

13.4　我国的事业单位改革

13.4.1　事业单位改革的历程

20 世纪 70 年代末，中国拉开了改革的大幕，事业领域作为国家经济建设的组成部分也不例外。至 21 世纪初，事业单位 20 多年的改革经过了四个阶段。

1. 事业单位改革的回顾

第一阶段是 1979~1986 年，这是初步探索改革的阶段。

这一阶段改革的背景是，党的十一届三中全会确定全党工作重心的转移，1984 年中央作出经济体制改革的决定后，事业单位的改革被提到议事日程。1985~1986 年中央先后发布了关于科技、教育、文化、卫生、体育等单项事业改革的决定，开始对事业单位的改革。这一阶段改革主要集中在事业单位机构和人事制度方面，重点是试图改变事业单位一些制度上的弊端。这期间的工作重点主要有：对于在"文化大革命"时期遭受破坏的事业管理机构以及相关的法律、法规制度予以修复；理清科教文卫体等事业部门的机构设置，推进相关部门的机构改革；推行专业技术职务聘任制、恢复职称评审工作以及推进机关后勤社会化的试点工作；同时，对于事业单位组织内的人事管理权限也做了适当的下放。

第二阶段是 1987~1995 年，这是全面推进改革的阶段。

这一阶段改革的背景是，1987 年党的十三大明确了事业单位自主经营、自主管理的改革原则，提出了干部人事制度改革的总体构想，启动了事业单位的人事制度改革。1992 年党的十四大确定了建立社会主义市场经济体制的改革目标，所以，这一阶段事业单位改革的重点就是开始探索与社会主义市场经济体制相配套的事业单位管理体制，同时还将事业单位的管理纳入了法制化的轨道。这段时间里，事业单位改革的主要内容有：逐步下放相关权力，扩大事业单位管理自主权；推进事业单位人事制度改革，推行聘任制、辞职辞退制、特殊津贴制；对事业单位的工资分配制度进行改革，强化分类管理；在建立完备的人才市场的同时，启动公共事业社会化、产业化建设；以社会公共需要为标准，重新确定国家财政中公共事业的财政拨款范围；同时对国家机关所属事业单位进行清理、整顿，并实行归口管理。

第三阶段是 1996~2001 年，这是改革深化和各事业领域多元化发展的阶段

这一阶段改革的背景是，在全面推进社会主义市场经济体制建设的过程中，中国又通过加入 WTO，坚定了与世界市场接轨的决心，这实际上对事业单位的改革提出了更迫切的要求。1996 年中央编制委员会与人事部共同发布《关于事业单位机构改革若干问题的意见》，明确提出事业单位改革的指导思想，从而使事业单位改革进入与市场经济体制配套的全新阶段。这一阶段改革的指导思想是：遵循政事分开、推进事业单位社会化的方向，建立起适应社会主义市场经济体制需要和符合事业单位自身发展规律、充满生机与活力的事业

单位管理体制、运行机制和自我约束机制。1998 年国务院同时颁布《事业单位登记管理暂行条例》和《民办非企业单位登记管理暂行条例》是事业单位改革进入实质性阶段的标志。这两个《条例》的颁布，不仅重新界定了事业单位，还第一次使用了"民办非企业单位"的概念，而且为 1999 年启动的事业单位登记管理工作提供了依据，这是推进事业单位社会化、法人化的具体措施。1999 年中央机构编制委员会要求建立全国统一的事业单位登记管理制度，使事业单位获得独立法人资格，与此同时，中编办还要求各地要结合登记工作，对现有的事业单位进行一次全面的清理整顿，以加强和改善中央对事业单位的管理。从此，事业单位全面进入市场。这一阶段里，事业单位改革的主要内容是：推行多元化的分类管理模式；聘任制为事业单位的基本用人制度；以岗位业绩为基本分配依据，打破人才单位所有制，鼓励人才自由流动；将民办非企业单位的作为对国家兴办事业的一个重要补充；在分配、社会保障、考核等方面进行综合配套改革试点。

第四阶段是 2001 年至今，这是改革加快推进阶段。

进入 21 世纪以来，我国事业单位的改革步伐明显加快，事业单位改革也在总结前段经验的基础上进入实质性阶段。以事业单位整体改制实行公司化管理和事业单位全面推行人员聘用制为标志，我国的事业单位改革已经进入"大破冰"的新时期。新时期我国事业单位的改革，正在按照中国共产党第十六次代表大会提出的"按照政事分开的原则，改革事业单位管理体制"的精神加快推进。

2. 前阶段事业单位改革的主要措施

在上述四个阶段的事业单位改革过程中，中央、国务院、各地方顺应了经济改革的浪潮，在一定程度上实现了事业单位发展目标和服务对象的市场化，事业资源及其价格的市场化，促使事业单位发展与经济发展趋向一体化。事业单位改革先后出台和实行的改革政策和具体措施有：

通过采取不同形式的"放权"、"搞活"改革措施，逐步扩大各类事业单位的自主权。如在教育领域，下放教育事权，实行"地方负责、分级管理"的新体制，并且不断扩大高校办学自主权；在文化领域，实行艺术家负责制、总编负责制、经营承包责任制等管理新体制；在体育领域，实行总教练负责制、经营承包责任制等形式，扩大体育事业单位的自主权；在科技领域，实行所长负责制、包干制、技术合同制等；在卫生领域，试行了院长负责制、岗位责任制，扩大医院自主权。另外，国家财政部门用预算包干取代了过去的事业经费拨款办法，调动了事业单位自主理财的积极性，提高了事业经费的使用效率。

通过采取"创收"、"让利"、"免税"等改革措施，增强了事业单位自我解困和自我发展的能力。如在科学技术领域，允许各类科研单位同企业、同设计单位、高校等建立各种协作关系，允许科研单位就技术开发与转让和利用技术为社会服务取得合法收入。在文化教育领域，允许高校招收自费生和委培生，允许中小学招收"借读生"，允许各类学校兴办各种校办产业、开展勤工俭学，以及利用学校资源开展各种形式的创收活动。在卫生领域，国家开始调整医疗收费标准，收费范围、以及收费项目、标准和办法，要求个人应承担部分的医疗费用，少数优质特诊高收费则完全由个人自理等等。这一系列的国家优惠政策，旨在拓宽各类事业经费来源的渠道，增加事业单位的收入。同时，在弥补国家事业经费不足的情况下，还可以增强事业单位自我生存和自我发展的能力。所有这些举措都不同程度地从不同方面为各类事业单位带来了一定的收入，推动了事业单位自身的建设与发展。

通过采取"开放"、"协作"、"联合"等措施，提高了国家事业资源的利用率。如将各类学校、医院、图书馆、文化场所、研究所设计院以及其他各种事业单位实行对社会开放制度，并积极开展各种形式的联合办学、联合办医以及科研协作等，各科研院所或开放实验室，或建立联合实验室，各级各类学校都面向社会招生。卫生领域的医疗机构，也在探索创办医疗协作体，包括大医院办分院、医疗点等。这样的改革大大促进事业机构的人、财、物等资源的流通和优化配置，有效的增强了事业单位的社会化程度，同时使事业单位对于市场的适应性不断增强。

实行了"国家、集体、个人一起上"的改革对策，鼓励和倡导全社会办事业。在政府的积极鼓励和扶持下，出现了一大批民办研究所、民办学校、文化个体户、个体书商、自由撰稿人、民办体育竞赛个体医生、私人诊所等。社会办事业的发展，逐步减轻了国家财政负担，不仅拓宽了事业发展道路，在一定程度上满足了人们日益增加和日益多样的事业需求，而且大大促进了体制内的事业改革。

通过采取"业余兼职"、"停薪留职"、"人才交流"等措施，促进了各类事业人员的合理流动。这些措施鼓励和支持各类事业单位专业技术人员向社会流动，或为社会提供各种有偿的服务，有利于改革传统的干部人事制度所造成的"一次分配定终身"、"人才积压浪费"的弊端，也增加了事业单位专业技术人员的收入，所以是双赢的改革方式。①

13.4.2 事业单位改革的经验和反思

纵观近30年来的事业单位改革和发展历程，可以看到，改革取得了令人瞩目的成绩，积累了大量有益的经验。但在医疗等领域的改革却并未达到预期效果，值得我们反思。

1. 对前阶段事业单位改革的总体评价

20年来，事业单位的改革成就是显著的：在事业单位内部，扩大了单位、部门的经营自主权；实行了以竞聘上岗、任期责任制为核心内容的人事制度改革；单位、部门之间实现了资源共享、开放合作，优化了事业资源的配置；在原有体制之外，允许和扶持社会办事业，打破了公共物品和服务公有制的一统天下。另外，还重视事业管理法制化，初步改变了事业管理无法可依的状况。

尽管事业单位的改革取得了上述重大的成就，但在我们基本建立起社会主义市场经济体制，跨入21世纪时，还是明显感到事业单位的改革滞后了。改革中存在的主要问题是，事业单位改革的总体目标不明确，缺乏宏观的整体规划，应对措施多，主动规划少。而这个问题的要害在于，对事业及事业单位的社会定位不清。事业单位改革的难点在于事业单位性质模糊、职能混杂，分布广泛、涉域交叉、利益关系复杂、责任边界不清。即由于不能明确事业的性质，所以就不能明确事业单位的性质；不能明确事业单位的性质，就不能明确事业单位是不是可以走向市场，以及在多大程度上、以什么形式走向市场。今天人们对医药费过高、中小学生择校成风、文化设施缺乏等问题的极度不满，就是这20年事业单位改革存在一定程度的盲目性和被动性的表现。

2. 事业单位改革的经验

通过20年的事业单位改革，我们积累的主要经验是：

第一，事业单位改革必须明确改革的方向与改革的原则。改革方向和原则的明确，有利于事业单位改革在目标引领下系统设计，在原则规范下稳步推进，从而提高改革的效率，降低改革的成本。我国的事业单位是在计划经济体制下产生和发展的，在职能界定、管理制度、运行机制等方面都带有明显的计划经济体制的痕迹。计划经济体制下事业单位的显著特点就是政事不分，行政事业一体化，因此，事业单位改革的目标首先指向政事不分，行政事业一体化

①　成思危：《中国事业单位改革——模式选择与分类引导》，民主与建设出版社2000年版，第58~66页。

等问题。事业单位改革要遵循政事分开，按照推进事业单位社会化的方向进行，理顺政府与事业单位的关系，扩大经营管理自主权，增强事业单位自身活力。

第二，扩大自主权，转变经营机制。扩大落实事业单位的经营管理自主权，改革事业单位财政供给范围与方式，转变事业单位经营机制，促使事业单位走向独立，是事业单位改革的重要内容，也是实施政事分开，理顺政府与事业单位关系的关键。因此，国家在改革之初就将原来由政府直接掌握的一些权力下放给事业单位，扩大事业单位的自主管理权，推行行政首长负责制，转化经营机制。行政首长负责制的推行，将事业单位的自主权与约束机制、权力下放与经营责任较好地结合起来，并使事业单位的经营活动能够在统一指挥下协调运行，改变财政资金的使用效率，也加大了事业单位的经营压力，促使各类事业单位挖掘内部潜力，面向社会，放手开展多种经营，逐步从政府襁褓中走出来，成为独立的服务实体，从而为政事分开创造了条件。

第三，强化竞争机制，推进人事制度改革。凡是有条件的事业单位，已经引入了竞争激励机制，根据工作性质和岗位特点，推行聘用合同制和聘任合同制。工作人员与用人单位法人代表之间签订聘用合同，以契约形式确定双方的权利义务关系，变原来的固定化用人制度为契约化、法制化用人制度，初步达到了单位与工作人员双向选择、工作人员能进能出的良性循环。在聘任合同中，双方都有明确的责、权、利范围，使聘用人员职责任务明确、工作目标明确，这对于该组织人员的分工协作和共同达到的目标都有积极的作用。有一些单位还与工作人员签订了岗位聘任合同，通过科学设岗、竞争上岗和以岗定薪，实行优胜劣汰，打破了"铁饭碗"，使过去干好干坏一个样的弊端有所克服。事业单位通过建立和推行聘用制，找到了市场经济条件下搞活内部用人机制的一种有效形式，这是市场机制在事业单位人力资源配置中发挥基础作用的一种实现形式，有效地调动了事业单位各类人员的工作积极性和创造性。

第四，打破部门分割，全面对外服务。在计划经济体制下，我国的事业单位大都处于条块分割、自我封闭、各自为"事"的状态之中，这种状态造成的直接后果就是事业单位之间沟通交流受到阻碍，人员与人员之间缺乏必要的了解，难以实现资源共享和协同合作完成工作任务。另外，事业单位主要为本系统、本地区服务的服务理念，人为的将服务对象分割开来，相互封闭，区别对待，致使社会资源得不到优化配置，甚至是资源利用的无效率。改革开放后的事业单位改革打破了条块分割、部门封闭的状态，调整事业单位布局，优化了事业单位资源配置，提高了事业单位的服务水平和经营能力。

第五，注重法制建设，使之与改革配套进行。依法管理、依法改革，力求将事业单位管理和改革纳入法制化轨道，既是改革开放以来我国社会事业改革的一个突出特点，也是事业单位发展与事业单位改革的努力方向。首先要出台各种社会行业法律法规，其次要制定有关事业单位法律地位、管理体制等方面的法律法规，最后依据国家法律政策，结合地方实际，制定社会事业发展与事业单位改革的地方性法规和规章。20世纪80年代中期以来，为了保证国家各项公共事业的稳定发展，我国事业单位改革重视了立法工作，加强事业立法，制定了一些事业管理的法规和相关制度，初步形成了与事业发展相适应的法律体系，改变了社会事业、事业单位无法可依的状况，促进了社会事业发展与事业单位改革，使改革的成果得以以法律的形式巩固下来，使我国事业单位改革真正走上了法制化的道路。

3. 对事业单位改革的反思

我国的事业单位改革进行了有益的探索和大胆的尝试，虽然积累了一些成功的经验，但也有值得反思的方面。

第一，由于理论指导薄弱，对事业单位改革缺少系统的理论研究，没有形成改革的理论体系，所以造成无法加大加深对改革实践的指导力度，很多改革难题因缺少理论的突破和支撑而无法根本解决。譬如对现代事业单位制度理论、事业单位改革系统论、事业单位市场主体论等都缺少深入的研究，深化改革的理论屏障还没有完全打破。管理不创新，改革难以深入，事业单位进、管、出各环节都缺少相应的制度规范，有些方面的管理甚至出现空白。

第二，在我国事业单位的改革历程中，明显存在改革思路不清晰，改革政策不配套，改革措施不具体等问题，使得我国事业单位改革的政策和措施无法跟上，造成政府和事业单位在实施改革中处于两难的尴尬局面。尽管我国事业单位改革大都以如何适应市场经济的需要为核心，但是并没有对事业单位进行合理梳理和分类，没有从根本上理顺事业单位和政府、社会的关系，并让它们在社会主义市场经济的体制下各归其位。相反，只是单一地将我国事业单位改革理解为减少吃皇粮的人数，减轻财政负担，这一做法明显不能有效解决事业单位改革中存在的问题。

第三，客观地看，国家并没有把事业单位整体改革作为经济、政治体制改革下的一项重要战略任务，进行系统地研究、部署和实施，关于事业单位改革的立法、宣传、启动、推动的层次和力度方面远远不够。事业单位改革的责任主管部门不明确，对各行业、各系统、各地区的改革实践缺少统一的协调、指导，没有形成整体改革的合力。另外，在国家已经制定事业单位改革部分政策的情况下，各地区没有积极解放思想，没有下定决心把改革任务真正落到实处，改革总体上缺少创新意识和开拓进取精神，缺少推进力度。在改革监督上，由于改革领导机构不确立、改革任务不具体、衡量改革成功与否的标准不明确，改革的有效监督机制无法真正建立起来。这些因素的综合作用，直接造成了我国事业单位改革路程的曲折性和艰巨性，改革成效不显著和改革问题丛生。

第四，由于事业单位的地位、性质、功能、目标、隶属关系、投资渠道、运作方式等方面的特殊性和复杂性，使人们在思想观念上对事业单位改革存在诸多片面和僵化的认识。思想认识上的误区和禁区，必然导致改革行动上的误区和禁区。在改革中"拖"、"等"、"看"等现象严重，直接影响到事业单位改革的进程。错误的认识和落后的观念成了我国事业单位改革的最大障碍之一。

13.4.3 当前事业单位改革的思路和任务

截止到 2003 年底，中国有 130 多万个事业单位，其中独立核算事业单位 95.2 万个。纳入政府事业单位编制的人员近 3000 万，各项事业经费支出占国家财政支出的 30% 以上①。可见，事业单位的改革不论是从精简机构人员、减少财政负担方面看，还是从服务市场、提高社会生活质量等方面看，都是意义重大的改革。

1. 对事业单位改革目标的探讨

党的十六大以来，全面建设小康社会的社会发展目标对事业单位的改革提出了更迫切的要求，所以，2001 年以来，事业单位的改革进入了一个新的阶段。尽管现在还没有一个政府权威部门颁布的事业单位改革的总体目标和部署，但是，近几年各方专家学者对事业单位改革的意见和建议不断见诸报刊。如成思危课题组提出，"我国事业单位改革的目标模式应当是提供公共产品、组合社会资源、享受政策优惠、吸收志愿人员、构筑法律支持、实行科学管理"②。国务院发展研究中心课题组有不同的观点，课题组负责人葛延风认为，"非营利机构可以参与提供服务，但是政府必须担负起组织社会服务的责任，

---

① 范恒山：《关于事业单位改革的思考》，中国经济时报，2004 年 4 月 12 日。
② 成思危：《中国事业单位改革——模式选择与分类引导》，民主与建设出版社 2000 年版，第 34 页。

不管是直接通过国有部门，还是采取其他间接形式"①。科技部课题组也认为"政府必须在保证公共物品提供方面承担起主要责任"②。国家发改委范恒山的观点是，"改革后的中国事业单位，其性质应当是：主要从事社会事业和公益事业的独立于政府和企业之外的非盈利组织。其基本特点是：非政府（也非'二政府'）、非企业（也非准企业）、非盈利（也非变相盈利）。"也就是说，"事业单位存在的空间主要应该是与公共事业、公益服务、社会共济、慈善救助以及政府和企业间服务相关的一系列领域"③。实际上，上述几种观点的分歧不是实质性的，即他们在事业单位存在的主要任务是提供公共物品，但公共物品并不应该仅限于政府，非营利机构完全可以也应该参与其中这些方面观点都是一致的。上述对改革目标的分歧集中在，政府还要不要在社会事业和公益事业中承担主要责任？改革后的事业单位是不是和现在的民办非企业单位合为一类社会组织，完全独立于政府和企业？

2. 改革的基本思路

推进我国事业单位改革，是建设中国特色社会主义的组成部分，是实现全面建设小康社会任务的组成部分，同时，又是"十一五"规划任务完成的必要保证，所以，我国事业单位改革目标的确定必须要以我国的宏观改革目标为依据。建立一个政府主导的、充分组合社会资源的、独立于政府和企业的事业管理体系应该是我们继续推进事业单位改革的基本目标。而分类改革、创新模式、健全法制是基本的改革趋势。

（1）分类改革。现在政府管理机构一般把事业单位分为三类：直接承担政府行政职能、为政府服务的事业单位，如环保局、地震局、公路局、机关事务管理局等，它们主要从事的是监管、资质认证、质检、鉴证及机关后勤服务等类的活动；承担公共事业发展职能、为社会服务的事业单位，如基础教育学校、纪念馆、图书馆等，它们主要从事的是科教文卫等社会事业和与公共基础设施建设、公用事业服务相关的活动。承担中介沟通职能、为市场和企业服务的事业单位，如人才市场、再就业服务中心、法律援助中心等，主要从事的是咨询、协调一类的活动。

① 葛延风：《事业单位体制改革中需研究解决的几个原则性问题》，《管理世界》，2003 年第 1 期。

② 世界银行：《中国：深化事业单位改革 改善公共服务提供》，中信出版社 2005 年版，第 23 页。

③ 范恒山：《关于事业单位改革的思考》，中国经济时报，2004 年 4 月 12 日。

作为分类改革的第一步，就是应该是清理、甄别现有事业单位。现在政府主管部门将事业部门分为三类，但是实际上，现在各地事业单位的情况极为复杂。譬如，有的享受着事业单位的待遇，却完全从事着与政府部门一样的行政管理活动，拥有比一般政府部门大得多的行政权力；有的挂着事业单位的牌子，却直接从事着如企业一样的经营活动；有些并非法定承担政府职能的事业单位，却实际上拥有由主管部门直接和间接转移过来的行政职能；有些单位全部或者大部分受国家财政资金供养，却仍然变相地从事着收费性经营活动等等。造成这种复杂局面的原因，除了各项事业本身涉及领域繁多，业务和服务形式各异以外，主要是改革以来由于事业单位改革定位不清积累的矛盾。一方面，在"放开、搞活"的思想指导下，出现了事业办企业、事业办中介、事业代行行政职能等各式各样的"事业单位"；另一方面，改革以来的历次行政体制改革中，事业单位都充当了机关改革的"蓄水池"、"收容站"的角色，即事业单位成为政府机构分流人员的最好去处，为此也新"造出"了一大批与政府机关联系密切的"事业单位"，它们甚至成为"二政府"。在这样的背景下，要继续深化改革，为事业单位分类、并按不同类型的事业单位实行不同的改革措施，就很有必要。2006年初，中央编制管理部门启动了事业单位登记工作，就是为实行彻底的改革做准备。

分类改革总的思路是：分类转向、整合精简。即第一，对目前承担着政府职能的事业单位，将其明确转变为政府部门；对目前承担的公益性事务较少、可以改制为企业的，或者目前已从事大量市场经营活动，企业色彩比较浓重的事业单位，应明确转变为企业；对承担着非沟通协调职能，其服务与市场经营活动密切相关的中介性事业单位，应明确转变为市场中介组织。第二，在保证公共物品和公共服务供给的前提下，把国家财政全额拨款的事业单位减到最少。对现有全额拨款的事业单位，通过合并、重组进行精简整合；对承担着一定公益事业职能和任务的差额拨款事业单位，视具体情况，全部或部分整合到保留的全额拨款事业单位中，也可以通过剥离相关公益服务，或者通过政府购买服务的途径，取消对其的财政差额拨款，从而推动其规范转制；对不宜再由政府出资兴办，且有市场前途的事业单位，可通过招标拍卖的方式，让渡给其他投资者。

（2）创新模式。现在需要在事业单位的内部管理、筹资方式等方面创新模式。还需要创新法律监管的框架。

推进事业单位内部管理体制改革的基本思路是：规范职能、责任到人、压缩规模、有效激励。第一，明确界定事业单位的职能，将不规范的职能剥离或归位。第二，对财政全额拨款的事业单位，按照法人治理原则，实行理事会领导下的执行人日常负责的制度。即建立由出资者、业内专家等方面代表组成的理事会，理事会向社会公开招聘执行人，单位的日常运营由执行人负责。第三，建立事业单位监管机构、理事会和执行人相互间的有效制衡机制。在全额拨款的事业单位，建立科学的效绩评估制度。由事业单位监管机构依据评估结果，会同有关部门决定是否对其持续进行财政拨款和是否增加财政拨款数额，以及决定理事会成员的更换和奖惩。在多元投资的事业单位，参照企业建立董事会领导下的总经理负责制度。第四，建立竞争性的劳动人事制度。在事业单位实行管理者聘任制和全员竞争上岗、优胜劣汰的制度。取消事业单位的行政级别和管理者的干部身份。建立有效的激励和约束制度，对理事会、执行人、员工全都依照具体业绩进行奖励和惩罚。

推进事业单位资金筹集模式改革的基本思路是：科学分类、扩大渠道、灵活多样。第一，科学划分纯公益性服务和准公益性服务的具体部门。第二，对从事必需的纯公益性社会服务的事业单位，如从事基础教育、公共卫生、基础性科技研究等的事业单位，由政府财政全额拨款。第三，对从事推进扶贫济困事业的事业单位，可以依法从所募集的捐赠款项中按一定比例提取运作经费，并控制使用方向和接受严格的审计监督。第四，对接受政府委托从事公益性服务活动的事业单位，可根据委托工作量从政府部门获得相当的资金支持或补偿。第五，对从事政府与企业间中介服务的事业单位，可以在其职能范围内通过自身的主动服务或委托服务依法获取相应的收益或报酬。

（3）健全法制。创新法律监管的框架的基本思路是，覆盖更多类型公共物品提供者和公共服务者。现在的相关法律监管文件，除了《事业单位登记管理暂行条例》、《民办非企业单位登记管理暂行条例》外，还有《民法通则》及各类《税法》，但这些法律、法规，还不能适应进一步拓宽私人独资或合资提供公共服务的发展趋势。所以第一，需要科学界定公共物品提供者和公共服务者的范围、名称。第二，对现行法人形式进行更完备的界定。第三，制定更有利于调动私人提供者积极性的税法。第四，制定更具可操作性的规范非营利行为的法律。

3. 改革的具体任务

尽管近30年的事业单位改革已经取得了显著的成绩，但是当前中国事业单位改革的任务仍然十分艰巨。在贯彻落实科学发展观、全面建设小康社会、构建社会主义和谐社会的社会大背景下，我国事业单位的改革主要任务在以下几个方面：

第一，继续坚持市场化的取向，加快事业单位转轨改制。首先要明确事业单位在社会生活中所扮演的角色，进而对它们进行准确定位，使它们能各司其职，各尽其责，实现社会效益的最大化。其次要从各事业单位承担的职能入手，进行甄别细分，对不同类型的事业单位采取不同的改制措施。对于承担重要政府职能的事业单位，应明确地转为政府部门；对于承担次要政府职能的事业单位，应合并到已有的政府部门；对于公益性目的较弱的事业单位，应坚决地将其推向市场，使其转为自主经营、自负盈亏的企业；对于公益性很强的事业单位，要剥离其现有的营利业务，使其致力于为社会大众提供公共服务；对于具有一定公益性而营利性又不强的事业单位，应让其在市场竞争中依靠自身的力量自我发展；对于一些情况比较复杂的事业单位领域，其改革不能操之过急，应视具体情况而定。最后，市场化取向是事业单位改革的理性路径选择，市场机制是提高事业单位效率、实现资源优化配置的重要手段，因此，在事业单位的改革历程中，应当将市场化取向贯穿始终，这是我国事业单位改革取得成功的保证。

第二，培育事业产品市场，推动事业单位的社会化。事业单位是我国社会主义市场经济体制中的主要组成部分，其产品和服务都具有商品的属性，培育事业产品的市场对我国事业单位改革意义重大。在培育事业产品市场的起步阶段，不可避免需要政府的正确引导和有力的政策支持。但是随着事业单位改革的深入，事业单位的发展应该置于市场经济的大环境下，由社会来承担，"社会事业社会办"。事业及其事业产品市场要发展，单靠政府一家的力量是远远不够的，必须有社会各方面的共同参与。随着中国经济体制改革的不断深化，国家不应该也不可能继续包办一切事业经费，其投入应该向多元化和社会化方向发展。同时，实现事业资源配置与利用的社会化，应该是我国事业单位改革的一个基本方向。

第三，以发展为导向，促进事业活动的产业化。实现事业活动的产业化，能从根本上改变旧的事业管理体制。同时，产业化的本质是多元化和社会化。只有实现事业活动的产业化，才能实现事业发展的多元化和社会化。事业活动既具有公益属性和福利属性，又具有生产属性，有的甚至能成为高收益的产业，将成为市场经济中新的投资热点，带来丰厚的投资回报，并带动相关产业的发展。因此，要按照十六大提出的政事、事企分开，理顺政事和事企关系的原则，构建适应市场经济发展需要，符合事业单位特点的管理体制和运行机制，将那些适宜产业化经营、符合企业登记条例规定的条件，从事生产经营活动，资源配置可以市场为主，能够自负盈亏而且国家允许其营利的事业单位，逐步改制为独立法人企业，使其成为市场竞争的主体。将现有的部分事业单位推向市场，实现国有事业单位的企业化、民营化、社会化与市场化。

第四，强化公共服务功能，完善公共服务体系。从根本上来说，事业单位职能是政府公共服务职能的延伸，是政府公共服务职能的组成部分。因此，在从"管制"向"服务"转变建设服务型政府的过程中，事业单位改革势必要落脚于强化政府公共服务功能、完善公共服务体系上来，实现事业单位与政府的合理分工。政府机关负责向社会提供公共服务，事业单位负责生产公共服务；政府机关以行政方式向社会提供公共服务，事业单位以直接生产、直接服务方式履行政府向社会提供公共服务的职能。事业单位强化公共服务功能，完善公共服务体系，不仅是其为了适应服务型建设政府的需要，也是满足社会公众日益增长的需求、构建和谐社会的重要任务，还是推进事业单位体制改革的目标原则。

13.5 走向公共治理

13.5.1 公共治理的特征与优势

公共治理，作为补充政府管理和市场调节不足应运而生的一种社会管理方式，产生于20世纪90年代初期，现已逐渐成为公共管理的重要理念和价值追求。公共治理是以政府为主导，多种社会组织并存合作的新型的社会公共管理模式，是建立在市场原则和公共利益相互认同基础之上的，国家与社会的合作治理模式。其实质是政府在管理社会公共事务时，将一部分职能转交给公民及非政府组织行使，从而不但减轻了政府的负担，也丰富了公共管理的手段与方法，保证了社会多样性服务要求的满足，增进和实现了公共利益。

1. 公共治理的特征

与传统的公共行政管理相比，公共治理有着以下特征：

管理主体多元化。在公共治理看来，政府不是国家惟一的管理主体和公共权力中心。管理主体既可以是政府、公共机构、非政府组织，也可以是私营机构，还可以是公共机构与私营机构的合作。

治理客体宽泛化。在有限政府时代，由于政府的作用范围大为缩小，对于公共治理来说，主体的界定不同，涉及的领域却大为扩展，包括国家政权统治、公共事务管理与服务、公共部门自身的管理、各种社会组织和团体的管理等。

治理责任社会化。公共治理强调把原来由政府独自承担的责任转移给公民社会，即转移给各种私人部门和公民自愿性团体，由后者承担越来越多的以往由政府承担的责任。

治理手段多样化。公共治理的管理手段除原来政府使用的手段和方法外，更多的是强调各种机构之间的自愿平等与合作，政府的治理也不再是一种统治的手段，而是代表一种新的社会组织多元管理的模式。

2. 公共管理的优势

上述特征使公共治理具有传统政府行政管理无法比拟的优势，它们主要是：

具有分权导向，实现治理主体的多元化。传统统治将政府组织视为中心和主体，政府组织是实施国家与社会事务管理的惟一权力中心。这意味着，政府组织依靠其强制力与权威，集中掌握与控制公共事务管理的各种资源，并以国家的名义组织各种公共物品与公共服务的提供和生产。在公共治理模式中，政府组织在整个社会中依然充当着非常重要的角色，特别是在合法地使用暴力、决定重大的公共资源分配方向和维护公民基本权利、实现公平价值等方面，政府仍将发挥着其他组织不可代替的作用。但是，它不再是实施社会管理功能的惟一权力核心，政府不可能对社会生活的方方面面进行细致入微的指导，社会的有效运行需要政府与各权力中心的密切合作。这意味着，非政府组织、公民自组织等第三部门和私营机构将与政府一起共同承担管理公共事务、提供公共服务的责任，这些组织的公共权力也会得到社会和公民的认可。政府与个人、企业、社会组织之间的关系由传统的统治与被统治关系转变成相互合作的平等伙伴关系。权力核心也从一元变为多元，公民社会和民间自治组织将成为一种主要的发展潮流，多元竞争被不断引入公共物品和服务的提供与生产中。

具有社会导向，调整国家与公民关系。从根本上说，公共治理模式的形成和发展过程，就是调整国家与社会关系的过程，是重新定位政府统治与公民关系的过程。如果说传统统治与管理模式的运行依靠的是强有力的垂直控制和命令，那么，治理能够从理念走向实践、社会网络组织体系能够运行，则依靠的是存在于公民社会中的社会资本力量，依赖于政府、公民、企业、社会组织之间的相互信任与积极合作的态度。在治理理念看来，治理的成功实施离不开一个繁荣、活跃的公民社会，离不开政府能够释放出公民组织的自主管理能力。因为，公民组织发展和公民积极参与公共事务共同治理是治理得以运转的必备前提。所以，治理理念要求政府放松对社会的过度管制，逐步授权给社区，授权给公民，大力发展公民自治组织社区管理，不断增强公民的参与意识。随着全球化的发展，以公民积极参与和公民自治能力为主导的治理模式已经成为主流，冲击着传统的国家与社会关系。这使得传统的国家或政府组织的作用逐渐缩小，而公民社会正在不断强大起来，发挥着越来越大的作用。

具有市场导向，重构政府与市场的关系。市场价值的体现并非仅仅表现为压缩政府规模和政府职能外部市场化，更重要的是市场价值已深入到公共组织内部，并促进建立起政府组织与私营组织之间以及政府组织内部之间的良好竞争与合作关系，政府应是以市场为前提的功能补偿性行政或主动式行政，政府是对市场功能缺陷的替补，是市场调节和社会自治的剩余物。治理理论的一个基本信念是：既然政府的力量可以弥补市场缺陷，纠正市场的失灵，那么，反过来也一样，即市场力量可以弥补政府的不足，防止政府的失败。治理理论认为，以往人们只注重用政府的力量来改善市场的作用，却忽视了相反的做法，用市场的力量来改善政府的作用。在实践中，治理模式注重用市场机制来改造政府或用企业家精神重塑政府，在公共物品和服务的提供上采用市场的方法或非市场的方法，并在公共组织中确立节约成本和提高效益的激励机制。

13.5.2 实现公共治理的现实依据

经济全球化及各国经济市场化、政治民主化，是实现公共治理最主要的现实依据。

1. 全球化趋势

全球化趋势是实施公共治理的动力源泉和压力所在，也是实现公共治理的基础条件。

自 20 世纪 90 年代以来，随着世界各国在政治、经济、军事和文化等方面的相互依赖程度日益深化，国际制度在国际政治中发挥越来越重要的作用，成为推动政府治理变革的重要动力。当今时代是一个全球相互依赖的时代，过去那种地方的和民族的自给自足和闭关自守状态，被各民族的各方面的相互往来和各方面的相互依赖所代替了。随着世界各国加入越来越多的国际组织，国际制度的制约力也在加强，在国际制度提供的多边规则下，全球治理不再是纯粹的国际理论问题，而是摆在各国政府面前的实践问题。

经济全球化带来竞争的全球化。WTO 所提供的多边自由贸易和竞争框架保障了各国企业和跨国公司在全球范围之内自由融资、自由投资、自由贸易的权利，保障了各国经理人和国际人才在全球范围内自由迁徙的权利。在全球竞争的巨大压力下，那些制度供给和政策创新能力强的国家，则可以争取到更多的投资，获得更多的发展机遇，而那些制度供给和政策创新能力较弱的国家，在吸引资金、技术和人才方面都处于弱势地位。全球经济一体化给世界各国带来了巨大的外部竞争压力，促使世界各国实施公共治理，并为治理变革提供了外部条件。

2. 经济市场化与政治民主化

经济市场化和政治民主化的努力为各国实现公共治理构筑了良好的社会基础和组织基础。经济市场化的改革取向使世界经济突飞猛进地发展，也使世界社会发生了翻天覆地的变化，特别是带动了世界范围内的政治改革。政治改革其实也是适应经济市场化改革需要，对原有的集权政治结构进行调整，推动民主化和法治化进程，逐步落实人民的民主权利，并以法制的方式保护公民的合法权益。经济市场化和政治民主化的努力，为世界各国实施公共治理提供了重要条件，即培养和壮大了公民社会。应当说，公民社会在世界各国的极大发展，主要是政治经济权力结构调整所导致的。事实上，没有政府的放权，"小政府、大社会"的目标就不会实现，公民社会的壮大也纯属幻想。同时，社会由众多的人和社会组织构成，公民社会的发展必然出现众多公民发起、参与的社会自治组织出现。公民社会的壮大和社会自治组织的广泛建立是无可回避的现实，它们为世界各国实现共同治理奠定了坚实的社会基础和组织基础。

3. 治理理论为各国政府所接受

世界各国政府已经逐步开始接受并运用治理理论来指导本国的改革实践，从统治到管理再到治理的转变，虽然各有其自身特色，但都是一个逐步实现政府主导型治理的长期历史过程，这个过程同样也是制度、体制、文化和心理的综合性转变。在这些转变中各国政府往往发挥着主导功能的作用。各国政府在实现治理的过程中担当着发动机和推动器的角色，这一点我们可以从我国体制改革的兴起和发生过程中得到印证。政府在经济政治改革的过程中扮演了发动机的角色，公共治理的实现无疑可以看作经济政治改革的一个重要内容。公共治理是由政府引导而得以实现的，政府担负着领导者的重要责任，这一点我们可以从考察治理所赖以实现的组织基础——社会自治组织来寻得答案。社会自治组织基本等同于我们常说的"民间组织"，但令人怀疑的是，许多民间组织并不具有真正的民间性。它们的自主性、志愿性和非政府性特征并不十分明显，倒是被政府主导、规范的特征表现得十分引人注目。关于这一点，当我们明白世界大多数国家的绝大多数民间组织是由政府创建、受政府主导时，也就不足为怪了。正是从这两层意义上讲，各国政府对公共治理的实现具有主导作用。而且事实上，在政府的指导下，各国目前已经开始接受并运用治理理论来指导本国的改革实践了，例如目前提倡的公共服务市场化，其理论基础就是公共治理理论。

13.5.3 实现公共治理的改革趋势

在全球化进程中，各国政府要进一步强化公共服务职能，建立一个民主的、有能力的、高效率的政府，必须进行公共治理的改革。

1. 深化行政改革，合理界定政府职能

成熟的市场经济体制和规范的政府与市场关系是走向公共治理的基础，面对向治理模式转变的要求，深化行政改革，科学界定政府职能，规范政府与市场间的关系，提升政府职能的市场化程度，成为各国治理型公共行政模式构建的当务之急。为此，政府管理在深化行政改革向治理转变的过程中，先要简政放权，向市场、企业、社会及公民放权、分责，实现政企、政社之间的分工与合作，为公民参与管理提供畅通的渠道。公共治理强调民众的需求导向，政府的服务功能，以及管理客体的充分参与，内在地要求政府构建起灵活性、富有效率的扁平式行政组织结构，可以促进行政效率和公共生产能力的提高，增强政府对民众多元化需求的回应程度，为治理模式提供组织载体。

2. 建立多中心治理模式

面对社会的多元化趋势，各国政府为了巩固和扩大政治统治的阶级基础和社会基础，势必从各国的现实国情出发，以利益多元化和主体多元化的社会现实为依据，调整自己的政治策略，采取更具有包容性的行政方式，从而能够有效协调多元化的利益发展。为此，各国政府应当多培育非政府组织和其他行为者，建立一种多中心的治理模式，发挥其在社会公共事务管理中的作用。多中心治理模式有助于降低统治成本、减轻核心统治机构的统治负荷、扩大统治的合法性基础以及增加统治的合理性，从而大幅度地提高现存统治结构的统治绩效；同时，有助于形成多元主体，培养其治理能力，为实现典型意义上的"治理"准备条件。

3. 完善公民社会，扩大公民参与

在人类社会发展中，公民参与公共治理是国家走向政治民主和政治文明不可分割的部分。发展公民社会，其意义不仅能够体现在民主政治的发展，体现在国家权力向社会的回归，体现在还政于民的过程，而且是实现政府有效治理的现实基础，没有一个健全和发达的公民社会，就不可能实现政府良好的治理。因此，政府要积极鼓励公民参与公共事物管理，试推举代表民意的国家管理者，促使表达公共利益取向，培养有社会责任、具备公民关注公共生活、解决共同问题的美德；塑造有自主、自治能力的公民社区管理者，促使他们最大限度地满足公民社区共同体生活的需要；发展公民与政府及公共管理之间双向协商、沟通机制，促使政府成为一个负责、透明、回应、民主的组织。同时要注意将公民积极参与的热情和行动与有效的公共管理过程有机平衡或集合起来，将有序的公民参与纳入到公共决策过程之中，充分发挥他们的积极性、创造性和能动性，逐步健全实现管理民主化，健全人民参与管理、监督公共行政管理的系统配套制度。

4. 实现政府与非政府组织良性互动

目前，各发达国家政府都非常重视非政府组织，把它们当作社会经济发展中的合作伙伴。非政府组织的参与，能够弥补政府管理和市场调节不足的缺陷。推动我国公民社会的形成与发展，实现公共治理，尤其要重视非政府组织的组织创新和制度创新。以完善制度为重点，推进第三部门管理科学化；以政事分开为原则，加快第三部门管理体制模式的构建；设立问责交代制度，使其成为非营利组织自律的工具。政府要鼓励和加强行业协会的建设、发展慈善组织、志愿者组织等，并积极培养其健康发展，发挥其特有的功能和优势。公共事务具有多面性和复杂性，在鼓励培育非政府组织与政府的合作时，要把握二者之间的良性互动。构建政府与非政府组织之间的互动关系，离不开非政府组织的充分发展，也离不开政府的主导作用的发挥。当前，推进政府与非政府组织关系发展的关键在于，政府和非政府组织应当在互动和磨合中寻求公共事务管理的平衡点，政府与非政府组织之间逐步建立起公共事务管理的利益共享和责任分担机制，两者互信互助，规范运作，遵循效率兼顾公平的原则，共同推进和谐社会的发展。

☞本章小结

在任何历史条件下的社会改革，都是社会的自我完善和自我发展的需要。20 世纪 70 年代以来全球范围内兴起的这场公共管理改革也是这样。这场被称为新公共管理运动的改革适应了战后世界经济、社会、政治的发展，并在促进世界各国的发展方面显示了巨大的能量。中国的改革虽然与这场世界性的公共管理改革时间上几乎是同步的，但中国的改革动因却完全不同于西方国家。进入 90 年代以后，中国走上了市场经济的改革道路，才逐步与世界范围的公共管理改革汇合，并充分借鉴了西方新公共管理运动中的理论和经验。公共管理改革的共同趋势是实现公共治理。

☞ **关键术语**

公共管理改革　　新公共管理　　行政体制改革
公共行政　　　　事业单位改革　公共治理

☞ **思考题**

1. 公共管理改革的一般动因有哪些？
2. 新公共管理运动有哪些特点？
3. 行政体制改革的经验和教训有哪些？
4. 简要回答当前中国行政体制改革的主要任务。
5. 结合我国事业单位改革的经验教训，说说当前事业单位改革应注意哪些问题。
6. 试问在现有的经济政治体制框架下，中国政府应当如何进行公共治理的改革？

☞ **案例**

青岛创新政府管理体系

从"越位"到"退位"，变"指令"为"服务"，青岛创新政府管理体系，精简机构、改革行政审批，完善城市管理，推行政务公开，建立行政效能评估监督整体推进。

"过去跑审批项目和缴纳各种费用，要跑 15 个部门，现在一个大厅就解决所有问题。过去办理一个工程项目有 40 多个审批环节，现在简化为 12 个。方便多了，改得好。"这是记者在青岛市工程建设服务大厅听到的评价。山东省副省长、青岛市市长杜世成说，廉洁、高效、公正的政府环境问题，已经成了青岛增强吸引力和发展后劲的关键，我们必须由过去的"政策决定发展，区位创造优势"，迅速转变到"环境决定发展、政府创造优势"上来。

青岛市委、市政府认为，"入世"首先是政府"入世"。由此，市委、市政府对政府各职能部门的办事效率和服务态度产生了一种前所未有的紧迫感，他们用"兵临城下"、"四面楚歌"和"众目睽睽"来形容。今年 4 月，青岛市委、市政府推出了"五项工程"，即精简机构，明确职责，解决部门之间职能交叉；改革行政审批制度，规范行政审批行为；完善城市管理综合执法管理体系，实施集中统一行政处罚权；推行政务公开，实行服务承诺制度；建立政府部门行政效能评估监督，并将"五项工程"整体推进。同时配有举报电话，让老百姓监督政府各职能部门的行为。

青岛实施"五项工程"是从行政审批制度改革入手的，市政府各部门承担的 1 263 项行政审批事项中，已取消、降格 655 项，占原有审批事项的 52%。青岛市经委行政审批由 123 项减少到 29 项，对剩余项目还要再清理和试行登记备案制，同时探索网上审批或网上备案。市建委行政审批项目由原来的 118 项精简为 8 项，幅度达 93%。其中，把属于建筑管理的 23 项审批事项划归建筑工程管理局，把属于企业的有关权限还权于企业。他们还将群众和基层最为关心的办事机构的管理权限、管理依据、办理时限、办事条件、工作纪律、服务承诺、监督举报电话等内容，通过各种渠道进行公开。对企业关注的资质评审、评标结果、优质工程评选等进行公示。

为了理顺部门的职能，青岛大刀阔斧地进行了政府机构改革，机构总数由改革前的 51 个减少到 43 个，3 年没增加人，500 多人离开政府机关。按照权责统一的原则，对 33 条交叉职能逐条进行了理顺，原则上一件事情由一个部门管理，确需多个部门共同承担的职能，明确分工，分清主次。

政务公开在各职能部门已产生有效运作，开始变"指令"为"服务"。市经委公平对待各种企业，不仅在政策上和服务上平等，在资源配置上也平等，谁有优势谁投资，谁实力强就支持谁。前 5 批国债项目，市经委推荐了 8 家集体和股份制企业争取国家贴息。今年又促成了温州人本集团对青岛轴承厂的兼并，开了民营企业重组国有资产的先河。

（资料来源：宋学春：《青岛创新政府管理体系》，《人民日报》，2001 年 11 月 23 日第 1 版。）

请思考：

1. 青岛市政府创新了政府管理体系的哪些方面？

2. 在青岛市政府的改革中借鉴了新公共管理运动的什么理念和经验？

参 考 文 献

[1] 陈振明：《公共管理学——一种不同于传统行政学的研究途径》，中国人民大学出版社 2003 年版。

[2] 张成福，党秀云：《公共管理学》，中国人民大学出版社 2001 年版。

[3] 张良：《公共管理学》（第二版），华东理工大学出版社 2005 年版。

[4] 陈振明：《公共管理学》，中国人民大学出版社 2005 年版。

[5] 李军鹏：《公共管理学》，首都经济贸易大学出版社 2005 年版。

[6] 孙多勇：《公共管理学》，湖南人民出版社 2005 年版。

[7] 苏保忠：《公共管理学》，北京大学出版社 2004 年版。

[8] 黎民：《公共管理学》，高等教育出版社 2003 年版。

[9] 顾建光：《现代公共管理学》，上海人民出版社 2007 年版。

[10] 曹现强，王佃利：《公共管理学概论》，中国人民大学出版社 2005 年版。

[11] 叶常林：《公共管理学概论》，北京大学出版社 2005 年版。

[12] 张良：《公共管理导论》，上海三联书店 1997 年版。

[13] 张康之：《公共管理导论》，经济科学出版社 2003 年版。

[14] 杨艳：《公共管理》，国家行政学院出版社 2005 年版。

[15] 汪玉凯：《公共管理》，中共中央党校出版社 2003 年版。

[16] 吴爱明：《公共管理理论与实践》，山西人民出版社 2004 年版。

[17] 黄健荣：《公共管理新论》，社会科学文献出版社 2005 年版。

[18] 夏书章：《行政管理学》（第三版），高等教育出版社，中山大学出版社 2004 年版。

[19] 徐晓雯：《行政管理学》，经济科学出版社 2004 年版。

[20] 徐仁璋：《公共行政学》，中国财政经济出版社 2002 年版。

[21] 郭济：《中国公共行政学》，中国人民大学出版社 2003 年版。

[22] 杨寅：《公共行政学》，北京大学出版社 2005 年版。

[23] 刘小康:《公共行政学基础》,华文出版社 2003 年版。

[24] 竺乾威:《公共行政学》,复旦大学出版社 2004 年版。

[25] 周庆行:《公共行政导论》,重庆大学出版社 2004 年版。

[26] [美] 戴维·H. 罗森布罗姆等:《公共行政学:管理、政治和法律的途径》(第五版),张成福等译,中国人民大学出版社 2002 年版。

[27] 赵立波:《公共事业管理》,山东人民出版社 2005 年版。

[28] [英] 诺曼·弗林:《公共部门管理》,曾锡环等译,中国青年出版社 2004 年版。

[29] 周三多:《管理学——原理与方法》,复旦大学出版社 1999 年版。

[30] 汪玉凯:《公共管理与非政府公共组织》,中共中央党校出版社 2003 年版。

[31] 吴东民,董西明:《非营利组织管理》,中国人民大学出版社 2003 年版。

[32] 王名:《非营利组织管理概论》,中国人民大学出版社 2002 年版。

[33] 沈岿编:《谁还在行使权力:准政府组织个案研究》,清华大学出版社 2003 年版。

[34] 赵立波:《事业单位改革——公共事业发展新机制探析》,山东人民出版社 2003 年版。

[35] 赵芳:《团体社会工作》,知识产权出版社 2005 年版。

[36] 孙宽平,滕世华:《全球化与全球治理》,湖南人民出版社 2003 年版。

[37] 俞可平:《治理与善治》,社会科学文献出版社 2000 年版。

[38] [美] 詹姆斯·N. 罗西瑙:《没有政府的治理:世界政治中的秩序与变革》,江西人民出版社 2001 年版。

[39] 张曙:《社会工作行政》,社会科学文献出版社 2002 年版。

[40] 李寿初:《中国政治制度》,中共中央党校出版社 2005 年版。

[41] 朱光磊:《当代中国政府过程》,天津人民出版社 2002 年版。

[42] 浦兴祖:《当代中国政治制度》,复旦大学出版社 1998 年版。

[43] 韩继志:《政府机构改革》,中国人民大学出版社 1999 年版。

[44] 吴爱明,朱国斌,林震:《当代中国政府与政治》,中国人民大学出版社 2004 年版。

[45] 金太军,赵晖:《中央与地方政府关系建构与调谐》,广东人民出版社 2005 年版。

[46] 魏红英:《宪政架构下的地方政府模式研究》,中国社会科学出版社 2004 年版。

[47] 贺善侃：《领导科学和现代行政》，上海大学出版社 2001 年版。

[48] 李成言：《现代行政领导案例分析》，北京大学出版社 2004 年版。

[49] 孙伯瑛，郭光华：《公共部门人力资源管理》，中国人民大学出版社 1999 年版。

[50] 姚先国，柴效武：《公共部门人力资源管理》，科学出版社 2004 年版。

[51] 刘沂，赵同文：《各个部门人力资源管理概论》，华东理工大学出版社 2002 年版。

[52] 赵曼，陈全明：《公共部门人力资源管理》，清华大学出版社 2005 年版。

[53] 王骚：《政策原理与政策分析》，天津大学出版社 2003 年版。

[54] 伍启元：《公共政策》，台湾商务印书馆 1989 年版。

[55] 林水波，张世贤：《公共政策》，台湾五南出版公司 1982 年版。

[56] 张国庆：《公共政策分析》，复旦大学出版社 2004 年版。

[57] 陈振明：《公共政策学》，中国人民大学出版社 2004 年版。

[58] 宁骚：《公共政策学》，高等教育出版社 2003 年版。

[59] [美] 詹姆斯·E. 安德森：《公共政策》，华夏出版社 1990 年版。

[60] [以] 叶海卡·德罗尔：《逆境中的政策制定》，上海远东出版社 1996 年版。

[61] 《中华人民共和国宪法》，人民出版社 1999 年版。

[62] 黎军：《行业组织的行政法问题研究》，北京大学出版社 2002 年版。

[63] 袁曙宏，萧义舜：《依法治理概论》，法律出版社 2003 年版。

[64] 傅思明：《中国依法行政的理论与实践》，中国检察出版社 2002 年版。

[65] 王圣诵：《中国自治法研究》，中国法制出版社 2003 年版。

[66] 陈金罗：《社团立法和社团管理》，法律出版社 1997 年版。

[67] 王苏：《危机管理——企业如何对付意外灾难》，中国展望出版社 1988 年版。

[68] 苏伟伦：《危机管理》，中国纺织出版社 2000 年版。

[69] 薛澜：《危机管理——转型期中国面临的挑战》，清华大学出版社 2003 年版。

[70] 冯惠玲：《公共危机启示录》，中国人民大学出版社 2003 年版。

[71] [美] 劳伦斯·巴顿：《组织危机管理》，清华大学出版社 2002 年版。

[72] [美] 罗伯特·希斯：《危机管理》，中信出版社 2000 年版。

[73] 吴俊培，许建国，杨灿明：《现代财政学》，中国财经出版社 2001 年版。

[74] 张馨：《财政公共化改革》，中国财政经济出版社 2004 年版。

[75] 杨志勇:《财政理论发展纲要》,中国财政经济出版社 2005 年版。

[76] 徐双敏:《公共部门公共关系学》,中国财政经济出版社 2002 年版。

[77] [美] Fraser P. Seitel:《公共关系实务》,梁浽洁等译,机械工业出版社
    2004 年版。

[78] 詹文都:《政府公共关系》,华南理工大学出版社 2004 年版。

[79] 居延安:《公共关系学》,复旦大学出版社 2005 年版。

高等学校公共管理类系列教材

已出版：

- 社会保障学
- 地方政府学
- 行政文化学概论
- 中国行政制度史
- 公共部门公共关系学
- 政治学
- 行政监察学
- 公共管理学
- 公共政策学原理
- 行政法概论
- 管理学
- 领导学导论
- 公共部门人力资源开发与管理
- 行政学原理
- 公共组织理论
- 行政案例分析

欢迎广大教师和读者就系列教材的内容、结构、设计以及使用情况等，提出您宝贵的意见、建议和要求，我们将继续提供优质的售后服务。

联系人：舒 刚（公共管理类和经济类图书策划人）

电 话：027-6875 2480

E-mail：sukermpa@yahoo.com.cn

 武汉大学出版社（全国优秀出版社）